무역물류 사이버거래론

이상진 김진수 이도철

博 英 社

본서는 중앙대학교 해운물류전문인력양성사업단에서
국토해양부의 지원사업으로 출간되었다.

머 리 말

정보기술과 인터넷의 급속한 보급으로 다양한 산업분야에서 e-비즈니스가 도입되고 새로운 패러다임을 형성하고 있다. 물리적인 상품을 외국과 거래하여 외화를 획득하는 무역도 이러한 패러다임을 적극적으로 수용하고 있다. 특히 무역의 여러 분야에서도 수출입물류는 새로운 정보시스템을 활용하여 물류경쟁력을 제고하는 데 온갖 노력을 경주하고 있다. 이와 관련하여 최근 물류산업을 담당하고 있는 정부와 유관기관에서는 선진 물류정보시스템을 도입하고 발전시키기 위하여 상품의 생산단계부터 현지 인도단계에 이르기까지 실시간으로 수출입화물을 추적할 수 있는 다양한 신개념 물류 프로젝트를 추진하고 있다. 본래 물류경쟁력은 선사, 항공사, 포워터, 운송사, 창고업, 보관업 등 다양한 물류 주체자들의 복잡하고 다단한 수출입물류 프로세스가 단절없이 수행될 수 있도록 지원하는 데서 비롯된다. 이러한 물류 프로세스의 경쟁력은 개인 기업차원에서 제고할 수 있는 것이 아니라, 물류 프로세스에 종사하는 물류 주체자들의 적극적인 정보공유와 협업만이 해결할 수 있다.

이러한 차원에서 인터넷 기반의 다양한 수출입물류 시스템이 개발되고 운영됨으로써, 매일 발생하는 막대한 수출입 물류정보를 전자문서로 교환함으로써 수출입물류 프로세스를 획기적으로 전환하고 있다. 또한 새로운 사이버 물류 인프라의 보급으로 새로운 물류환경에서 창출 가능한 독창적인 사업모델을 발굴하고 있다. 한편 사이버 수출입물류에 대한 학문적인 연구가 학계와 연구기관에서 활발하게 진행되고 있고 체계적인 연구과제도 지속적으로 수행하고 있다. 그러나 미래의 사용자라고 할 수 있는 학부 및 대학원 학생들이 이러한 사이버 수출입물류를 체계적이고 알기 쉽게 이해할 수 있는 학술서적이 충분하지 못하였다. 이러한 점에 착안하여 본고에서는 무역물류의 사이버거래의 이해를 도모하기 위하여 e-비즈니스의 기본적인 이해를 바탕으로 무역물류에서 적용할 수 있는 응용부문을 기술하고, 수출입물류 프로세스를 물류와 통관으로 구분하여 정보시스템의 활용을 중심으로 서술하였다.

구체적으로 제 1 편에서는 e-비즈니스의 생성과 발전과정을 시작으로 e-비즈니스에서 활용되는 최신기술과 물류부분에서 응용할 수 있는 분야를 서술하였다. 제 2 편에서는 물류프로세스의 전반적인 소개와 물류정보화 현황 및 사례를 기술하고, 수출물류와 수입물류를 구분하여 절차별로 활용할 수 있는 정보시스템을 설명하고 있다. 제 3 편에서는 통관프로세스의 개괄적인 소개와 통관정보와 현황 및 사례를 기술하고, 수출통관 시스템을 사용방식별로 소개함과 동시에 관세환급 시스템도 기술하고 있다. 마지막 제 4 편에서는 물류정보화의 선진사례를 분석하고 최근 WCO에서 추진하고 있는 국제표준과 적용사례를 제시함과 동시에 국내에서 적용할 수 있는 방안도 제시하고 있다. 아울러 전자무역 차원에서 추진하고 있는 글로벌 네트워크의 구축현황을 물류분야에서 접근하여 향후 전망을 제시하였다.

따라서 본고가 학계에서 수출입물류를 연구하는 학도들에게 조금이나마 도움이 되는 지침서가 되기를 바라고, 그 밖에 연구기관 및 업계에서 사이버물류에 관심있는 사람들에게 미래모델과 과제를 동시에 제시하는 책자로서 참고가 되기를 바란다. 아울러 21세기의 새로운 패러다임으로 주목을 받고 있는 전자물류가 우리나라의 무역경쟁력을 제고하기 위한 핵심정책으로 정착되어 모든 무역업계가 언제 어디서나 물류업무를 손쉽게 처리할 수 있게 되기를 간절히 기원한다.

끝으로 본고를 출간하는 데 국내외의 많은 저서와 관련 자료들을 참고하였다. 참고자료는 가능한 빠짐없이 주석을 달아 놓았고 자세한 참고문헌은 각 편의 말미에 정리하였다. 아울러 본서가 출간되기까지 많은 분들의 도움이 있었다. 무엇보다도 본 책자의 출판에 아낌없는 지원을 베풀어 주신 국토해양부 관계자에게 무한한 감사의 말씀을 드린다. 그리고 많은 물류정보와 관련 자료를 기꺼이 제공하여 주신 물류업계에 종사하고 계시는 知人 여러분들에게 이 기회를 빌어 진정한 고마움을 전하는 바이다. 마지막으로 본서의 발간을 맡아 주신 박영사 회장님과 편집 작업에 수고하신 분들에게도 감사를 드린다.

2009년 2월

저 자 올림

차 례

제 1 편 해운물류와 e-비즈니스

제 2 편 물류 프로세스와 정보화

제 4 장 전자물류 프로세스

제 5 장 수출물류 프로세스

제 3 편 통관 프로세스와 정보화

제 7 장 전자통관 프로세스

제 8 장 수출입통관 시스템

제12장 UCR의 추진현황과 적용방안

제13장 글로벌 네트워크 구축현황과 전망

제 1 편

무 • 역 • 물 • 류 • 사 • 이 • 버 • 거 • 래 • 론

해운물류와 e-비즈니스

제 1 장　e-비즈니스 패러다임

제 2 장　e-비즈니스 기술

제 3 장　e-비즈니스 Transformation

CHAPTER

1

e-비즈니스 패러다임

오늘날의 사회는 정보를 원동력으로 하는 정보화 사회이다. 에너지를 기반으로 하는 산업사회가 산업혁명이라 한다면, 정보화 사회의 근간은 컴퓨터와 이에 관련된 각종 정보기술과 인터넷의 등장이라 할 수 있다. 각종 정보기술과 인터넷의 등장은 21세기의 사회가 지난 수천년 간의 사회보다 더욱 빠른 변화를 일으키는 결과를 가져왔으며, 인간 삶의 양식에도 엄청난 파장을 일으키고 있다.

먼저 주요기술 환경변화를 살펴보면 첫째, 20세기의 아날로그 사회가 디지털 사회로 빠르게 변화하고 있다. 디지털 카메라, 디지털 북, 디지털 지도 등이 보편화되었으며, 많은 사람들이 지하철이나 공공장소에서 디지털 기기를 이용하여 인터넷을 검색하고, 정보를 수집하는 등 수많은 디지털 서비스가 이루어지고 있다. 둘째, 인터넷 기술의 발전으로 인터넷 관련 e-비즈니스가 빠르게 확산되고 있다. 휴대폰 및 PDA 등이 인터넷과 연결되어 e-비즈니스가 사람들에게 제공하는 가치가 점차 커지면서 e-비즈니스의 확산이 더욱 가속화되고 있다. e-비즈니스의 확산은 기업들에게 변화를 요구하고 있으며, 대응하지 못하는 기업들은 자연스럽게 쇠퇴하고 e-비즈니스 사회에 맞는 산업들이 등장하고 있다. 셋째, 디지털 및 네트워크 기술의 발전은 다른 분야의 기술, 즉 게놈, 전기자동차, 운전로봇, 무선통신, 화학기술 등의 발전을 가속화시키고 있다.

디지털 환경에서 생존하기 위한 기업체제 변화 요구를 통해 우리는 e-비즈니스의 올바른 이해가 필요하다. 해운물류산업 역시 정보기술과 인터넷기술을 기반으로 e-비즈니스로의 변화가 불가피한 실정이다. 따라서 이 장에서는 e-비즈니스 패러다임에 대한 논의를 함으로써 e-비즈니스의 개념을 정립하고 e-비즈니스의 모델과 전략을 통해 변화에 대한 기업의 대응 요소를 찾고자 한다.

제 1 절 e-비즈니스 이해

디지털 경제로 인한 비즈니스 환경의 변화는 기존 경영체제의 전환을 자연스럽게 요구하고 있다. e-비즈니스는 이와 같은 디지털 경영환경에서 생존하기 위한 기업 체제를 의미한다.[1)]

e-비즈니스라는 개념의 등장은 학술적이거나 이론적 배경을 안고 제안되었기보다는 극히 상업적인 배경 하에 탄생한 개념이다. 1997년 IBM은 이전까지의 메인프레임 중심의 판매 전략에서 탈피해 인터넷을 기반으로 하는 애플리케이션(application) 판매를 새로운 전략으로 설정하고, 이에 대한 마케팅 캠페인으로 "e-Business"라는 개념을 "인터넷 기술에 의해 기존의 정보시스템 자원을 통합하여 핵심적인 사업 부문을 핵심적인 사업구성원(고객, 직원, 및 공급자 등)과 웹에 의해 연결시킴으로써 차별화된 비즈니스 가치를 창출하는 안전하고 유연하면서도 통합된 접근방식"으로 제시하였다. 이는 e-비즈니스 개념의 핵심이 사업구성원들이 고객, 직원, 공급자에 대한 연결에 있으며, 기업 내외의 상황에 맞는 비즈니스의 가치를 창출함으로써, 기업의 유연성을 배가시키는 것을 의미한다. 경영학적인 관점에서 볼 때 고객은 마케팅 관리의 영역에 속한다. 따라서 기업은 고객의 눈높이에 맞추기 위한 고객자원관리를 실시함으로써 고객과 쌍방향적인 의사소통을 하여 경쟁우위를 제시할 수 있다. 직원은 인사관리 그리고 공급자는 생산관리의 영역에 속한다. 따라서 e-비즈니스의 핵심은 전통적인 경영학의 중요 분야인 마케팅과 인사관리 그리고 생산관리를 인터넷에 의해 통합하는 것으로 해석할 수 있다. 다음 그림은 e-비즈니스 구성요소를 나타낸다.

---

1) 이웅규·이동만·곽기영, 인터넷과 경영, 삼우사, 2005, pp. 36~37.

[그림 1-1] e-비즈니스 구성요소

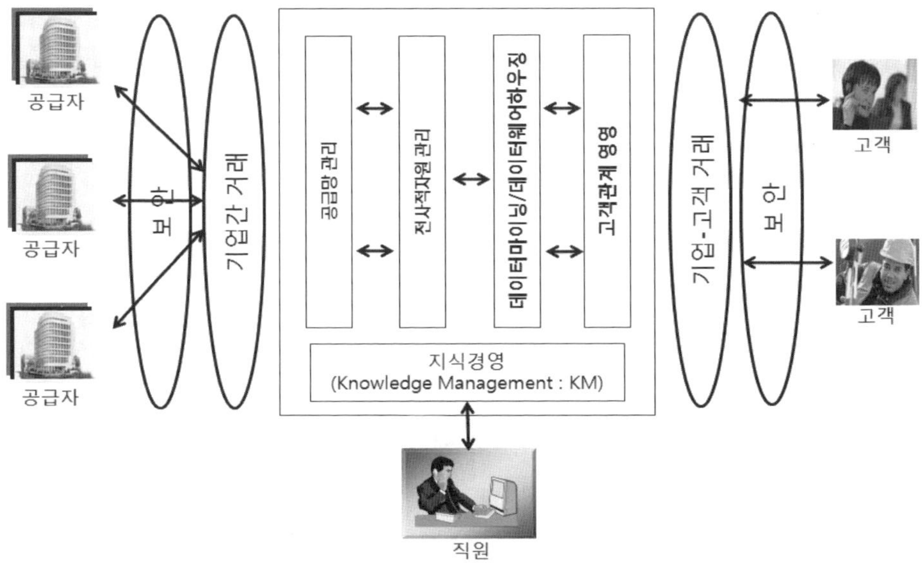

제 2 절 해운물류와 e-비즈니스 패러다임 변화

1. 해운물류산업 활성화와 e-business

해운물류산업이란 항만에 선박의 입항에서부터 화물의 배송에 이르기까지 해운 물류에 관한 모든 작업과 선박의 지속적인 운행에 필요한 물류산업을 지칭한다.[2] 즉, 항만을 경유하는 재화에 대하여 공급자로부터 소비자에 이르기까지 존재하고 있는 시간적, 공간적인 간격을 효과적으로 극복하기 위한 물리적인 경제활동이라고 정의할 수 있다. 과거의 항만은 해상운송과 육상운송의 연결점 또는 공통 접속영역으로 단순히 물동량을 처리하는 공간으로 인식되었으나, 현재의 항만은 공항, 정보, 비즈니스, 레저산업이 결합된 종합적인 공간으로 변모하고 있다.[3]

2) 이홍걸·이재원·류형근, "공간시장화에 따른 새로운 비즈니스 분류 프레임워크의 제안과 적용," 한국항해항만학회지, Vol. 27, No. 4, 2003, pp. 389~395.

3) 이홍걸, "비즈니스의 계층성과 공간 시장화에 주목한 항만 물류 산업에서 e-비즈니스의 개념적 유형 분류에 관한 연구," 한국해운물류학회, 해운물류연구, 2005.

그러나 해운물류산업에 대한 많은 관심에도 불구하고 해운물류산업은 아직까지 영세성을 금치 못하고 있는 실정이다. 이선미 외 1인(2003) 연구에 의하면 국내 해운물류산업은 사업체수, 종사자수, 매출액 측면에서 5개 군집을 형성하고 있다. 그러나 매출액만 보면 외항 운송업이 전체 차지하는 비중의 40%를 이루고 있어 나머지 다수의 업종들은 영세성을 면치 못하고 있는 실정인 것으로 파악된다.

해운물류산업의 활성화 및 고부가가치화의 일환으로 대두되고 있는 방안으로써, 해운물류산업의 e-비즈니스화에 대한 논의가 이루어지고 있다. 현재 항만 물류산업체 중에서 특히 e-비즈니스에 관심을 보이고 있는 경우는 대부분 외항 운송업체들이다(한종길, 2001). 그러나 대부분 자사의 웹사이트를 기반으로 이루어지고 있는데, 주로 선박스케줄의 제공, 화물의 선적의뢰, 화물부킹, 화물 선적에서 도착까지의 화물추적에 관한 서비스가 주 내용을 이루고 있다(이홍걸, 2005). 이러한 서비스는 주로 자사와 오프라인 관계에 있는 협력사들에 대한 서비스 차원이며 적극적인 형태의 e-비즈니스라 볼 수 없는 실정이다.

해운물류산업 활성화를 위한 e-비즈니스의 접근의 필요성은 디지털 경제로 이르면서 오프라인 환경뿐만 아니라 온라인 환경의 중요성이 부각되면서 더욱 크게 나타난다. 디지털 경제는 디지털 기술과 관련되어 나타나는 일련의 경제적 현상으로 정의할 수 있으며, 정보통신기술의 발전과 컴퓨터, 통신 그리고 정보가 인터넷을 통하여 효율적으로 배분되기 시작하면서 막대한 부가가치가 창출되고 있다. 새로운 시기인 디지털 시대에 이르러 기업들은 오프라인 환경뿐만 아니라 온라인 환경의 중요성을 인식하고 있다. 디지털 시대에 맞는 전략을 찾는 것은 기업들이 살아남기 위한 돌파구이면서, 새로운 시장을 창출할 수 있는 기점이 된다. 변화하는 환경 속에서 20세기 후반부터 시작하여 지금은 더욱 가속화하고 있는 몇 가지 주요 변화를 보면 다음 〈표 1-1〉과 같다.

우선 산업사회에서 정보사회로 옮겨가고 있다. 경쟁력의 핵심도 정보가 되고 있다. 경쟁사보다 더 나은 정보시스템을 가진 기업이 경쟁력을 가질 것이다. 많은 기업들이 가치체인 통합을 통한 e-비즈니스를 위한 강력한 인프라를 구축하고 있다. 둘째, 아날로그에서 디지털로 바뀌고 있다. 디지털화는 비즈니스에 새로운 경쟁 규칙을 제공하고 있다. 예를 들면 디지털 상품의 첫 번째 것의 생산비용은 크지만 두 번째 이상의 생산 및 복제 비용은 거의 0이 된다. 디

〈표 1-1〉 패러다임 변화

기존 20세기	21세기
산업사회	정보사회
아날로그	디지털
stand-alone	networked
기술에서 고객으로	고객에서 기술로
환경 변화 속도 느리다	환경 변화 속도 빠르다
환경 변화 파장 작다	환경 변화 파장 크다
'잔잔한 호수가에서 낚시'	'폭류 속에서 창살로 고기잡이'

자료: 김정구, 디지털시대의 경영전략, 삼성경제연구소, 2000. 10.

지털 상품의 이와 같은 새로운 경제법칙은 e-비즈니스에 여러 중요한 시사점을 제공한다.

셋째, 기존에는 상품이나 서비스들이 따로 독립적으로 제공되었지만 현재는 점점 더 서로 연결되어 제공된다. 예로 들어 기존에는 TV, audio, 컴퓨터, 냉장고 등 가전제품이 따로 성능을 발휘했지만, 이제는 소위 'smart house'라는 개념이 등장하면서 이런 가전제품이 함께 묶여 인간의 가정생활을 편리하고 즐겁게 만들고 있다. e-비즈니스에도, '허브' 또는 '메타중개상(metamediaries)' 등이 등장하여 여러 가지 관련 상품 및 서비스를 묶어서 고객에게 편리하게 제공하는 추세이다.

넷째, 기술추이에 대한 깊은 이해가 비즈니스의 초점이 되고 있다. 20세기 말에는 기존 산업 내의 고객을 만족시키는 소위 '고객 만족'이라는 단어가 비즈니스의 성공 키워드였다. 하지만 기술 환경의 변화로 수많은 새로운 시장기회가 생겨나기 시작하면서 기술에 대한 이해가 점차 중요하게 되었다. 향후 e-비즈니스의 성공적인 창출 및 육성을 위해서는 기술에 대한 이해가 필수적이다.

다섯째는 환경변화의 속도와 파장에 관한 것이다. 속도의 측면에서는 환경변화의 속도가 빠르므로 신속성이 중요해진다. 또한 신속하게 변화에 따라 대응할 수 있는 유연성(flexibility)이 중요해진다. 마지막으로, e-비즈니스가 현재 처한 상황은 마치 '잔잔한 호숫가에서 낚시'하는 상황이 아니라, '폭류 속에서 창살로 고기잡이'하는 상황으로 묘사될 수 있다. 이러한 e-비즈니스의 주요 패러다임들을 살펴봄으로써 21세기의 패러다임의 변화가 얼마나 빨리 이루어지는지를 살펴본다.

2. e-business의 주요 패러다임 변화

(1) Metcalfe의 법칙

Metcalfe의 법칙은 3Com의 설립자 Bob Metcalfe가 1995년에 제창한 "네트워크의 가치는 가입자 수에 비례하여 증대하고 어떤 시점에서부터 그 가치는 비약적으로 높아진다"는 법칙을 말한다. 즉 인터넷으로 연결된 장치들은 그 수가 더욱 많이 연결될수록 효율성은 급속도로 더욱 증가하게 된다. 즉 전화 한 대는 쓸모 없지만 더욱 많은 사람들이 서로 연결될수록 그 효율성은 급속히 증가된다. 메카프의 법칙은 하나의 기술이 '한계수치'에 도달하면서부터 시장에서 엄청난 탄성을 얻게 되어 Killer App를 창조하게 되는 방식을 설명해 주고 있다. 메카프 법칙의 극적인 실례는 인터넷의 성장이라고 할 수 있다. 1993년까지는 존재하지 않던 웹사이트들이 1996년 6월이 되면서 2만 개의 웹사이트가 생겼고, 1997년 9월까지는 140만 개의 웹사이트가 생겼으며 현재는 거의 모든 회사들이 웹사이트를 갖게 되었다.[4]

[그림 1-2] Metcalfe의 법칙

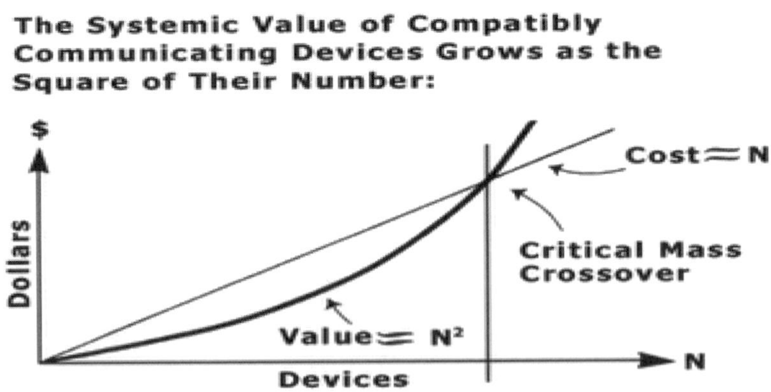

자료: www.spectrum.ieee.org

4) 윤종훈·김용민, 전자상거래의 이해, 삼영사, 2006.

(2) 무형자산(Intangible Assets)

'자산' 또는 'Assets'라는 것은 대부분 물적 자산과 금융자산을 가리키는 것으로 유형 자산을 의미했다. 그러나 최근에는 의미가 변화하고 있으며 무형자산의 중요성이 커지고 있다. 무형자산이란 글자 그대로 눈에 보이지 않는 자산을 가리키는 것으로 최근 주목받고 있는 아마존과 델컴퓨터 등에서는 기업가치의 80% 이상이 무형자산이 차지하고 있다.

(3) Moor의 법칙

1965년 페어차일드(Fairchild)의 연구원인 고든 무어(Gordon Moore)가 마이크로칩의 용량이 매년 2배가 될 것으로 예측하며 만든 법칙으로 1975년 24개월로 수정되었고, 그 이후 18개월로 정의되었다. 이 법칙은 컴퓨터의 처리속도와 메모리의 양이 2배로 증가하고 비용은 상대적으로 떨어지는 효과를 가져왔다. 특히, 디지털혁명으로 이어져 1990년대 말 미국의 컴퓨터관련 기업들이 정보기술에 막대한 비용을 투자하게 하였다. 1997년 9월 인텔이 발표한 2비트 플래시메

[그림 1-3] Moor의 법칙

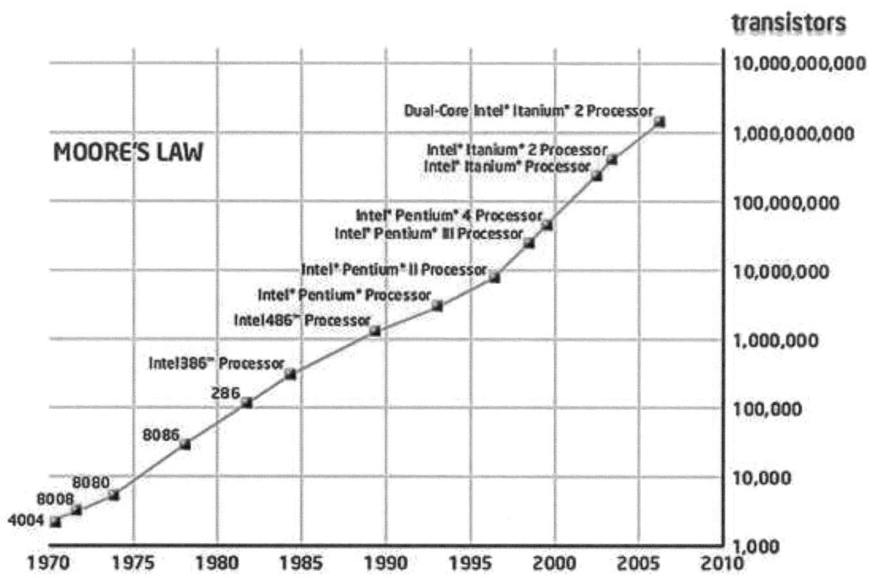

자료: intel.com

모리와 기존 알루미늄을 구리로 대체한 새로운 회로칩에 관한 IBM의 발표 등은 이 법칙을 증명하는 예이다.[5)]

(4) 가치사슬을 지배하는 법칙

"조직은 계속적으로 거래비용이 적게 드는 쪽으로 변화한다." 가치사슬은 경제용어로 기업 활동에서 부가가치가 생성되는 과정을 말한다. 1985년 미국 하버드대학교의 마이클 포터(M. Porter)가 모델로 정립한 이후 광범위하게 활용되고 있는 이론으로 부가가치 창출에 직접 또는 간접적으로 관련된 일련의 활동·기능·프로세스의 연계를 의미하며, 주활동(primary activities)과 지원활동(support activities)으로 구분된다.

여기서 주활동은 제품의 생산·운송·마케팅·판매·물류·서비스 등과 같은 현장업무 활동을 의미하며, 지원활동은 구매·기술개발·인사·재무·기획 등 현장 활동을 지원하는 제반 업무를 의미한다. 주 활동은 부가가치를 직접 창출하는 부문을, 지원활동은 부가가치가 창출되도록 간접적인 역할을 하는 부문을 말한다. 이 두 활동부문의 비용과 가치창출 요인을 분석하는 데에 사용된다. 이를 통하여 가치활동 각 단계에 있어서 부가가치 창출과 관련된 핵심활동이 무엇인가를 규명할 수 있으며, 각 단계 및 핵심활동들의 강점이나 약점 및 차별화 요인을 분석하고, 나아가 각 활동단계별 원가동인을 분석하여 경쟁우위 구축을 위한 도구로 활용할 수 있다. 보통 기업의 내부역량 분석도구로 많이 사용된다. 그러나 인터넷과 정보통신의 발달로 해체가 가속되면서 네트워크를 통한 아웃소싱이 활발하게 진행되고 있다.

(5) 수확체증의 법칙

디지털 경제시대에 가장 두드러진 특성은 '수확체증'의 법칙이 적용되는 것으로 과거 대량생산 시대에 경제 논리를 지배하고 있던 '수확체감'의 법칙과 반대되는 개념이다. 수확체감의 법칙은 토지, 자본, 노동 등 전통적 생산 요소가 중심이 되는 산업경제에서는 생산요소를 투입하다보면 어느 순간 투입 단위당 산출량이 감소하는 현상을 말한다.

그러나 IT로 대표되는 지식주도형 산업경제에서는 지식이라는 생산요소를

---

5) 네이버 백과사전.

투입하면 할수록 추가된 생산요소 단위당 산출량이 증가한다. 이러한 경제현상은 수확체증의 법칙으로서 아무리 사용해도 고갈되지 않으며, 오히려 공유하고 활용할수록 가치가 배가되는 지식과 정보의 특성에서 기인한다. 예를 들면, 마이크로소프트사의 운영체제인 윈도우 개발은 최초에는 막대한 비용을 필요로 하지만 한번 개발이 완료되면 그 다음은 해당 콘텐츠를 복제만 하면 된다. 이러한 이유로 대량생산을 할수록 비용은 패키지 원가에 근접하게 되며, Metcalfe의 법칙에 의해 다른 사람들도 소프트웨어를 구매하게 된다.

(6) 황의 법칙

반도체 메모리의 용량이 1년마다 2배씩 증가한다는 이론이다. 1960년대에 반도체 시대가 시작되면서 인텔사(社)의 공동설립자인 고든 무어(Gordon Moore)는 마이크로칩에 저장할 수 있는 데이터 용량이 18개월마다 2배씩 증가하며 PC가 이를 주도한다는 이론을 제시하였다. 이를 '무어의 법칙'이라고 한다. 실제 인텔사의 반도체는 이러한 법칙에 따라 용량이 향상되었다. 그러나 2002년 국제반도체회로학술회의(International Solid Sate Circuits Conference; ISSCC)에서 삼성전자 반도체총괄 겸 메모리사업부장의 황창규(黃昌圭) 사장이 '메모리 신성장론'을 발표하였다. 그 내용은 반도체의 집적도가 2배로 증가하는 시간이 1년으로 단축되었으며 무어의 법칙을 뛰어 넘고 있다는 것이었다. 그리고 이를 주도하는

[그림 1-4] 황의 법칙

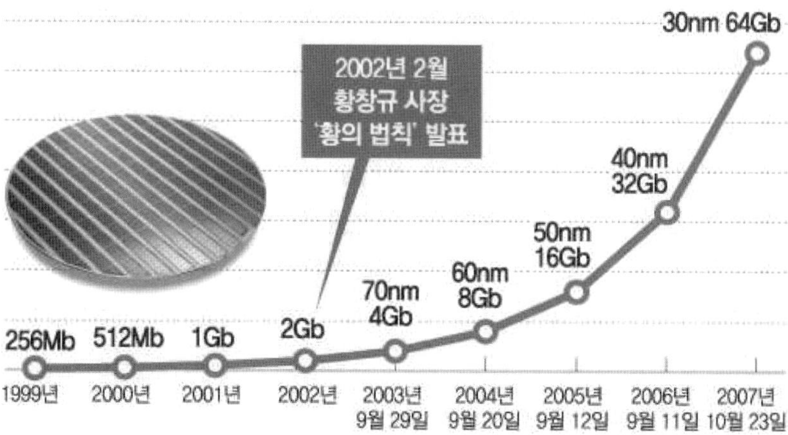

자료: donga.com, 2007. 11.

것은 모바일 기기와 디지털 가전제품 등 non-PC 분야라고 하였다. 이 규칙을 황창규 사장의 성을 따서 '황의 법칙'이라고 한다. 실제 삼성전자는 1999년에 256MB 낸드플래시메모리를 개발하고, 2000년 512MB, 2001년 1GB, 2002년 2GB, 2003년 4GB, 2004년 8GB 제품을 개발하여 그 이론을 실증하였다.[6)]

(7) 구매자 주도시장

디지털 경제 하에서 중요한 패러다임 중의 한 가지는 '구매자 주도'라는 것이다. 인터넷의 쌍방향적인 특성에서 기인하는 구매자들의 힘은 과거와는 다르다. 실제로 인터넷상에서는 상품과 서비스를 구매하기 위해 구매자들은 우선적으로 상품과 서비스의 관련 정보를 찾아본 후, 그들이 가장 원하는 상품 혹은 서비스를 구매하며, 필요하다면 판매자와 가격 흥정까지 한다. 이러한 인터넷의 특성은 많은 사람들이 상품과 서비스의 정보를 제공함으로써 지금까지의 유통구조를 송두리째 바꾸는 결과를 가져왔다. 다시 말해, 과거의 대량생산, 대량구매에서 일대일 마케팅과 고객에 대한 맞춤형 서비스를 제공함으로써 개별 소비자들이 주문한 상품만을 생산해 공급하는 방식으로 유통구조의 전환을 맞이하게 된 것이다.

제 3 절 e-비즈니스 모델과 전략

1. e-비즈니스 모델

현재 빠른 환경변화와 더불어 새로운 것에 대응하기 위한 기업들의 노력은 다양한 인터넷 사업 모델들을 제시하며 시장의 성숙에 따라 일부 사업모델은 수명을 다하고 새로운 모델에 의해 대체되거나, 조금씩 변형된 형태로 발전하거나 여러 유형의 모델이 합해져 다양한 새로운 모델로 다시 태어나고 있다. 어떤 새로운 인터넷 사업모델이 등장할 지는 관심의 대상이지만 인터넷 비즈니스 모델의 다양성과 변화는 앞으로도 사업성에서 논란의 대상이 될 것으로 보인다. 그 이유는 새로운 e-business 모델을 적용한 소규모 벤처기업들이 미국 나

---

6) 네이버 백과사전.

스닥 시장에서 주식공개를 성공리에 하고 비교적 높은 주가를 유지함에 따라, 인터넷 사업 모델에 대한 투자가들의 관심이 더욱 높아졌기 때문이다. 더구나 Priceline의 역경매 방식의 경우처럼 인터넷 사업 모델에 대한 법적으로 특허가 부여됨에 따라 인터넷 사업에 대한 관심은 미국뿐만 아니라 전 세계로 퍼지고 있다.

이러한 사업모델들은 다음과 같은 역할을 수행한다.

- 조직의 구성원에게는 행동양식과 수행활동에 대한 중요한 정보를 제공
- 외부 인원에게는 그 조직과의 협동 또는 거래 방식에 관한 중요한 정보 제공
- 투자자 및 후원자에게는 그 조직의 수익성과 지속가능성에 관한 정보를 제공
- 새로운 사업의 설계, 기존 사업의 전환, 특정 사업을 설명하고 수행하기 위한 체계적 접근법 제공
- 사업에 대한 평가 도구
- 기업의 구성원들간 의사소통 및 동기유발 수단으로 사용
- 명확한 사업모형은 명확한 행동 계획(action plan)을 산출
- 마케팅 전략으로도 활용

(1) Timmers의 가치사슬(Value Chain)에 의한 분류

Timmers(1998)는 가치사슬의 파괴 또는 재조합 여부에 따라 e-비즈니스 모델을 11가지로 분류하였다. 이 속에서 함축하고 있는 가치사슬상의 요소를 확인하고 거래 참여자의 상호활동 패턴을 분석하여 가치사슬을 따라 정보를 통합하는 방법을 밝혔다. e-비즈니스 모델은 다양한 사업 참여자와 그들의 역할을 포함하는 제품, 서비스, 정보흐름의 아키텍처이며, 이러한 다양한 사업 참여자들이 누릴 수 있는 잠재적인 이익과 수익의 원천을 설명해 주는 것으로 정의된다.

여기서 사용되고 있는 가치사슬 분해란 이미 1985년에 포터가 언급했던 본원적 활동과 지원활동에 속하는 가치사슬 요소이며, 상호패턴 활동이란 일대일

(1 : 1), 일대다(1 : N), 다대다(N : N)를 의미하고, 가치사슬 재결합이란 가치사슬상의 단계별 정보처리과정을 통합하는 것이다. 이러한 비즈니스 모델 아키텍처는 가치사슬 요소 조합과 상호작용 패턴의 연계 속에서 이루어진다.

이러한 바탕 위에 Timmers가 내린 e-비즈니스 모델의 정의는 고객과 사업자간의 상품·서비스·정보의 구조 및 흐름을 설정하여 수익의 원천을 창출하는 것이다. 즉, 사업구조와 사업모델에서 사업구조란 무엇을 할 것인가의 문제로 설정했고 사업모델은 선택한 사업에서 어떻게 돈을 벌 것인가의 문제로 설정했다. Timmers는 혁신 정도(Degree of Innovation)와 기능통합(Functional Integration)을 기준으로 11가지 모델을 제시하였다.

[그림 1-5] Timmers의 인터넷 사업모형 분류

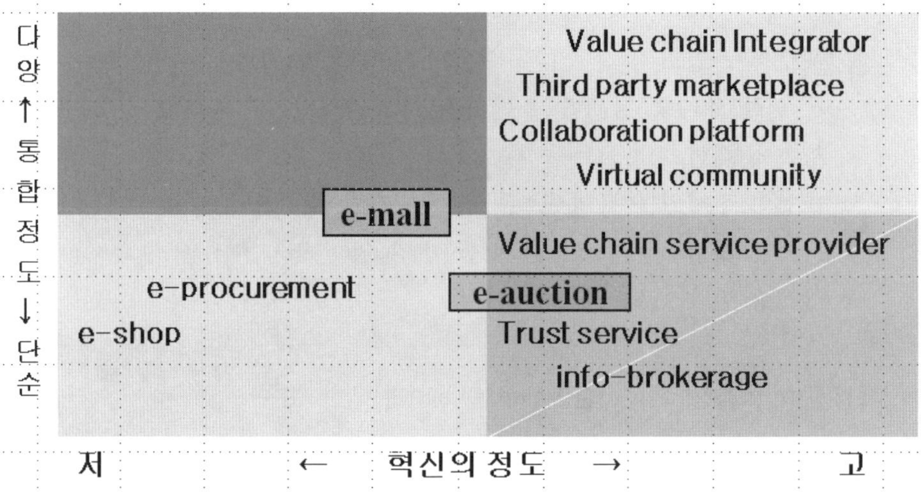

자료: Timmers Paul, "Business Models for electronic Markets," Electronic Markets, Vol. 8, No. 2, 1998.

1) E-shop(전자상점)

가장 기본적인 전자상거래 사업 모델로서 기업이나 점포의 웹사이트를 이용한 마케팅 모델이다. 처음에는 기업홍보, 제품 PR을 위해 사용하다 점차 고객으로부터 주문도 받고 대금도 지불할 수 있는 기능을 첨가하게 되었다. 판매기업 입장에서는 기존의 마케팅 채널과 다른 또 하나의 마케팅 채널로서 저렴한 비용으로 전 세계로 시장을 확대함으로써 수요를 확충하여 매출 증대를 가능케

하고, 고객입장에선 전통적 채널보다 저렴한 가격, 폭넓은 선택기회, 보다 많은 정보, 시간과 공간을 초월한 구매에서 대금지불절차까지의 편리함을 제공함으로써 전자상거래에 참여하는 동기를 부여한다. 특히 한번 구매했던 고객의 경우 고객정보를 구축할 수 있어 이를 이용해 재구매시 1대1 개인화된 마케팅을 통한 편익을 제공하고 있으며, 데이터베이스 마케팅(DB 마케팅)이나 고객관리(Customer Relationship Management)의 가장 기본적 기능을 제공한다. 현재 fleurop.com이나 travelocity.com 같은 대부분의 상용 전자상점들은 B2C 전자상점이다.

2) E-procurement(전자구매)

인터넷을 이용해 입찰공고와 협상을 통해 재화나 용역을 구매를 하는 모델로서 전통적인 EDI나 CALS의 연장선에 있는 사업 모델이다. 구매자 입장에서는 공급선 선택 폭이 넓어지고, 저렴한 원가, 보다 나은 품질, 배달 및 구매소요비용 절감 효과가 있으며, 공급자 입장에서는 입찰정보에 대한 접근, 입찰시장의 글로벌화, 입찰비용 절감, 부분입찰 가능성, 공동입찰 같은 입찰의 유연성을 높여준다는 이점이 있으며, 주로 B2B 전자상거래의 모델에서 사용한다.

3) E-auction(전자경매)

전통적인 경매시장을 인터넷 공간으로 옮겨 인터넷이 가지는 장점을 극대화한 모델로서 경매대상이 되는 제품이나 서비스를 멀티미디어로 정보를 제공함과 동시에 단순한 경매 입찰기능뿐만 아니라 계약, 대금결제, 배달기능까지를 첨가할 수 있는 사업 모델이다.

4) E-mall(전자쇼핑몰)

전자쇼핑몰은 e-shop을 한 곳에 모은 것으로서 소위 고객들이 믿을 수 있는 저명한 브랜드 아래 품질보증, 대금지불보증 등 기능을 첨부할 수 있다. 취급하는 제품군에 따라 소비재를 다루는 e-Mall과 산업재 또는 특정 서비스에 특화하는 경우엔 소위 산업재를 다루는 장터(marketplace)인 eSteel, Industry.Net이나 VerticalNet 같은 B2B 전자상거래 허브(B2B hub) 형태를 취하게 된다. 이용고객 입장에서는 e-Shop 이용 편익과 동일한 편익을 추구하며, 동일한 인터페이스 방식으로 다양한 shopping을 할 수 있다는 편리함이 있다.

5) Third party marketplace(제3장터)

다양한 형태의 모델이 존재하며 기존 오프라인 기업들이 웹마케팅을 외주하려는 경향이 증가함에 따라 떠오르는 비즈니스 모델이다. 공급자의 제품 카탈로그를 수요자의 이용자 인터페이스를 통해 제공하는 것이 필수적이며, 브랜딩, 대금지불, 로지스틱스, 주문 등 매매거래절차 모든 단계의 서비스를 추가로 제공 가능하다. 장터제공자의 수입원은 회원가입비, 서비스 수수료, 거래 수수료가 주가 되며 광고도 수입원이 될 수 있다.

6) Virtual communities(가상 커뮤니티)

가상 커뮤니티 모델의 궁극적인 가치는 가상 커뮤니티에 참여하는 고객과 파트너들로부터 나온다. 즉 커뮤니티 회원들의 회비(membership fee)가 광고수입과 함께 주 수입원이며 고객의 feed-back이나 고객서비스를 통한 관계구축에 기업들이 많이 활용한다.

7) Value chain service provider(부가서비스 제공)

전자지불 기능, 로지스틱스 같이 산업의 가치사슬(industry value chain)상의 특정한 기능에 특화하여 온라인으로 서비스를 제공하는 모델로서 은행들의 전자결제 인증 서비스에서부터 생산관리, 재고관리에 이르기까지 가치사슬상의 지원활동이 모델의 핵심이다. 수입원은 웹 기반 소포배달서비스 FedEx or UPS의 예처럼 주로 서비스 이용료 또는 커미션에 있다.

8) Value chain integrators(통합 부가서비스)

가치사슬상의 여러 단계들을 묶어서 통합서비스 제공하는 모델로서 수입원은 컨설팅 비용이나 거래수수료이다.

9) Collaboration platforms(공동 플랫폼)

공동작업 플랫폼 사업모델은 기업 간에 공동으로 작업할 수 있도록 필요한 도구, 소프트웨어 등을 제공하고 동일한 인터페이스를 기업들에게 제공하는 서비스로서 공동 디자인, 공동 엔지니어링, 공동 프로젝트 컨설팅에 활용된다.

10) Information brokerage(정보중개)

정보중개사업 모델은 공개된 네트워크인 인터넷상에서 구할 수 있는 수많은 정보를 수집, 가공해서 고객에게 제공하는 사업으로서 Yahoo 같은 정보검색 사이트에서 이용자 정보를 모아 고객 DB화해서 판매하는 정보 사업으로서 주된 수입원은 DB 판매, DB 이용료, DB상의 광고수입에 있다.

11) trust and other services(신용 서비스)

트러스트 서비스는 인터넷상으로 공증서비스, 인증서비스를 제공하는 모델로서 수입원에는 확인서비스 수수료, 관련 소프트웨어 판매 등이 있다.

〈표 1-2〉 Timmers의 11가지 e-비즈니스 모델유형

e-비즈니스 모델	B2C	B2B
상점형(e-shop)	◎	
조달형(e-procurement)		◎
경매형(e-auction)	◎	◎
몰형(e-mall)	◎	
제 3 자 시장형(3rd Party marketplace)		◎
가상 커뮤니티형(Virtual Communities)	◎	◎
가치사슬 서비스 제공형(Value Chain Service Provider)	◎	◎
가치사슬 통합형(Value Chain Integrators)		◎
협력플랫폼(Collaboration Platforms)		◎
정보 중개형(Information Brokerage)	◎	◎
보안 서비스형(Trust Services)		◎

(2) Rappa의 9가지 비즈니스 모델 유형

M. Rappa(1999)는 9가지 일반 비즈니스 모델 유형을 제시하면서 각 유형별로 사업운영 방식에 따라 보다 구체적인 모형들을 제시한 바 있다. 이 모델들은 독립적으로 응용될 수도 있지만 사업 전략상 서로 다른 여러 개 모델을 조합해서 적용하는 경우가 많다. 비즈니스 모델들은 빠르게 변화하고 새로운 비

즈니스 모델들이 수없이 나오고 있어 이를 종합적으로 정리하는 것은 현재로선 불가능하지만, 비즈니스 모델들을 구분하는 기본형 모델들을 정리함으로써 앞으로 나올 파생모델(derivative models)을 가늠해 볼 수 있다. Rappa(1999)의 전자상거래 사업모델에는 Timmer(1998)가 제시한 대부분의 사업 모델들이 포함되고 있으며, 이를 살펴보면 다음과 같다.

1) 중개형(Brokerage Model)

중개형 모델은 시장을 창출하는 모델로서 구매인과 판매인을 한곳에 모아 거래를 촉진하는 역할을 하는 모델이다. 이 모델은 기업간(B2B) 거래는 물론 B2C, C2C에 모두 적용할 수 있다. 중개인은 성사된 거래에 수수료 부과함으로써 수입을 확보하며, 여행사, 온라인 증권회사, 온라인 경매 사이트 등이 대표적이다.

2) 광고형(Advertising Model)

광고모델은 전통적인 방송미디어 모델을 인터넷에 적용한 모델로서, 웹사이트에 콘텐츠를 제공하고 e-mail이나 채팅, 포럼 서비스를 제공하면서 배너광고를 게시하는 모델로서 배너광고가 주 수입원이 되는 사업 모델이다. 이 광고 모델은 웹사이트를 보는 트래픽이 크거나 매우 특화 된 고객들로 이용자가 구성되어 있을 경우에 한하여 유효하다. 기존의 포털사이트들이 대표적인 예이다.

3) 정보중개형(Infomediary Model)

소비자에 대한 체계화된 정보는 기업이 효과적인 마케팅을 하기 위해 매우 중요한 자료로서 인터넷에서 고객정보를 모아 기업에게 판매하는 것이 정보중개 모델이다. 개인 고객의 정보는 다양한 방법을 통해 수집, 가공되어 데이터베이스화되며 광고모델에서와 같이 고객정보제공자를 확보하기 위해 무료인터넷접속(예: NetZero)이나 무료 하드웨어(예: Free-PC.com)를 유인책으로 제공하기도 한다. 따라서 정보중개 모델은 단순한 광고모델보다는 안정적이라고 볼 수 있다. 한편 정보중개 모델은 반대로 소비자에게 어떤 세분시장에서 경쟁으로 인센티브를 주는지와 같이 소비자에게 유익한 정보를 제공함으로써 고객정보 DB를 구축할 수도 있다.

4) 상인형(Merchant Model)

인터넷을 이용한 전통적인 도소매상으로서 매출은 카탈로그에 리스트된 가격이나 경매를 통해 결정된 가격에 이루어지며, 때로는 전통적인 brick-and-mortar 상점에서는 불가능한 상품이나 서비스를 취급한다. 상인 모델에는 크게 Amazon, eToys, Eyewire, OnSale처럼 물리적인 점포는 없이 웹상에서만 운영하는 비즈니스로서 소위 e-tailer로 불리는 가상 상인(Virtual Merchant), Chef's Catalog처럼 메일오더 방식에서 점차 웹을 이용한 방식으로 옮겨진 카탈로그상(Catalog merchant), Gap, Lands End, Barnes and Noble 같이 brick-and-mortar 점포망을 가지고 동시에 웹채널을 보유한 소위 Click-and-mortar 또는 surf-and-turf, 그리고 순수한 디지털 제품만을 웹으로만 판매와 배급을 하는 비트벤더(bit vendor)의 4가지 유형이 있다.

5) 제조업체형(Manufacturer Model)

제조업체 모델은 제조업체가 중간상을 거치지 않고 직접 소비자를 접촉하기 위한 사업모델로서 기존의 물리적인 유통망을 바이패스하는 모델이다. 이 모델은 기존의 유통망을 붕괴시킬 수 있다는 점 때문에 가격정책, 고객서비스 등에서 기존 유통망과의 마찰을 초래할 가능성이 있어, 효과적인 유통망 관리가 핵심적인 성공 요인이다(예: Intel, Apple).

6) 제휴형(Affiliate Model)

한 사이트로 대량 트래픽을 몰고 가려는 일반포털과 반대로 제휴모델은 고객이 인터넷상에서 검색하는 데에 따라 어디서든지 구매기회를 제공하는 모델로서, 웹사이트에 purchase point click-through를 제공하는 제휴 파트너에게 매출의 일정액을 인센티브로 제공한다. 만일 제휴업체가 파트너에게 아무런 매출도 유도하지 않으면 상점 입장에서는 아무 비용도 지불할 필요가 없어 매우 활발하게 적용되고 있는 모델이다. 파생모델로 배너교환, pay-per-click과 수입공동분할(Revenue Sharing) 프로그램이 있다.

7) 커뮤니티형(Community Model)

소위 트래픽 위주의 모델과 달리 이용자의 충성도(loyalty)에 기초한 비즈니스 모델로서 이용자들은 이 사이트에 많은 시간과 노력을 투자하는 게 보통이다. 따라서 B2C보다는 B2B 모델로서 많이 활용되고 있다. 지속적으로 사이트를 방문하는 이용자들에게 광고, 정보중개 또는 전문적인 특화 된 포털 서비스 기회를 제공하는 모델이며, 때로는 이용료(subscription fee)를 받는 경우도 가능하다.

8) 가입/회원형(Subscription Model)

신문구독이나 잡지구독처럼 이용자가 접속에 대하여 대가를 지불하는 모델로서 Wall St. Journal, Consumer Reports처럼 고부가 콘텐츠의 보유가 가장 중요한 비즈니스 모델이다.

9) 과금형(Utility Model)

이 모델은 수도요금이나 전기요금처럼 이용량에 따라 이용료를 지불하게 하는 모델로서 이용한 정보량을 시간단위 또는 정보 바이트 단위로 제대로 측정하고 과금하는 능력이 가장 중요한 모델이다.

(3) e-비즈니스 모델의 성공요인

e-비즈니스 모델이 성공하기 위해서는 기업들은 첫째, 차별화된 콘텐츠를 구성해야 한다. 이는 고객들에게 기업의 매력도를 높여주기 때문이다. 텍스트 기반이 아닌 멀티미디어 형으로 동영상, 그래픽 등을 적절히 활용하여 창의적인 아이디어가 반영된 콘텐츠를 개발해야 한다. 둘째, 고객중심으로 생각하는 마인드를 가져야 한다. e-비즈니스의 성공의 첫걸음은 고객이 찾아오는 사이트를 만드는 것과 동시에 고객이 만족하도록 하는 것이다. 전통적인 기업의 경쟁이 유사제품 간의 경쟁이었다고 하면, e-비즈니스에서는 서로 비슷한 성격의 고객 간의 경쟁이 강하기 때문이다. 셋째, 지속적인 수익 창출능력을 가져야 한다. 참신한 콘텐츠로 인한 고정 커뮤니티의 저변확대는 e-비즈니스의 필요조건이지 충분조건이라고 할 수 없다. 우선적으로 많은 고정 방문객을 모았다고 하더라도 다음 대안, 즉 수익창출 능력이 없다면 좋은 e-비즈니스 모델이 아니기 때문이다. 넷째, 기회를 놓치지 말아야 한다. 완벽한 비즈니스 모델을 추구하기보다는 기회를 선점하는 것이 성공할 확률이 더 높다. 시장을 선점한 후에는 고착화시킨 후 다음 단계인 확장단계로 신속

[그림 1-6] e-비즈니스 모델의 성공요인

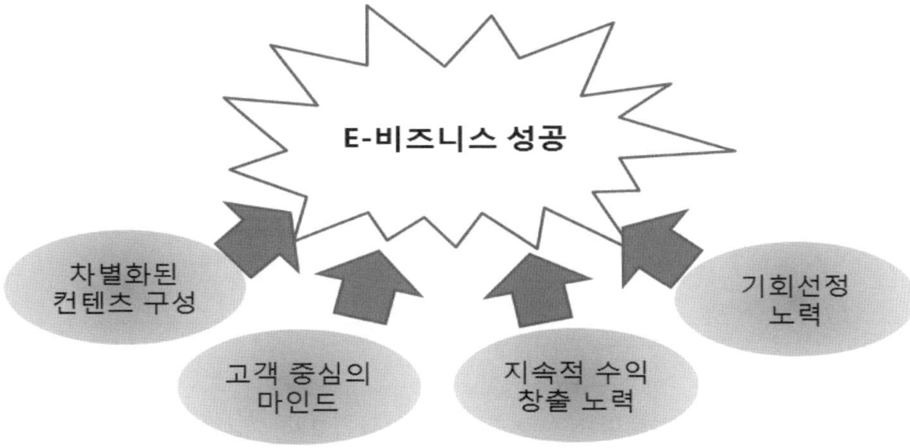

히 이동할 수 있어야 한다. 빠른 진입 못지않게 빠른 성장단계로의 진입도 중요하다. 그 후 기업규모를 적정하게 유지하고, 핵심인력으로 조직을 운영하여야 한다.

2. e-비즈니스 전략

새로운 디지털 경제에서 기업들은 기존의 비즈니스와 구별되는 e-비즈니스를 구현하는 것을 목적으로 하지 않는다. "e-Business is Business"라는 말처럼 모든 비즈니스는 e-비즈니스가 되어야 하고, 모든 비즈니스에 e-비즈니스가 영향을 미치기 때문에 기업들은 e-비즈니스 체제로 전환을 해야 한다.

(1) e-비즈니스 전략의 특징

전략이란 "지속 가능한 경쟁 우위를 발굴, 유지하는 제반 활동을 말하며, e-비즈니스에서는 가치증대와 비용감축에 있어서 전략을 사용할 수 있다. 또한 인터넷에서 이루어지는 모든 성공적인 전략은 매우 신속하게 경쟁자에게 모방 가능하므로 고정적 전략 포지션에 안주하지 못하게 하는 특징을 가지므로 e-비즈니스 전략은 과거와는 달리 지속적으로 변해가는 과정으로 인식해야 한다. 또한 e-비즈니스 전략은 변화한 디지털 경제 환경을 고려하고 이를 충분히 활

〈표 1-3〉 전통적 기업 전략과 e-비즈니스 전략

전통적 기업 전략	e-비즈니스 전략
- 자산의 활용	- 지식의 활용
- 저위험	- 고위험
- 규모의 경제	- 속도의 경제
- 대량생산	- 맞춤 소량생산
- 거래 자체가 중요	- 고객과 관계가 중요
- 공급자 지향	- 소비자 지향

자료: 김병곤·이재열, e-비즈니스와 경영정보시스템.

용하고 이를 기업의 경쟁력으로 연결시킬 수 있어야 하며, 디지털 경제화로 유발되는 다양한 위험 요인을 파악하고 이에 대한 대응 방안을 확보하는 것이 중요하다.

기업이 변화하는 소비자 욕구에 반응하고 적절한 대응을 하기 위해서는 기업이 처한 상황에 맞춰 전략적 포지셔닝을 해야 한다. 기본적인 전략적 포지셔닝의 6가지 원칙을 살펴보도록 한다. 첫째, 올바른 목표가 있어야 한다. 즉 높은 장기 투자 수익률을 목표로 시작한다는 의미이다. 둘째, 기업은 전략을 통해서 경쟁자가 제공하는 것과 상이한 편익의 집합체로서 고객을 위한 가치를 제공해야 한다. 셋째, 추진하는 전략에 있어 남들과 구별되는 독특한 가치사슬을 반영할 필요가 있다. 예를 들어, 아마존의 경우 물류기지가 없이 인터넷으로만 가치사슬을 만들었으나, 후에 필요에 의해 대형 물류기지를 오프라인상에 구축을 함으로써 고객의 만족도를 높였다. 넷째, 경쟁자와 다른 자신만의 특유성을 위해 상충관계를 관리해야 한다. 가장 필요로 하는 부분에 기업의 힘을 쏟는 것이 필요한 시점이다. 다섯째, 전략이란 기업이 수행하는 경영활동을 어떻게 조율할 것인지에 대한 선택이므로 상호 의존관계에 있는 가치사슬의 구성요소 전반에 대한 선택작업을 해야 한다. 마지막으로 기업이 지속적으로 추구해야 할 방향성을 내재해야 한다.

(2) e-비즈니스 전략 수립시 고려사항

1) 유연한 전략 수립

지속적인 변화를 추구하는 디지털 경제사회는 e-비즈니스 전략의 유연성을 필요로 한다. 특히 인터넷은 산업구조 자체의 변화를 가져왔고 앞으로도 어떻게 변화를 할지 예측하기 힘들다. 즉 소비자들이 소매업체뿐만 아니라 도매상이나 제조업체와 직접 정보를 얻고 평가를 함으로써 쌍방향적인 의사소통이 가능하게 되었다. 따라서 전통적인 사업과 달리 e-비즈니스에서는 환경 변화에 즉각적으로 대응할 수 있는 유연한 전략을 필요로 한다.

2) e-비즈니스를 위한 인프라 강화

e-비즈니스의 인프라로는 정보시스템, 제도, 인적 자원 등 여러 가지가 있겠지만 타 기업과의 전략적인 제휴(e-SCM)나 고객관리(CRM) 등 시스템의 뒷받침이 필요하다.

3) 전략적 제휴와 파트너십 형성

급변하는 e-비즈니스 환경에 빠르게 대응하고 단시간 내에 마켓 리더의 위치를 확보하기 위해서는 광범위한 파트너십을 구축해야 한다. 파트너는 고객의 중복을 최소화하여 파트너 연합체가 확보할 수 있는 고객범위를 최대화하는 것도 e-비즈니스 환경에서의 파트너십의 성공요소 중의 하나이다.

4) 사업모형 결정

전략 수립시 기업은 이익을 창출할 사업 모형을 세우는 데 필요한 자원에 대한 고려가 필요하다. 즉 기업이 새로운 기술을 활용하여 경쟁우위를 달성하는데 무엇이 핵심적인 부분을 가지고 있는지 기본방향의 설정이 중요하다.

5) 전략선택의 시기

추진하고자 하는 전략에 대해서 기술적인 발전 속도를 고려하는 동시에 기존 경쟁사나 잠재적인 경쟁사들이 언제 유사한 전략을 추구하거나 계획하는 것에 대한 논의가 필요하며 시기적인 선택이 중요하다. [그림 1-7]은 기업의 전략 선택과정을 나타낸다.

[그림 1-7] 기업의 전략 선택과정

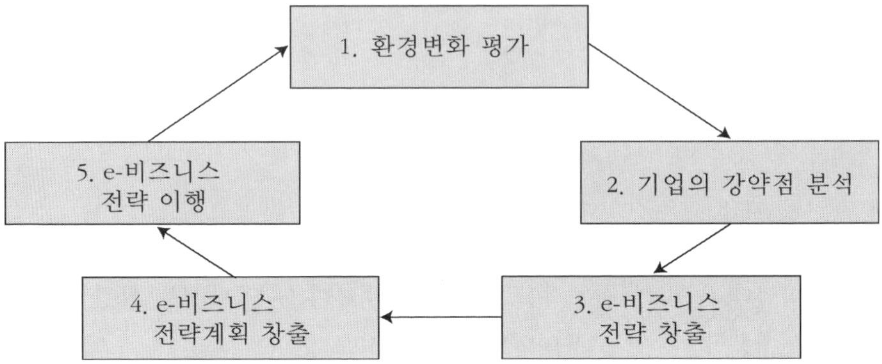

6) 고객가치

고객은 기업에게서 상품 혹은 서비스로부터 가치를 부여한다. 기업은 전략 수립시 고객에게 제공해야 할 고객 가치를 고려함으로써 고객이 기업이 제공하는 상품으로부터 지속적인 가치를 느끼도록 하여야 한다.

〈표 1-4〉 전략 수립시 고려해야 할 고객가치

고객 가치	정 의
효율성의 가치	- 평균 시장가격과 비교하여 낮은 가격 또는 고객의 비용절감에 의해 고객에게 제공되는 경제적 가치
편리성의 가치	- 고객에게 정보, 상품, 서비스, 인터페이스 등을 편리하게 제공하여 고객만족을 이끌어 내는 가치(편리한 구매, 지불, 배달 서비스, 거래의 단순성 등) - 고객이 언제 어디서나 다양한 제품과 서비스를 이용할 수 있도록 하여 편리성을 제공하는 가치
신속성의 가치	- 고객의 요구에 신속히 반응하여 고객만족을 이끌어 내는 가치(거래의 신속성, 신속한 주문이행, 고객요구에 대한 신속한 피드백과 수용성 등)
개인화 가치	- 다양한 취향과 선호도를 지닌 고객들에게 각자의 취향에 맞도록 상품과 서비스는 물론이고 거래환경을 제공해 주는 가치(제품/서비스, 인터페이스, 커뮤니케이션, 채널, 가격결정 등)

커뮤니티 가치	- 고객에게 정보, 지식, 의사소통의 원천이 되는 커뮤니티를 제공하는 가치(정보/지식/경험의 공유, 고객의 다양한 참여와 참여의 용이성, 고객학습, 구매의사결정에 따른 위험의 감소, 공동구매능력 등, 고객 상호간/고객과 기업 간의 커뮤니케이션과 상호지원 등)
오락 및 감성적 가치	- 제품 또는 서비스 그 자체를 통해서나 고객에게 휴식, 즐거움, 가상체험의 공간을 마련하여 고객 만족을 이끌어내는 가치(이벤트, 가상체험, 호기심과 새로움, 심미적 요소 등)
신뢰의 가치	- 안전한 보안 서비스, 프라이버시 보호, 고객의 최적 경험을 제공함으로써 고객에게 제공되는 신뢰의 가치(인증성·기밀성·무결성·부인방지 등의 보안 서비스, 프라이버시 보호, 제품 또는 서비스와 제공 정보의 신뢰성, 배송의 신뢰성, 반품·반환·환불 등에 의한 품질 보증, 계약과 주문이행에 대한 신뢰성, 브랜드의 신뢰성 등)
신축성의 가치	- 양적 및 질적 측면에서 고객 요구의 변화를 유연하게 충족시킬 수 있는 가치(고객요구의 변화에 대응한 새로운 제품과 서비스의 도입, 고객 상호간/고객과 비즈니스 참여자들 간의 협력과 조정 활동의 유연성, 시장 환경의 변화에 따른 비즈니스 모델 변화 및 적응력

(3) e-비즈니스 전략 유형

1) 장벽전략

장벽전략은 "자사의 상 시장 주위에 장벽을 쌓는 것"을 의미한다. 이것은 여러 가지 상황에 따라 진행할 수 있다. 첫째, 기업이 가지고 있는 어떤 사업모형의 구성요소 중 어떤 수행능력이 모방 불가하거나 고객에게 특유의 가치를 제공할 수 있을 만큼 확실할 때 사용할 수 있다. 지적재산권, 특허 및 저작권 등이 있을 때 가능하다. 둘째, 모든 기업이 기업 활동에서 동일한 사업 수행능력을 수행할 수 있는 경우 기존의 기업들은 새로 진입하는 기업에게 그 기업이 진입할 경우 앞으로 가격이 낮아질 것을 알림으로써 해당 기업의 진입을 방해하는 것으로 가능하다. 예를 들어 가격인하를 경고하는 것을 들 수 있다. 셋째, 경쟁자들도 특허와 재산권 우회 가능성이 있고 소송까지 갈 경우 시간이 소요되므로, 고객의 기호, 요구의 변화, 기술적 변화와 같은 불연속적 상황발생시 대처에 대한 전략이 필요하며, 정보의 비대칭성이 축소로 인하여 초기의 진입장벽을 유지하는 것이 매우 어려울 경우 사용한다.

2) 혁신전략

혁신전략은 "기존의 것을 뛰어넘는 혁신을 제공함으로써 경쟁자의 추월을 방지"하는 것을 의미한다. 최초 진입자가 누리는 우위는 기업이 환경의 일부를 통제할 수 있는 사업 수행능력을 가지게 되는 장점을 가지지만, 혁신전략에 의해 생산된 신제품이 기존의 자사제품이 경쟁력을 떨어뜨림으로써 기존 제품의 판매력이 감소할 수 있다. 인텔의 경우 기존의 마이크로 프로세스의 판매가 정점에 달하기 전에 새로운 세대의 마이크로 프로세스를 개발 출시하여 희생을 감수하고 혁신 전략을 고수함으로써 경쟁사들의 진입을 포기하게 한다.

3) 팀업전략

팀업전략은 "전략적 제휴, 합작 투자, 인수, 지분 소유 등의 방법을 통해 다른 기업과 팀을 구성하는 팀업을 구사"하는 전략이다. 팀을 구성함으로써 필요 자원에 대한 투자 없이 소요자원 활용이 가능한데 중요한 것은 핵심 경쟁력을 잃지 않고 역량을 유지하는 한에서 팀업전략 구사가 필요하다. 또한 표준의 개발, 신사업 영역 개척 등의 경우에 종종 팀업전략을 구사한다.

CHAPTER

2

e-비즈니스 기술

제 1 절 e-비즈니스 시스템

e-비즈니스를 구성하는 시스템 구성요소는 기업외부 네트워크, 기업내부 관리체제, 기술적 기반구조 그리고 고객 등 네 가지로 구분될 수 있다. 기업외부 네트워크는 고객과 공급자 또는 거래 파트너들 간의 관계이다. 앞에서 설명했듯이 이들의 관계는 관계의 접점인 e-마켓플레이스에서 일어날 수 있으며, 전자상거래 거래유형으로 보았을 때 기업간 거래와 기업-고객 거래로 분류될 수 있다.

기업내부 관리 체계는 고객 중심의 관리체계, 공급자 중심, 직원 중심의 관리체계로 구분될 수 있다. 첫째, 고객 중심의 관리체계 핵심은 고객관계관리(Customer Relationship Management: CRM)이며, CRM은 기업을 경영하기 위해 필요한 모든 필수요소들, 예를 들면 기업의 목표부터 사업전략이나 경영능력, 영업프로세스, 고객과 시장에 관련된 각종 영업정보에 이르기까지 주로 마케팅에 관련된 요소들을 고객중심으로 정리, 통합하여 고객활동을 개선함으로써 고객과의 장기적인 관계를 구축하여 기업의 경영성과를 개선하기 위한 방법이다.

둘째, 공급자 중심의 관리체계의 중심인 공급망관리(Supply Chain Management: SCM)의 핵심은 기업의 내부시스템과 공급자들의 고객시스템을 통합시킴으로써 공급자를 하나의 기업처럼 움직이는 일종의 가상조직체를 구축하는 것이다. 가상조직체의 구성으로 나타날 수 있는 가장 큰 특징은 정보의 공유이다. SCM이 기업과 공급자를 하나의 체인으로 엮으려는 작업이라고 한다면 전사적 자원관리(Enterprise Resource Planning: ERP)는 SCM에 의해 엮어진 공급자와의 관계를 기업 내의 생산부서 및 마케팅 부서의 업무와 연결시키면서 이를 회계 및 인사관리에 의해 통합하는 것이다.

셋째, 직원 중심의 관리체계의 중심은 지식경영(Knowledge Management: KM)이며, 기업의 지적 자산과 구성원 개개인의 지식 및 노하우를 발굴, 공유, 전파시킴으로써 기업의 가치 활동을 극대화시키는 것이다.

기업 외부 네트워크 구축과 기업 내부관리체계를 정립하기 위해서는 기술적 기반 구조가 필요한데, 이는 e-비즈니스가 기존의 경영관리기법과 차이를 보이는 가장 큰 점이 정보기술의 이용에 있기 때문이다. e-비즈니스에서 기반이 되는 정보기술은 무엇보다도 인터넷이다. 인터넷에 관련된 깊은 이해가 e-비즈니스의 성패를 가늠하는 것은 아니지만 인터넷 프로토콜의 개념, 패킷의 개념과 같이 대략적인 인터넷의 기술을 구성하는 개념에 대한 이해는 인터넷을 기반으로 e-비즈니스의 본질을 이해하기 위해 필요하다.

제 2 절 e-비즈니스 요소 기술

1. 정보보호 및 전자지불 기술

e-비즈니스는 온라인을 통해서 제품에 대한 정보뿐만 아니라 개인신상정보에서 기업 주요 정보까지 주고받게 된다. 공개된 온라인망을 통해서 이루어지는 e-비즈니스의 활성화를 위해서는 거래주체들간 믿을 수 있는 인증서비스와 각종 정보보안 서비스가 운영되어야 하며, 안전하게 금전거래를 수행할 수 있도록 각종 전자 지불시스템이 뒷받침되어야 한다. 따라서 e-비즈니스의 요소기술에 대한 검토와 더불어 보다 안정한 비즈니스 시스템의 구축을 위한 네트워크 정보통신 기술과 웹 콘텐츠 제작기술을 살펴보기로 한다.

(1) 암호화의 개념[1)]

e-비즈니스는 고객간 혹은 기업 간의 거래과정에서 인터넷망을 통해 고객의 개인정보와 금전 거래정보 등을 주고받게 된다. 이 과정에서 악의적으로 거래정보를 유출하거나 도용하는 경우가 발생할 수 있다. e-비즈니스의 신뢰성에 악영향을 초래하는 중요한 문제로서 이를 방지하기 위해 보안과 지불기술에 대한 적극적인 활용이 필요하다.

현재 e-비즈니스에서 활용되고 있는 보안 및 지불 관련 기술들은 모두가 암호화 이론에 바탕을 두고 있다. 암호화는 특정정보의 내용을 관련자 외의 사람들이 볼 수 없도록 변환한 것이다. 암호화의 목적은 보안을 위한 요구사항과 같은 맥락에서 자료의 기밀성 및 무결성을 제공하고, 가용성을 저해하는 요소를 제거하는 것이다. 초기의 암호기술은 자료의 기밀성을 보장하기 위한 수단으로 주로 사용되었으나, 최근에는 인터넷 등과 같은 공중망을 통한 전자거래가 활성화됨에 따라 상대방의 신원확인, 데이터의 무결성 보장 등 전자거래에서 분쟁의 소지를 예방할 수 있는 서비스로 확장되고 있다.

암호화 기술은 기밀성, 무결성, 인증 및 부인방지 서비스를 제공하기 위한 원천 기술들을 의미한다. 암호화는 논리적으로 일반 문서를 암호문으로 변화하는 암호화(encryption or encoding)와 암호문을 원래의 평문으로 변환하는 복호화(decryption or decoding)로 구분된다. 그리고 암호화와 복호화 모두 이 기능을 구현하기 위해서 암호 알고리즘(algorithm)과 키(key)가 필요하다. 이 중 암호 알고리즘이란 수학적 방법으로 순수 암호학, 소수론 등을 이용하여 관련자만 정보를 해독할 수 잇도록 정보를 특수한 기호화체계로 변형하는 것이다. 또한 키(Key)는 암호화와 복호화 과정에서 사용되는 암호 알고리즘의 열쇠를 말하는데, 이러한 키 알고리즘에 따라 비밀키 방식과 공개키 방식으로 키 알고리즘이 양분된다.

(2) 암호 프로토콜

암호 프로토콜이란 일반 프로토콜에 보안 요소를 첨가한 프로토콜로서 통신과정에서 암호 알고리즘을 사용하고, 복수의 당사자들이 암호화된 정보를 사

1) 우종현, e-커머스 운영관리, Rentsoft PRESS, 2005.

〈표 2-1〉 암호화 키의 종류와 역할

구 분	종 류	역 할	분배방법
비밀키 암호방식	비밀키	메시지 암호화	송신자는 수신자의 공개키로 비밀키를 전자봉투에 넣은 뒤에 수신자에게 전송
공개키 암호방식	교환키 한 쌍 (공개키와 비밀키)	전자봉투의 산출 및 전자봉투의 개봉	공개키는 전자인증서에 첨부되어 분배
	서명키 한 쌍 (공개키와 비밀키)	전자서명 또는 전자서명의 확인	공개키는 전자인증서에 첨부되어 분배

용하기 위해 요구되는 행위를 규정한 절차이다. 전자서명 프로토콜, 인증 프로토콜, 전자결제 프로토콜 등이 이러한 암호 프로토콜에 포함되는 개념이다. 암호 알고리즘이 원천적인 암호화 기술이라면 암호 프로토콜은 암호기술을 사용할 수 있도록 한 응용서비스이다.

1) 전자서명 프로토콜

실생활에서 개인의 고유성을 확인하기 위해 사용되는 서명이나 인감과 유사한 개념의 서명방식으로 이러한 서명을 전자적 문서로 옮겨 놓은 것이다. 전자서명은 공개키 암호 방식을 사용하는 사용자가 직접 서명하는 직접 서명방식과 서명을 검증하는 중개과정을 포함하여 개인의 서명을 확인시켜 주는 간접 서명방식으로 구분할 수 있다.

2) 은닉서명 프로토콜

전자결제시스템에서 현실의 생활의 현금과 마찬가지로 전자현금의 익명성을 보장하기 위한 전자서명 기법으로서 고객이 어떠한 전자현금 거래를 하였는지 알 수 없도록 하는 방식이다. 이 방식을 사용함으로써 고객은 지금까지 외부에 노출되었던 자신의 전자 화폐의 사용내역을 추적당하지 않게 되며, 추후 전자 현금의 사용에서 익명성을 원천적으로 보장받을 수 있게 된다.

3) 전자봉투 프로토콜

송신자가 수신자에게 메시지와 메시지 암호화에 사용된 키를 전송할 때 주로 사용하는 것이 전자 봉투 프로토콜이다.

4) 이중 전자서명

전자지불결제시스템인 SET 프로토콜에서 고객이 개인적인 프라이버시를 보호하기 위하여 채택한 알고리즘이다. 고객의 주문관련 정보와 지불관련 정보를 각각 해시 함수에 적용시킨 후 두 해시값에 대한 해시값을 재차 구한 다음 구해진 해시값을 이용하여 일반 전자서명 알고리즘으로 서명한다.

(3) 공개키 기반구조(Public key Infrastructure: PKI)의 인증 서비스

인증이란 한 실체를 개인으로 혹은 개인이 속한 그룹의 일원으로 식별 확인해 주는 처리과정을 말한다. 기존 오프라인 상거래와는 달리 e-비즈니스에서는 거래가 네트워크를 통한 비대면 방식으로 이루어지기 때문에 이러한 환경으로 인해 파생되는 문제점을 보완하고, 신뢰성을 보장하기 위해서는 이러한 거래 쌍방의 신분을 확인할 수 있는 체계가 필수적이며, 거래 사실 부인 방지 및 거래 내용에 관한 분쟁을 해결하기 위해서 사용된다.

e-비즈니스의 안정성과 신뢰성 확보를 위한 인증, 무결성, 부인봉쇄 등의 서비스는 전자서명제도를 활용함으로써 해결 가능하다. 그러나 전자서명제도를 효과적으로 활용하기 위해서는 공개키 암호방식이 필요하며, 공개키 암호방식을 이용한 인증방법을 구현하기 위해서는 기술적, 제도적 기반이 요구되는데 이러한 포괄적인 시스템 운영구조를 공개키 기반구조(PKI: Public Key Infrastructure)라고 한다. 공개키 기반구조는 전자서명 기술의 안전한 운영을 의미한다. 즉, 전자서명에 사용되는 공개키 암호 알고리즘의 비밀키의 기밀성과 공개키의 무결성이 보장되어야 한다.

즉, 공개키 기반 구조라고 하면 정보시스템 보안, e-비즈니스, 안전한 통신 등의 여러 응용분야에서 인증서(certificate)의 사용을 용이하도록 하는 정책, 수단, 도구 등을 수립하여 제공하는 객체들의 기반 네트워크 시스템이다. 공개키 기반 구조를 이용하면 다음 표와 같은 다섯 가지 기본 보안 서비스를 제공받을 수 있다.

〈표 2-2〉 공개키 기반구조에서 운영되는 기본 보안 서비스

기본 보안 서비스	
프라이버시	통신상의 상대자가 아닌 다른 사람들이 보지 못하게 하는 정보 암호화를 통해 기밀성을 유지
접근 제어	오직 허용된 사용자만이 정보에 접근 허용
무결성	정보가 전송중에 위/변조되지 않았음을 보장
인증	신원확인으로 정보의 원천지를 보장
부인 봉쇄	정보가 송신자에 의해 전송되었음을 보장, 수신자의 메시지 수신 부인을 원천 봉쇄

자료: 우종현, e-커머스 운영관리, Rentsoft PRESS, 2005.

(4) 전자지불제도

e-비즈니스 발전은 기업 및 개인에게 많은 변화를 가져다주었다. 이러한 변화는 긍정적인 결과뿐만 아니라 부정적인 면 또한 제공한다. 누구나 집에서 쇼핑을 즐기고 언제든지 영화나 음악을 감상할 수 있지만 온라인 쇼핑 피해사례의 지속적인 증가는 전자지불제도의 필요성을 제시한다.

〈표 2-3〉 피해 유형별 현황 (단위: 건, %)

청구 이유	연도별 접수 건수 및 비율		
	2001년	2002년	2003년
물품의 미인도·인도 지연	197(31.4)	205(19.6)	986(47.4)
해약 거절 및 대금 미환급	96(15.3)	299(28.6)	385(18.5)
물품의 하자	81(12.9)	164(15.7)	236(11.3)
부담 대금 청구	104(16.6)	105(10.0)	132(6.3)
허위·과장 표시 광고	35(5.6)	37(3.5)	99(4.8)
계약의 불완전 이행	83(13.2)	156(14.9)	94(4.5)
A/S 불만	9(1.4)	45(4.3)	64(3.1)

부당 계약 체결·해제	10(1.6)	14(1.3)	32(1.5)
기 타	13(2.1)	20(1.9)	53(2.5)
합 계	628(100.0)	1,045(100.0)	2,081(100.0)

자료: 2003년도 전자상거래 상담·피해구제 분석, 사이버소비자센터, 2004.

e-비즈니스의 피해사례로 인한 불신을 없애기 위해서는 최소한의 법적, 제도적 장치가 마련되어야 한다. 다음 표는 전자상거래 관련 법규, 제도현황을 나타낸다.

〈표 2-4〉 전자상거래 관련 법규 제도 현황

제도구분	분 류	상세 내역
법적 제도	사업자 관련 법률	사업자등록, 통신판매업, 부가통신사업 등
	e-커머스 주요 법률	공정거래위원회 표준약관, 개인정보보호지침, 전자서명법, 전자거래기본법, 방문판매 등에 관한 법률 등
	기타 법률	정보화촉진기본법, 통신비밀보호법, 정보통신망 이용촉진 등에 관한 법률, 공공기관의 개인정보보호에 관한 법률, 저작권법, 컴퓨터프로그램 보호법, 할부거래에 관한 법률, 소비자 보호지침 등
민간자율 제도	민간 인증 및 시상제도	e-trust, KEDMA, I-safe/e-privacy, 한국전자상거래 대상 등
	사업자 지원서비스	ESCROW, e-커머스 보증서비스, 실명인증서비스, 공인인증지불서비스, 신용정보 서비스, Paypal 등

이러한 전자상거래 관련 법규, 제도는 e-비즈니스 관련 법률, e-비즈니스를 위한 인증 및 시상제도, e-비즈니스 지원서비스로 나눌 수 있다.

〈사업보증 서비스 예〉

- 옥션의 에스크로 서비스 제도

에스크로는 거래 체결 후, 상품 배송 및 결제 과정에서 일방의 약속 불이행으로 인한 사고를 예방하기 위해 거래대금의 입·출금을 제3자가 관리하여 거래 안전을 도모하는 서비스이다. 에스크로는 구매자뿐만 아니라 판매자 입장에서도 온라인 거래에 따른 각종 위험과 비용을 절감할 수 있다는 장점이 있다.

옥션에서는 에스크로 제도를 매매보호서비스란 이름으로 제공하고 있다. 매매보호 서비스는 물품 대금을 옥션에서 보관하기 때문에 구매자는 돈을 보내고 물품을 못 받는 일이 없으며 판매자는 입금 확인 후 물품을 보내기 때문에 안전하게 거래를 할 수 있다.

우선 판매자가 판매할 물품을 옥션에 등록하면 다수의 입찰자들이 응찰한다. 물품이 낙찰되면 옥션은 구매자와 판매자에게 이를 통보하며, 구매자는 물품을 배송 받을 주소지 등의 정보를 입력하고 일정 기간 내에 대금을 입금한다. 입금은 옥션에서 제공하는 가상계좌를 이용하며, 입금이 확인되면 옥션에서는 이를 판매자에게 통지한다. 판매자는 구매자에게 물품을 배송하며, 판매자가 등록한 택배사, 배송금액, 소요일자, 배송장 번호 등의 배송관련 정보를 옥션을 통해 구매자에게 전달한다. 배송이 끝나면 구매자는 제품을 확인하고, 최종적으로 구매 여부를 결정한다. 구매 결정을 하면 가상계좌에 입금된 대금이 판매자의 계좌로 이체된다. 만일 구매를 거부한 경우 구매자는 제품을 판매자에게 반송하고, 판매자로부터 반품 확인을 받아야 물품 대금을 환불받을 수 있다.

2. 네트워크 정보통신 기술[2)]

(1) 정보통신

정보통신이란 정보가 정보의 생산자(공급자)로부터 정보의 소비자로 이동하는 현상을 말한다. 정보란 자료가 일련의 처리과정을 거쳐 생산되는 것으로 잠재적 또는 실제적 가치를 갖는 것을 말한다. 정보통신의 목표는 정보통신 송신자와 수신자 사이에서 정보가 정확하고 효율적으로 전달되는 동시에 보안성을 확보함에 있다. 즉, 정보는 보다 안전하게 원래의 데이터 그대로 효율적으로 보내고 받을 수 있어야 한다. 정보통신의 대상은 음성정보, 데이터정보, 화

2) http://blog.naver.com/zzaa99?Redirect=Log&logNo=30015415125

상정보, 영상정보, 멀티미디어 정보 등으로 나뉜다.

정보통신 기술이란 정보의 수집, 가공, 저장, 검색, 송신, 수신 등 정보 유통의 모든 과정에 사용되는 기술 수단을 총체적으로 표현하는 넓은 의미의 개념이다. 이전에는 정보통신이라고 하면 흔히 방송 및 그와 관련된 전자기기를 연상하였으나, 오늘날에 와서는 방송 기술이 전체 정보통신 기술에서 비교적 작은 부분을 차지하고 있으며 오히려 그 밖의 통신 기술 서비스(인터넷, 위성통신 등)가 더욱 부각되고 있다. 그러므로 오늘날의 정보통신 기술은 반도체로 대표되는 소자 기술, 컴퓨터로 대표되는 정보처리 기술, 위성통신과 광통신으로 대표되는 통신 기술이 합쳐진 것이며, 하드웨어라 불리는 물리적인 부분과 소프트웨어라 불리는 정보적인 부분 간의 결합이라고 할 수 있다.

(2) 통신 소프트웨어 및 프로토콜

통신 소프트웨어(communications software)는 데이터의 송수신을 위한 기본적인 기능과 함께 에러검출 및 메시지 형식화 등의 기능을 수행하는 일련의 프로그램으로 구성된 패키지로서 통신중에 발생하는 문제를 발견하고 이에 대한 해결책을 제시한다. 또한 수행중인 모든 작업이나 통신 내용을 로그로 작성하여 일정기간 동안 보관하며, 데이터 보안 및 프라이버시를 위한 다양한 기술을 제공한다.

네트워크 운영체제(Network Operating System: NOS)는 통신이 원활이 이루어질 수 있도록 네트워크에 연결되어 있는 컴퓨터 시스템과 네트워크 장비를 제어한다. 컴퓨터 운영체제(OS)가 컴퓨터의 메모리 및 작업관리, 하드웨어 조정 등의 기능을 수행하는 것과 마찬가지로 네트워크 운영체제는 네트워크에 연결되어 있는 프린터, 디스크 등의 자원들이 올바르게 사용되도록 제어한다.

네트워크 관리자는 네트워크 관리 소프트웨어(Network Management Software: NMS)를 이용하여 네트워크에 연결되어 있는 컴퓨터 및 프린터 등의 공유 하드웨어를 감시하며, 바이러스 검사와 소프트웨어 라이센스 등을 관리한다. 따라서 네트워크 관리 소프트웨어를 적절히 활용하면 새로운 소프트웨어를 설치하는 등의 반복적인 작업에 소요되는 시간과 문제에 대한 대응시간을 현저히 감소시킬 수 있을 뿐만 아니라 네트워크 전체를 효과적으로 제어할 수 있다.

〈표 2-5〉 주요 통신 장치

프로토콜	상세 내용
OSI	복잡한 통신 네트워크의 개발, 운영, 관리를 단순화하기 위해 ISO에서 데이터 통신의 기능을 독립적인 7가지의 계층으로 규정한 프로토콜임
TCP/IP	기종이 서로 다른 컴퓨터 시스템을 서로 연결해 데이터를 전송하기 위한 통신 프로토콜로서 유닉스(UNIX)와 인터넷 등에 사용됨에 따라 네트워크에서 데이터를 전송하는 표준
SNA	IBM 호스트와 터미널 간의 통신을 위해 개발된 독자적인 통신망 구조로서 OSI 7 계층모델과는 대응되는 구조
Ethernet	가장 대표적인 버스구조 방식의 근거리통신망(LAN)으로서 제록스(Xerox), 디지털이컵먼트(Digital Equipment)와 인텔(Intel Coporation)이 공동 개발함
ATM	음성과 화상·영상·방송 등 모든 형태의 정보를 53Byte 크기의 패킷인 셀(Cell)에 담아 전송하는 셀교환방식으로서 최고 10Gbps로 전송할 수 있음
802.11a	무선 ATM 장비에서 최고 54Mbps의 전송속도를 지원하는 프로토콜임
Bluetooth	근거리의 컴퓨터와 이동단말기·가전제품 등을 무선으로 연결하여 쌍방향 실시간 통신을 지원하는 프로토콜로 휴대폰으로 자판기를 이용하거나 지하철 승차시 요금을 자동적으로 지불하는 등 전자상거래에 사용될 수 있음
802.11b or Wi-Fi	무선랜이라고도 하며 무선 네트워크를 하이파이 오디오처럼 편리하게 쓰게 한다는 뜻에서 와이파이(Wi-Fi)라는 별칭으로도 불린다. 무선접속점(AP)이 설치된 곳을 중심으로 일정 거리 이내에서 PDA나 노트북 컴퓨터를 통해 초고속 인터넷을 이용할 수 있음

통신 프로토콜(communications protocol)은 통신이 적절하게 이루어지도록 보증하는 규약 혹은 표준으로서 다음 표에서와 같이 다양한 프로토콜이 사용된다.

컴퓨터나 데이터베이스 시스템을 구축할 때 표준이 중요한 것과 마찬가지로 프로토콜은 서로 다른 업체에서 제작한 서로 다른 기종의 컴퓨터들 간에 통신이 원활히 이루어지도록 보증한다. 최근에는 무선통신 및 무선 LAN을 위한

Bluetooth, 802.11a, 802.11B 등의 새로운 프로토콜이 제안되었다.

그 중 bluetooth는 10세기 덴마크와 노르웨이를 통일한 바이킹 헤럴드 블루투스(Harald Bluetooth; 910~985)의 이름에서 따온 명칭으로 블루투스가 스칸디나비아 반도를 통일한 것처럼 개인용 컴퓨터와 휴대전화 및 각종 디지털 기기 등을 하나의 무선통신 규격으로 통일한다는 상징적 의미를 지닌다. 처음에는 프로젝트명으로 사용했으나 브랜드 이름으로 발전하였다. 휴대폰과 노트북 컴퓨터에 우선적으로 적용되는데 휴대폰의 응용분야는 무선헤드셋과 인터넷 접속, 인터콤, 무선전화, 휴대폰의 복합기능을 갖는 전화를 예로 들 수 있다. 복합기능의 경우 집에서는 무선전화기 모드로 자동 전환되며, 사무실 등에서는 사설 교환망과 연결되어 인터콤으로 사용할 수 있다. 무선헤드셋의 경우 휴대폰을 꺼내지 않고도 전화를 걸거나 받을 수 있다. 또한 휴대폰으로 자판기를 이용하거나 지하철 승차시 요금을 자동적으로 지불하는 등 휴대폰을 이용한 전자상거래에도 적용된다. 노트북 컴퓨터의 경우에는 휴대폰을 통한 인터넷 접속을 들 수 있다. 또한 휴대폰과 노트북 컴퓨터간의 데이터 교환이 가능해진다. PCMCIA 카드나 USB Dongle 형태의 제품으로 보급되거나 신규 출시되는 노트북 컴퓨터에는 본체 내에 내장될 수도 있다. 이외에도 컴퓨터 주변기기는 물론 가전제품·자동차 등에까지도 적용될 수 있다.

Wi-Fi라고 불리는 802.11b 표준은 Bluetooth 표준에 대한 경쟁자로서, Bluetooth보다 훨씬 더 빠른 전송속도를 지원하며, 연결 거리에 있어서도 Bluetooth의 30ft보다 10배 이상 긴 300ft를 지원한다. 그러나 Wi-Fi에 사용되는 칩은 Bluetooth에 사용되는 칩에 비해 전력을 많이 소비할 뿐만 아니라, 가격이 비싼 단점이 있다. Bluetooth와 Wi-Fi는 모두 셀룰러폰이나 팜탑 컴퓨터 등 전지(battery)를 이용하는 소형 장비에 쉽게 장착될 수 있는 특징이 있다. Wi-Fi를 이용하여 무선 네트워크를 구축한 예로는 Hofstra 법대를 들 수 있다. 이 대학에서는 30곳에 무선인터넷 접속점(Access Point, AP)을 설치하여 강의실, 도서관, 잔디밭 등 교정의 어느 곳에 있든지 노트북 컴퓨터와 무선 모뎀으로 네트워크에 접속할 수 있도록 하였다.

한국형 무선 인터넷 플랫폼 — 위피

위피는 영어 'Wireless Internet Platform for Interoperability'의 머리글자를 딴 것이다. 이동통신 업체들이 같은 플랫폼을 사용하도록 함으로써 국가적 낭비를 줄이자는 목적으로 2001년부터 국책사업으로 추진되기 시작하였다. 무선인터넷 플랫폼이란 이동전화 단말기에서 퍼스널컴퓨터의 운영체계(OS)와 같은 역할을 하는 기본 소프트웨어를 말한다.

한국의 이동통신 업체들은 그동안 회사마다 각기 다른 방식으로 무선인터넷 플랫폼을 만들어 사용하였기 때문에 콘텐츠 제공업체들도 같은 콘텐츠를 여러 개의 플랫폼으로 만들 수밖에 없었다. 따라서 콘텐츠 제작과 서비스에 따르는 여러 가지 불필요한 낭비 요소가 발생하였는데, 위피는 국가적인 차원에서 이러한 낭비 요소를 줄일 목적으로 탄생한 것이다.

한국무선인터넷표준화포럼(KWISF)의 모바일 플랫폼 특별 분과에 소속되어 있으며 SK텔레콤(주)·KTF(주)·LG텔레콤(주), 삼성전자(주), LG전자(주), ETRI, TTA, 전파연구소가 정회원으로 가입되어 있다.

2003년 6월 LG전자(주)에서 처음으로 위피를 적용한 휴대폰이 출시되었고, 이보다 앞서 정보통신부와 이동통신업계는 위피를 국제표준으로 만들기 위해 2002년 6월 국제무선인터넷표준화기구(OMA)에 국제 표준으로 제안하였다. 2.0 버전은 위의 기관들 외에 지어소프트(주)·이노에이스(주)·IBM·아로마소프트(주)·모토로라·베텔시스템 등 국내외 60여 개의 기업이 플랫폼 엔진 및 단말기 제조, 콘텐츠의 연구 개발에 참여하였다. 2004년 2월 자바표준화단체(JCP)의 표준규격인 CLDC/MIDP와 완전한 호환성을 갖춘 2.0 버전을 완성하였으며, 2005년 4월 1일부터 전기통신설비의 상호접속기준 고시에 따라 신규 출시되는 모든 단말기에 위피가 의무 탑재된다.

3. 웹 콘텐츠 제작기술

(1) 웹 품질의 중요성

현재 많은 기업들이 그들의 웹사이트를 구축하고 있다. 제품이나 서비스 판매를 목적으로 광고를 하던 기업이 웹사이트를 개설한 가장 큰 목적은 많은 사용자들에게 좋은 인상을 남겨서 지속적인 웹사이트 방문을 유도함으로써 웹사이트에서 제공하는 서비스를 좀더 많이 이용할 수 있도록 하는 것이다. 그와 더불어 B2C와 같이 웹을 통해 어떤 상품을 거래하거나 서비스를 제공하는 경우 웹에 대한 고객들의 평가, 즉 웹 품질은 마치 오프라인 가게에 대해 고객들이 평가하는 것만큼 중요하다.

반대로 인터넷 사용자 혹은 고객들은 웹 평가를 어떠한 기준으로 하는 가라는 질문에서 그 해답을 찾을 수 있다. 웹을 이용하는 사용자마다 웹의 평가 내용은 달라질 것이며, 웹 접속자가 만일 쇼핑을 위해 접속하고 있다면, 많은 쇼핑에 대한 정보를 제공하는 웹이 평가를 높게 받을 것이다. 반면, 디자인과 관련된 업무를 보는 접속자라면, 웹사이트의 인터페이스가 중요한 요인으로 작용할 것이다. 웹 품질의 구성요소는 크게 세 가지의 구성요소를 가지고 있다고 보는 것이 일반적이다.

〈표 2-6〉 웹 품질 구성요소

품질 구성요소	측정요소
기술적 적정성	보안기능, 검색기능, 접속용이성, 페이지 로딩시간, 링크 페이지 등
웹 콘텐츠	유용성, 완전성, 유일성, 현재성, 다양성, 웹 운영회사 연락방법, 상품 및 서비스 내용, 고객정책, 온라인 지원 등
웹 외관	디자인의 매력성, 화면 및 메뉴의 적절성, 글씨, 색깔, 멀티미디어, 스타일 등

자료: 이웅규·이동만·곽기영, 인터넷과 경영, 삼우사, 2005.

1) 기술적 적정성(Technical Competence)

기술적 적정성은 웹이 제공할 수 있는 각종 기능에 대한 품질이다. 사용자가 웹에서 이용할 수 있는 각종 기능이나 기술적으로 제공되는 서비스 등과 같이 주로 웹 사용 환경이 기술적으로 얼마나 적절한가를 측정하는 요소이다.

2) 웹 콘텐츠(Web Contents)

웹의 콘텐츠는 웹 품질평가에 있어 가장 중요한 요소로 꼽을 수 있다. 세부적인 항목으로는 유용성, 완전성, 유일성, 현재성, 다양성과 같이 웹에서 제공하는 콘텐츠 자체는 물론이고 웹 운영회사에 대한 연락방법, 웹에서 제공하는 상품이나 서비스의 상세한 내용, 고객들에 대한, 정책, 사용상의 문제를 해결할 수 있도록 지원하는 온라인 지원 등 웹 운영회사에 대한 정보 등이 포함된다.

3) 웹 외관(Web Appearance)

사용자가 처음 웹사이트를 방문했을 때 첫인상을 좌우하는 품질 요소이다. 많은 사용자들은 웹사이트를 처음 방문했을 때 어떤 기능이 있는지 어떤 콘텐츠를 제공하는지보다는 웹사이트의 디자인이 어떠한지를 먼저 평가를 한다. 따라서 웹 외관 역시 중요한 구성요소라 할 수 있다.

(2) 인터넷 개발 도구[3)]

1) HTML(Hyper Text Mark-up Language)

오늘날과 같이 인터넷이 보급되기 시작된 것은 HTML(Hyper Text Mark-up Language)의 보급과 이를 지원하는 프로토콜인 HTTP, 그리고 HTML의 클라이언트 사이트 프로그램인 웹브라우저 때문이었다. HTML은 무엇보다도 멀티미디어 파일과 하이퍼텍스트를 지원하고 있기 때문에 인터넷이나 컴퓨터에 관한 전문적인 지식이 없어도 인터넷을 손쉽게 사용할 수 있게 되었다. HTML은 1991년 스위스 입자물리연구소의 연구원인 팀 버나스리(Tim Berners-Lee)가 물리학 자료에 관한 원활한 커뮤니케이션을 위해 만들었다. 그렇기 때문에 문서의 레이아웃보다는 문서의 논리적 구조화에 관심을 갖고 개발되었다.

HTML은 문서의 글자크기, 글자색, 글자모양, 그래픽, 문서이동(하이퍼링크) 등을 정의하는 명령어로서 홈페이지를 작성하는 데 쓰인다. HTML에서 사용하는 명령어를 태그(tag)라고 하는데 태그는 시작과 끝을 표시하는 2개의 쌍으로 이루어져 있다. 또한 HTML로 작성된 문서를 HTML 문서라 하며 이 HTML로 작성된 문서를 웹브라우저가 해석하여 이용자에게 보여주게 된다. HTML에서는 문서가 별도의 코드(code)를 인식하여 완벽한 하이퍼텍스트를 만들 뿐만 아니라 단어 또는 단문을 인터넷의 다른 장소나 파일로 연결시킬 수 있다. HTML은 전자 문서의 서식을 정의하기 위해 만들어졌으며, 국제표준 SGML의 부분 집합으로 정의되었다. HTML은 SGML에서 특히 하이퍼텍스트를 강조하여 만들어진 언어이며, ASCII 문자로 구성된 일반적인 텍스트로 구성되었다. 이 언어는 별도 컴파일러가 필요치 않으며, 웹브라우저에서 해석이 가능한 사용하기 쉬운 언어

3) 이웅규·이동만·곽기영, 인터넷과 경영, 삼우사, 2005, pp. 398~399.

로 각광을 받고 있다.

HTML은 과학자들 간의 커뮤니케이션을 지원하기 위해 만들었기 때문에 하이퍼텍스트 핸들링을 위해 필요한 최소한의 태그명령어만을 제안하고 있을 뿐이지 문서의 레이아웃이나 프레젠테이션을 위한 고려는 없었다. 하지만 애초부터 HTML에는 레이아웃이나 프레젠테이션을 위한 명령어는 없었기 때문에 많은 웹브라우저 업체가 독자적인 표준을 제정하였고, 이것이 결국은 HTML 표준의 하나로 자리잡게 되었다.

2) XML(Extensible Mark-up Language)[4)]

XML은 HTML이 가지고 있는 여러 제 약점을 극복하기 위해 제안된 언어이다. 확장성 생성언어로 번역되며, 1996년 W3C(World Wide Web Consortium)에서 제안하였다. HTML의 한계, 곧 각각의 웹브라우저에서 상호 호환되지 않는 문제점을 극복하고, SGML(Standard Generalized Markup Language: 구조화된 전자문서를 만들기 위하여 채택된 국제표준규약)의 장점을 살려 표준화 작업이 이루어진 웹페이지 기술언어이다. SCML은 정보표현을 위한 중요한 마크업 언어로서 자동차 산업, 건강산업, 통신 산업 등에서 많은 양의 텍스트이 구조화가 필요한 곳에서 사용되었으나, 언어의 체계가 지나치게 복잡하고 SGML을 구현하기 위한 제작 도구의 비용이 매우 비싼 약점이 있었다. HTML은 이와 같이 복잡한 SGML을 단순화시켜 제안된 언어이다.

XML은 HTML보다 홈페이지 구축기능, 검색기능 등이 향상되었고 클라이언트 시스템의 복잡한 데이터 처리를 쉽게 한다. 또한 인터넷 사용자가 웹에 추가할 내용을 작성, 관리하기에 쉽게 되어 있다. 이밖에 HTML은 웹 페이지에서 데이터베이스처럼 구조화된 데이터를 지원할 수 없지만 XML은 사용자가 구조화된 데이터베이스를 뜻대로 조작할 수 있다. 구조적으로 XML 문서들은 SGML 문서 형식을 따르고 있다. 다음 〈표 2-7〉은 각 언어의 차이를 비교한 것이다.

XML의 특성은 9가지로 나타난다.

첫째, 기존 웹(인터넷 기반의 프로토콜, 메카니즘)과 함께 사용 가능하다.

둘째, 언어에 대해 독립적이고 여러 Application 사용 가능하도록 지원한다.

셋째, 유연하고 개방적인 표준 기반 형식을 채택함으로써 뛰어난 상호 운

4) http://blog.naver.com/we2104?Redirect=Log&logNo=40020985553

〈표 2-7〉 각 언어 비교

항목	HTML	SGML	XML
태그	내장된 DTD정의/ 사용자정의 불가능	사용자정의 태그 사용	사용자정의 태그 사용
문서 재사용	불가능	가능	가능
응용	단순문서의 Presentation	복잡한 구조의 문서 및 방대한 내용을 요구하는 문서 예) 매뉴얼	SGML과 동일/웹에서 정보 교환
난이도	쉬움	복잡하고 어려움	비교적 쉬움 (SGML의 단순화)
검색	검색의 어려움 (검색엔진 필요)	자료의 표현과 내용이 분리도어 정확한 검색가능	SGML과 동일
출력형식	CSS	DSSSL	XSL
Data 교환	교환시 부가되는 작업량이 방대함	표현부와 내용부가 분리되어 교환용이	SGML과 동일

영성을 제공한다.

넷째, SGML에서 파생되어 SGML과 호환이 가능하다.

다섯째, SGML을 단순화해 프로그램하기 용이하다.

여섯째, HTML은 DTD가 보이지 않지만 XML은 필요에 따라 정의할 수도 있고 생략이 가능하다.

일곱째, Link 메커니즘의 강화로 다양한 형태의 대상과 연결가능하다.

여덟째, 유니코드 기반이란 외국어 표현이 용이하다.

아홉째, 작성이 쉽고 간결하여 개발이 용이하다.

3) 자바(Java)

웹의 작동은 인터넷의 전형적인 프로그램 형식에 따라 클라이언트 쪽의 웹브라우저가 서버 쪽의 웹서버로부터 HTML로 구성된 문서를 가지고 와서 이를 해석하여 보여주는 형식으로 되어 있다. 그렇기 때문에 순순한 HTML문서는 항상 같은 내용을 갖게 되고 문서내용을 바꾸기 위해서는 전체 문서를 수정하는 방법 이외에는 없다. HTML에 동적인 성격을 부여하기 위해서는 크게 클라이언트 쪽에서의 컨트롤과 서버 쪽에서의 컨트롤로 나누어 볼 수 있는데, 자바는 클라이언트 컨트롤을 함으로써 HTML에 동적 요인을 부여하는 언어이다.

자바는 애초부터 인터넷에서의 구현을 목표로 만들었기 때문에 다른 언어와 달리 애플릿(applet) 기능이 있어서 웹브라우저의 HTML 명령어에 의해 수행될 수 있게 되어 있다. 자바를 수행시킬 경우 순수한 HTML과 달리 인터랙티브한 프로그램을 수행시킬 수 있고, 그래픽이나 네트워킹에 대한 컨트롤도 가능하다. 따라서 채팅 프로그램이나 게임 또는 바둑 프로그램 등과 같이 사용자와의 상호작용이 많으면서도 그래픽이나 네트워크의 컨트롤이 필요한 경우에 자바를 이용하게 된다.

4) 자바스크립트(JavaScript)

클라이언트를 컨트롤함으로써 HTML에 동적 요인을 부여하는 언어이며, 자바만큼 강력한 기능을 가지고 있지는 않지만 간단한 사용자 인터랙션을 지원할 수 있는 것이 자바스크립트이다. 자바 애플릿을 구현시키기 위해서는 자바스크립트 언어를 HTML 문서 가운데에서 작성하면 된다. 〈SCRIPT〉라는 태그에 의해 관리되며 주로 사용자 로그인이나 입력오류 체크 같은 간단한 사용자 인터랙션 프로그램 응용에 사용된다.

5) CGI(Common Gateway Interface)

CGI는 웹서버와 클라이언트 간의 인터랙션을 가능하게 하는 방법이다. 동적인 HTML 문서의 내용은 CGI 프로그램을 통해 서버의 데이터베이스에의 접근이 가능하게 된다. 방대한 데이터를 관리하거나 잦은 데이터 변경을 필요로 하는 많은 웹 응용프로그램들은 CGI 개념을 사용하며, CGI 프로그램을 지원하는 도구는 전통적인 프로그램 언어인 C언어가 대표적으로 사용된다.

6) ASP(Active Server Pages)

ASP는 마이크로소프트의 운영체제인 NT나 윈도우 계열을 사용하는 컴퓨터를 서버로 사용할 경우에 인터넷 응용프로그램을 개발할 수 있는 도구로서 1996년 마이크로소프트에서 제안하였다. CGI는 C언어를 이용하여 프로그램을 개발하고 다만 출력 부분에 HTML 문을 삽입하는 데 비해 ASP는 HTML 문서 내부에서 〈%%〉로 둘러싸인 스크립트에 의해 구현되고 ADO(ActiveX Data Object)을 이용하여 데이터베이스에도 수월하게 접근할 수 있다.

CHAPTER

3

e-비즈니스 Transformation[1)]

앞에서 제시한 인터넷 사업모형과 전략은 인터넷을 기반으로 새롭게 사업을 시작하려는 기업을 대상으로 한 것이다. 그러나 경쟁의 논리는 인터넷 기반 사업자와 전통적인 산업 기반의 사업자를 구분하여 적용되는 것은 아니다. 가령 아마존 가상서점은 인터넷을 기반으로 한 기업이고 반즈앤노블스는 전통산업을 기반으로 한 기업이지만 서로가 경쟁기업이다. 순수 인터넷 기업이든 아니든 똑같은 고객을 대상으로 사업을 하기 때문에 인터넷 이전에 설립된 회사가 인터넷의 생리에 맞게 만들어진 기업들을 따라가기 위해서는 기업의 모든 체질을 인터넷에 맞게 바꾸는 작업이 필요하다.[2)]

e-비즈니스 transformation은 "조직이 디지털 환경하에서 IT/네트워크 기술을 조직에 도입하여, 조직 전반적인 프로세스를 전산화시킴으로써 거래방식, 조직구조, 문화, 프로세스 등 조직의 전 영역에서 일어나는 변형과정"을 말한다. 이는 유통, 제조, 교육, 금융, 서비스, 공공 서비스 등 기존 산업 곳곳에 정보화가 이루어지면서 형성하게 되었다. 예를 들어 e-비즈니스는 단일회사내 뿐만 아니라 여러 회사들 간의 비즈니스 응용프로그램들을 통합할 수 있는 플랫폼을 필요로 한다. 지불시스템, 고객지원, 선적과 같은 관련된 비즈니스 프로세

1) 정분도, 항만 e-트랜스포메이션 동향과 추진 문제점에 관한 연구, 한국항만경제학회지, 한국항만경제학회, 2005.

2) 이웅규·이동만·곽기영, 인터넷과 경영, 삼우사, 2005, p. 91.

스와 웹 기반 주문프로세스를 통합시켜줄 수 있는 적절한 플랫폼이 개발될 때에만 효율적인 비즈니스 실행이 가능하다.

다시 말해, 전통기업의 e-비즈니스 transformation이란 전통기업이 e-business 개념을 도입하여 새로운 형태의 기업으로 탈바꿈하는 것을 의미한다. 여기에서 transformation(변환)이란 단어 그대로 현재의 방법을 인터넷방식으로 전환시키는 정도가 되어서는 안 되며, 인터넷과 e-commerce의 개념을 바탕으로 기존과는 확실히 차별화되는 새로운 모습으로의 전환을 의미한다.[3)]

〈표 3-1〉 e-C, e-B, e-T 비교

구 분	정 의	
e-Commerce	네트워크를 교환의 매개체로 한 사업거래	A. Hartman, J. Sifonis and J. Kador
e-비즈니스	전자상거래보다 확장된 의미로 거래 측면뿐만 아니라 조직구조, 문화, 프로세스 등을 포괄하는 조직의 전 비즈니스 영역에 IT/네트워크 기술	IBM, Oracle 산업자원부
e-Transformation	e-비즈니스의 포괄적 개념에서 출발하여 IT/네트워크 기술이 조직에 도입, 조직 전반적인 프로세스가 전자화됨으로 인해 거래방식, 조직구조, 문화, 프로세스 등을 포괄하는 조직 전 영역에서 일어나는 변형	앤더스컨설팅 Michael Hammer, Steohan H. Haeckel

e-비즈니스 transformation의 진행과정은 다음 그림과 같으며 기존 산업에 정보화의 정도에 따라 높아진다. 기업들의 정보화는 e-Information, e-Interaction, e-Transaction, e-Company, e-Market, e-Economy의 순으로 이루어지며 e-Economy의 레벨에서는 전자적 상거래를 위한 경제가 창출되는 경제시스템이 지원된다.

위와 같은 e-transformation의 개념은 해운물류산업에서 항만 e-transformation으로 나타난다. 항만 e-transformation이란 기업 이윤 창출의 핵심인 가치사슬(value chain)에 신기술인 고객관계관리(CRM), 공급망관리(SCM), 전사적자원관

3) 전통기업의 e-transformation 과제와 추진방안, 산업공학연구정보센터 News Letter Vol. 5 No. 2(April, 2001).

[그림 3-1] e-비즈니스 Transformation 진행 과정

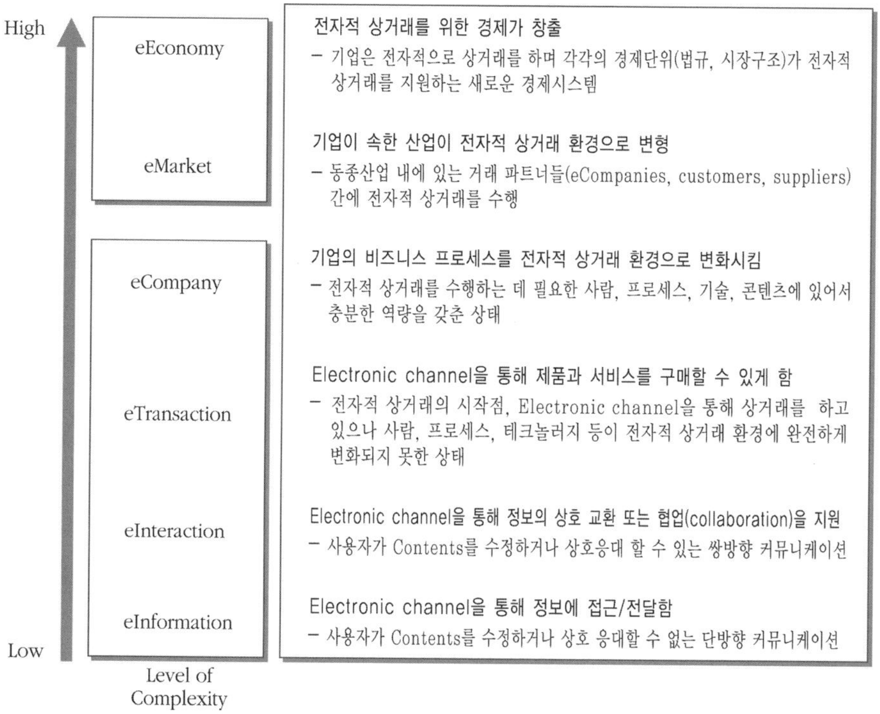

리(ERP) 등을 모든 항만 시설물에 접목시키는 것을 의미한다. 구체적으로 설명하면, 전통적 비즈니스 가치사슬에 항만(port), 고객(client), 공급자(supplier), 직원(people) 등 해당 관련자들을 총체적으로 네트워크화 하여서 디지털 경쟁 상황에서 경쟁 우위를 갖는 새로운 모델을 설계하고 구축해 나가는 것을 말한다.

항만을 이용하는 기존 전통기업(legacy)들에게 디지털 신기술을 결합시키고 e-transformation을 수행한 뒤 향후 항만을 효율적으로 운영하고 극대화시켜서 새로운 글로벌 디지털 시대에 생존을 가능케 한다.

최근 많은 기업들도 e-transformation을 추진하고 있지만 최고의 이윤을 가져다 줄 수 있는 e-transformation을 준비하고 있는지에 대한 의문이다. 그 이유는 각 사의 기준과 가치를 근거로 e-transformation을 시도하고 있지만 그 성과는 미미한 수준에서 그치기 때문이다.

이러한 상황에 놓이게 전통기업들의 잘못된 인식은 항만 e-transformation을 인터넷을 사용하여 이용한 새로운 정보시스템인 홈페이지, 네트워크 통신 등을

구축하는 것으로 e-transformation이 이뤄졌다고 생각하기 때문이다. 항만 활용 기업가치 증대에 꼭 필요한 항만시설물, 고객, 공급자, 직원 네트워크 등 성공 요인들을 총체적으로 고려하지 못하고 있기 때문이다. 그러므로 효과적인 항만 e-transformation을 위해 기존 네트워크 시스템은 물론 인터넷 및 무선 등 다양한 방법으로 통합하여 항만, 고객, 공급자, 직원들이 원할 때마다 활용할 수 있는 플랫폼을 조속히 구축해야 한다. 기업의 모든 애플리케이션을 통합하는 전사적 애플리케이션 통합(EAI: Enterprise Applicaion Integration), 보안 등의 솔루션도 동시에 완벽하게 구성하여야 한다.

아래의 〈표 3-2〉는 항만 e-transformation의 기술 분류체계이다.

〈표 3-2〉 항만 e-transformation 기술분류 체계

계 층	정 의	비 고
e-transformation 통합기술	항만내부 정보, 애플리케이션, 프로세스를 외부와 연계하고 통합시킴으로써 가치사슬과 e-transformation 프로세스를 개선하고 통합하는 기술그룹을 의미	인터페이스 통합, 애플리케이션 통합, 마켓플레이스 통합 등
e-transformation 응용기술	직접적으로 항만 관리를 지원하는 기술로서 개별 응용 소프트웨어들을 포괄하는 항만 내의 기술그룹	정보수집, 거래, 이행, 고객서비스, 경영지원 및 관리, 협업 등
e-transformation 요소기술	항만 네트워크 응용 애플리케이션을 구성하는 단위 기술 그룹을 의미	데이터관리, 데이터교환, 데이터분석, 프로세스관리, 지급결재, 지능형 에이전트, 인증, 보안, User Interface, 유무선통합, 표준 등
e-transformation 기반기술	e-transformation 기술 중에 항만 시스템 구축의 토대가 되는 기술로서 특정 애플리케이션과 시스템에 종속되지 않고 공통적으로 사용되는 기술그룹	멀티미디어, DB, S/W, 검색서비스, 통신, 인터페이스, 정보보호, 미들웨어, 개발환경 등

항만 e-transformation을 수평적으로 봤을 때, 가치사슬 분석을 통하여 프로세스별 기술로 분류되어질 수 있는데 정보수집, 거래, 이행, 사후 서비스 등의 4단계로 나눌 수 있다.

경영지원, 관리, 협업은 전체 프로세스에 공통적으로 적용된다는 측면에서 별도 항목으로 포함시킬 수 있다. 수직적으로 살펴보면 크게 항만 e-트랜스포메이션 동향과 추진 문제점에 관한 e-비즈니스 응용기술 계층과 e-비즈니스 요소기술 계층, 그리고 IT 인프라 기술 계층으로 구분할 수 있다. 이러한 기술 계층 구조는 기존에 응용되어온 계층구조와 유사하다. 다만 최근 통합 기술의 중요성이 커지는 추세를 감안해 항만 프로세스별 애플리케이션을 통합하는 통합기술계층을 별도로 구분하여야 한다. 항만 e-비즈니스 응용기술 계층과 요소기술 계층은 가치사슬의 각 단계별로 분류하여야 한다. 통합 기술 계층은 프로세스 통합의 특성을 반영해 구분한다. 항만의 IT 인프라 기술 계층은 e-transformation의 요소기술과 응용기술 계층이 물리적으로 기술적으로 동작할 수 있는 기반이 되는 요소기술 계층이 되어야 한다.

다음의 〈표 3-3〉은 항만 e-transformation 통합기술, 〈표 3-4〉는 항만 e-transformation 응용기술, 〈표 3-5〉는 항만 e-transformation 요소기술, 〈표 3-6〉은 항만 e-transformation 기반 기술이다.

〈표 3-3〉 항만 e-transformation 통합기술

부문기술	세부기술
항만 인터페이스통합	항만정보포탈(PIP), 인터넷 포털(IP)
항만 애플리케이션 통합	항만애플리케이션 통합(PAI), 웹서비스(SOAP, WSDL, UDDI)
항만 e-마켓플레이스 통합	B2B 인터페이스 및 프로세스 통합(B2Bi)

〈표 3-4〉 항만 e-transformation 응용기술

부문기술	세부기술
정보수집	항만e-카탈로그, CMS/Syndication, KMS, EDMS
거래	공동구매, 전자입찰, 전자조달, e-마켓플레이스, 무역자동화시스템
이행	e-페이먼트, e-로지스틱스, 웹 EDI
고객 서비스	e-서비스, CRM/개인화
경영지원관리	PDM, ERP, SEM, BI, CIM/MfIS
협업	CPC/CPD, PRM, SCE, SCP, SRM

〈표 3-5〉 항만 e-transformation 요소기술

부문기술	세부기술
데이터관리/교환/공유	DB/Repository, Meta DAta Modeling, XML/cXML, Ontology
데이터 분석	로그처리/분석, DW/DM, OLAP
프로세스 관리	Workflow, BPMS
지급결제	전자지급결제, 전자화폐, Escrow
메시징	P2P, 메신저
보안 및 인증	암호화, 전자서명, DRM, Biometrics
지능형 에이전트	Semantec Wed, Intelligent Agent
User Interface	Information Architecture, Web Usability
유무선 통합	LBS, RFID
표준	보안표준, BP표준, 문서표준, Catalog, 전자상거래표준(ebXML/로제타넷 등)

〈표 3-6〉 항만 e-transformation 기반기술

부문기술	세부기술
멀티미디어	멀티미디어저작, 동영상기술, 디지털콘텐츠
DB	Query, 다중/분산DB, 객체지향DB
S/W	시스템S/W, 인공지능S/W, S/W생산자동화
검색서비스	디렉토리검색, 메타검색, 자연어검색
통신	VOIP, IPv6, 무선통신, 초고속통신, 홈네트워킹
인터페이스	메시지 패싱 인터페이스
정보보호	공개키, 비밀키, 해쉬함수
미들웨어	ODBC, TP, RPC, EJB, MOM, CORBA, DCOM
개발환경	개발언어(C++, JAVA 등), 모델링(ERM, UML), 개발방법론(구조적/객체지향/CBD)

제 1 절 ERP와 e-비즈니스

1. ERP(Enterprise Resource Planning)의 개념

ERP란 기업의 모든 업무를 효과적으로 처리해주는 정보시스템으로서 다양한 산업에서 생산, 구매, 재고, 주문 등 여러 가지 업무를 수행할 수 있는 다양한 모듈로 구성된 통합 어플리케이션 소프트웨어 패키지이다.

ERP라는 용어는 1990년 미국의 한 소프트웨어 회사에서 출시한 'ERP Vendor'라는 상품에서 유래하였다. 그 후 1991년 미국의 컨설팅 회사인 가트너그룹(Gartner Group)이 기존의 생산자원 계획 시스템의 확장으로 ERP라는 용어를 사용하기 시작하면서 정보기술을 활용하는 경영전략으로 자리잡게 되었다.

ERP는 글로벌한 경영환경에서 기업현안에 대한 실시간 분석을 통해 기업 전체의 최적화, 즉 기업경영의 효율성을 높일 수 있도록 기업 내의 비즈니스 프로세스를 통합한 시스템으로서 1970년대 생산 및 재고의 합리적인 관리를 목

[그림 3-2] ERP의 개념도

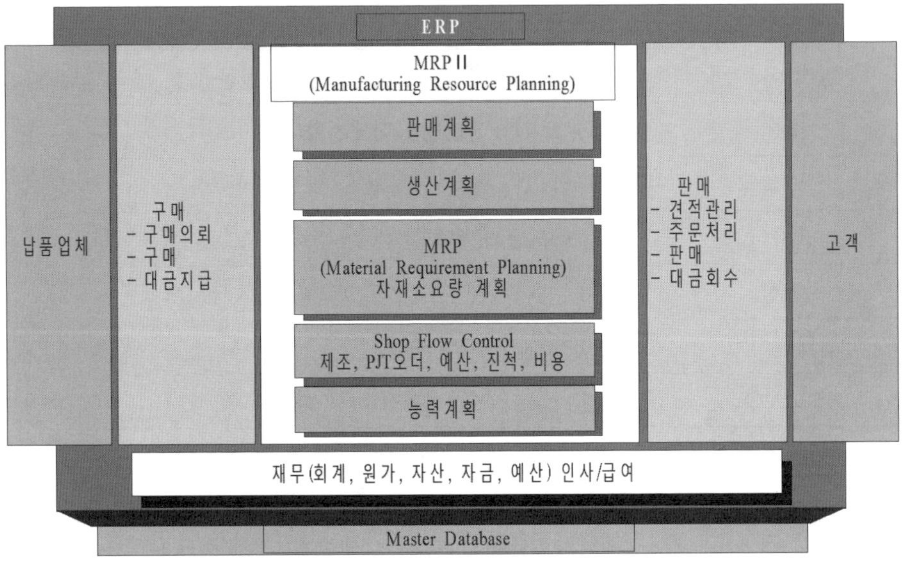

적으로 개발된 MRP(Material Requirement Planning)를 시작으로 MRP Ⅱ(Manufacturing Resource Planning)를 거쳐 발전하게 되었다.

2. ERP의 특징

ERP 시스템이 시장에서 매력을 끌어낼 수 있었던 원인은 첫째, 개방시스템, 개방 디자인을 가진다. 예를 들어 재무, 인사, 운영, 물류, 판매, 마케팅의 모듈들을 각 기업 상황에 맞는 모듈들을 선택함으로써, 기업 상황에 맞는 시스템을 구축할 수 있다. 둘째, 무제한의 사용자와 무제한 트랜잭션량을 운영할 수 있는 능력을 갖추었다. 셋째, 산업의 특별한 해결책을 제시할 수 있는 능력을 가졌고, 넷째, 최고경영자 시스템, 바코드 스캐닝 시스템, CAD, 문서관리 시스템 등의 여러 시스템과 서로 통합할 수 있다. ERP는 기업의 특정기능 부서나 부분적인 데이터를 처리하기 위한 시스템이 아니라 기업 활동 전반에 걸친 업무와 관련된 정보를 관리한다. 다섯째, ERP는 비즈니스 프로세스를 표준화시킨다. ERP를 도입하면 해당 분야에서 최적화된 비즈니스를 자사에 도입하는 효과

[그림 3-3] ERP 시스템 발전과정

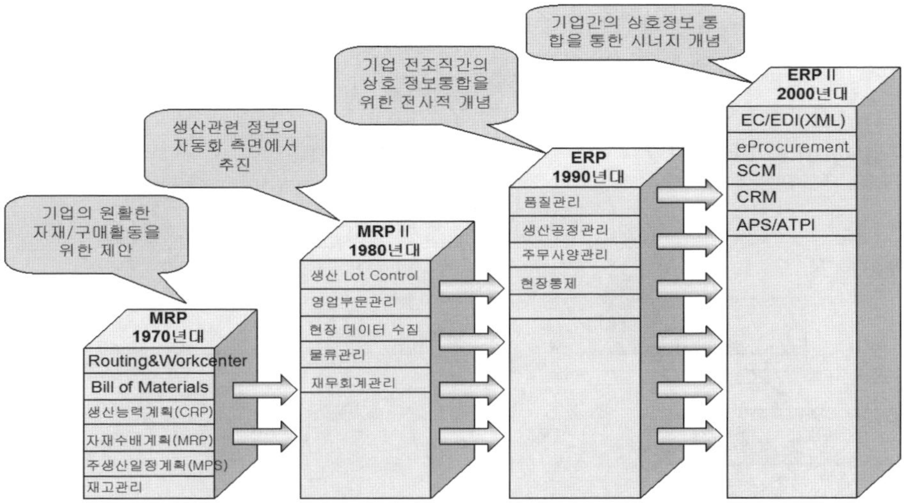

자료: 중소기업 정보화 추진 전략 세미나, 중소기업진흥공단, 2002. 5.

를 기대할 수 있으며, 프로세스 표준화와 더불어 데이터 입력 및 출력과 각 프로세스의 데이터 처리과정도 표준화할 수 있다. 마지막으로 ERP는 조직 구조의 변화를 가져온다. ERP는 표준화된 업무 프로세스를 가지고 있기 때문에, ERP를 적용하기 위해서는 각 기업 내의 기존 프로세스를 표준화하는 작업이 선행되어야 한다. 이러한 조직 구조변화 작업은 조직구성원의 저항 등 상당한 어려움이 따를 수 있기 때문에 기업의 전략적 차원에서 접근되어야 하며, ERP 시스템을 효과적으로 활용하기 위해서는 적절한 커스터마이즈 작업과 프로세스 재설계가 이루어져야 한다. 그렇지 않은 경우에는 ERP 시스템은 단지 기본적인 정보시스템의 기능을 수행할 것이고 과다한 비용과 손실만 유발하는 역효과를 나타낼 수도 있다.

3. ERP 사이클 및 도입 효과

ERP 시스템을 도입하게 되면 업무 측면에서는 원재료, 제품, 저장품의 재고 관리 능력이 향상되고, 계획 생산체제 구축이 가능해질 뿐만 아니라, 생산실적 관리 또한 편리해진다. 정보시스템 측면에서 보면 시스템 표준화를 통해 데이터의 일관성을 유지하고, 개방형 정보시스템으로 자율성과 유연성이 극대화되는 것은 물론, 클라이언트-서버 컴퓨팅 구현으로 시스템 성능이 최적화되어 사용하기 쉬운 정보 환경을 제공한다.

[그림 3-4] ERP 사이클

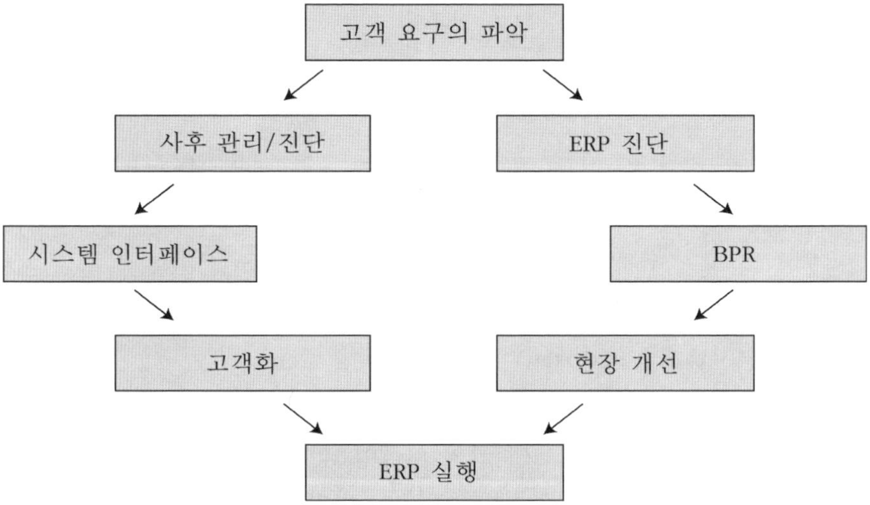

자료: 류중경, ERP 및 e-ERP 구축방법, 삼양미디어.

ERP 도입효과는 3가지 측면에서 효과를 찾을 수 있다. 첫째, 업무운영 효율화이다. 이는 생산성 향상, 간접비용 증가요인 억제와 같은 결과를 가지고 온다. 둘째, 물류비용 절감이다. 물류비용 절감은 재고감소, 구매/생산 사이클 시간 단축, 전체 제 경비 감소 등으로 나타날 수 있다. 셋째, 재무 분야 능률 향상이다. 이 또한 물류비용 절감의 효과와 마찬가지로 재고감소, 구매/생산 사이클 시간 단축, 전체 제 경비 감소 등으로 효과가 날 수 있다.

4. ERP 도입현황

국내의 경우 2003년도 하반기 기준으로 대기업의 경우는 도입률이 50%를 넘는 성숙기에 진입하게 되었고, SMB(Small&Medium Business) 시장은 2001년도 이후 개화기로 진입하게 된 후, 여러 국내 업체의 점유율이 80% 이상을 차지하고 있다. 향후에도 SMB 시장에서 국내와 국외 업체들 간의 경쟁이 예상되고 있다.

〈표 3-7〉 국내 ERP 시장점유 현황 (단위: 억원, %)

구 분	2001	2002	2003	2004	성장률
대기업용	1,580	1,620	1,690	1,740	3.4%
SMB용	1,320	1,400	1,520	1,600	6.6%

자료: ETRI, 2004.

2004년 현재에도 애플리케이션 수요가 높은 성숙도임에도 불구하고 ERP가 여전히 시장을 리드할 것이라고 예상된다. ERP는 올 한해 48.8%의 기업이 추가하거나 확장(24.9%) 또는 신규도입(23.9%) 계획을 갖고 있는 것으로 조사되었다.

차세대 ERP는 인간 중심형 ERP가 될 것이다. 기존의 ERP의 경우는 '인간 중심'이 아니었다고 단호히 말할 수 있을 만큼 인간적인 측면이 배제되어왔다. ERP와 관련된 변화의 추세는 다른 분야와 마찬가지로 지속적인 변화요구와 속도에 빠르게 대응해야 한다는 것이다. 이를 대표하는 단어로는 적응형 기업, 온 디멘드, 리얼타임 엔터프라이즈 등이 있다. 기존의 ERP가 DATA를 통합하는 수준이었다면 현재는 총 소유비용의 절감과 리스크의 감소, 제어 능력과 투명성 제고, 투자회수의 가속화와 증대, 그리고 신규사업 활용 역량을 강화하는 방안에 이용될 수 있다는 것이다. 차세대 기업용 애플리케이션 환경에서 ERP의 위치는 민감도와 반응에 걸 맞는 전략을 세우는 것이다. 사람 중심의 빠른 속도의 처리를 가장 원하고 있는 것으로 밝혀진 ERP 시스템의 필요성은 업그레이드 측면에서 새로운 기능을 요구한다. 새로운 환경에 따른 새로운 비즈니스를 발굴하기 위해 새로운 아키텍처를 원하는 추세이며, 기능적으로 보다 향상된 ERP를 시장에서는 원하고 있다. 이러한 ERP의 차세대 요건을 정리해 본다면 크게 3개로 나눠볼 수 있는데 이는 인간 중심적이어야 하고, 자신이 내린 결정을 바로 실행시킬 수 있는 확장통합형 ERP, 그리고 어디에 어떤 데이터가 있는지를 함께 공유하고 지식을 나눌 수 있는 협업지원형 ERP이어야 한다는 것이다. 이를 에이스 ERP라고도 표현하는데, 이는 적응형 ERP(ADAPTIVE ERP), 협업형 ERP(COLLABORATION ERP), 그리고 확장형 ERP(EXTENDED ERP)라고 정의할 수 있다. 이러한 차세대 ERP의 구현을 위한 전제가 바로 통합기술이다. 이러한 통합기술의 세 가지 측면은 e커머스가 활성화될 수 있고 비즈니스 인텔리전스가 실현되며, 지식경영을 통합하는 정보통합의 측면과 EAI, BPM을 통합하는 프로세스의 통합 그리고 엔터프라이즈와 모바일 기능을 통합하는 인간 중심형 통합을 들 수 있다. 이에 총소유비용(TOC)을 절감할 수 있는 포괄적 통합 플랫폼이 요구된다. 이는 인간, 정보, 프로세스를 모두 통합하는 총체적 개념이다.

〈사 례〉

글로벌 물류 기업, 한진해운

한진해운은 1997년 회사 창립 이래 컨테이너선, 벌크선, LNG선 등 200여 척 1,000여만 톤(DWT) 선박으로, 전세계에 60여 개의 정기항로와 부정기 항로를 운영, 연간 1억 톤 이상의 화물을 수송하는 국내 최대의 해운기업이며, 자산 6조원, 매출액 6조원 규모의 세계적인 선사다. 한진해운은 자회사로 거양해운, 독일의 세나토라인, 그리고 계열사인 물류 IT 전문업체 싸이버로지텍과 평택 컨테이너 터미널을 운영하고 있으며, 선박 관리 전문회사인 한진에스엠과 컨테이너 터미널 운영회사인 한진퍼시픽을 설립하는 등 해운 기업으로 지속적으로 성장하고 있다.

고객 지향형 업무 프로세스

한진해운은 미래 지속적인 성장을 위해 기존 프로세스를 새롭게 재구축하는 대규모 PI(Process Innovation) 프로젝트를 진행했다. 한진해운은 그동안 대규모 시스템을 도입해 6~7년 주기로 시스템 환경을 업그레이드 해 왔다. 정보화가 시작된 95년부터 98년까지는 클라이언트 서버 환경이었다. 하지만 비즈니스 환경 변화를 수용하는 데 유연성이 떨어져 이를 대체할 필요성이 대두됐다.

한진해운은 새로운 시스템 구축을 위한 동향 파악을 위해 2004년 10월 PI팀을 만들고 2005년 3월부터 5개월간 PI 진행을 위한 마스터플랜을 짰다. 이 과정을 통해 선진 경영기법을 도입하고, 선진 IT 역량과 앞서 나가는 고객중심 경영이 가능하고 독창적이고 혁신적인 운영모델과 책임 중심의 전략적 조직으로의 전환 필요성이 대두됐다. 또 최적화된 운영체제 확립도 빼놓을 수 없다.

특히 한진해운 PI는 고객 지향적인 관점에서 업무 프로세스를 근본적으로 다시 생각하고 혁신적으로 재설계해 이를 차세대 선사 IT 시스템에 접목함으로써 고객과 가장 거래하기 쉬운 회사, 고객을 가장 잘 이해하는 회사로 변모하여 핵심역량을 강화하고 경쟁우위를 확보하여 조직변화를 지향하고자 하는 경영혁신 프로젝트이다. 적용범위는 전사업무 프로세스를 비롯해 경영관리체계, 조직, 제도 전반에 걸친 혁신과 이를 위한 선진 IT 인프라 구축 등이다.

ERP 시스템 도입

한진해운은 2007년 1월, 재무, 구매, 인사 등 전자자원관리(ERP) 시스템을 도입적용했고 2007년 5월 차세대 기획, 영업, 물류 시스템의 전사 업무에 전면 적용했다. 이러한 시스템의 적용을 통해 계획 기반의 경영관리와 운영체계가 마련되어 미래 가시성을 확보하게 되었다. 그리고 수익성을 기반으로 계획과 실행, 평가 체계로의 전화도 가능하게 되었다. 또한 재무, 인사, 구매 운영 등의 ERP 기반의 선진 프로세스로 변모하여 IT 신기술을 적용하고 통합, 표준화해 향후 상황 변화에도 유연하게 대응할 수 있는 IT인프라를 구축하였다.

자료: 한국오라클, 2008.

제 2 절 고객관리와 e-Marketing

1. 고객관계관리의 정의

CRM(Customer Relationship Management)이란 영업, 마케팅, 고객서비스 및 고객지원 영역에서 고객관계 관리와 관련된 비즈니스 프로세스를 자동화하고 개선시키는 데 초점을 둔 통합소프트웨어이다. CRM은 고객 중심의 소프트웨어로서 영업 애플리케이션, 마케팅 애플리케이션, 고객지원 및 서비스 애플리케이션 등을 중심으로 구성되어 있고, 복수채널을 통하여 고객과의 상호작용에 의하여 획득된 데이터를 분석하여 마케팅전략 수립을 지원한다. 즉, 특정 고객의 욕구를 충족시키기 위해 고객들의 행동을 지속적으로 예측할 수 있도록 하는 관리과정을 통해 충성도 높은 고객을 효과적으로 유지하기 위한 전략의 하나이다. 다음 표는 기존의 마케팅인 매스마케팅과 CRM과 차이를 보여준다.

〈표 3-8〉 매스마케팅과 CRM 비교

매스마케팅	CRM
한 가지 상품을 여러 고객에게 판매 (소품종 대량생산)	여러 상품을 한명의 고객에게 판매 (다품종 소량생산)
제품 차별화	고객 차별화
제품 기능에 초점	고객가치에 초점
새로운 고객을 일정하게 확보	기존고객
고객과의 의사소통 단절	고객과의 의사소통 지속
고객 개발/연구	고객 참여
공급사와 물리적인 협력체제 구축	공급사와 지식 공유체제 구축
단기적 성과	장기적 성과
규모의 경제	범위의 경제

[그림 3-5] 마케팅 전략의 변화

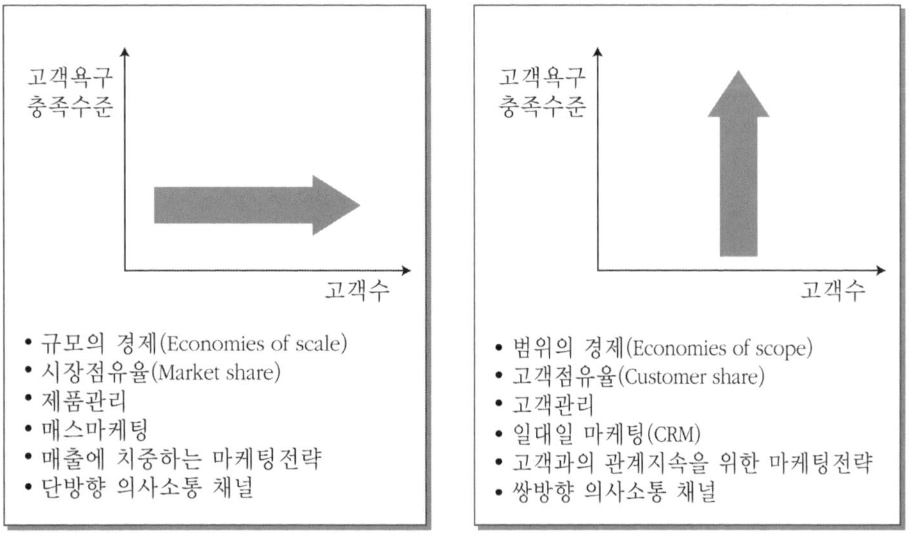

1977년 CRM의 개념이 나오기 시작한 이래 CRM은 업계에서 많은 관심을 받아왔으며, CRM 패키지의 중요성이 부각되면서 큰 성장을 보여주고 있다. 그 이유는 전 세계적 글로벌 경제, 기술 및 문화적 변화가 인터넷 기반으로 흐르고 있기 때문이다. 새로운 비즈니스 환경은 기존처럼 수익성 있는 성장은 거의 불가능하게 되었고 새로운 시장, 새로운 경쟁자, 새로운 기술, 새로운 고객 접점, 세계화, 정부 규제 완화, 시장 포화와 같은 기업 내, 외의 새로운 환경적 문제들은 "Customer is God"이라는 신조어까지 만들어 내었다.

2. 고객관계 관리의 도입 목적

전반적으로 신규 고객을 유치하는 데 기존 고객 관계를 유지하는 것보다 6~7배의 마케팅 비용이 발생한다고 한다. 최근 이동통신 가입자가 포화상태에 이르면서 이제 통신사업자들의 관심은 새로운 고객을 유치하는 것보다 기존 고객의 이탈을 어떻게 방지할 것인가에 맞추어지고 있다. CRM 도입은 불특정 다수의 고객을 대상으로 마케팅을 하는 것이 아니라 고객의 LTV(Life Time Value)에 의한 고객의 세분화 및 세분화된 고객의 특성에 맞는 타겟 마케팅의 기반을 구축하려는 것이다. 수익성이 낮은 고객과 높은 고객을 정확하게 선별해서 별도의 마케팅 방법으로 접근하도록 하며, 확보된 기존 고객이 우량 고객이나 우호자가 되도록 하는 것이 기본 목적이다. 다음 그림은 고객관계관리가 필요한 이유를 설명한다. 현실에서는 우수고객과 손실고객과의 갭이 존재하고 우수고객

[그림 3-6] 고객에 대한 이론과 현실

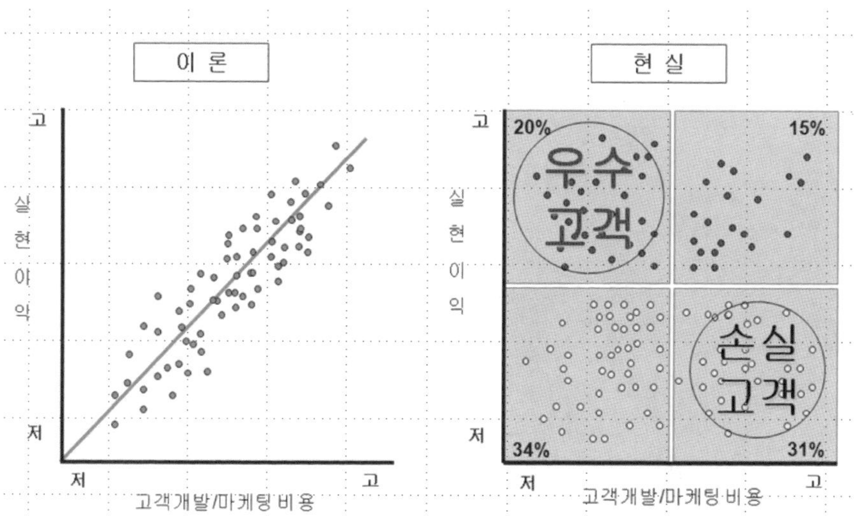

자료: 조재희, CRM 발표자료, 2000.

의 이탈을 막고 손실고객을 우수고객으로 전환시키기 위한 방법이 필요한데, 이를 실현시키는 것인 고객관계 관리이다.

3. CRM의 타 소프트웨어와의 통합

CRM은 공통의 기술 요소와 툴, 비즈니스 규칙을 공유함으로 시스템 통합을 지원하고, 고객 분석과 관련된 업무분야에서 기업의 전사적 업무를 효과적으로 지원해준다. CRM이 성공하기 위해서는 비즈니스 인텔리전스(Business Intelligence) 및 분석능력이 있어야 하고, 통합채널을 통한 고객과의 상호작용기능, 웹기반 기능 지원 능력, 중앙 집중화된 고객정보저장소, 통합된 워크플로우(Workflow), ERP 어플리케이션과의 통합이 뒤따라야 한다.

ERP 패키지와 더불어 정보시스템 업계에서 많은 관심을 이끌어내는 패키지는 CRM이다. ERP와 함께 CRM 패키지는 네트워킹을 지원하며 고객특성 분석을 통해 전자상거래를 강화해주는 기능을 제공한다. 많은 기업에서 CRM 패키지를 도입하여 공격적인 마케팅 전략을 수립하고 있다.

CRM은 분석 CRM, 운영 CRM, 협업 CRM으로 분류할 수 있다. 첫째, 분석

〈표 3-9〉 ERP와 CRM의 특성 비교

공통점과 차이점	ERP	CRM
핵심사항	제조 프로세스에 중점	마케팅 전략 지원에 중점
지원영역	재무, 제조, 재고관리, 인적자원관리 등의 내부 프로세스	고객관리, 만족도, 수익성, 고객트랜드 반영, 고객서비스 지원
아웃풋	통합적인 자원관리, 의사결정단축, 일정관리의 단순화, 전산화 비용 절감 등의 조직의 효율성 향상	판매주기 및 판매비용 감소, 새로운 시장 및 채널 확인 등의 기업 효율성 향상
Web 지원	전자상거래 지원	
공급자 특성	기존의 ERP 업체가 CRM 시장을 주도	

CRM이란 영업과 마케팅, 서비스 측면에서 고객정보를 활용하고, 고객데이터를 추출·분석하는 시스템을 말한다. 이를 통해 고객 및 시장 세분화, 제품의 컨셉 발견, 캠페인 관리 등을 하며, 협업 CRM과 연계하여 고객관계 관리를 강화시켜 준다. 둘째, 운영 CRM이란 CRM의 구체적 실행을 지원하는 시스템으로 조직과 고객과의 관계 향상, 영업 및 서비스를 지원하는 시스템을 말한다. 셋째, 협업 CRM이란 기존의 오프라인의 한계를 극복하고, 온라인 환경에서 고객에게 개인화되고, 차별화된 서비스를 제공하는 시스템을 말한다. 예를 들면, 인터넷 사용자의 웹 로그를 분석해 일정 성향을 파악한 후 상품을 추천한다거나(영업), 접속시 개개인마다 차별화된 화면을 제공하는 1 대 1 개인화 서비스가 있다. 다음 그림은 이러한 기능별 CRM의 상관관계를 보여준다.

[그림 3-7] CRM의 기능별 분류

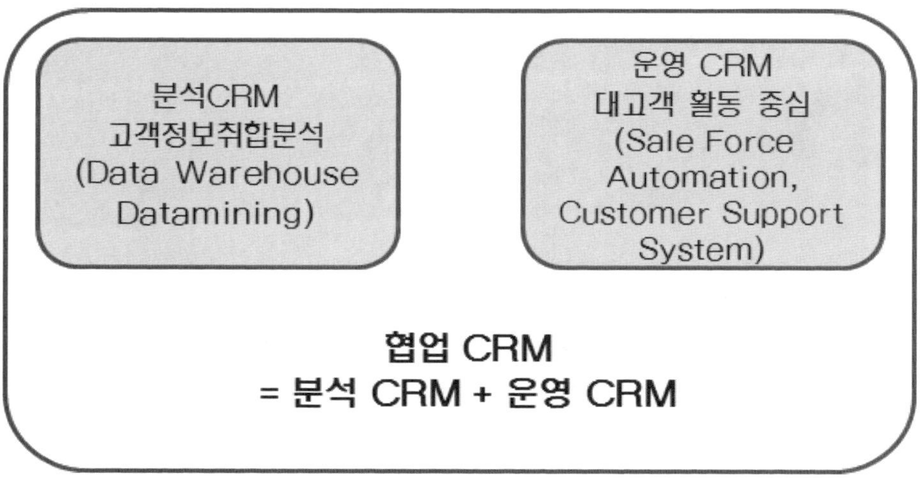

2004년도 CRM 시장은 약 1천억원이 조금 못 되는 규모에서 형성될 것으로 전망되고 있다. CRM 시장을 견인할 고객군으로는 역시 금융과 통신 부분이, 시장을 주도할 솔루션으로는 고객정보통합관리, 분석형 CRM, 영업 관리 등일 것으로 전망하고 있다. 밴더 부문에서는 여전히 시벨을 포함한 오라클, SAP, NCR 등이 강세를 보이며, 그동안 약점으로 지적되어 오던 분석 패키지도 보강하고 있는 것으로 알려지고 있다. 반면 국내업체들은 전년에 이어 여전히 분석 CRM 분야에서 선전할 것으로 전망하고 있다.

CRM 기술 분야에서는 확장 ERP쪽에서의 CRM 기능 추가, CRM 업체의 통합 솔루션 기능 추가, ROI에 대한 요구 이전에 싼값에 테스트를 맛 볼 수 있는 호스팅 서비스의 등장(ex: Siebel On Demand with IBM), J2EE 혹은 닷넷의 지원 여부 IP 텔레포니 기반의 콜센터 등이 이슈가 될 것으로 전망된다.

〈사 례〉

재부상하는 CRM 시장

2002년 이후 장기간 침체기를 벗어나지 못했던 CRM 시장은 막연한 기대감을 접은 기업들의 실속 있는 CRM 적용 추세를 전제로 중견·중소기업, 공공기관에 이르는 저변 확대와 함께 대기업의 업그레이드 프로젝트가 이어질 전망이다. 또 최근 확산되고 있는 온라인애플리케이션임대(ASP) 서비스 역시 관심사 중 하나로 부상하고 있다.

10%대 성장

IT 시장조사기관인 KRG에 따르면, 지난해 국내 CRM 라이선스 시장규모는 2004년(198억원) 대비 14.6% 증가한 227억원을 형성한 데 이어 올해에는 지난해보다 10.4% 성장한 251억원으로 2년 연속 두 자릿수 성장세를 유지할 것으로 전망된다.

이 같은 두 자릿수 성장 예측치에 대해 KRG는 CRM 시장이 파일럿 프로젝트 개념을 벗어나고 있는 중이고, 금융·통신 업종의 차세대 마케팅 시스템 구축 등 대형 프로젝트 발주와 함께 특히 기존 CRM을 구축한 기업들이 고도화를 위한 업그레이드 프로젝트를 추진중이라는 점을 이유로 제시했다.

산업별로는 금융, 통신 유통에서 공공, 제조, 서비스 업종으로 확산이 예상된다. 공공부문의 경우 대국민 서비스 강화를 위한 정책고객관계관리(PCRM) 고도화 작업이 이뤄지고 있고, 제조분야는 ERP 도입 기업을 중심으로 CRM 도입 증가가 예상된다. 또 서비스 분야는 인터넷 서비스, 쇼핑몰, 사이버 대학 등 고객 접근이 활발한 분야의 CRM 수요 증가가 기대된다.

CRM 성장 기대요인

김정수 공영 DBM 사장은 "국내 CRM 분야는 초창기에 대기업의 대형 프로젝트가 시장을 이끌었지만, 최근 들어서는 중소기업의 확장이 예상된다"며 "그동안 진행한 3만개 중소기업 IT화 지원사업을 통해 전사적자원관리(ERP)를 도입한 많은 중소기업 중 일부가 포스트 ERP 개념으로 CRM 도입을 모색하고 있는 것이 관심의 대상이며, 이미 중견 기업군에서는 많은 기업들이 CRM에 큰 관심을 갖고 있으며, 속속 도입을 하고 있는 상황"이라고 말했다.
박윤표 DNI 컨설팅 이사는 국내 CRM 시장의 성장 요인으로 공공, 제조, 교육(사이버대학) 산업의 수요 증대가 기대되며, 기존에 CRM 시스템을 도입한 기업의 경우 비즈니스 환경 변화에 따라 업그레이드 수요 증가가 예상된다고 설명한다. 또 중견·중소기업의 정보화 확대, 전사적 차원의 CRM 전략 수립, 체계적인 투자회수율(ROI) 관리의 확대 등도 성장요인으로 꼽히고 있다.
KRG는 그간의 실패과정을 통해 기업들이 충분한 학습효과를 보이고 있다는 점을 CRM 성장 가능요인으로 설명하고 있다.

또 다른 관심, ASP

ASP나 온디맨드형 CRM 서비스가 부상하는 것도 올해 변수 중 하나로 꼽을 수 있다. 대표적인 CRM ASP 기업인 미국의 세일즈포스닷컴이 한국 지사를 설립을 서두르고 있는 가운데, SAP코리아가 최근 중견기업을 타깃으로 ASP 서비스를 시작했다. 또 국내 기업인 공영 DBM과 BICNS가 각각 데이콤, KT와 손잡고 ASP 서비스를 제공하는 등 ASP 방식의 CRM 서비스가 확산 일로를 걷고 있다. 이 밖에 오라클, 마이크로소프트 등도 속속 ASP와 온디맨드 기반의 제품을 선보였거나 선보일 예정이다.
최근 데이콤 이비즈마트 플랫폼을 통해 CRM ASP 서비스를 시작한 김정수 공영 DBM 사장은 "기업들이 정보 유출 등을 우려해 여전히 ASP 방식에 대한 거부감을 갖고 있는 것이 사실이지만, 데이콤 이비즈마트, KT 비즈메카 등 통신사업자의 CRM ASP 서비스와 세일즈포스닷컴의 국내 서비스 등 ASP 방식이 점차 확산되고 있는 상황"이라며 "또 CRM 시스템만 ASP 하는 방식에서 탈피해 캠페인 활동, 운영인력 등 다양한 아웃소싱 방식의 확대 또한 눈에 띄는 부분"이라고 말했다.

달라지는 CRM 도입추세

전문가들은 최근 CRM을 도입, 운영하는 기업들은 실제로 고객과의 관계 개선을 위해 어떻게 CRM을 활용할 것인가에 초점을 맞추고 있고 CRM을 통해 채널과 마케팅의 변화, 수익성 창출, 기업 경쟁력 강화 등 기업 생존에 핵심인 프로세스를 근본적으로 혁신하는 데 무게를 두고 있는 것으로 분석하고 있다. 전사적인 차원의 전략을 수립하고 ROI에 대한 철저한 분석이 뒤따르면서 CRM의 질적 도약을 진행하고 있다는 것이다.
이는 2000년을 전후해 일부 대기업들이 선도적으로 대규모 CRM 프로젝트를 추진했던 것과는 상당히 다른 모습이다. 당시 진행됐던 대형 프로젝트의 성과가 기대에 미치지 못하자 CRM 도입을 검토하던 많은 기업들이 연쇄적으로 CRM에 대해 부정적인 인식을 갖게 됐고, 이는 곧 관련시장의 깊은 침체기로 이어진 바 있다.
최근에는 기업들이 무리하게 대형 프로젝트를 진행하기보다는 반드시 필요한 활용기능을 부분적으로 선택, 도입하는 추세를 보이고 있다.
최근의 이 같은 추세는 과거와 같은 CRM 시장의 폭발적인 성장세로 이어지지 않는 대신 CRM의 실효성에 관심을 갖는 기업이 늘어나는 효과를 줘 안정적인 성장세를 유지하는 가운데 과거와는 달리 질적으로 성장할 수 있는 요인이 된다는 점에서 긍정적인 신호로 받아들여지고 있다.

자료: 디지털타임스, 2006.

제 3 절 e-비즈니스와 물류 관리

1. SCM(Supply Chain Management)의 정의

SCM은 제조 및 유통과 관련된 가장 중요한 이슈로서 시장의 불확실성을 극복하기 위하여 원료공급자, 제조업자, 유통업자, 고객에 이르는 공급체계를 통합적으로 관리하기 위한 전략이다. 즉, SCM은 제조, 물류, 유통업체 등 유통공급망에 참여하는 모든 업체들이 협력을 바탕으로 정보기술을 활용, 재고 최적화 및 리드타임의 감축을 통해 양질의 상품과 서비스를 제공, 소비자 가치를 극대화하는 기업생존전략이라 할 수 있다. 여기에 포함되는 활동으로는 자재조달, 생산계획, 주문처리, 재고관리, 운송, 보관, 고객서비스와 더불어 이 활동들을 탐지하기 위한 정보시스템까지 포함한다.

SCM이라는 용어는 위의 공급사슬상의 관리되어야할 내용들에 대해 개별적으로 관리하기보다는 통합적으로 관리해야 할 필요성을 인식한 올리버(Oliver)와 베버(Weber)가 논문에서 처음으로 Supply Chain Management라는 용어를 사

[그림 3-8] SCM 개요

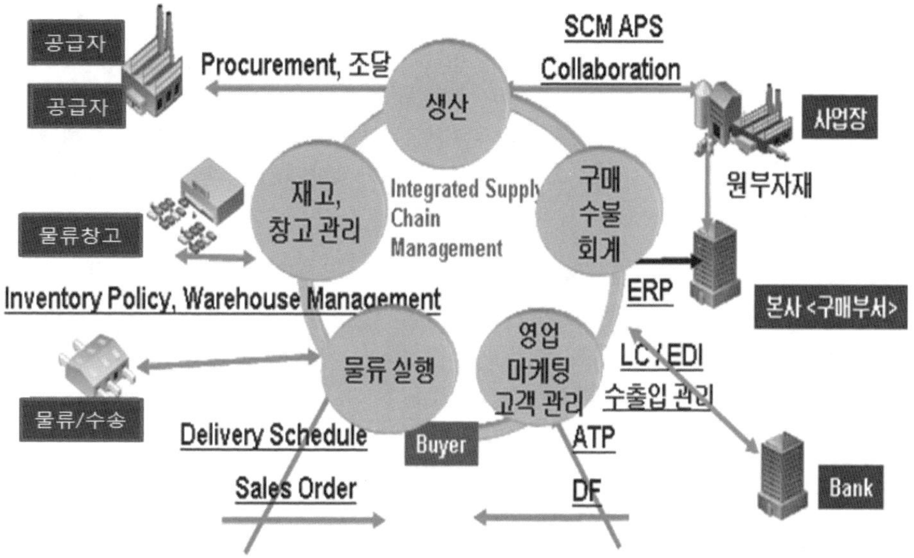

자료: SCM 템플릿개발 사업 홍보전략 세미나, 2004. 3.

용한 이후에 크게 관심을 받아왔다.

다시 말해 기존의 물류란 일반적으로 제조업체가 원재료나 부품을 공급받아서 이것으로 상품을 생산하여 판매할 때까지의 일련의 과정으로 인식되어 왔고, 이에 따라서 집중적인 개선과 투자가 이루어져 왔다. 그러나 사회 구조의 복잡성으로 인하여 고객의 성향과 요구 조건이 다양해짐에 따라 이전의 물류관리 개념만으로는 고객들의 요구사항의 변화속도를 따라가지 못하게 되었다. 따라서 기업의 업무 전체를 비즈니스 프로세스로 파악하여 부서별로 다르게 관리하던 분야를 전체적인 관점에서 다루는 방법이 필요하게 되었고, 비즈니스 프로세스 통합의 궁극 목적인 기업의 틀을 넘어 고객의 고객과 공급자의 공급자까지도 통합을 하는 방향으로 기업들은 핵심 역량을 강화하는 방향으로 초점을 맞추게 되었다.

SCM은 전략적 측면에서 높은 상품의 질을 창조하고, 교육과 훈련을 강화시켜주며, 운영적 측면에서 상품과 서비스 구성의 효율성증대와 운영비용의 감소, 물류기능 강화, 기업의 생산프로세스 강화와 같은 효과를 가져다준다.

〈표 3-10〉 전통적 SCM과 전략적 SCM의 비교

구 분	내 용
전통적 SCM	전통적 의미에서의 SCM의 정의는 로지스틱 운영의 확장으로 볼 수 있다. 전통적 의미에서 SCM의 핵심은 채널시스템을 통한 재고흐름의 가속화, 생산과 유통프로세스의 최적화를 통한 효율성 확보에 역점을 두고 있다.
전략적 SCM	전략적 의미에서의 SCM의 정의는 기업을 단일 객체로서 공급채널을 네트워크를 구성하는 요소로 보고 있다. 이러한 효율적인 네트워크 구성을 위하여 EDI를 통해 데이터를 전송하고, 재고 및 판매관리를 원활하게 해주는 전략을 의미한다.

기업에서 경쟁우위를 확보하기 위해서는 효과적인 SCM관리가 필요하다. 이를 위한 SCM의 핵심요소로는 원재료 관리(material management), 재고 관리(inventory management), 물적 유통(physical distribution)이다. 원재료 관리란 기업에 들어오는 자료와 정보를 유통채널시스템을 통하여 원료의 구매, 통제, 기획, 제조, 배달에 이르는 과정을 통합적으로 관리하는 것을 의미하고, 재고관리란 유통채널에서의 상품배달, 부가가치 프로세싱, 생산중인 제품의 재고관리, 원재료 통제 및 저장을 효과적으로 관리하는 것을 의미하고, 물적 유통이란 고객의 주문과 제품배달, 고객서비스 예측, 창고기능, 상품포장, 반품관리 등을 통합하여 효과적으로 관리하는 것을 의미한다. 오늘날 기업은 효율성 증진을 위한 SCM에 포커스를 두고 업무혁신을 위해 노력하고 있다. 다음 〈표 3-11〉은 SCM 관리의 포커스이다.

〈표 3-11〉 SCM을 통한 비즈니스 혁신 방향

관리범위	전통적 포커스	SCM 포커스
프로세스	상품 판매 및 수익 실현	프로세스 확장과 혁신
성능 대상	부서, 프로세스, 상품	혁신을 위한 채널
목표	성능 일치를 위한 부서별 조정	채널간 비전 공유
관계	조직내부가치 증대	협력과 파트너십
혁신방향	결점과 비용 감소	채널 가치 창조

2. SCM의 적용효과

SLE 컨설팅 그룹은 SCM을 "고객의 욕구와 고객이 요구할 욕구에 부합되도록 기업 내부의 부서 내, 부서간 그리고 기업외부의 공급자의 공급자로부터 고객의 고객에 이르는 부분을 하나의 가상 기업으로 상정하여 원부자재, 재고품, 완제품, 회수제품에 이르는 모든 부가가치 자원의 흐름을 투명하게 하고 효율성을 제고시킬 수 있도록 최고의 경쟁역량과 자원들을 개발하고 평가하여 지속

〈표 3-12〉 SCM 적용 효과

관점	SCM 적용 효과
재무적 관점	· 고객의 주문부터 납기까지의 사이클을 단축 · 고객 만족 레벨을 향상 및 현금흐름을 단축 · 매출 증대에 기여 · 재고, 물류, 제조비용 등 전체 체인상의 비용을 절감 · 계획 시간 단축 및 구매/생산 등 리드타임을 단축, 자원의 활용률을 최적화
물류적 관점	· 원자재 재고, 재공, 완제품 재고를 줄이고, 오더, 생산 리드타임 등을 단축 · 자원 활용률 향상 및 계획 시간을 대폭 단축
e-Biz환경적 관점	· 회사와 회사간 비즈니스 연계에 따라, 기업 내 전체 체인의 효율적인 관리와 가시성 확보

자료: 김병곤, e-비즈니스와 경영정보 시스템, 선학사.

적으로 발전하고 있는 새로운 경영사고"로 정의한다. 따라서 SCM은 경영 마인드의 변화와 함께 기업 전략의 표준을 의미하고 SCM을 적용시 나타날 효과는 크게 3가지 관점에서 나타난다.

과거 기업의 목표는 대량생산시스템을 통한 이윤의 극대화였다. 하지만 생산기술의 발달과 고객 요구사항의 다양화, 그리고 IT기술의 발달 등으로 인해 제품품질 및 가격으로 기업의 경쟁우위를 유지하는 데는 한계에 이르렀다. 따라서 기업은 새로운 변화에 맞춰 경쟁력을 유지하기 위한 평가지표나 개선방

법, 그리고 새로운 가치창출을 위한 많은 시스템의 변화를 추구하고 있으며 이를 실천에 옮기고 있다.

한 예로 월마트의 경우 '저가격 전략'보다는 '저비용 전략'으로 IT기술을 이용한 POS(판매시점 정보관리)시스템과 효율적인 물류시스템을 구축하고 제품공급업체와 파트너십을 형성해 미국 제일의 유통회사가 됐다. 공급망 관리(SCM)는 제조업체뿐 아니라 협력업체 및 거래선과 서로 연결된 모든 부분을 포함한 전체 프로세스를 가치사슬(Value Chain)을 통해 고객에게 제품과 서비스를 제공하는 회사 내·외부 모든 관련기능들을 말한다. 가치사슬이란 '기업의 제반 활동들이 서로 사슬처럼 연관돼 가치를 창출한다는 개념'이라고 마이클 포터가 "경쟁우위(Competitive Advantage)"란 저서에서 정의한 바 있다.

델컴퓨터의 경우 기존 대리점과 같은 유통조직을 이용해 제품을 팔던 시스템에서 인터넷 점포(www.dell.com)를 통한 직판모델을 통해 저비용의 효율적인 공급망 관리체계를 구축했다. 이는 기존 '생산된 제품을 판매'하는 데서 '주문 받은 것을 생산한다'는 점에서 기업내 가치사슬의 통합과 폐지라는 관점에서 중요성을 인식시켜 준다.

〈사 례〉

SCM의 허브 싱가포르

싱가포르가 세계 기업들의 물류 SCM(공급망관리) 허브 국가로 급부상하고 있다. 싱가포르의 항만, 공항 등의 편리성을 인식한 세계 각국의 기업들이 글로벌 배송 거점을 추진하고 있고 물류업체들도 새로운 서비스를 속속 내놓으며 수요 발굴에 나섰다. 북미, 일본 등지의 완성차업체 12개사가 싱가포르를 총괄 거점으로 정했으며 부품업체 14개사도 SCM 체제를 구축했다. 마쓰시타, 소니 등 일 전자업계도 지난 2001년부터 싱가포르에 눈을 돌려 물류 거점을 정비했다. 최근 기업들의 글로벌 경영에 가장 큰 과제는 제품 생산 이후 보다 안전·신속하게 공급할 수 있는 체제를 마련하는 것이다. 싱가포르는 이러한 관점에서 세계 SCM 거점의 최적지라는 평가다. '세계의 공장' 중국을 위시해 동북아 경제권에 대한 관심이 높아지면서 싱가포르의 인기는 더욱 치솟을 전망이다.

싱가포르 SCM의 강점

4면이 바다로 둘러싼 싱가포르는 전세계 130개국 700개의 항만과 연결되며 50개국 130여 개 도시 공항과 이어진다. 한마디로 '언제 어디에라도' 화물을 운송할 수 있는 최적의 장소다. 여기에 운송 및 통신 인프라가 충실하며 영어, 중국어 등으로 소통하는 환경 구축 등 SCM 핵심거점으로서의 매력이 많다.

이 나라 정부 역시 해외기업 유치를 위해 적극적인 지원책을 내놓고 있다. 일례로 최근 일본의 야마하는 법인세를 22%에서 13%로 감면받았다. 세계 각국과의 자유무역협정(FTA) 교섭도 적극 추진되고 있는 등 원활한 무역환경이 어느 나라보다 잘 갖춰져 있다.

세계기업 진출 현황

일본의 야마하발동기는 동남아시아로부터 중동 지역까지를 커버하는 물류 총괄거점으로 싱가포르를 선택했다. 올 4월 개설한 거점에서 일본 및 아시아 각국에서 생산하는 이륜차 등 보수 부품 약 2만 점을 집약, 주문에 의해 각국에 배송하고 있다. 회사 측은 "일본에서 배송할 경우 45일이 걸리던 것이 10일 정도로 줄어들었다"며 "2006년까지는 재고의 약 30%를 절감할 수 있을 것"이라고 기대했다.

세계 3위의 자동차 부품업체 덴소는 2,000~3,000점에 달하는 자동차용 보수부품을 싱가포르에서 일괄 관리토록하고 있다. 동남아시아, 인도, 중동, 호주 등으로 배송된다. 다임러크라이슬러도 지난해 11월 이곳에 아시아 최대의 물류 거점을 설치했다. 북미 및 독일에서 생산한 메르세데스벤츠·크라이슬러 브랜드 차종의 부품 약 13만 점을 한국, 일본, 중국, 동남 아시아 등 22개국에 공급하고 있다.

마쓰시타전기산업은 미니콤퍼넌트 등 완성품 총 100여 종의 SCM을 도입했다.

물류업계도 싱가포르에서 SCM 수탁 사업에 힘을 쏟고 있다. 일본통운의 SCM 수탁서비스 고객들은 전자, 정밀기계 등 약 20개사에 달한다. 고객들은 자사의 화물 상황을 실시간으로 확인할 수 있어 해외 거점을 설치할 여력이 없는 업체들의 이용이 늘고 있다.

세계 각국의 물류 허브 경쟁

물류 허브를 둘러싼 각국 경쟁은 치열하다. 한국, 중국, 말레이시아, 태국 등이 싱가포르에 대항하는 요충지로 꼽힌다. 이들 국가는 "싱가포르의 공항 착륙료가 방콕의 2배에 달하는 등 물류 원가가 높다"고 주장한다. 말레이시아는 화물 운송료를 획기적으로 낮춘 탄준페라파스항을 정비해 일부 선사들의 화물 기지를 확보했다. 결국 향후 싱가포르의 허브 국가로의 도약은 '물류 비용' 인하에 달려있는 셈이다.

자료: 전자신문, 2004.

제 4 절 m-비즈니스와 U-비즈니스

1. m-비즈니스

(1) m-비즈니스 개념 및 특성

21세기는 전 세계적으로 Post-PC세대라 할 수 있다. 그 주역은 언제(anytime), 어느 곳에서(anywhere)나 인터넷 접속을 가능하게 해주는 새로운 데이터 통신 미디어인 이동형 단말기(PDA, 이동전화 등)이다. 이동전화는 이제 더 이상 음성통신의 도구만이 아니다. 소프트웨어 개발업계, 쇼핑몰업계, 경매업계, 게임업계, 물류업계, 광고업계, 포털사이트 등 기존의 인터넷 비즈니스 관련 업계가 이동통신사업계와 휴대단말기업계와 더불어 다양한 이동형 단말기를 이용한 데이터 서비스인 무선인터넷 비즈니스를 확대하고 있다.

무선인터넷 비즈니스는 이동전자상거래(Mobile e-Business)를 의미하며 다양한 단말기를 활용하여 이동성과 휴대성을 부가한 것으로 기존의 고정된 PC에 의한 전자상거래의 한계를 뛰어넘는 것이다. 단말기의 다양성을 감안하면 m-비즈니스란 이동이 가능한 PC(노트북 등), PDA, 이동전화 등을 단말기로 하여 이동통신망을 활용하는 제반 활동 및 어플리케이션으로 정의되고, 좁은 의미로는 e-비즈니스의 이동전화로의 확장을 의미한다.

m-비즈니스(Mobile Business)의 특징은 1차적 특성으로는 편재성, 도달성, 편리성, 그리고 접속성을 들 수 있으며, 그 외 2차적 특징으로는 위치 확인, 즉시 연결성, 그리고 개인화로 볼 수 있다. 시간과 상대방의 제한 없이, 그리고 이용자의 위치와 무관하게 사용이 가능하여 공간의 제약을 극복할 수 있고, 정보 저장 등 용도가 다양하며 그 이용방법이 쉽고, end-to-end 시스템 내에서 보안 적용이 가능하다. 나아가, 이용자의 위치파악이 용이하여 위치기반의 특화된 상거래 구현이 가능하고 PC없이 인터넷에 직접 접속이 가능하다.

m-비즈니스의 개인화 속성은 상거래의 핵심 인터페이스로 되는 이동통신 단말기나 PDA의 경우 개인전용 단말기라는 특성을 가지고 있어 m-비즈니스는 e-비즈니스에 비해 보다 개인화되고 차별적인 성격을 갖는다. 나아가, m-비즈

〈표 3-13〉 m-비즈니스 속성

구 분	설 명
편재성(Ubiquity)	• 실시간 정보를 어디서나 받아 볼 수 있다는 속성 • 이동형 단말기(특히 핸드폰) 보편적인 기기로 인식됨
도달성(Reachability)	• 언제, 어디서나 접속할 수 있다는 속성 • 유행성, 편리성으로 사용층을 중장년층까지 확대 가능
편리성(Convenience)	• 소형화된 커뮤니케이션 도구로서의 속성 • 구입비용 등이 컴퓨터에 비해 저렴하므로 빠른 시간 내에 무선단말기를 통한 인터넷 수요 확산 기대 가능
접속성 (Instant Connectivity)	• 필요한 정보를 신속하게 탐색할 수 있음 • 컴퓨터보다 조작이 간편하고 이용이 편리함

니스는 이용자의 위치를 상거래에 활용하는 위치기반 상거래 또한 가능하다. 예컨대 무선단말기 이용자는 자신이 위치하고 있는 주변의 카페, 주유소 및 공공장소 등에 관한 지리적 정보를 손쉽게 얻을 수 있으며, m-비즈니스 사업자들은 무선단말기 이용자의 위치정보를 활용할 수 있다.

m-비즈니스는 좁은 의미의 e-비즈니스의 연장에 있다. 따라서 각종 표준화 및 보안 분야에서 e-비즈니스와 동일한 문제점을 공유한다. 즉, m-비즈니스는 e-비즈니스에서 문제가 되고 있는 소비자 보호, 온라인과 오프라인과의 연계와 결재, 그리고 금융관련 표준화 및 보안기능 향상 등의 과제가 마찬가지로 발생한다. 특히 m-비즈니스가 활성화되기 위해서는 전자지불표준(IC카드, 전자화폐형), 서비스표준(공용플랫폼, ERP 등), 그리고 문서표준 및 카탈로그표준 등이 이루어져야 한다. 그러나 m-비즈니스는 네트워크와 단말기의 기능 차이로 인해 아직은 많은 한계가 있다. 그럼에도 불구하고 PC를 기반으로 하는 e-비즈니스에 비하여 편리성과 휴대성은 뛰어나다는 장점을 가지고 있다.

(2) m-비즈니스 유형

현재 모바일 기기들은 전자우편과 기업 데이터베이스에의 접근으로부터 주식거래 혹은 영화 예매까지 범위를 확장시켜 나가고 있다. 적시에 그리고 적절한 정보를 제공하는 서비스를 구축하기 위해서는 유선인터넷에서 보다 더 높은 수준의 개인화와 상황-인식(context-awareness)을 요구한다. 모바일 휴대기기와 PDA 등은 단순한 생산성 향상 도구나 혹은 지능적 상황 인식 보조도구 이상의 가능성을 보여주고 있다.

이러한 m-비즈니스는 이동통신 가능한 단말기와 통신 네트워크를 이용하여 이루어지는 각종 정보, 서비스, 재화에 대한 거래에서 출발한다. 다시 말해 m-비즈니스는 이동형 정보통신 기기를 이용한 무선인터넷을 통해 기존 사업을 효율화하거나 신규 사업을 창출하는 것을 의미한다. m-비즈니스는 그 활용대상에 따라 아래와 같이 B2C, B2B 및 M2M(Machine to Machine) 등으로 구분할 수 있다.

무선인터넷 환경에서는 대역폭 확장 및 네트워크 통합에 의한 통신 인프라 혁신, 무선기기의 소형화 및 디바이스 간의 통합에 의한 무선기기의 혁신, 실시간 서비스의 요구 및 단순함과 편리함의 추구에 의한 고객 니즈(needs)의 변화 등이 심화되면서 새로운 모바일 비즈니스들이 창출되고 있는 것이다.

〈표 3-14〉 m-비즈니스 구분

구 분	설 명
B2C	모바일 뱅킹(자금이체, 계좌조회), 증권(매도, 매수), 쇼핑(재화, 서비스 구입), 티켓팅, 경매 및 광고
B2B	모바일 공급관리(자재구입, 주문결제), 사업관리(화물, 트럭위치 추적관리) 등
M2M	Bluetooth 등 무선접속기술을 이용하여 이동통신 네트워크를 통하지 않고 단말기를 신용카드화하여 소액물품 구매 등에 사용하는 것

(3) m-비즈니스 성공전략

m-비즈니스가 성공하기 위해서는 모바일의 고유 특성인 이동성, 위치성, 개인성 등을 최대한 고려한 독특한 비즈니스 모델과 서비스를 고려해야 한다. 따라서 m-비즈니스 전략을 수립하기 위해서는 전체적인 가치사슬상에서의 자

사의 위치를 파악하고 고객가치를 높이거나 내부 프로세스를 혁신할 수 있는 기회를 찾아야 한다. m-비즈니스 선공전략은, 첫째, 모바일 가치의 극대화이다. 언제 어디서나 이용할 수 있는 모바일 가치는 즉시성이 요구되거나, 단말기의 작은 디스플레이로도 서비스에 지장이 없거나, 높은 수준의 개인화가 요구되는 모바일 특성이 강할수록 모바일의 가치는 더욱 커진다. 예를 들어, 휴대폰 GPS 서비스는 현재 많은 사람들이 이용하고 있는데, 이는 모바일의 가치를 잘 이용한 케이스이다. 둘째, 모바일 장벽의 해소이다. 모바일 장벽은 새로운 기술에 대한 막연한 거부감 같은 이용자의 심리적 장벽, 무선망과 단말기에서의 기술적 제약 사항, 이용자의 전반적 경험 부족 등이 있다. 셋째, 고객의 욕구와 요구의 파악이다. 무선인터넷의 특성상 m-비즈니스의 정보는 실시간으로 나타나는 경우가 많으므로, m-비즈니스의 전략 수립은 고객의 욕구와 요구를 정확히 파악하는 데서 출발해야 한다. 넷째, 유, 무선 통합에 따른 역량 강화가 요구된다. 향후 m-비즈니스는 유선과 무선이 통합될 것이다. 이러한 통합 환경에서는 이동통신 사업자의 비중이 줄어들고, 콘텐츠 영역이나 응용서비스 영역의 비중이 커지게 된다. 따라서 유선과 무선의 가치사슬을 통합하여 일련의 서비스를 제공할 수 있는 기반을 마련해야 한다.

(4) m-비즈니스 현황

m-비즈니스는 휴대폰, PDA 등과 같은 모바일 전자정보통신기기를 이용하여 상거래, 비즈니스 활동을 하는 것으로 이동통신기기를 이용한 편리성에 중심을 두고 있어 향후 정보 통신, IT, 금융부문, 소매부문, 미디어 부문 등 산업 전반에 영향을 미칠 것으로 전망되고 있다.

세계 모바일 비즈니스 시장 전망은 2003년에서 2012년까지 연평균 18.6%의 성장률을 보여주고 있다. 연도별 예상치는 2003년 256억 달러, 2005년 451억 3,000만 달러, 2101년 852억 9,700만 달러, 2012년 1,029억 6,100만 달러에 이를 것으로 전망되고 있다.

〈표 3-15〉 세계 모바일 비즈니스 시장 전망 (단위: million dollar)

구분	2003년	2005년	2010년	2012년
세계시장	25,600	45,130	85,297	102,961
유럽시장	14,050	24,060	44,210	53,590
북미시장	2,430	5,810	12,031	14,649
일본시장	1,878	4,869	10,698	13,148
국내시장	408	1,107	2,553	3,155
아시아/태평양	6,304	6,904	10,561	11,873
기타	530	2,380	5,244	6,546

자료: Ubiquitous Market Forecast Report, 전략기술경영 연구원, 2005.

2. U-비즈니스

(1) U-비즈니스(Ubiquitous Business)의 정의

정보화의 급격한 발달과 진화는 비즈니스 환경의 변화를 유발한다. 국내의 정보화 바람은 성장기를 지나 성숙기로 접어 들어가고 있다. 이에 기술적 발달로 치닫던 정보화는 서비스로의 진화를 해 나가며 유비쿼터스라는 환경에 직면을 하고 있다. 유비쿼터스는 이제 기술로서만 아니라 우리의 삶을 지원하는 보이지 않는 환경으로 우리 삶에 내재해 가고 있는 것이다. 정보화기술의 발전과 함께 이미 우리는 'u-비즈니스'라는 새로운 비즈니스 환경에 직면하고 있다. PC와 인터넷을 활용한 사이버 생활공간에서 벗어나 TV, 휴대전화, PDA, PMP 등 다양한 기기들을 통해 실제 생활환경 속에서 정보를 자유자재로 주고받을 수 있는 새로운 형태의 비즈니스 모델이 현실화되고 있다는 것을 의미한다.

u-비즈니스는 위와 같은 유비쿼터스 컴퓨팅 환경에서의 비즈니스를 지칭한다. 즉, PC와 인터넷은 물론 각종 네트워크, 휴대전화, PDA와 같은 무선기기와 정보 가전 등 모든 형태의 도구를 통해 이루어지는 전자적 거래를 의미하며, 인터넷을 기반으로 한 e-비즈니스와 모바일 기기를 활용한 m-비즈니스 등 모든 종류의 전자적 거래를 포괄한다. 이에 따라 u-비즈니스의 정의는 두 가지로 볼 수 있다. 광의의 u-비즈니스는 e-Business의 진화 혹은 확장된 개념으로서

〈표 3-16〉 e-비즈니스와 u-비즈니스의 차이점

항목	e-비즈니스	u-비즈니스
주요 기술	PC 간의 유/무선 네트워크를 기반 웹 기술을 통해 구현	PC, PDA, 칩 등의 다양한 기기들을 무선네트워크를 이용하여 증강 웹 현실화 기술을 통해 구현
비즈니스 활동	비즈니스 대상의 의식적인 활동	자율 컴퓨팅 기능의 기기와 사물에 의한 비즈니스 활동
거래 채널	비즈니스 처리는 온라인, 실제 비즈니스는 오프라인	온라인과 오프라인이 통합된 비즈니스 활동
마케팅	고객의 정보에 기반한 마케팅	상황인식 마케팅
비즈니스 영역	국한된 사업영역	새로운 비즈니스 창출 및 비즈니스 프로세스 혁신 가능

의 비즈니스 구현 방식을 의미하고, 협의의 u-비즈니스는 m-Business, e-Business 처럼 유비쿼터스 컴퓨팅과 네트워크를 통한 새로운 비즈니스의 한 구현 방식을 의미한다. 결국 컴퓨팅 객체가 실생활 공간 속에 내재화되고 사용자가 네트워크에 자유롭게 접속할 수 있는 환경에서 기존의 비즈니스 업무를 개선, 진화하거나 새로운 비즈니스 모델의 창출을 통해 고객 가치를 극대화하는 활동이라 할 수 있다. 〈표 3-16〉은 e-비즈니스와 u-비즈니스의 차이점을 보여준다.

(2) u-비즈니스의 특징

u-비즈니스의 특징은 9가지로 나타낼 수 있으며, 다음 〈표 3-17〉에서 자세히 나타낸다.

〈표 3-17〉 u-비즈니스의 특징

특 징	내 용
개인화 (Personalization)	개인 중심의 맞춤형 통합 서비스 니즈의 증대와 대응
이동성 (Mobility)	언제 어디서나 서비스 실현
연결성 (Connectivity)	언제 어디서나 다양한 단말기를 통해 seamless 한 서비스 제공
실제성 (Reality)	종전 인터넷공간이 버추얼, 즉 사이버공간이었다면 유비쿼터스 비즈니스는 온/오프가 결합된 실제 공간에서 이루어짐
편재성 (Ubiquity)	유비쿼터스 사회에서의 u-비즈니스는 우리의 일상화처럼 이루어져 나갈 것임
복합성 (Convergence)	디바이스 간, 서비스 간의 기술이나 성능이 융합되거나 합쳐져 나감
지능화 (Intelligence)	식재된 요소 장비들 간에 무선인터넷 등을 통해 상호 통신과 정보교환 등이 이루어짐
다양성 (Variety)	컴퓨팅 객체가 건물, 도로, 다리, 가전, 자동차 등 다양한 대상에 식재되어지고 서비스화됨

(3) u-비즈니스 모델

유비쿼터스가 각 산업에 큰 영향을 끼치면서 이제는 이를 통한 비즈니스 창출에 관심이 집중되고 있다. 이른바 유비쿼터스 비즈니스 모델이라고 일컬어지는 'uBM(u-Business Model)'이 최근 들어 각광을 받는 것도 이 때문이다. 하지만 아직까지 uBM에 대한 개념조차 일반 국민들은 물론 전문가들에게도 낯설고, 특히 최근까지 차세대 비즈니스의 주류를 이루어 온 e-비즈니스 모델과의 차이점도 쉽게 파악되지 않는 게 사실이다. 하지만 u-비즈니스가 IT 업계 화두로 된 것은 오래됐다. e-비즈니스를 빼고서는 IT 정책이나 IT 산업을 논할 수 없었던 게 엊그제 같은데 벌써 u-비즈니스가 대세로 굳어져 가고 있다. uBM을 위해서는 정보통신 기술이 필요조건이다. 그만큼 IT 기술은 uBM의 기초가 된다. uBM과 관련된 선결요소인 인프라를 비롯하여 장비, 소프트웨어 등의 개발과 투자는 현재 정부 등 공공 부문을 중심으로 활발히 전개되고 있다. 하지만 비즈니스 모델과 제반 기술 간의 선후 관계는 모호하다. 관련 개념과 기술은 비즈니스 모델의 아이디어를 도출하게 하는 동기를 부여한다. 반대로 비즈니스 모델의 고도화를 통해 관련 기술의 요구사항이 정의되며 현실화되기도 하기 때문이다. u-비즈니스 모델로는 u-시티, RFID/USN, DMB, 텔레매틱스, 홈네트워킹, 와이브로 등을 들 수가 있다. 무엇보다 uBM을 생소하게 바라보지 않는 것이 중요하다. 예컨대 RFID는 기존 바코드의 확대개념이다. DMB는 기존 위성 TV에서, 와이브로는 무선랜에서 각각 파생된 개념일 뿐이다. 거부감이 없어야 본격적인 비즈니스화도 짧은 시일 내 무리 없이 추진할 수 있다. 즉, 주거환경 개선이나 병원 인프라 및 서비스 개선, 공공 시설물에 유비쿼터스 서비스를 구현하는 것 등이 모두 새로운 비즈니스 모델이 될 수가 있다. 유비쿼터스는 물리공간이 전자공간으로 바뀌는 것이다. 벽, 테이블에 컴퓨팅이 내장되고 우리가 그 기술을 모른 채 사용할 수 있다. 이 시대의 정보격차는 곧 '스페이스 디바이드(공간의 격차)'가 될 것이다. 그 공간에 살고 있는 사람과 그렇지 못한 사람 간의 차이가 되는 것이다. 동시에 유비쿼터스는 서비스 간의 경계를 허무는 세상을 열어가는 것이라 볼 수 있다. 여기서는 u-비즈니스 모델의 이해를 위해 관련된 BM 몇 가지를 살펴보고자 한다.

1) RFID

RFID(Radio Frequency Identification)는 비접촉 무선인식 기술로 기존 바코드의 느린 인식률, 인식속도, 저장능력의 한계라는 단점을 극복할 수 있는 킬러 애플리케이션으로 주목을 받고 있다. 즉 RFID는 가격 면에서는 바코드 등에 비해 다소 비싼 편이나 동시에 많은 물품을 처리할 수가 있고, 식별시간이 짧으며, 실시간 정보 파악이 가능할 뿐만 아니라 수십 cm ~ 수 m 거리에서도 정보를 읽을 수 있고 보안성도 뛰어나 세계적으로 바코드를 대체할 수 있을 것으로 전망되고 있는 것이다. RFID는 현재 활용면에서 저주파(125kHz)·고주파(13.56MHz)의 전자태그 중심으로 60cm 이내 짧은 거리에서는 출입통제, 교통카드 등에 인식기능(Identification) 중심으로 사용되고 있으며, 극초단파(433MHz, 900MHz) 대역에서는 유통·물류 분야를 중심으로 활성화가 이루어지고 있다. 향후, 대량생산에 의해 가격이 저렴해질 경우, 다양한 분야에 적용이 예상된다. 또한 RFID에 sensing 기능이 추가되어 의료, 안전, 국방 분야 등으로 그 이용이 확대되면서 본격적으로 유비쿼터스 네트워크의 센서 기능을 담당하는 핵심기반으로 발전할 것으로 전망되는 분야이다.

최근에는 이러한 바코드 시스템을 대체할 RFID 시스템이 등장하게 되었다. RFID 기술은 기존의 상품에 부착되어 상품의 정보를 알려주는 바코드 대신 RFID 리더기를 이용하여 안테나로 연결된 상태에서 RFID 태그에 부착된 상품 정보를 무선으로 읽는 기술이다. 즉 RFID는 사람, 자동차, 화물, 가축 등에 개체를 식별하는 정보를 부가하는 시스템으로 그 부가정보를 무선통신 매체를 이용하여 비접촉식으로 해독함으로써 종래 사람의 손에 의지하고 있던 각종 애플리케이션을 자동화할 수 있는 특징을 가진다.

[그림 3-9] 다양한 RFID의 유형

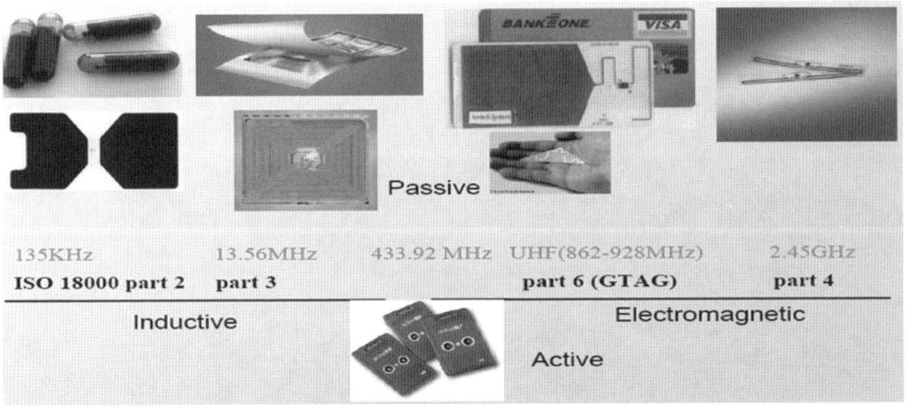

자료: RFID 산업 활성화 지원센터(http://www.rfidepc.or.kr)

RFID 시스템은 태그(카드), 판독 및 해독 기능을 하는 리더기(Reader), 그리고 태그로부터 읽어온 데이터를 처리할 수 있는 데이터 처리 시스템으로 구성된다. RFID 시스템의 동작원리는 다음 [그림 3-10]과 같다.

① 칩과 안테나로 구성된 태그에 활용 목적에 맞는 정보를 입력하고 대상에 부착

② 게이트, 계산대, 톨게이트 등에 부착된 리더에서 안테나를 통해 발사된 무선 주파수 태그에 접촉

③ 태그는 주파수에 반응하여 입력된 데이터를 안테나로 전송

[그림 3-10] RFID의 동작원리

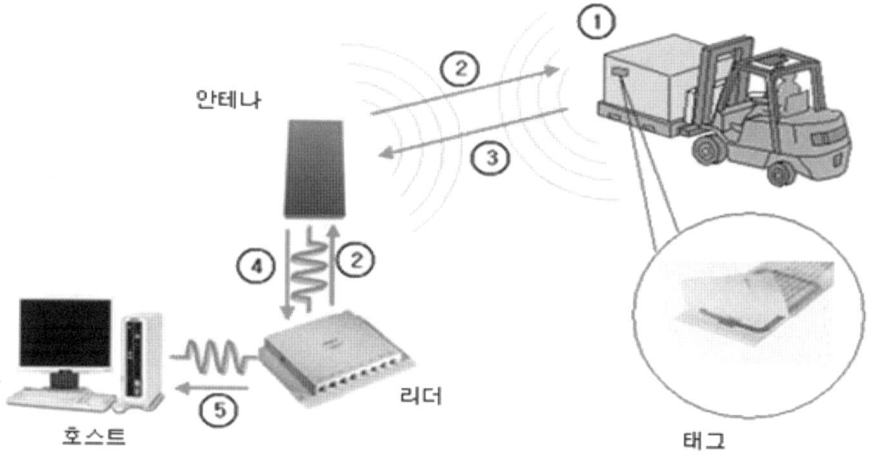

④ 안테나는 전송 받은 데이터를 디지털신호로 변조 및 체크하여 리더로 전달

⑤ 리더는 데이터를 해독하여 호스트 컴퓨터로 전달

RFID는 비접촉식이기 때문에 바코드보다 인식 속도가 빠르다. 또한 바코드의 인식 거리는 최대 50cm이지만, RFID는 최대 수십 미터까지 확장할 수 있고, 금속을 제외한 장애물도 투과할 수 있다. 인식률에 있어서도 바코드는 95% 이하이지만, RFID는 99.9% 이상으로 더 높고, 사용 기간 및 데이터 저장 능력도 다른 매체보다 탁월하다. 다만 RFID는 전파를 사용하는 인식 기술이기 때문에 전파의 특성상 금속 물질이나 일부 액체 및 물체 표면의 성격에 따라 인식률의 차이가 날 수 있다. 이와 같은 RFID의 특성으로 인해 기존의 바코드를 대신하여 기업의 물류활동에 중대한 변화를 초래할 유비쿼터스 핵심 기술로 주목을 받고 있다. 다시 말해 RFID 기술이 물류에 도입됨으로써 제품의 실시간 추적 및 역추적을 통하여 수시로 변화하는 물동량을 정확하게 예측하고 분석함으로써 물류의 효율화를 달성할 수 있고 혁신적인 비용감소도 가능하다.

더불어, RFID 시스템은 주파수 대역에 따라 다양하게 응용할 수 있는데, 현재에는 교통 부분, 물류 부분 등에서 주로 사용되고 있다. 다음 〈표 3-18〉은 RFID 주파수 대역에 따른 응용 활용 분야를 보여준다.

[그림 3-11] RFID의 특징

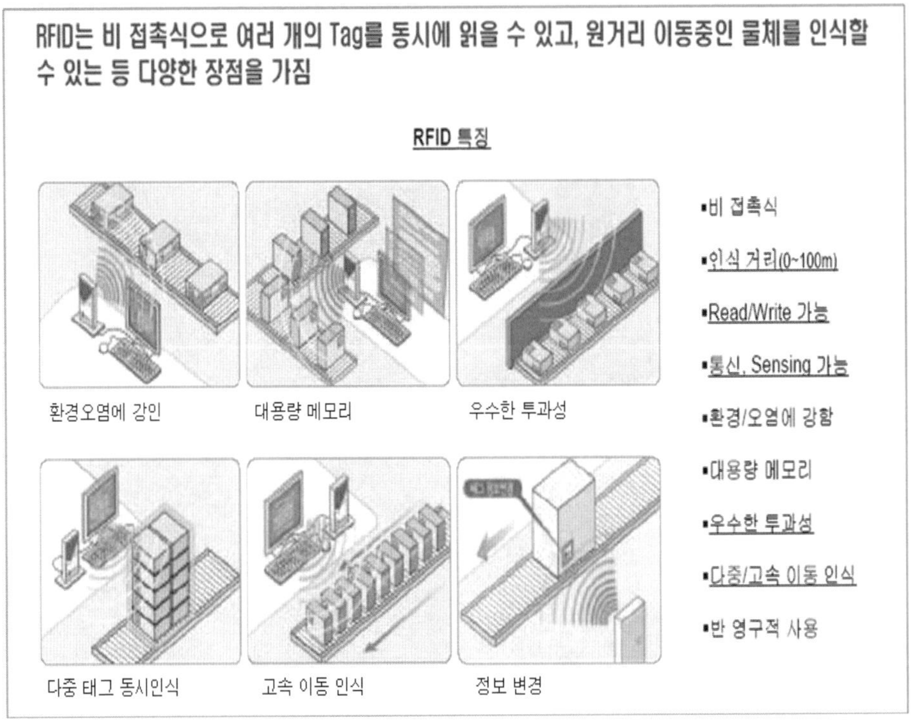

〈표 3-18〉 RFID 시스템의 주파수 대역에 따른 응용 분야

주파수 대역	응용분야
135KHz 이하	- 공정자동화, 동물 관리 등 근거리 용도로 활용 - 시스템 가격이 저렴
13.56MHz	- IC 카드, 신분증, 도서 등 대여 물품 관리, 출입 통제 및 보안 등 - 1m 이내에서 활용 가능, 데이터를 전송할 때 신뢰성이 높음
UHF 파	- 433MHz, 860~930MHz 대역 이용 - 최대 수십 미터(m) 정도의 거리에서 통신용으로 사용할 수 있고, 무선 인식 성능이 우수 - 물류 유통과 컨테이너 관리 등에 활용
마이크로파	- GHz 대역의 고주파이므로 잡음의 영향 적음 - 원거리 통신용, 시스템 가격이 고가

RFID 시스템은 이미 일상생활에서 다양하게 사용되고 있다. 상품이력추적, 유통, 물류, 패션, 재고관리, 헬스케어, 미아방지 등이 대표적인 적용사례이다([그림 3-12]). 특히 [그림 3-13]은 RFID가 소매점에서 사용되고 있는 사례이다.

[그림 3-12] RFID 적용사례

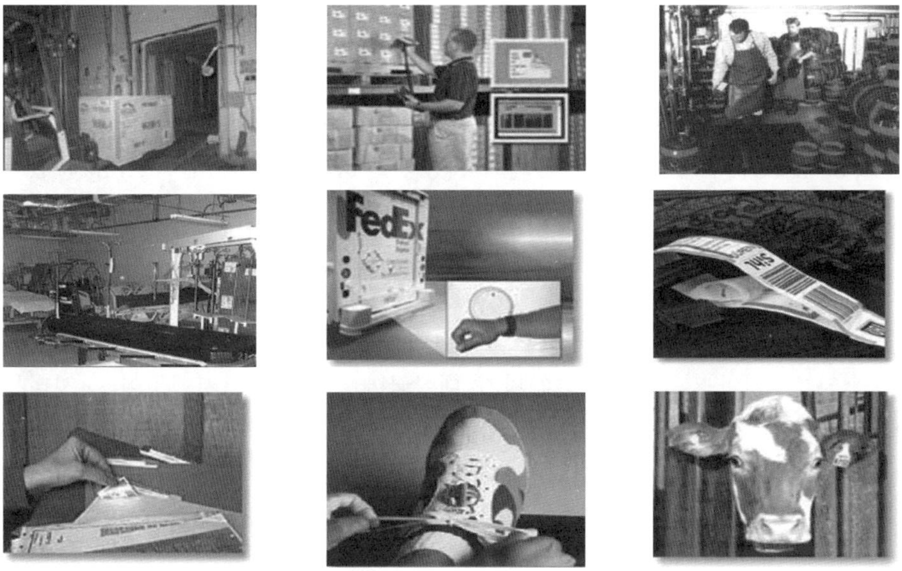

[그림 3-13] 매트로 그룹의 RFID 사용 예: RFID Innovation Center

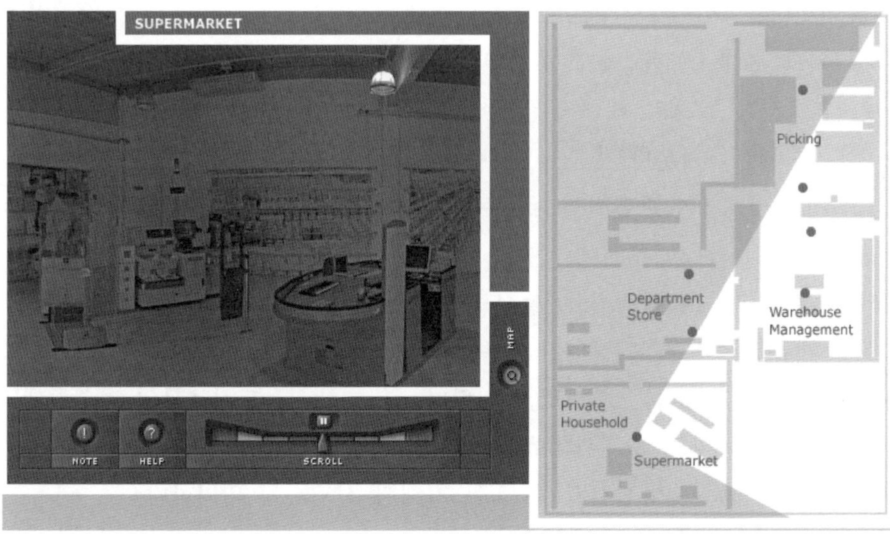

2) 텔레매틱스(Telematics)

텔레매틱스는 통신(Telecommunication)과 정보과학(Informatics)의 합성어로 차량, 항공, 선박 등 운송 장비에 내장된 컴퓨터와 무선통신기술, 위성항법 장치, 인터넷에서 문자 신호와 음성 신호를 바꾸는 기술 등에 의해 정보를 주고받을 수 있는 무선데이터 서비스를 말한다. 이 중에서 자동차 텔레매틱스는 가장 각광 받는 분야라고 할 수 있다.

자동차 텔레매틱스 서비스는 이동통신기술과 위치추적 기술을 자동차에 접목하여 차량사고나 도난 감지, 운전 경로 아내, 교통 및 생활정보, 게임, 인터넷 이용 등을 운전자에게 실시간으로 제공하는 등 새로운 차원의 자동차 관리를 가능하게 하는 첨단 기술이다.

3) u-시티

최근 국제전기통신연합이 발표한 디지털 기회지수에 따르면 우리나라는 미국 · 일본 · 덴마크 등 총 180개 평가 대상국에서 1위를 차지했듯이, u-시티는 우리만의 국가적 u-비즈니스 모델로 키워갈 수 있는 분야이다. 2005년 2가지 미래국가 유망기술 선정 중에서 "유비쿼터스 사회기반구축 · 관리기술 및 미래도시 관리기술"을 선정함으로써 국가적 비즈니스 모델로 선택, 성장 동력원으로 추진하고 있다.

u-시티란 시간과 장소에 구애받지 않고 언제 어디서나 인터넷 접속이 가능한 유비쿼터스 기술을 기반으로 하는 미래형 첨단도시로 원스톱 행정서비스, 홈네트워크, 교통·방범·방재 시스템의 자동화 구현이 가능하다. 컴퓨터와 인터넷, 휴대전화 등으로 대변되는 IT 기술은 삶의 활동공간이자 휴식처가 되는 도시에 변화를 가져온다.

현재 u-city 건설 관련법인 '유비쿼터스 도시의 건설 등에 관한 법률이 제정 및 공포되면서, u-city 추진에 가속도가 붙었다. u-city는 첨단 정보통신망을 도시의 기본 인프라로 채택해, 이를 도시공간에 융합하여 다양한 유비쿼터스 서비스를 제공하는 도시로 정의된다. 즉, u-city는 도시생활의 편의증대와 유비쿼터스 서비스를 제공하는 도시로 정의된다. 즉, u-city는 도시생활의 편의증대와 삶의 질 향상, 체계적 도시관리에 의한 안전보장과 시민복지향상, 신산업 창출 등 도시제반 기능을 혁신시킬 수 있는 21세기 신도시를 의미한다.

[그림 3-14] u-city 구성방향과 특징

자료: 삼성경제연구소.

u-city는 "주거, 교육, 교통, 의료, 행정 등의 도시생활 서비스를 유비쿼터스 기반으로 통합 구축하여 도시 거주자의 생활 편의를 제공하는 미래형 도시"를 말한다. 즉 u-city는 첨단 정보통신 인프라와 유비쿼터스 정보서비스를 도시공간에 융합하여 도시생활의 편의 증대와 삶의 질 향상, 체계적 도시 관리에 의한 안전보장 등을 보장하는 도시를 말한다. [그림 3-15]는 u-city의 개요이다.

[그림 3-15] u-city의 개요

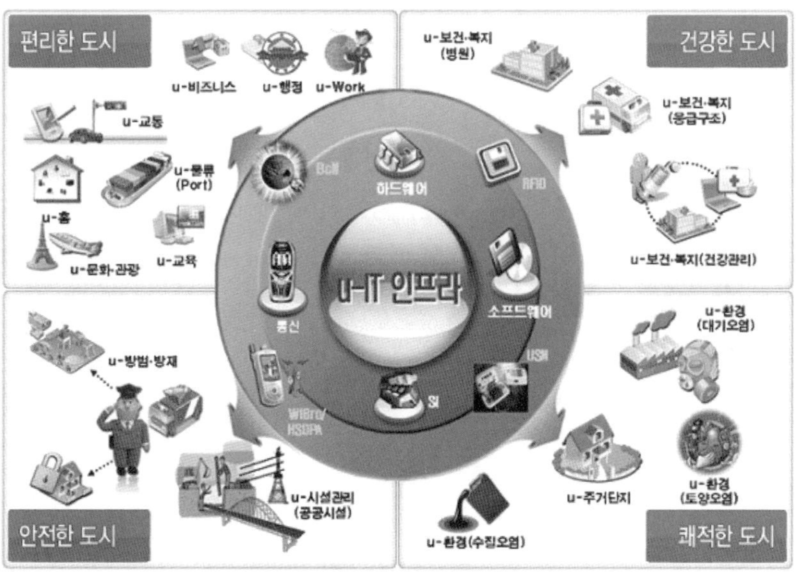

자료: u-city 구축활성화 기본계획, 정보통신부, 2006.

u-city의 특징은 크게 지능화, 네트워크, 공통/통합, 서비스 등 크게 4가지로 구분할수 있다. 다음 〈표 3-19〉는 u-city의 특징이며 〈표 3-20〉은 u-city가 제공하는 서비스이다.

〈표 3-19〉 u-city의 특징

구 분	주요 내용
Intelligence(지능화)	도로 등의 도시 인프라와 공항 등의 도시기반시설 등을 유비쿼터스 환경으로 실시간 관리 도시기능의 지능화를 위해서는 IT, BT, NT 등 연계산업을 복합적으로 활용
Network(네트워크)	'도시'라는 물리적 공간을 전자적 공간으로 구현하는 기반 도시의 모든 사람, 사물, 컴퓨터들을 끊임없이 연결(Seamless)
Platform(공통/통합)	누구나, 어디서나, 언제라도 서비스를 이용하기 위한 공통 플랫폼 필요 안전하고 편리한 서비스 활용 보장키 위한 전체적인 조정할 통합센터 필요성 대두
Application(서비스)	실제 도시의 기능을 전자적 공간에서도 그대로 이용할 수 있는 서비스 구현 공간(집, 학교, 사무실 등)과 기능(교통, 행정, 건강 등) 측면에서 유비쿼터스 환경 구현 가능

자료: 한국소프트웨어진흥원, 2006.

u-city는 유비쿼터스 컴퓨팅, 정보 통신 기술 등을 기반으로 도시 전반의 영역을 융합하여, 통합되고(integrated), 지능적이며(intelligent), 스스로 혁신을 이루게 되는(innovative) 도시를 말한다. 따라서 u-city는 국가 균형발전을 위한 신도시 개발모델로서 신기술 개발을 활성화시키고, 초기 시장형성과 연구개발, 소비로 이어지는 순환구조 형성을 통해 국민의 삶의 질 향상을 이룰 것으로 전망된다.

〈표 3-20〉 u-시티가 제공하는 서비스

부 문	서비스 예
홈네트워크	광대역 통합망 구축으로 기존의 초고속 인터넷보다 더 빠른 속도의 인터넷 이용가능
교통, 방범, 방재 시스템의 자동화	교통정보시스템을 통해 도시 전체의 교통상황을 파악하고 통제하여 도로 정체 여부 및 목적지까지 가장 빨리 도착하는 길과 소요시간을 실시간으로 전달 도난이나 방화로부터 안전 보호
원스톱 행정서비스	각종 공과금 인터넷 납부
기타	도심지하의 전기, 통신, 상하수도 등 시설물에 센서가 부착되어 관련정보를 필요로 하는 주민에게 실시간으로 전달

4) U-port

정부는 해운, 항만 물류분야의 경쟁력강화를 위하여 첨단 u-IT 기술을 이용한 u-port 사업을 추진 중이다. 즉, 동북아 역내의 물동량이 급증하고 경쟁력이 심화됨에 따라 자동화되고 고부가가치 서비스가 가능한 정보중심의 u-Port를 국가 전략적 차원에서 육성하고자 노력하고 있다. u-port 추진배경을 살펴보면 다음과 같다.

국제적으로 CIP(Container Inspection Program) 제도가 확산되고 있으며, 이에 따라 위험물 컨테이너에 대한 안전점검 및 체계적인 관리의 중요성이 강조되고 있다. 위험물 컨테이너의 체계적인 관리체계 부족에 따라 위험사고시 환경파괴 등 심각한 부작용이 다수 발생한 사례를 감안할 때, 대형사고 예방을 위해 센서태그를 활용하여 위험물 컨테이너의 내부 상태 변화를 능동적으로 감지하고 관리할 수 있는 추적감시시스템 구축이 절대적으로 필요한 실정이다. 해외 선진항만의 경우 맞춤형 투자를 통한 경쟁력 우위를 계속 확보하고 있으며 우리나라도 이에 상응하는 정책이 요구되고 있다. 싱가포르의 경우 정부가 주도하여 동아시아 허브 항만으로써의 위상 강화를 위하여 90년 중반부터 무정차시스템, One-Stop 정보시스템 등을 구축하여 선사와 화주에게 편의를 제공하고 있다. 네덜란드의 경우 지리적 이점을 살려 국가적 차원에서 항만, 수·배송, 배후

단지, 정보 인프라를 구축하여 다국적기업의 물류센터를 유치함으로써 항만경쟁력을 강화하고 있다. 중국의 경우 컨테이너의 빠른 처리를 통한 항만경쟁력 강화를 위하여 대규모 항만 인프라 확장을 진행하고 있다. 반면, 우리나라는 강점이 있는 정보기술을 활용한 유비쿼터스 항만 실현으로 차별화된 항만경쟁력 강화 전략이 요구되고 있다.

이 같은 배경하에 정부가 추진하고 있는 u-Hub Port 개념도를 살펴보면 다음과 같다([그림 3-16]).

[그림 3-16] u-Hub Port 개념도

자료: RTLS/USN 기반 u-Port 구축 사업 기본계획, 2008. 12.

U-Hub Port 사업을 통한 기대효과는 다음과 같다.

첫째, 항만물류 경쟁력이 강화될 것으로 기대된다. 항만 컨테이너터미널을 첨단화하고 첨단 정보인프라 구축을 통하여, 컨테이너에 적재된 위험물에 대한 보안 및 안정성이 극대화될 것으로 예상됨에 따라 하역 및 운송 중 위험물 취급 안전사고를 대폭 줄일 수 있을 것으로 기대된다. 이는, 위험물 컨테이너에 대한 안정성 강화로 아시아의 "Safety Port"로서 위상을 제고할 수 있음은 물론, RFID를 활용한 터미널 운영업무의 효율화, u-인프라 구축 등으로 부가적인 서비스 제공과 첨단항만으로서 이미지 개선에 힘있어, 경쟁 항만과의 경쟁력에서 우위를 차지할 수 있을 것으로 기대된다.

둘째, 효율적인 SCM 구축을 통해 물류생산성 향상이 기대된다. 즉, 첨단 유비쿼터스 기술 적용을 통해, 화주에게는 화물추적을 용이하게 하고, 통관지연예방 등의 서비스 향상이 기대된다. 또한, RTLS 기반의 장치장 계획을 통한 효과적인 컨테이너 장치 관리와 선적계획으로 터미널의 컨테이너 리드타임을 최소화할 수 있다. 선진 외국 항만의 CIP 시행으로 우리나라 선박 및 화주가 불이익을 당할 경우 해당국에 대한 대응조치 근거를 마련할 수 있다. 위험물 유출 등으로 인해 비상대피 상황 발생시 의사결정권자가 인명의 안전, 보안 및 보호를 위해 최선의 의사결정을 내릴 수 있도록 핵심적인 데이터를 제공할 수 있다. 컨테이너 터미널 게이트 차량혼잡 감소를 통한 운송 효율 극대화를 기대할 수 있다.

5) 와이브로

와이브로는 유선 초고속인터넷이 가지는 이동성의 한계, 이동전화 무선인터넷이 가지는 이용요금과 단말기의 한계, 무선 초고속인터넷이 가지는 공간의 한계를 극복하기 위해 제시되었다. WiBro는 와이어리스 브로드밴드 인터넷(Wireless Broadband Internet)의 줄임말이다. 우리말로는 무선 광대역 인터넷, 무선 초고속인터넷, 휴대인터넷 등으로 풀이된다. 이름이 뜻하는 대로 언제 어디서나 시속 60Km 이상의 속도로 이동 중에도 다양한 단말기를 이용, 높은 전송속도로 무선인터넷 접속이 가능하도록 하는 서비스이다. 퍼스널컴퓨터·노트북컴퓨터·PDA·차량용 수신기 등에 무선랜과 같은 와이브로 단말기를 설치하면 이동하는 자동차 안이나 지하철에서도 휴대폰처럼 자유롭게 인터넷을 이용할 수 있는 서비스이다.

와이브로는 도심지 내에서 1Mbps 이상의 무선인터넷 서비스를 제공하고, 휴대폰처럼 기지국 간에 이동 중에도 끊이지 않고 초고속인터넷을 이용할 수 있는 장점과 현재의 무선인터넷에 비해 투자비가 적고 전송속도는 높다는 장점을 가진다(〈표 3-21〉 참조). 이는 와이브로 자체가 도심지 위주의 서비스로 개발되었기 때문이며 지하철, 버스 등의 대중교통과, 도심지에서 승용차의 속도제한이 대부분 60Km/h 내외인 것을 보면 큰 문제는 없어 보인다. 하지만 고속도로나 열차를 이용할 경우 문제가 발생하며, 경쟁기술이라고 볼 수 있는 HSDPA의 경우 250Km/h 정도의 속도를 보장하기 때문에 개선이 요구된다.

차세대 이동통신 기술인 와이브로(WiBro)를 통해 언제 어디서나 자유롭게 인터넷에 접속하는 와이브로가 성공적으로 정착되면 정보가 자유롭게 오가는 정보공유, 정보평등의 시대를 열 비즈니스 모델이 될 수 있을 것이다.

〈표 3-21〉 와이브로의 특성

항　목	특　징
사용주파수	2.3GHz 대역
이동성	60Km/h
서비스 범위	약 1Km
다중화 방식	TDD
다중접속 방식	OFDMA
채널대역폭	9MHz
최대 데이터 전송률	상향: 1Mbps, 하향: 3Mbps
주파수 재사용 계수	1

참고문헌

1. 김병곤, e-비즈니스와 경영정보 시스템, 선학사, 2005.
2. 김정구, 디지털시대의 경영전략, 삼성경제연구소, 2000. 10.
3. 노옥현, "U-business Model's role in realizing Ubiquitous society," 2005. 8.
4. 류중경, ERP 및 e-ERP 구축방법, 삼양미디어, 2005.
5. 이선미 · 이철영, "부산항 관세자유무역지대에 대한 항만물류관련업체의 의식고찰," 한국항해항만학회지, 제27권 5호, pp. 563~568.
6. 이홍걸, "비즈니스의 계층성과 공간 시장화에 주목한 항만 물류 산업에서 e-비즈니스의 개념적 유형 분류에 관한 연구," 한국해운물류학회, 해운물류연구, 2005.
7. 이홍걸 · 이재원 · 류형근, "공간시장화에 따른 새로운 비즈니스 분류 프레임워크의 제안과 적용," 한국항해항만학회지, 2003, Vol. 27, No. 4, pp. 389~395.
8. 윤종훈 · 김용민, 전자상거래의 이해, 삼영사, 2005.
9. 윤철호 · 김상훈 · 최용주, e-Transformation을 위한 풀무원의 전략적 연계 사례연구, 한국경영정보학회, 춘계학술대회, 2005.
10. 이웅규 · 이동만 · 곽기영, 인터넷과 경영, 삼우사, 2005.
11. 전통기업의 e-transformation 과제와 추진방안, 산업공학연구정보센터 News Letter, Vol. 5, No. 2(April, 2001).
12. Timmers Paul, "Business Models for electronic Markets," Electronic Markets, Vol. 8, No. 2, 1998.
13. Ubiquitous Market Forecast Report, 전략기술경영 연구원(STEMI)보고서, 2005.
14. RTLS/USN 기반 u-Port 구축사업기본계획, 2008. 12.

제 2 편

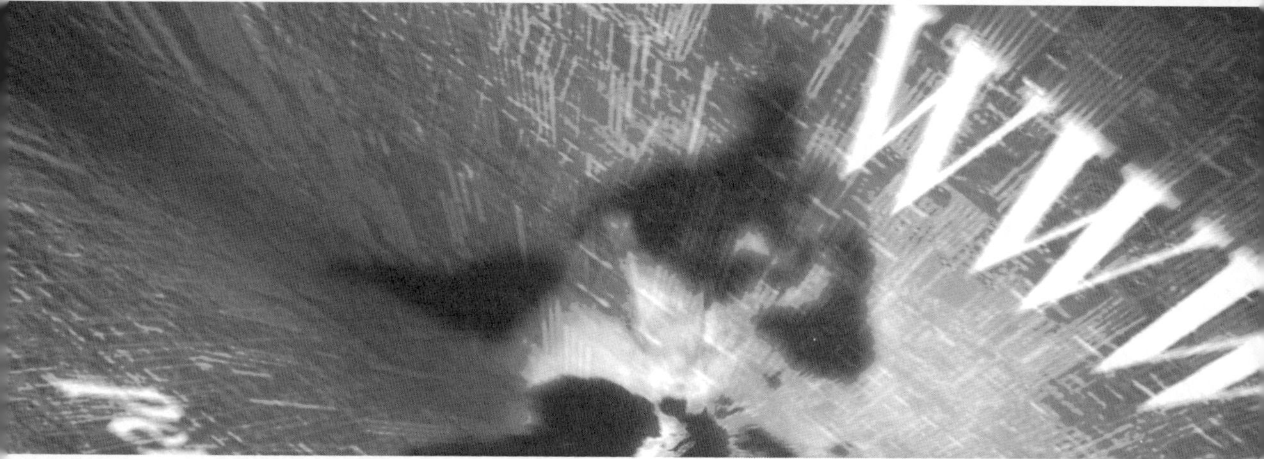

물류 프로세스와 정보화

CHAPTER

4

전자물류 프로세스

제 1 절 수출입물류 프로세스의 개요

1. 수출입물류의 개념과 의의

물류란 물자 또는 화물의 시간적 · 공간적인 이동을 통하여 물자 및 화물의 부가가치를 경제적으로 창출하는 일련의 과정을 의미한다. 이를 위해 원자재 조달, 제품의 생산, 포장, 생산제품의 보관, 내륙운송, 하역(선적 및 양하) 등의 일련의 과정들을 조직적으로 관리하여야 한다. 이 같은 물류의 관리범위는 조달물류, 생산물류, 사내물류, 판매물류, 반품물류, 폐기물류, 운송물류, 보관물류, 해외물류 등으로 세분화될 수 있으며, 상이한 물류활동을 특정한 목적에 부합되도록 하기 위해 화물의 흐름뿐 아니라 화물의 흐름에 따라 생성되는 화물정보의 흐름 또한 체계화 되어야 한다. 현대에 있어 물류란 화물과 정보의 흐름 전체를 구성하는 활동을 통합하여 전체 흐름으로 최적화함으로써 경제적 효용을 극대화하는 고도의 시스템 활동이라고 할 수 있다.

기존의 물류는 1차원적인 화물의 흐름을 관리하여 중복요소를 최소화함으로써 비용을 절감하는 개념이었으나, 1960년대 운송업계에서 최초로 등장하기 시작한 EDI[1] 개념과 정보통신 기술의 발달, 물류의 질적 · 양적 성장에 힘입어 정보의 활용에 대한 수요가 증가하기 시작하였다. 정보기술은 화물의 흐름에 따라 생성되는 정보를 사전에 공유할 수 있게 함으로써 2차원인 정보처리에 따른 시간을 대폭 감소시켜 화물이동에 제약받지 않도록 할 뿐 아니라 3차원적으로 생성된 정보에 부가가치를 부여하여 DB 형태로 관리하는 각종 활동 등을 가능하게 하였다.

물류는 제품 · 화물이 생산지에서 최종 소비지에까지 경제적으로 이동하는 전 과정을 단절 없는 사슬(Seamless Chain)로 연결하여야 하기 때문에 입력대비 출력이 일정한 비율로 생성되어야 하는 시스템적인 성격을 가지고 있다. 따라서 물류의 전 과정과 절차를 상호 연결시켜야 하는 전제를 가지고 있으며, 이 중 어느 한 과정이나 절차가 완성되지 않는 경우 물류 전체의 효율성을 기대할 수 없다. 단절 없는 물류 프로세스를 수립하기 위해서는 물류기반 절차(Backbone Procedure)를 수립하고, 이를 선도절차(Leading Procedure)로 활용하면서 부가적인 파생절차(Branch Procedure)를 동등한 수준으로 끌어올리는 불균형 성장전략(Unbalanced Growth Strategy)을 활용하는 것이 바람직하다. 현재 우리나라의 국가물류비[2]는 선진국 대비 높은 것으로 분석되고 있으며, 이는 물류활동과 관련된 행정절차를 비롯하여 수송, 보관, 포장, 하역, 일반관리, 정보생성 및 관리 등 광범위하게 발생하고 있다. 물류비 증가는 결과적으로 우리나라 수출입에 따른 비용을 증가시켜 국제경쟁력 약화를 초래하게 된다. 물류비는 물류를 구성하고 있는 단계별 절차의 개별비용 절감보다는 전체적인 총비용의 절감을 통해서만 실질적으로 감소될 수 있다. 그러나 현행 수출입물류 프로세스는 국토해양부(건설교통부, 해양수산부), 지식경제부(산업자원부, 정보통신부), 관세청, 철도청, 검역기관, 출입국사무소 등 각 부처별 소관 법률에 의하여 규정되어 있으며 개별적인 물류정보화 정책들이 추진되고 있다(〈표 4-1〉 참조).

물류비 절감은 도로, 항만, 창고, 철도 등과 같은 물리적 시설을 통하여 해결할 수 있는데 이를 경성물류시설(Hard Infrastructure)이라 한다. 우리나라의 경

1) EDI(Electronic Data Interchange, 전자문서교환방식): 표준화된 상거래서식 또는 공공서식을 서로 합의된 표준에 따라 전자문서를 만들어 컴퓨터 및 통신을 매개로 상호 교환하는 것.

2) 국가물류비 기능별 비중 — 2006년 연구결과 요약집(2007. 3. 22, 한국교통연구원).
수송비 76.5%, 보관비 16.8%, 일반관리비 1.3%, 포장비 2.2%, 하역비 1.8%, 물류정보비 1.3%

〈표 4-1〉 관련 부처 법규별 주요 내용

구 분	관련 법규	주요 내용
건설 교통부	화물유통 촉진법	○ 제반 물류관련정책 및 제도적인 근거법령 - 종합물류정보전산망 구축 및 운영 근거 - 전자문서의 이용·개발, 법적인증(효력), 보안 등 근거
정보 통신부	정보화촉진 기본법	○ 정보화 사회에 대비해 사회 각 분야의 정보화촉진, 정보산업진흥 등을 도모하기 위한 법률로서 초고속정보통신망 사업추진 근거
산업 자원부	유통산업 발전법	○ 유통산업발전기반 조성 및 유통기능효율화 등을 목적으로 유통정보화 촉진 및 지원 규정
해양 수산부	항만법	○ 항만운영전산망 구성·운영, 선원 등 해운·항만업무 관련 전산처리 규정
관세청	관세법	○ 관세부과·징수 및 수출입물품 통관의 적정을 목적으로 수출입화물 관세 및 통관 관련 전자문서에 관한 규정
재정 경제부	국제물류기지육성을위한관세자유지역의지정및운영에관한법	○ 관세자유지역 지정 및 운영에 관한 절차 및 규정 명시 ※ 현재 정보화관련 규정은 없으며, 정보화 및 국제물류촉진을 위해 기존법을 포함한 국제물류촉진법으로의 개정을 추진하고 있음 ※ 관세자유지역 지정 및 운영관련 법제도 소관은 재경부이나, 실제 관련기관은 해수부, 건교부, 관세청 등이 관여되어 있음
기타	○ 검역법(5개 검역기관 대상), 출입국관리법, 철도법(철도운송규정 포함), 화물자동차운수사업법, 철도운송업법, 항만운송사업법, 해운법, 항공법, 개항질서법,도선법, 상법, 유통단지개발촉진법, 무역자동화촉진법[3](무절차 간소화 및 무역업무 EDI 적용 규정), 대외무역법(전자무역 대상), 민자유치촉진법(정보통신기반시설 구축에 따른 민간자본 유치 및 지원근거 규정), 농산물가격안정에관한법, 직업안정법, 전기통신기본법, 전기통신사업법, 전산망보급확장과이용촉진에관한법 등	

자료: 수출입물류중심의 국가물류체계 구축사업(2005. 국가물류정보화추진단).

3) "무역자동화촉진에관한법률"은 "전자무역촉진에관한법률"로 법제명변경 및 전면개정(2005. 12. 23, 법률 제7751호).

우 터미널 시설 부족으로 외곽 장치시설 활용에 따른 비용이 높게 나타나고 있으며, 도로체증으로 인해 교통혼잡비용이 약 8조원을 상회하고 있다. 철도시설 부족은 여객과 화물의 적기 수송에 영향을 미치고 있다. 보관 측면에서는 평균 창고 규모가 영세하거나 협소한 것으로 나타나 있다. 이를 위해 도로, 철도, 보관시설의 확충이 불가피하나 이에 따른 막대한 비용과 부지의 확보가 용이하지 않으며, 도로나 철도 등 일부 시설만 확충될 경우 병목현상이 가중되어 효율성 저하를 초래할 수 있다. 또한 하드웨어에 대한 투자는 회수에 따른 회임기간이 길어 민자 유치가 어려워 장기적 차원에서 고려되어야 한다.

한편, 연성물류시설(Soft Infrastructure)이라 불리는 물류활동을 직간접적으로 지원할 수 있는 국가기간정보통신망의 구축과 기관간 정보교환을 위한 전산망의 활용은 물류활동을 지원하여 효과적인 업무를 가능하게 한다. 수출입물류업체의 경우 해외와의 빈번한 정보교환이 필요하여 전산부문에 활발한 투자가 이루어지고 있으나 기타 물류업체의 경우 영세성으로 인해 투자에 대한 동기부여가 매우 낮은 상태여서 정부차원의 물류망 구축으로 민간 및 정부부문의 업무수행을 지원하고 있다. 이 경우 공공부문과 기업부문의 목표와 전략의 상이함으로 인한 특성의 고려가 필요하다. 정보통신정책연구원의 물류정보화 성과분석에서 사용된 공공부문과 기업부문의 전략 비교표를 보면 전략목표, 재무적 목표, 가치, 바람직한 성과 등 8가지 전략특성에 따라 공공부문과 기업부문이 고려하여야 할 특성을 보여주고 있다(〈표 4-2〉 참조).

정보통신기술의 발달과 자유무역의 진전에 따른 국가간 정보교환의 필요성의 증가로 민간기업의 전산투자가 확산되고 정부차원의 물류망 확충을 위한 지원이 활발하게 이루어지고 있어 물류산업 전체적인 측면에서 물류정보망의 사용자 환경이 급속히 조성되고 있다. 따라서 경성 물류시설의 물리적 한계를 연성 물류시설인 정보시스템의 확충으로 해결할 수 있다.

국제무역의 지속적 증대, 동북아지역 물동량[4] 증가, 다자간 무역협정 등 세계경제의 흐름 속에서 보다 효과적인 거래를 위해 물류 및 통관절차의 개선 요구는 계속 증가하였다. 이에 WCO[5]에서는 통관업무의 전산화를 추진함과 동시에 국가간 원활한 정보 교류를 위해 EDI를 통관 업무에 적용하였으며 이러한

4) 동북아지역의 물동량 비중(국가물류정보화추진단): 27%('97년) ⇒ 28%('00년) ⇒ 30%('06년).

5) WCO(World Customs Organization, 세계관세기구).

〈표 4-2〉 공공부문과 기업부문의 전략 비교

전략특성	공공부문	기업부문
전략목표	임무 달성의 효과성	경쟁력
재무적 목표	비용감소, 효율성	이윤, 성장, 시장 점유율
가치	공공책임, 성실, 공정	혁신, 창조, 친근성, 인지도
바람직한 성과	고객 만족	고객만족
이해관계자	납세자, 감사자, 입법자	주주, 소유주, 시장
예산 우선순위 결정요인	지도자, 입법자, 기획인력	고객수요
비밀의 정당성	국가안전보장	지적재산권 및 특허지식의 보유
주요 성공요인	우수관리 프랙틱스, 일률성, 규모의 경제, 표준화된 기술	성장률, 수익률, 시장점유율, 유일성, 첨단기술

자료: 물류정보화 성과분석(2006. 12, 정보통신정책연구원).

국제적인 변화에 맞춰 국내에서도 연간 1,000만 건의 수출입신고 및 6,000억 달러의 무역규모를 처리할 수 있는 수출입물류 및 통관시스템이 개발되어 운영되고 있다. 또한 미국 9.11테러 이후 국제간 화물이동에 대한 보안과 통제가 강화되고 있어, 국제무역의 경쟁력 유지를 위해 각종 제도와 정보시스템 확충으로 효율성을 제고하고 있다.

이러한 대내외적인 변화에 정부(관세청)에서는 수출입물류에서 발생하는 정보를 관련 기관이 공유함으로써 신속한 물류환경을 구현하게 하고, 불법행위 근절을 위하여 수출입물류 전반에 걸친 개선과 전산시스템의 구축으로 다각적 대책을 강구했다. 이에 1992년 6월 “EDI형 통관자동화 시스템 구축을 위한 종합계획”을 마련하고, “EDI형 수출통관시스템(1994),” “EDI형 수입통관시스템(1996),” “수출물류시스템(1996),” “수입물류시스템(1997),” “관세환급시스템(1997)”을 구축하여 현재 모든 통관, 물류 업무가 전산으로 처리되고 있다.

수출입물류와 관련된 전산망은 KTNET(통관, 항공 · 해상운송, 무역망), KL-Net(PORT-MIS, 컨테이너터미널, 철도운송, ODCY, 육상운송), KT(육상운송) 3개 기관을 통해 EDI/VAN 및 인터넷 방식으로 해당 서비스를 이용할 수 있다(〈표 4-3〉 참조).

〈표 4-3〉 수출입물류 관련 EDI서비스 현황

구 분	서비스 내역	비고
통관망	입출항, 적하목록,[6] 하선 및 배정신고, 보세운송신고, 반출입신고, 관세환급, 수출입승인 등	KTNET
항공 및 해상 운송	선적요청, 선하증권발급통지, 컨테이너반출입, 기적요청 AWB통지, 화물부킹 등	
무역망	신용장 개설, 입출금통지, 수출입대금결제, 해외송금, 외화자금국내이체, 수입화물선취보증 및 인도 승락, 원산지증명	
PORT-MIS	입출항신고, 항만시설사용허가 등	KL-Net
컨테이너 터미널	본선적부도, 컨테이너선적예정목록 등	
철도운송	화물운송통지서, 화물운송장 등	
ODCY	컨테이너운송통지, 선하증권발급통지 등	
육로운송	운송요청, 팔렛트운송 등	
트럭추적	CVO(Commercial Vehicle Operation) 서비스 등	KT

자료: 수출입물류중심의 국가물류체계 구축사업(2005. 국가물류정보화추진단).

2. 수출입물류시스템의 목적

수출입물류시스템 도입을 위한 목적으로는 첫째, 업무처리절차의 간소화를 도모하고 제도개선을 통하여 수출입 물류비용의 절감효과를 극대화하는 데 있다. 즉 수출입물류의 업무처리절차를 간소화하고 각종 제도를 개선함으로써 신속한 업무처리를 가능하게 하여 물류비용을 절감시키는 것이다. 단계별로 처리되고 있는 서류를 전자화하고 기존 수출입적하목록을 포함하여 세관에 제출되는 각종 서류를 폐지하고 전자문서로 대체함으로써 모든 업무를 전자적으로 수행할 수 있게 한다.

6) 적하목록(積荷目錄, Cargo Manifest): 선박 또는 항공기가 적재하고 있는 화물의 목록.

둘째, 수출이행 사실의 확인 등 타 업무 시스템과 연계를 통하여 정보를 공유하고자 하는 데 있다. 수출신고된 화물의 실제 선적 여부를 관리함으로써 수출이행 여부 관리에 따른 정확한 수출통계를 작성하고 부정환급을 방지하게 되어 수출화물 서비스의 지리적 한계를 극복하였으며 제도개선 측면에서 수출화물에 대한 보세구역 반출입 확인관리 제도를 폐지하였고 각종 수출입 물류정보와 통계의 신속한 작성 및 제공이 가능하게 되었다.

수입물류시스템은 수입화물의 이동에 따라 각 단계별 사용자가 관련 업무를 수행할 수 있도록 구성되었다. 예를 들어 화물이 입항하면 항공사, 선사 등 관련 사용자는 수입물류시스템을 이용하여 입항보고와 적하목록 신고를 처리하고, 화물이 내륙지 보세구역에 반입할 때 보세운송사, 보세창고 등 관련 사용자는 보세구역 반출입 신고를 처리하게 된다. 수입화물의 이동에 따른 업무절차 및 각 단계별 외부사용자의 관련성은 다음 그림과 같다([그림 4-1] 참조).

셋째 선사, 항공사 등 물류주체가 수출입물류 인허가 업무를 처리하는 과정에서 여러 기관, 즉 국토해양부(해양수산부, 건설교통부), 관세청, 법무부(출입국관리소), 국립검역소에 제출하는 물류관련 문서 중에서 중복·유사서식에 대한 표준화 및 정보공유를 통하여 물류절차를 개선하고 현재 물류정보서비스를 운영하고 있는 KTNET이나 KL-Net의 서비스 인프라를 활용하여 이용자 입장에서 수출입물류 일괄처리서비스를 구현하는 데 있다. 수출입물류 인허가시 발생하

[그림 4-1] 수입화물처리단계별 외부사용자 관계도

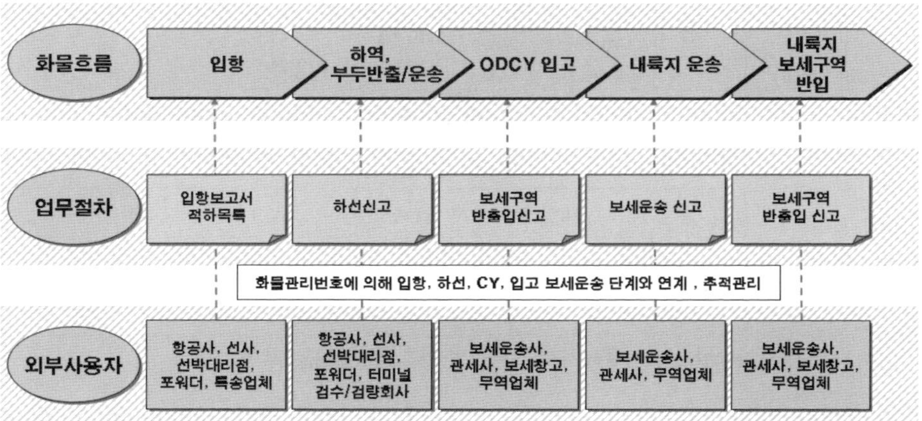

자료: 관세청(www.customs.go.kr).

〈표 4-4〉 물류주체별 주요 업무

구 분	역 할
건설교통부	○ 국가물류기본계획 수립 ○ 공항, 내륙화물기지, 국제물류, 관세자유지역(공항) 관리 ○ 물류산업 육성 총괄(영역별 산업지원은 해당 부처에서 담당)
해양수산부	○ 해운항만물류, 국제물류 ○ 컨테이너 터미널, 일반부두, 관세자유지역(항만) 관리
산업자원부	○ 기업물류 및 유통부문 담당 ○ 수출입산업단지, 자유무역지역 담당 ○ 무역업무 및 전자상거래 총괄
정보통신부	○ 국가정보화 기획 및 물류정보화 지원
관세청	○ 수출입, 환적 물류관리, 통관, 관세자유지역 및 보세구역 관리
철도청	○ 철송 물류, 철도CY 관리
검역기관	○ 수출입 동물 · 식물 · 식의약품 · 수산물 검역 ※ 식품의약품안전청, 국립수의과학검역원, 국립식물검역소, 국립수산물품질검사원, 국립검역소 등 5개 기관
법무부 출입국관리국	○ 국내외 입출국 심사 및 관리
물류거점	○ 물류거점 운영기관에서 운영효율화 ※ 항만(컨터미널, 일반부두), ICD, 공항, 철도, 수출입산업단지 등
물류업체	○ 물류 기능에 따라 화주(기업, 무역업자), 선사/대리점, 항공사, 운송 · 하역 · 포장 · 창고업체, 포워드, 물류거점 운영회사, 주선 · 알선업체, 검수업체 등이 존재 ※ 한국물류협회, 선주협회, 관세사협회, 복합운송협회, 보세협회, 항만운송협회, 검수협회 등 다양한 협회 존재
물류전담 사업자	○ 무역, 통관, 물류 등 분야별 3개의 전담사업자 존재 ※ KTNET(무역, 통관, 항공, 물류B2B), KL-Net(해양물류, 철송, 내륙), KT(화물추적, 통합DB서비스) ※ 기타 한진, 대한통운, 삼성SDS, SK 등 민간 VAN가 존재
연구기관	○ 교통개발연구원, 한국해양수산개발원, 한국철도기술연구원 등
유관기관	○ 금융망(금융결제원-은행) 중개
	○ 보험망(보험개발원-보험회사) 중개
	○ 교통정보(지능형교통체계: ITS), 위치정보(위치측정시스템: GPS), 지리정보(국가지리정보시스템: NGIS), 공급 및 수요정보(공급망 관리: SCM) 등 유관정보를 운영하는 기관이 다수 존재

자료: 수출입물류중심의 국가물류체계 구축사업(2005. 국가물류정보화추진단).

는 중복 · 유사서식의 제출 및 입력 오류로 인한 시간 및 비용 손실 절감과 행정기관의 업무효율화 및 정보공유 확대에 대한 요구가 증대되고 있어, 이를 해결할 수 있도록 절차를 개선하고 관세청의 수출입통관 및 수출입화물정보시스템, 국토해양부의 PORT-MIS,[7] SP-IDC,[8] 검사 · 검역기관의 인터넷 검사 · 검역 신청 등의 시스템 개선이 필요하다.

제 2 절 수출입물류 프로세스현황

1. 수출입물류 업무 흐름도

수출입물류는 국가간 이동특성에 따른 복합운송과 각종 인허가 과정을 거쳐 이동한다는 점에서 국내물류와 구분된다. 다음 그림은 수출자가 생산(또는 가공)한 수출물품이 국가간 운송수단에 의하여 최종수입자에게 전달되기 위하여 처리되는 수출절차(운송, 보관, 통관, 선적)와 국제운송 그리고 수입절차(입항, 하역, 보관, 통관, 내륙운송)와 이때 발생하는 해당 업무관련 서식들의 종류와 유통을 보여주고 있다([그림 4-2] 참조).

수출자는 복합운송업체(또는 선사)를 통하여 운송의뢰하고 FCL, LCL[9] 여부에 따라 창고 또는 CFS[10]에서 해당 화물을 컨테이너에 적재하게 된다. 이때 통관 및 각종 인허가 업무를 경료하고 국제운송을 거쳐 해당국가에 도착하게 되면, CIQ[11] 기관 및 각종 인허가 과정과 터미널 반입, 검역, 신고 내륙운송 등을 거쳐 최종 수입자에게 전달된다.

수출입물류 관련 업무영역을 운송수단에 따라 구분하면 해상물류와 항공물류로 나누어 볼 수 있다. 특히 우리나라의 경우 동북아 물류중심으로의 위상 강화를 위해 환적화물의 유치와 공항만의 물동량 증가 즉, 환적물류의 활성화를 위해 환적물류를 별도로 구분하기도 한다. 또한 자유무역지역(관세자유지역

7) PORT-MIS(PORT-Management Information System, 항만운영정보시스템).
8) SP-IDC(Shipping Port-Internet Data Center, 해운항만 인터넷 데이터 센터).
9) FCL(Full Container Load), LCL(Less than Container Load).
10) CFS(Container Freight Station, 컨테이너 야적장).
11) CIQ(Customs, Immigration, Quarantine, 세관, 출입국 관리, 검역 3가지 절차).

[그림 4-2] 수출입물류 업무 흐름도

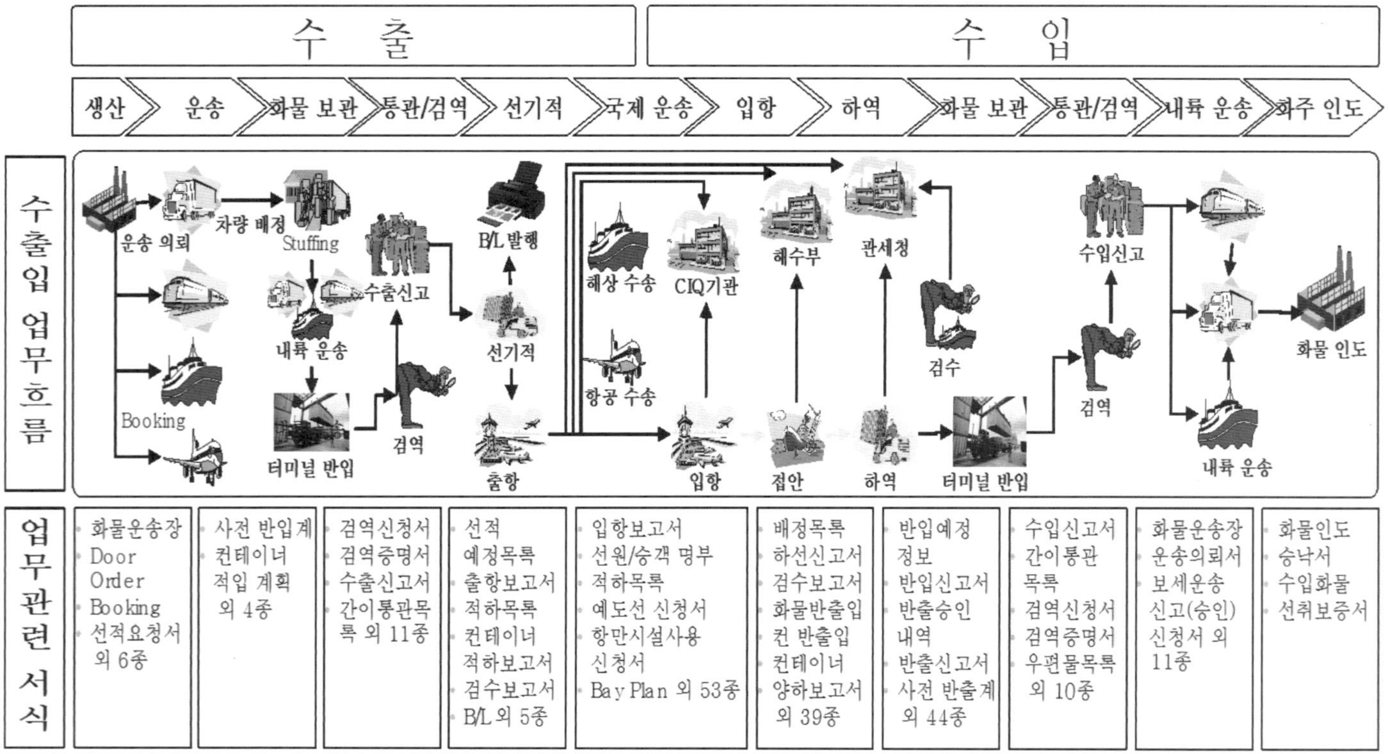

자료: 수출입물류 중심의 국가물류정보체계 혁신(BPR/ISP) 사업 보고서(2003).

[그림 4-3] 수출입물류의 구분

자료: "수출입물류중심의 국가물류정보체계 혁신(BPR/ISP) 사업" 보고서(2003).

포함)과 산업단지공단 등 지역에 대한 물류의 부가가치 극대화를 위해 산업물류를 구분하기도 한다([그림 4-3] 참조).

(1) 수출입물류 절차별 주요 내용

해상수출 업무는 통관, 내륙운송, 보관, 선적, 출항의 과정을 거치게 되며, 해상수입은 입항, 하역, 보관, 운송, 검역 등 수출업무의 역순이 된다. 수출의 경우 신고인(수출자 또는 관세사)이 수출신고의뢰를 하면 세관에서는 신고된 서류를 심사하는 과정을 거쳐 수출신고수리를 함으로써 수출신고가 이루어지는 정식통관과 수출품명이 우편물, 무역 및 기타서류, 샘플(Sample) 등의 경우에는 수출신고를 간편한 방법으로 수행할 수 있도록 하는 간이통관으로 나누어져 수행되고 있다. 또한 검역의 경우에는 동식물, 수산물, 식품 등에 대하여 검역기관으로으로부터 검역신청과 승인을 득하여야만 수출된다. 수출신고수리가 이루어지지면 내륙운송을 통하여 해당 선적지로 이동하게 된다. 운송되는 과정으로는 운송사에 선적요청을 하게 되면 선적지의 CY(Container Yard)가 결정되면 내륙운송인에게 운송의뢰를 하게 된다. 경우에 따라서는 도로와 철도 그리고 연안을 통하여 운송되기도 한다. 운송되어 해당 CY에 도착하게 되면 LCL화물의 경우에는 CFS(Container Freight Station)에서 컨테이너에 적입작업이 이루어지며 해당 터미널로 컨테이너가 이동된다. 터미널에서는 반입계획과 선적계획을 수립하고 해당 선박에 선적하게 된다. 모든 컨테이너가 선박에 적재되는 과정이 다 이루어지게 되면 해당 선사는 국토해양부, 관세청, 검역소에 출항허가 신청을 통해 허가를 득하고 출항하게 된다. 출항시에는 출항보고(General Declaration)와 적하목록(Manifest) 등을 해당 기관에 제출하고 출항하게 된다.

수입의 경우에는 선사는 해당 기관에 입항보고를 하면서 수입업무가 시작된다. 특히 해상의 경우에는 항만시설사용신고 및 예선 도선신청도 이루어지며 세관에는 세부적인 화물목록으로 적하목록(Manifest)을 신고하게 된다. 신고 후 해당 터미널에 접안할 수 있도록 터미널에서는 하역계획을 수립하게 되며 하역시 검수회사로부터 컨테이너의 이상 유무를 확인하는 작업이 이루어진다. 하역된 컨테이너는 수입 화주의 요청에 따라 보관하고자 하는 창고로 이동하게 되는데 보관되는 창고에서는 반입 및 보관, CFS에서 컨테이너로부터 적출작업이 이루어지고 내륙운송 여부에 따라 보세운송 등의 업무처리 절차가 이루어진다. 물론 창고로부터 반출되는 경우에는 수입신고 또는 보세운송신고에 따라 해당 화물의 목적지로 이동하게 된다. 항만에서 수입신고에 의한 통관이 이루어지는 경우와 보세운송신고에 의하여 내륙지 창고로 이동되어 수입통관이 이루어지기도 한다. 해상화물의 수출입 업무별 절차를 정리하면 다음 〈표 4-5〉와 같다.

항공수출 업무는 기적요청, 내륙운송, 보관, 출항의 과정을 거치게 되며, 항공수입은 입항, 하기, 보관, 운송, 검역 등 수출업무의 역순이 된다. 항공의 경우에도 해상과 마찬가지로 수출과 수입업무 절차가 대동소이하다. 다만, 해상과 다른 점이 있다면 수출의 경우 출항시 항공사는 자격변경 신고가 있다는 것이다. 다른 나라로부터 입항하였다가 국내 공항으로 임시적으로 출항하게 되는 자격변경을 통하여 국내 공항을 취항할 수 있는 자격을 얻는 절차가 있다는 것과, 해상에서는 선하증권(Bill of Lading)이 발급되는 데 비하여 항공의 경우에는 AWB(Airway Bill)이 발급되는 것이 다르다 할 수 있다. 또한 수입의 경우 적하목록을 신고할 때 특수화물에 대한 정보를 사전에 세관 및 관련기관에 신고하여야 한다. 대부분의 절차는 해상과 항공 모두 동일한 절차로 업무가 진행되며 보다 자세한 내용을 제 5 장과 제 6 장에 기술하고 있다. 항공화물의 수출입 업무별 세부절차를 정리하면 다음 〈표 4-6〉과 같다.

〈표 4-5〉 해상 수출입물류 단위 업무 절차

업무영역	업무명	업무절차	단위업무 절차
해상수출	통관/검역	정식통관	수출신고, 수출신고정정/취하/각하, 수출신고수리취소
		간이통관	목록통관, 우편물통관
		검사검역	수산물검사, 동물 및 축산물검사검역, 식물검역
	내륙운송	운송의뢰/계획	운송의뢰, 공급능력확인
		운송	도로운송, 철도운송, 연안운송
	장치/보관	반입/장치	반입계획수립, 터미널반입, 컨테이너장치
		CFS작업	화물입고, 혼재적입
	선적	선적준비	선적예약
		선적계획	선적목록접수, 선적작업계획
		선적/검수	선적/검수작업, 선적결과보고
	출항	출항수속	출항허가신청, 출항허가신청정정(취소), 선용품신고, 예도선신청, 항만시설사용신고
		화물신고	적하목록제출, 적하목록정정, 반출입신고, 선적서류발급
해상수입	입항	입항준비	화물정보입수, 화물배정
		입항수속	입항보고, 입항보고정정, 선용품신고, 선석배정, 항만시설사용신고, 예도선신청
		화물신고	적하목록제출, 적하목록심사, 적하목록정정, 하선신고
	하역	하역계획	하역목록접수, 하역작업계획
		하역/검수	하역/검수작업, 하역결과보고
	장치/보관	반입/수속	화물장치, 반입신고, 반입신고정정
		장치/보관	보수/폐기/멸실 작업, 체화관리
		CFS작업	CFS이송, LCL화물적출
		반출수속	반출신고, 반출신고정정
	내륙운송	운송의뢰/계획	운송의뢰, 보세운송신고, 보세운송기간연장, 보세운송멸각멸실, 공급능력확인
		운송	도로운송, 철도운송, 연안운송
		화물인수도	인도/인수, 자동화게이트 반출입
	통관/검역	정식통관	수입신고, 수입신고정정/취하
		간이통관	특급탁송물품통관, 우편물통관
		검사검역	수산물검사, 동물 및 축산물검사검역, 식물검역, 식품검사

〈표 4-6〉 항공 수출입물류 단위 업무 절차

업무영역	업무명	업무절차	단위업무 절차
항공수출	기적요청	기적접수	기적예약, 기적목록접수
	통관/검역	정식통관	수출신고, 수출신고정정/취하/각하, 수출신고 수리취소
		간이통관	목록통관, 우편물통관
		검사검역	수산물검사, 동물 및 축산물검사검역, 식물검역
	내륙운송	운송의뢰/계획	운송의뢰
		운송	도로운송
	장치/보관	화물접수	화물검사, MAWB[12] 접수
		화물장치	화물반입, 장치지정
	출항	기적	반출작업, 적재, 탑재
		출항수속	출항허가신청, 출항허가신청정정(취소), 기용품신고, 자격변경신고, 출항후처리
		적하목록신고	적하목록제출, 적하목록정정
항공수입	입항	입항준비	기적정보사전통보, 특수화물사전통보
		입항수속	입항보고, 입항보고정정, 기용품신고, 자격변경신고, 항공기검역신고
		적하목록신고	배정업무, 적하목록제출, 적하목록심사, 적하목록정정
	하기	하기업무	분류작업, 하기결과보고, 하기운송
	장치/보관	화물장치/관리	화물장치, 반입신고, 반입신고정정, 체화화물 관리
		화물반출	반출요건확인, 반출신고, 반출신고정정
	내륙운송	운송의뢰/계획	운송계약/의뢰, 보세운송신고, 보세운송기간연장, 보세운송 멸각/멸실, 공급능력확인
		운송	도로운송, 인도/인수
	통관/검역	정식통관	수입신고, 수입신고정정/취하
		간이통관	특급탁송물품통관, 우편물통관
		검사검역	수산물검사검역, 동물 및 축산물검사검역, 식물검역, 식품검사

12) MAWB(Master Air-way Bill): 항공사가 발행하는 항공화물운송장.

(2) 수출입물류 서식 유통현황

수출입물류와 관련된 서식은 총 235개로 그 중 122개 서식은 전자문서로 개발되어 유통되고 있다. 정부기관 제출 대상 서식(G2B 서식)은 총 130개로 그 중 104개가 전자문서로 개발되어 이용 중이다. 기업 간 유통되는 서식(B2B 서식)은 총 105개로 그 중 18개가 전자문서로 개발되어 이용중이다. 세부적으로 정

〈표 4-7〉 수출입물류 관련 서식현황

구분				서식수	EDI 적용	중복/유사
정부기관(G2B)	해상	해양수산부		19	19	4
		철도청		9	9	-
		출입국관리국		2	2	2
		위험물검사소		4	4	-
	항공	건설교통부(항공청) ※국토해양부로 명칭 변경		4	-	3
		출입국관리국		2	-	2
	공통	관세청	통관	14	14	-
			화물	57	43	6
		검사검역기관	국립수의과학검역원	5	3	-
			국립식물검역소	3	3	-
			국립수산물품질검사원	3	1	-
			식품의약품안전청	1	1	-
			국립검역소	7	3	4
	소 계			130	104	21
민간(B2B)	해상항공	선사		22	6	-
		항공사		9	1	-
		포워더		3	1	-
		운송사/보세구역		13	3	-
		하역사		8	4	-
		검수/검정업체		38	-	-
		화주		12	3	-
	소 계			105	18	-
합 계				235	122	21

자료: 수출입물류 중심의 국가물류정보체계 혁신(BPR/ISP) 사업 보고서(2003).

부기관 관련 전자문서 서식은 해상부문 24개, 항공부문 6개, 통관 및 검사 등 공통부문이 90개이다. 그 중 관세청 관련된 서식은 57개로서 가장 많은 비율을 차지하고 있다. 기업간 이용하는 선사 6개, 항공사 1개, 포워더 1개, 운송사/보세구역 3개, 하역사 4개, 화주 3개이다. 그 중 선사관련 서식이 6종으로 가장 많은 비율을 차지하고 있다.

이 중 일부 동일내용서식 및 유사서식은 해당 기관별로 중복 제출되는 업무를 수행하고 있다. 기업과 기관의 G2B 서식 중 중복 및 유사서식에 대한 업무 간소화를 위하여 전자문서의 재사용을 위하여 노력하고 있다. 예를 들어 해상 입출항보고서와 선원/승객명부의 경우 국토해양부(해양수산부)와 관세청, 출입국관리국에 동일서식을 중복하여 제출하며, 화물/컨테이너 반출입현황과 적하목록은 각각 국토해양부(해양수산부)와 관세청에 유사서식이 제출되고 있다.

〈표 4-8〉 G2B 교환서식 중 중복 및 유사서식

<table>
<tr><th>구분</th><th colspan="2">기관</th><th>서식명</th><th>전달방식</th></tr>
<tr><td rowspan="3">동일서식</td><td colspan="2">국토해양부</td><td rowspan="3">해상 입출항보고서,
선원/승객명부</td><td rowspan="3">EDI</td></tr>
<tr><td colspan="2">관세청</td></tr>
<tr><td colspan="2">출입국관리국</td></tr>
<tr><td rowspan="6">유사서식</td><td rowspan="2">해상</td><td>국토해양부</td><td>화물/컨테이너 반출입현황</td><td>EDI</td></tr>
<tr><td>관세청</td><td>적하목록</td><td>EDI</td></tr>
<tr><td rowspan="4">항공</td><td>국토해양부
(항공청)</td><td>입출항보고서, 승무원/승객명부,
적하목록</td><td>EDI</td></tr>
<tr><td>관세청</td><td>입출항보고서, 승무원/승객명부</td><td>EDI</td></tr>
<tr><td>출입국관리국</td><td>입출항보고서, 승무원/승객명부</td><td>EDI</td></tr>
<tr><td>국립검역소</td><td>입출항보고서, 승무원/승객명부</td><td>EDI</td></tr>
</table>

이에 다양한 중복·유사서식 제출업무 프로세스 및 전자문서에 대한 표준화와 각 기관의 해당 서식의 공동 활용을 위한 노력으로 물류업무의 일괄처리 서비스 구현이 가능해졌다. 대상 업무 및 서식으로는 해상 입출항보고서/선원

승객명부, 항공 입출항보고서과 승무원승객명부, 해상 적하목록과 화물(컨테이너)반출입 현황보고, 항공 적하목록 등 8개 서식을 중심으로 서식의 통폐합과정을 거쳐 중복제출을 해소하여 물류업무 처리 간소화가 이루어졌다.

(3) 물류업무 추진현황 및 개선방향

1) 입출항 업무 프로세스

선박 또는 항공기 입출항 시 국토해양부(해양수산부, 항공청)에 각각 입출항 보고서, 승무원 및 승객명부를 제출한다. 이때 상기 표에서 지적한 바와 같이 중복·유사 서식이 EDI와 인편으로 관세청, 법무부(출입국관리국), 국립검역소 신고되어 중복 전송 및 이원화된 업무처리(인편)로 불편을 초래하였다. 그러나 2005년 "수출입물류 종합정보서비스 1차 사업[13]"을 통해 업무흐름을 간소화하여 인편으로 접수받던 국립검역소, 국토해양부의 항공청은 현재 전자적으로 제출받고 있다.

[그림 4-4] 입출항 보고서와 선원(승무원)·승객명부 제출 구성도

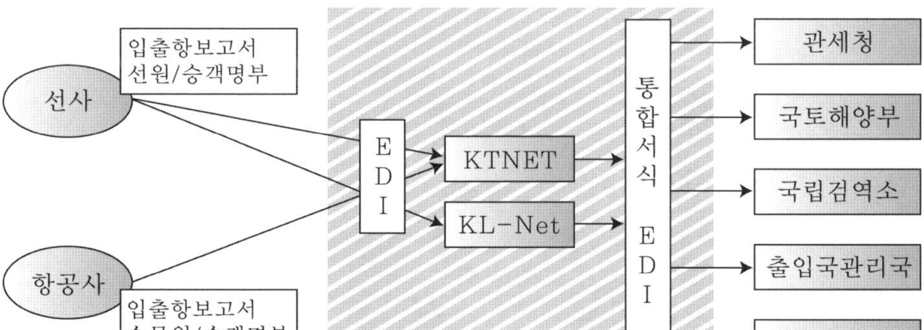

입출국과정에서 반드시 거쳐야 하는 통관, 출입국관리, 검역 3과정은 관련 정부기관의 영문자 앞 자를 따서 CIQ(Customs, Immigration, Quarantine)라고 하고, 관세청, 출입국관리국, 국립검역소가 각각 해당업무를 관장한다. 다음 표는 항공, 해상에서 발생하는 기관별 CIQ 업무수행을 위한 관련 법·제도와 제출형태를 보여주고 있다.

---

13) 1차 사업 주요목표: 기관별 중복·유사 서식에 대한 일괄처리 서비스 구축.

〈표 4-9〉 CIQ 기관별 서식 제출현황

구분	서식명	관련 법/제도	제출 형태
공통 (CIQ 기관)	▪ 입출항보고(허가)서 ▪ 승무원(선원)/승객명부	개항질서법 5조, 동 시행령 4~6조, 관세법 135~137조, 검역법 6,22조, 출입국관리법 74~75조	EDI
해수부	▪ 예선사용신청서	항만법 34조	EDI
	▪ 도선사용신청서	도선법 시행규칙 18조	EDI
	▪ 항만시설사용(허가)신청서	개항질서법	EDI
	▪ 선박보안정보	SOLAS[14] 제7규칙, ISPS Code 적용	EDI
	▪ 선박계선수리신고서	개항질서법 시행규칙 5조	EDI
관세청	▪ 항내정박장소이동신고서	관세법	EDI
법무부	▪ 외국선원입국예정신고서 ▪ 선원자격심사결과	출입국관리법	EDI
검역소	▪ 무전검역신청서	검역법 시행규칙 12~13조	EDI
	▪ 보건상태신고서	검역법 시행규칙 5조	EDI

자료: 수출입물류 종합정보서비스(3차) 구축 사업계획서(2006).

2) 해상화물정보 업무

해상화물 반출입 업무는 민원인 입출항보고(최초)후 지방해운항만청 또는 항만공사에(부산항만공사, 인청항만공사) 화물 반출입현황을 신고하면, 지방청 및 항만공사에서는 이를 집계하여 화물집계표를 민원인에게 송신하고, 민원인은 항만시설사용신고를 지방청(항만공사)에 제출하는 업무로서, 지방청(항만공사)이 관세청으로부터 입수된 관세청 적하목록 신고정보와 비교 대사하여, 민원인의

14) SOLAS: 해상인명 안전조약(International convention for the safety of life at sea), 1974년에 최근 개정된 해상인명안전에 관한 국제조약.

신고사항을 검증한다. 이를 기초로 하여 지방청(항만공사)은 항만시설사용신고 사항에 대해 수리 및 화물료에 대한 부과징수, 화물 반출입내역을 관리하는 업무이다. 선사와 선박대리점은 화물반출입현황과 관세청 수출입적하목록의 통합서식을 물류전담사업자[15]를 통하여 1회 전송하고, 물류전담사업자는 이를 자동 분기하여 국토해양부(해양수산부)와 관세청에 각각 화물반출입현황과 적하목록을 각각 전송한다.

반면 관세청의 적하목록 업무는 수출입화물·환적화물의 신속한 유통과 밀수 방지를 위하여 생성된 화물정보를 입항지 관할 세관에 신고하면, 담당 세관원은 이를 접수하여 관리대상 화물을 선별한 후 심사를 완료하게 된다. 적하목록 심사 후 선사는 하선신고를 제출하고, 하선신고 수리 후 하역·운송·보관·통관 등 화물처리 단계별로 일련의 작업을 수행하게 되며 입항시 선사가 제출하는 적하목록은 화물관리의 가장 기초가 되는 서류라 할 수 있다.

해상수출 업무는 수출자가 선적스케줄을 조회하고 해당 선사를 찾아 선적요청서(S/R; Shipping Request)를 제출함으로써 수출의뢰가 이루어진다, 경우에 따라서는 상업송장(Commercial Invoice)과 포장명세서(Packing List) 등을 제시하기도

[그림 4-5] 해상화물정보 전송 구성도

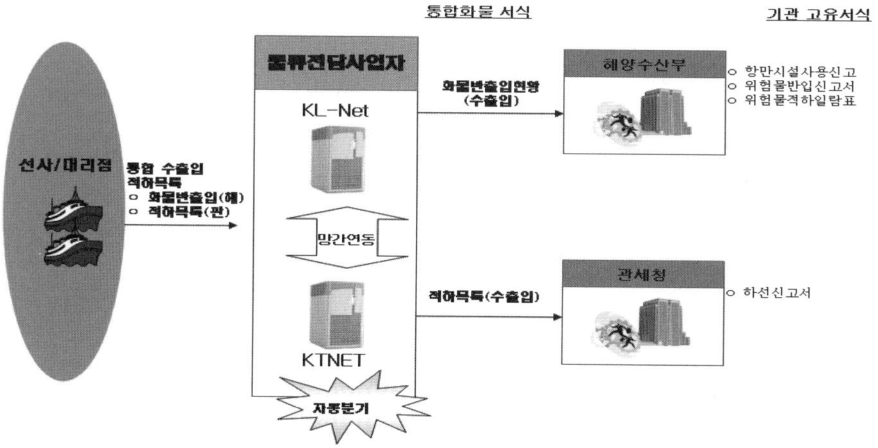

자료: 수출입물류 종합정보서비스(3차) 구축 사업계획서(2006).

15) 물류전담사업자: 국가 전자정부위원회에서 2005년 물류전담사업자로 현재 운영되고 있는 KTNET(한국무역정보통신)과 KL-Net(케이엘넷)을 지정하였다

한다. 선적이 이루어지면 선사는 수출자에게 선하증권(B/L; Bill of Lading)을 발급하게 된다. 운송절차는 운송요청을 통하여 이루어지며 철송의 경우에는 철도공사에 내륙운송의 경우엔 운송사에게 한다. 특히 통관의 경우에는 내륙지에서 수출신고가 이루어지는 경우도 있고 선적지에서 수출신고가 이루어지는 경우도 있으나 대부분 내륙지 수출상품이 생산되는 지역에서 수출통관이 이루어지고 있다. 검역 대상물품의 경우에는 검역소에서 검역신고를 통하여 승인절차를 밟아야 한다. 해당 터미널에 컨테이너 혹은 화물이 도착하게 되면 하역회사에서는 선적작업을 하게 된다. 특히 LCL 화물의 경우에는 CY 또는 터미널에서 컨테이너에 적입작업이 이루어지는데 이때 검수회사에서는 검수확인을 하고 검수결과서(Tally Sheet)를 발급하며 선사에서는 터미널 선박에 적재할 계획서인 Bay Plan을 전달한다. 터미널에서는 선사로부터 수신받은 Bay Plan에 근거하여 컨테이너를 적재하게 된다. 적재 후 선사에서는 출항보고와 적하목록, 화물반출입보고를 해당 기관에 하게 된다. 다음 〈표 4-10〉은 수출의뢰, 운송, 통관, 검역, 반입, 선적, 출항 등의 주요 과정별 주요 업무 내용과 관련된 기관을 보여

〈표 4-10〉 해상 수출업무·흐름별 주요 업무

구 분	주요 업무	관련 기관
수출 의뢰	스케줄, Booking, S/R, B/L, Invoice, Packing list 등	화주, 선사, 포워더
운송	운송요청, 화차요청/배분, 화물운송장	선사, 화주, 운송사, 철도공사
통관/검역	수출신고, 신고수리	관세청, 화주
반입	사전반입신고, 게이트로그	컨터미널, 선사, 운송사, 철도CY
선적	선적리포트, 컨테이너예정목록, 검수결과(Tally sheet), Bay Plan, 선적요청 등	터미널, 선사
출항	출항신고, 적하목록, 화물반출입신고(컨테이너 반출입) 등	해수부, 세관, 출입국, 기타 기관

자료: 수출입물류중심의 국가물류체계 구축사업(2005. 국가물류정보화추진단).

주고 있다.

해상수입 업무는 일반적으로 입항, 하역, 반출입, 운송, 통관, 검역 등의 주요과정을 거치게 되는데 입항단계에서 입항시 선사는 입항신고, 선원 및 승객명부, 항만시설이용신고, 적하목록, 하선신고(배정 포함)를 해당 기관에 하게 된다. 특히 위험물이 적재되어 있는 경우에는 위험물검사소, 세관, 국토해양부 등에 별도로 신고하여야 한다. 하역단계에서는 컨테이너의 이상 유무를 검사하여 이상 발생시에는 세관에 신고하여야 하며 적하목록 신고에 반영하여야 한다. 하선신고에서 해당 창고를 지정하게 되는바, 해당 창고에서는 컨테이너 화물이 도착하게 되면 반입정차를 수행하고 세관에 반입신고를 하게 되며 해당 화물이 통관 및 보세운송 절차에 근거하여 반출이 확정되는 경우 반출신고를 하게 된다. 물론 검역이 필요한 화물의 경우에는 검역신고를 하여야 하며 수입신고 후 세금을 납부하고 수입신고수리가 이루어지면 수입자는 해당 화물을 자사 창고

〈표 4-11〉 해상 수입업무 · 흐름별 주요 업무

구 분	주요 업무	주요 기관
입항	입항신고, 선원/승객명부, 예/도선, 항만시설신고, 입항스케줄(선석배정), 적하목록, 하선신고(화물배정), 위험물반인신고 등	해수부, 관세청, 출입국사무소, 검역기관, 기타(해양경찰청 등), 터미널, 선사, 유관업체
하역	하역리포트, 검수결과(Tally report), 하선결과보고 등	관세청, 터미널, 선사, 운송사, 검수사
반출입	반입/반출신고(관세청), 사전반출요청, 게이트로그(터미널 → 선사) 등	관세청, 선사, 운송사, 터미널
운송	보세운송신고, 철송요청(화차요청/배분, 화물운송장), 컨테이너반출요청 등	관세청, 철도청, 선사, 화주, 운송사
통관/검역	수입신고, 신고수리, 세금납부, 검역신고, 검역결과통보 등	관세청, 검역기관
화주	운송, 보관	화주, 산업단지, 창고로 이동

자료: 수출입물류중심의 국가물류체계 구축사업(2005. 국가물류정보화추진단).

로 이동하여 생산 및 유통시장에 활용하게 된다. 〈표 4-11〉은 각 과정별 주요업무 내역과 관련된 주요 기관을 보여주고 있다.

해상 화물정보 관련 업무는 항만법, 관세법에 의거 제출에 대한 기준을 두고 있으며, 해당 업무별 관련법령과 제출형태는 다음 〈표 4-12〉와 같다.

〈표 4-12〉 해상화물정보 관련 법 · 제도 현황

구분	서식명	관련 법/제도	제출 형태
국토해양부	▪ 화물반출입현황 (화물반출입현황, 컨테이너반출입현황 통합, '05.10.17 개정)	항만법 27조, 동법 시행령 20조, 무역항의항만시설사용및사용료에관한규정	EDI
관세청	▪ 수출입 적하목록	관세법 135~137조, 동법 시행령 157, 158, 160, 163조, 보세화물입출항하선하기및적재에관한고시	EDI
	▪ 하선신고서	상동	EDI

3) 항공화물정보 업무

항공사는 적재화물의 상세목록인 적하목록을 국토해양부(항공청)와 관세청에 각각 신고한다. 다음 그림은 전자무역기반사업자를 통한 관세청 적하목록 신고와 항공청 적하목록 신고업무를 보여주고 있다. 항공청 적하목록 신고의 경우 관세청 신고양식과 상이한 IATA[16] 양식을 이용한다.

[그림 4-6] 항공화물 적하목록 신고

자료: 수출입물류 종합정보서비스(1차) 구축 사업계획서(2003).

16) IATA(International Air Transport Association): 국제항공운송협회.

국토해양부(항공청)의 항공기 입출항 업무는 민원인이 입출항신고의 첨부 서류로 적재화물 목록을 국토해양부(항공청)에 서류로 제출하면, 국토해양부(항공청)는 이를 근거로 항공화물의 물동량 동향 및 처리용량 등에 대한 통계 자료로 활용하고 있다. 관세청의 경우 신속한 화물처리와 밀수 등의 방지를 위해 적하목록을 사전 입수하고 있으며 업무 절차는 해상화물 정보업무와 동일하다.

항공 수출업무는 통관, 기적의뢰, 운송, 반입, 선적, 출항 등 주요 과정을 거친다. 해상화물절차와 다른 점은 통관의 경우 우편물, 서류송달, 샘플 등 간이수출통관목록에 의한 수출신고가 특송업체[17)]를 통하여 이루어진다는 것이다. 일반적인 수출절차는 해상의 경우와 동일하다. 특히 출항보고시에는 여객명부와 승무원 명부를 출항전에 CIQ 기관에 제출하여야 한다. 다음 〈표 4-13〉은 각 과정별 주요 업무 내역과 관련된 주요 기관을 보여주고 있다.

〈표 4-13〉 항공 수출업무 · 흐름별 주요 업무

구 분	주요 업무	관련 기관
통관	수출신고, 간이수출통관목록, 수출승인서	관세청, 관세사, 무역업체, 특송업체, 유관기관
기적 의뢰	Booking, S/R, B/L Advice, Invoice, Packing List	무역업체, 항공사, 포워더
운송	운송요청, 화물운송장	운송사, 무역업체
반입	반출입계	포워더, 터미널
선적	적하목록	관세청, 항공사, 포워더
출항	출항보고, 승무원/승객명부	관세청, 건교부, 항공사, 출입국사무소

자료: 수출입물류중심의 국가물류체계 구축사업(2005. 국가물류정보화추진단).

항공 수입업무 역시 해상수입업무와 대부분 동일하나, 입항시에 여객명부와 승무원명부를 입항 전에 CIQ 기관에 제출하여야 한다. 또한 하역단계에서 보다 원활한 화물처리를 위해 항공적하목록 제출시 항상 배정장소를 지정하여

17) 국내에서 활동하는 특송업체로서는 대표적으로 DHL, FedEx, UPS, TNT 등이 있다.

제출하여야 하며 하역회사에서는 동 정보를 활용하여 분류작업지시서를 출력하여 하역작업에 이용한다. 특히 항공화물의 경우에는 수출화물선취보증서(L/G; Letter of Guarantee) 업무가 자주 이용되고 있어 화물의 도착 여부와 반출 그리고 은행에서의 결제 여부를 확실히 하여야 한다. 수입대금 결제를 하지 않고 L/G를 이용한 화물반출을 요구하는 수입자의 경우가 있어 최근에는 화물인도승낙서(D/O; Delivery Order)를 항공사 또는 포워더가 창고에 발급함으로써 이러한 문제를 해결하고 있다. 다음은 〈표 4-14〉는 각 과정별 주요업무 내역과 관련된 주요 기관을 보여주고 있다.

〈표 4-14〉 항공 수입업무 · 흐름별 주요 업무

구 분	주요 업무	관련 기관
입항	입항신고, 기용품목록, 승객/승무원명부, 적하목록	관세청, 국토해양부, 출입국사무소, 검역소, 공항경찰대, 항공사, 포워더, 특송업체, 무역업체
하역	분류작업지시서, 하기보고, 하기결과보고, 사전분류요청서	관세청, 항공사, 터미널, 운송사, 관세사
반입/반출	반입/반출신고, 보세화물양수도신고서	관세청, 터미널, 포워더
운송	보세운송신고	관세청, 운송사
통관	수입신고, 수입승인서, 통관목록, 검역결과통지	관세청, 관세사, 무역업체, 특송업체, 유관기관
화물인도	수입화물선취보증서, 화물인도승낙서	은행, 포워더, 보세창고

항공 화물정보 관련 업무는 항공법, 관세법에 의거 제출시점에 대한 기준을 두고 있으며, 해당 업무별 관련법과 제출시점, 제출형태는 다음 표와 같다.

〈표 4-15〉 항공화물정보 관련 법 · 제도 현황

구 분	관련 법/제도	제출 시점(법규)	제출 시점(현행)	제출 형태
국토해양부 (항공청)	항공법 70조, 동시행규칙 별지서식 110호	▪ 입항: 입항 전 ▪ 출항: 출항 전	▪ 입항: 입항 후 ▪ 출항: 출항 후	EDI
관세청	관세법 135~137조, 동 시행령 157,158,160,163조, 보세화물입출항하선하기및적재에관한고시	▪ 입항 전 ▪ 출항 익일까지 (미국행 화물은 출항 4시간 전)	좌동	EDI

4) 위험물검사 업무 프로세스

위험물은 일반화물과 달리 운송 및 취급시 특별한 주의가 요구되므로 해당 위험물과 관련된 충분하고 통일된 정보가 요구된다. 위험물의 운송을 요청하는 화주는 운송서류상에 위험물을 명시하여야 하며, 필요한 경우 추가정보 및 서류를 갖추어야 한다. 만약 위험물과 비위험물을 하나의 서류에 기재하는 경우에는 위험물을 먼저 기재하거나 강조하여야 한다.

〈표 4-16〉 국제해상위험물규칙에 따른 위험물 분류

구 분	IMDG[18] 분류
분류	제1급 화약류, 제2급 가스류, 제3급 인화성 액체, 제4급 가연성 고체, 제5급 산화성 물질 및 유기과산화물, 제6급 독물 및 전염성 물질, 제7급 방사성 물질, 제8급 부식성 물질 제9급 기타의 위험물 및 제품

자료: 한국해사위험물검사원(www.komdic.or.kr).

해상 위험화물의 수출업무 프로세스는 화주가 위험물수출품에 대하여 한국해사 위험물검사원에 위험물검사신청서를 제출하여 위험물검사증을 발급받고 위험물검사증을 선사에게 송부하면, 선사는 국토해양부(해양수산부)에 위험물반입신고를 한 후 화물을 항만에 반입하게 된다. 다음 그림은 위험물검사 이

18) IMDG Code(International Maritime Dangerous Goods Code): 국제해상위험물규칙.

후 물류전담사업자를 통한 위험화물취합과 국토해양부(해양수산부) 신고과정을 보여주고 있다.

[그림 4-7] 위험물 검사 프로세스

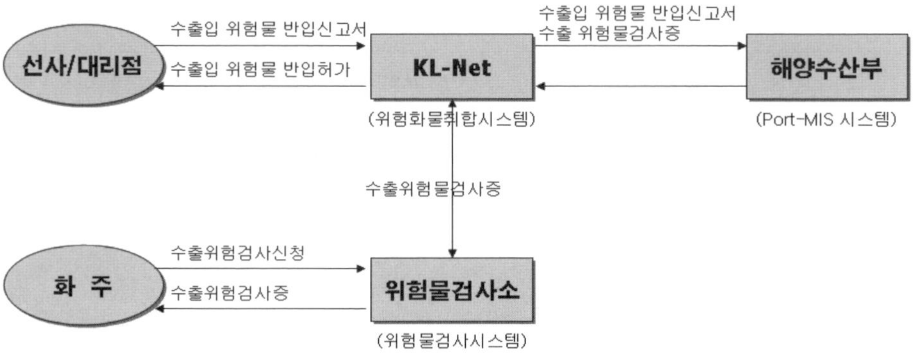

자료: 수출입물류 종합정보서비스(1차) 구축 사업계획서(2004).

해상 위험화물의 수입업무 프로세스는 선사는 입항선박에 적재된 위험물 관련 자료를 입수하여 다음 표와 같이 개항질서법에 의거 반입 24시간 전에 국토해양부(해양수산부)에 위험물반입신고를 하고 반입허가 후 하역 하게 된다. 선박이 출발하게 되면 선박안전법, 해양오염방지법 등 관련법에 의거 해상위험물이 운송된다.

〈표 4-17〉 위험물 관련 법 · 제도현황

기관	관련 법/제도	제출시점(법규)	제출시점(현행)	제출형태
한국해사 위험물 검사원	개항질서법 제 20조 및 동법시행규칙 제 7조	▪ 반입 24시간 전	좌동	EDI

5) 국립검역소 업무 프로세스

검역전염병(콜레라, 페스트, 황열 및 기타 전염성 질병)의 국내침입 · 전파방지를 위하여 입·출항 선박, 내 · 외항하는 항공기, 승객 및 화물에 대한 검역을 실시하며 검역구역 내 전염병의 예방 관리(구충, 구서, 소독 등)를 위한 세균검사 및 역학조사 그리고 전염병 예방홍보 활동 등의 업무를 수행한다.

※ 참고사항
최근 들어 세계는 과거 사라졌던 전염병이 재출현하는가 하면, 사스(SARS), 조류인플루엔자 등 신종전염병이 발생하여 세계를 긴장시키고 있을 뿐 아니라 해외여행객 및 교역량의 지속적인 증가로 국가 간 전염병 확산기회가 더욱 증대되고 있어, 선박·항공기·열차·자동차 등의 승무원·승객 및 화물에 대한 검역 및 예방조치에 필요한 절차 등을 세부적으로 규정함으로써 전염병의 국내유입 및 국외로의 전파를 방지하기 위함이다.

① 항공기 검역

국내에 도착한 항공기는 검역법에 의거 항공기종합신고서[19]를 제출하여 항공기의 보건상태를 신고하고, 기내검역, 승객검역 등의 과정을 거쳐 검역조사를 하게 된다. 이 때, 검역관의 요구가 있을 때에는 항공기종합신고서 외 검역질문서 응답지(검역전염병의 오염지역으로부터 입국하는 경우 승무원 및 승객의 명

[그림 4-8] 항공기 검역 절차

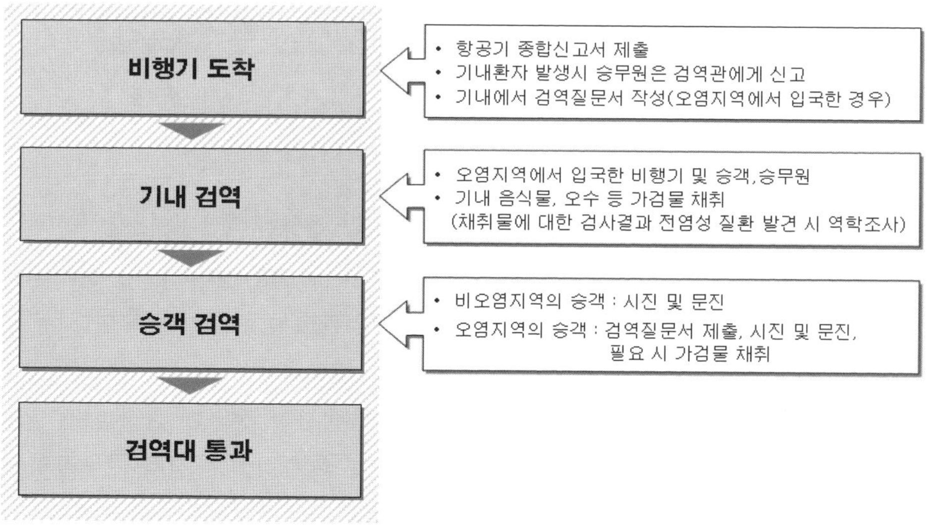

자료: 수출입물류 종합정보서비스(1차) 구축 사업계획서(2004).

19) Declaration of Health: 항공기보건상태신고서.

부)와 그 밖에 검역관이 검역조사를 하기 위하여 제출을 요구하는 서류를 제출하거나 제시하여야 한다.

② 선박 검역

국내항에 입항한 선박은 검역법에 의거 보건상태신고서[20]를 제출하여 선박의 보건상태를 신고하고 검역관은 해당 선박에 승선하여 위생 상태를 조사 합격한 경우 검역증을 발부한다. 이때 검역에 불합격한 경우 가검역증을 교부받고 가검역증에 기재된 조건 이행 후 검역증을 받게 된다.

[그림 4-9] 선박 검역 절차

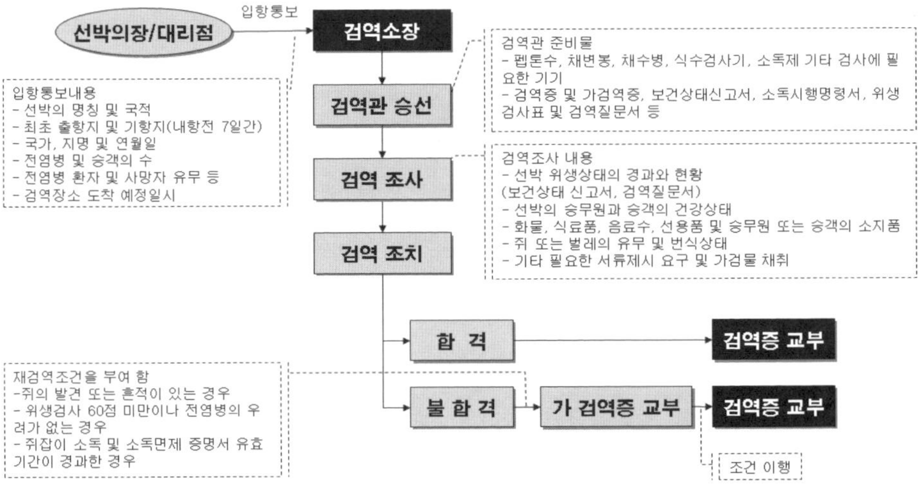

자료: 수출입물류 종합정보서비스(1차) 구축 사업계획서(2004).

선사 또는 선박대리점은 선박이 국내항으로 입항한 후 검역소로 선박의 명칭, 최초출항지 및 기항지, 전염병 및 승객의 수 등 선박검역에 필요한 정보를 포함한 보건상태신고서를 제출하면, 해당 검역관이 승선하여 신고된 서류를 근거로 하여 검역을 실시하게 된다. 검역조사의 주요내용으로는 선박위생 상태의 경과 및 현황, 선원의 건강상태, 식료품 등에 대하여 정밀한 검사를 실시하고 검역결과를 선사에 통보한다. 검역결과 합격으로 판정되는 경우에는 검역증을 발급하며, 불합격으로 판정되면 가검역증을 교부하고 제검역을 실시하여 합

20) Maritime Declaration of Health : 보건상태신고서.

격하게 되면 합격증을 발급한다.

2. 수출입물류 프로세스

(1) 적하목록의 의미

적하목록은 운송수단(선박, 항공기 등)에 적재된 화물의 총괄목록으로 하선 → 운송 → 보관 → 통관의 각 단계별로 화물의 총량관리를 위하여 최초로 생성된 화물정보이다. 사람으로 말하면 호적등본과 같은 것으로서 화물정보의 생성에서 소멸에 이르기 까지 화물관리에 있어 없어서는 안 될 중요한 문서라 할 수 있다. 다음 그림과 같이 호적등본과 적하목록의 Life Cycle을 비교해 볼 수 있다. 적하목록은 선사 또는 항공사가 발행하는 Master B/L(AWB)과 관련된 정보로 구성된 화물명세를 의미하며, 혼재화물적하목록은 화물주선업자(포워더)가 발행하는 House B/L(AWB)과 관련된 정보로 구성된 화물명세를 의미한다.

[그림 4-10] 호적등본과 적하목록 비교

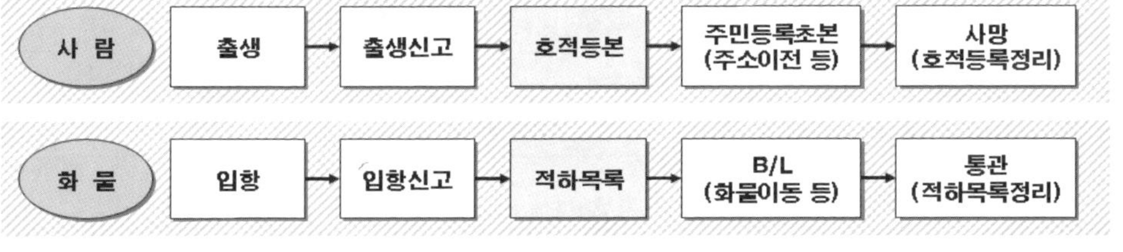

자료: 관세청(www.customs.go.kr).

(2) 적하목록의 활용

적하목록은 화물관리의 가장 기본이 되는 정보로서 이를 활용하여 세관에서는 수입된 화물의 수입통관이 이루어지기까지 각 단계별로 화물의 이동과 화물의 반출입 등 총량관리(Quantity Control)를 하고 있으며, 화물관리의 법적취지에 따라 화물이 개별계로 이동될 때 세관 관리 밖으로 불법 유출되거나 변형되는 것을 방지하기 위하여 화물의 이동단계별 추적관리도 하고 있다. [그림 4-11]에서는 수입화물의 총량관리를 나타내는 그림으로, 입항단계에서 제출된 적하목록상의 화물내역이 각 단계별로 화물처리가 이루어지면서 입항단계에서 하선, 통관단계에서의 화물의 총량은 같아야 함을 나타내는 그림이다. 즉 입항단계에서 신고된 화물의 총량(A)은 하선단계에서의 화물의 양(B)와 같아야 하며 다음단계에서 통관, 보세구역반입, 보세운송 등의 절차에서의 합(C)이 같아야 한다. 우리나라의 화물관리는 입항단계에서 제출된 적하목록상의 화물총량은 수입통관단계에서 화물이 세관의 화물관리체계에서 과부족 없이 총량적으로 관리되어야 함을 강조하고 있으며, 만일 입항시의 화물의 양과 통관단계에서의 화물량이 상이하게 되는 경우에는 과적, 미적, 밀수 등의 문제가 발생한 것으로 간주하여 조사를 실시하게 된다.

[그림 4-11] 화물의 총량관리

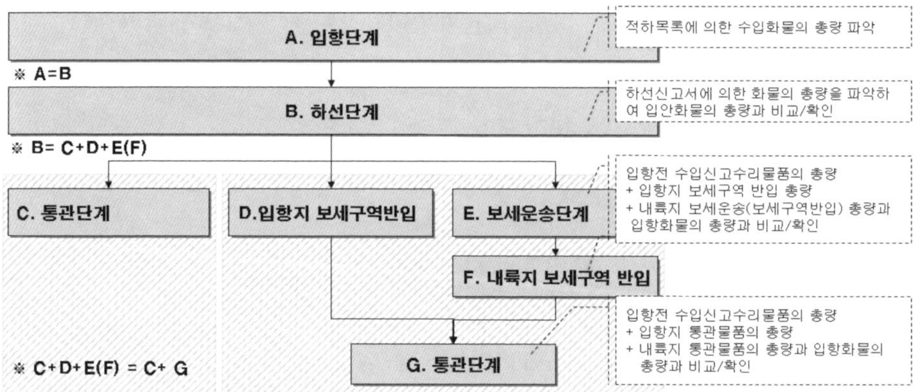

자료: 보세화물 관리제도의 운영방안(2003, 관세청).

(3) 적하목록취합시스템(MFCS[21])

1) 구축배경

적하목록은 선박 또는 항공기가 적재하고 있는 화물의 목록으로서 선사와 항공사가 제출의무를 가진다. 적하목록은 House B/L 단위로 축척되지 않으면 화물의 총량관리와 개별 화물의 추적관리가 불가능하다. 따라서 House B/L 단위로 포워더 및 선사로부터 해당 정보를 취합하는 시스템이 필요하게 되었다. 적하목록 전산화 구상 초기에는 "포워더로부터 House B/L 정보를 수신하여 선사 또는 항공사가 취합하여 제출"하는 방법과 "항공사 · 선사, 포워더가 Master

21) MFCS(Manifest Consolidation System): 적하목록취합시스템.

B/L 정보와 House B/L 정보를 개별 제출하여 세관에서 취합"하는 방법을 검토하였다.

그러나 해당 정보를 각 선사가 취합할 경우, 포워더와 선사(항공사)의 N:N 환경으로 인해 각 선사(항공사)의 개별 시스템 구축에 대한 경제적, 시간적 불합리성과 이 경우 포워더의 영업비밀 노출 등에 관한 문제가 제기되었다. 또한 세관에서 직접 취합하는 시스템 부재로 인하여 이에 대한 해법으로 TTP[22]에 의한 구축 및 운영이 추진되었다. 이런 배경으로 구축한 것이 적하목록취합시스템(이하 MFCS)이다. 현재 이 시스템의 구축 및 운영은 한국무역정보통신(KTNET)에서 담당하고 있으며 MFCS는 수출입물류 정보화에 큰 효과를 가져왔다.

[그림 4-12] MFCS 서비스 구도

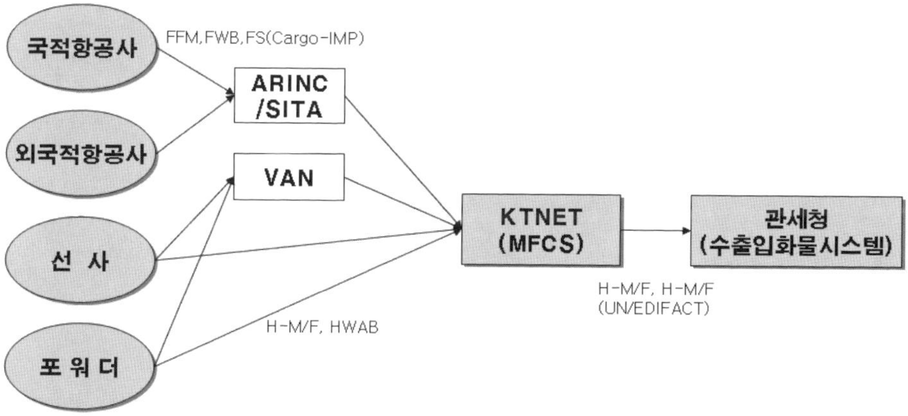

자료: 적하목록취합시스템 이용설명회(관세청, KTNET, 1997).

2) MFCS 주요 기능

MFCS의 첫 번째 주요 기능은 적하목록으로 선사·항공사와 포워더의 Master, House 적하목록을 자동 취합하여 통합적하목록을 세관에 제출하는 기능이다. 이러한 자동취합 기능을 통해 운송일정 변경에 따른 적하목록 미취합 문제가 해결 되었고, 그동안 어려운 문제로 대두되어 왔던 입항일정과 다른 날짜의 편명에 기적되어 수입되는 경우 즉, 적하목록 제출정보와 실제화물의 기

22) TTP (Trusted Third Party): 신뢰할 수 있는 제 3 자.

적된 편명이 다를 경우 항공화물에서는 Master AWB 번호기준(분할기적인 경우 입출항일자 및 편명을 기준)으로, 해상화물은 MRN(Manifest Reference Number)과 Master B/L을 기준으로 자동 취합하는 기능을 부여함으로서 다시 적하목록을 제출하는 번거로움을 해소하여 관련 기업의 불편함을 최소화했다.

두 번째 기능으로는 변환 및 적하목록 항목 자동생성기능으로 항공업계의 국제표준인 CARGO-IMP 전자문서를 세관에서 요구하는 EDIFACT 전자문서로 변환하여 제출하고 있으며, 항공사의 CARGO-IMP 부서에서 관리하지 않은 적하목록 항목(MRN, MSN, B/L TYPE 등)을 자동으로 생성하여 별도 추가 작업 없이 항공사가 동 업무를 수행할 수 있도록 했다. 특히 모든 항공사가 연결되어 있는 국제항공망(ARINC 및 SITA)과 연계하여 외국적 항공사가 관세청과 정보 연계를 위하여 별도의 Network을 가지지 않아도 가능하도록 서비스하고 있다.

세 번째는 항공사의 화물배정업무 자동화로서 지금까지 공항에 입항한 모든 화물은 수작업에 의하여 화물처리(창고배정)가 되었으나, MFCS의 도입으로 항공사의 화물배정 및 포워더 배정으로 자동화되었다. 더욱이 화주가 원하는 배정장소를 DB화하여 신속하고 효율적인 화물배정이 가능해져 화물분류작업이 전산화되었다.

이 네 번째는 적하목록정보를 단순히 세관에 제출하기 위한 시스템으로만 이용하는 것이 아니라 취합된 정보가 항공사·선사, 포워더, 보세운송사, 관세사, 보세구역, 검수회사, 하역업체, 은행, 무역업체 등 관련기업이 적하목록 정

[그림 4-13] MFCS 서비스 확장 구도

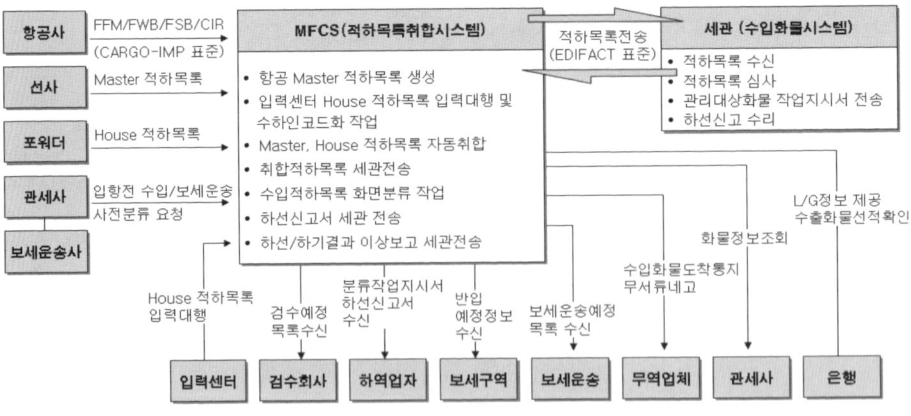

자료: 적하목록취합시스템 설명회 자료(관세청, KTNET, 1998).

보를 공유하여 각사의 업무처리에 활용하게 함으로써 수출입물류의 업무의 전산화로 프로세스 개선 및 비용절감에 커다란 효과를 거두었다.

[그림 4-13]은 MFCS를 이용한 항공사·선사, 포워더의 적하목록전송과 MFCS에 취합된 정보를 기반으로 검수회사, 하역업자 등 관련기관이 개별적으로 필요한 정보를 활용하는 구도를 보여주고 있다.

(4) MFCS를 활용한 입항보고(General Declaration)

국외 공항만에서 국내 공항만으로 입항하는 경우 입항보고, 국내 공항만에서 국외공항만으로 출항하는 경우 출항보고를 세관으로 제출하여야 한다. 입출항보고를 할 때에는 입출항정보와 승무원·선원명부 그리고 승객·여객명부를 함께 제출하도록 되어 있다. 특히 항공의 경우에는 MFCS를 통하여 입항보고를 하게 된다. 국적 항공사인 대한항공과 아시아나항공은 MFCS를 이용하여 입출항보고를 관세청/법무부/검역소/항공청에 제출한다. 항공사는 입출항보고 MFCS에서 정한 CARGO-IMP 형식의 표준문서를 ARINC를 경유하여 전송하게 되면 이를 수신한 MFCS에서는 세관에서 정한 UN/EDIFACT 문서로 변환하여 세관으로 전송하게 된다. 전송된 입출항보고는 세관의 심사를 거쳐서 접수/오류/결과통보를 수신하게 되며, 세관으로부터 전송된 입출항보고에 대한 통보문서는 입출항보고 MFCS 표준 응답문서(CARGO-IMP)로 변환되어 ARINC를 경유하여 항공사로 전송된다. 일부 외국적 항공사의 경우에는 입출항보고 응용 소프트웨어를 설치하여 입출항보고업무를 수행하고 있으며 EDI방식에 의하여 해당 기관으로 전자적으로 보고하고 있다. 항만의 경우에는 선사에서 직접 입출항보고를

[그림 4-14] 입출항보고(General Declaration) 서비스구도

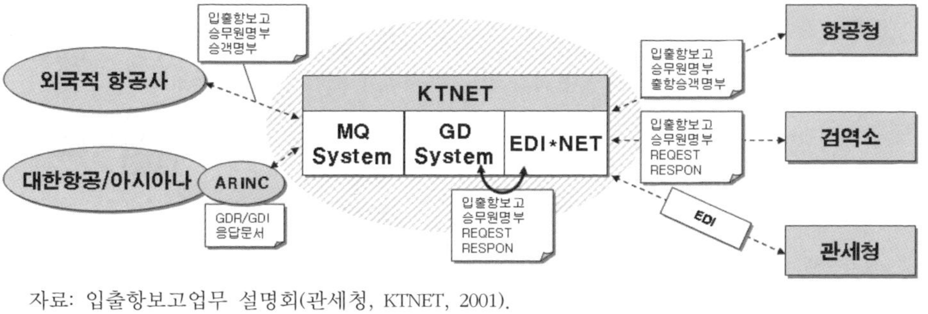

자료: 입출항보고업무 설명회(관세청, KTNET, 2001).

전자문서로 작성하여 세관과 국토해양부(해양수산부)로 전송하고 있으며 선사에서는 입출항보고 관련 응용 소프트웨어를 개발하여 활용하고 있다.

(5) MFCS를 활용한 승객사전정보시스템(APIS[23)])

미국의 9.11 테러 이후 입국하는 모든 승객에 대하여 항공기가 입항하기 전 항공사는 세관에 모든 승객정보를 전자적으로 제출하는 것을 의무화하고 있으며 APEC에서도 이를 지지하고 작업을 수행하고 있다. 대한민국 관세청에서는 2002년부터 항공으로 입항하는 승객에 대한 정보를 사전에 입수하여 출입국 우범승객 색출 및 입출국서비스 편의 도모 등에 활용하고 있다. 대한항공, 아시아나항공 등 국적항공사와 20여개의 외국적항공사는 CARGO-IMP 메시지인 GDI(여객명무: MFCS 표준문서) 또는 TPM(Total Passenger Message)을 MFCS를 경유하여 관세청에 전달하고 있다.

현재는 기존 사용중인 승객명부 전자문서를 대신하여 국제적으로 통용되고 있는 UN/EDIFACT ver 1.3과 US/EDIFACT ver 1.05 전자문서를 기반으로 서비스하고 있다. 2005년 1월에는 법무부, 7월부터는 검역소 및 항공청에도 승객사전정보 시스템을 이용하고 있다. 전송항목으로는 편명, 입항일, 출발지, 도착지, 성명, 생년월일, 여권번호, 국적 등이다. 다음 그림은 항공사의 탑승권 발권 후 해당 정보가 국제 항공망과 KTNET을 거쳐 관세청에 전송되는 과정을 설명하고 있다.

[그림 4-15] APIS 서비스 구도

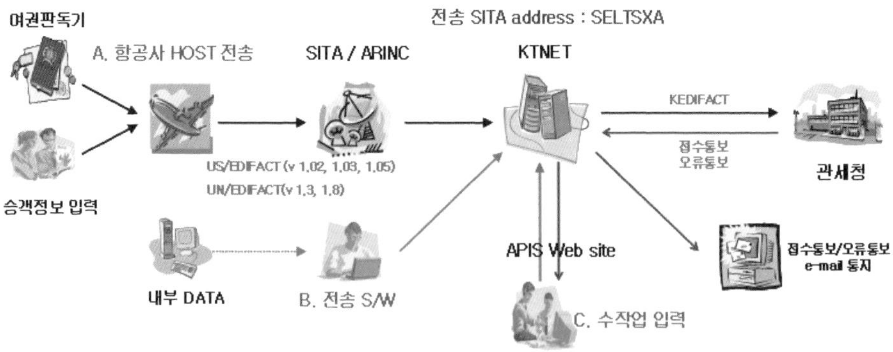

자료: APIS 설명회(관세청, KTNET, 2002).

23) APIS(Advanced Passenger Information System): 승객사전정보시스템.

제 3 절 물류정보화 사례

1. 수출입물류 종합정보서비스 구축사업

(1) 추진목표

수출입물류 종합정보서비스 구축사업은 수출입물류와 관련된 법·제도를 개선하고 국가물류종합정보서비스 구축을 통해 단절 없는 선진물류체계를 구축하고, 사용자 중심의 단일창구 서비스와 물류주체와 거점간 정보연계 및 공동활용 구현으로 21C 동북아 물류중심국가 실현을 위한 e-Logistics 구현을 목표로 한다.

(2) 추진배경

참여정부의 국정 핵심 과제인 「동북아 물류중심국가건설」 구현에 힘입어 2003년 8월 전자정부 31대과제로 「국가물류종합정보서비스 혁신사업」이 선정되었다. 특히 항만물류 경우, 개별적이고 산재된 정보를 상호간 연계하여 취득경로를 단순화하고 폭넓은 정보의 신속·정확한 제공을 위한 환경구축의 필요성이 증가하고 있었으며, 항만보안에 대한 국제적 기준 강화에 따른 체계적 관리(ISPS Code[24]) 증대로 위험물과 위험물 운송선박에 대한 안전관리 필요성이 증가하였다. 또한 항공물류는 『인천국제공항 물류정보 공용시스템』 고도화와 공항물류협업시스템 구축을 기획중이었으며, 통관분야는 통관단일창구 사용자의 편의성 제고와 이용 활성화를 위하여 전자결제기능과 조회서비스 등 현재 운영중인 시스템 기능의 고도화가 필요하게 되었다.

수출입물류 정보체계 혁신과제의 주요 내용은 물류프로세스의 정보화와 물류 DB 구축 및 공동활용 그리고 물류주체의 정보화로 크게 3분야로 나누어 추진되었다. 특히 1차년도인 2004년도에는 입출항 단계에서의 화물서식의 표준화와 수출입일괄처리시스템의 구축과 화물신고정보의 재활용과 공동활용을 위한 정보연계에 중점을 두었으며 검역부분에서의 정보화에 역점을 두었다. 2차

24) ISPS Code(International Ship and Port Facility Security Code): 국제선박 및 항만시설 보안규정('04.7.1 발효).

년도인 2005년도에는 수입신고서와 요건승인신청서 업무를 중심으로 하는 통관단일창구 구축에 관세청이 주도하였으며 국토해양부(해양수산부)에서는 항만물류정보의 공동활용체계 시스템을 추징하고 국토해양부(건설교통부)에서는 공항에서의 환승객 및 수하물 업무지원시스템을 중점과제로 추진하였다. 2006년도에는 통관단일창구 고도화 및 확대적용과 항공화물 공용정보시스템의 구축을 추진하였고 위험물의 정보 DB 구축을 진행하였다. [그림 4-16]에서는 그간의 수출입물류 종합정보 서비스 구축사업에 대한 전반적인 사항을 나타내고 있다.

[그림 4-16] 수출입물류 종합정보서비스 구축사업 개요

	물류 프로세스 정보화	물류DB 구축 및 공동활용(정보연계)	물류주체 정보화 촉진
1차 (04년)	▪입출항, 화물서식 등 표준화 및 일괄처리	▪화물신고정보 공동활용 ▪위험화물 적기색출시스템 구축	▪검역업무 정보화 지원
2차 (05년)	▪통관단일창구 구축 - 수입신고서 및 요건승인신청서 One-Stop 처리	▪항만물류정보 공동활용시스템 구축 (정부, 항만물류주체) ▪통관단일창구 구축 ▪공항물류협업 시스템 방향 수립	▪검역관리시스템 고도화 ▪환승객/수하물 업무지원
3차 (06년)	▪통관단일창구 고도화 - 전자지불기능 추가 ▪통관단일창구 확대 - 수출관련 요건승인업무추가 - 공산품, 마약류 수입요건확인 추가	▪항만물류 통합활용서비스 구축 - 화물추적, 인허가 등 통합 조회 - 위험물 정보DB구축 및 공동활용 ▪항공화물 공용정보시스템 구축 - 화물추적, 화물예약 및 결제, 통계정보 제공 - 협업지원시스템 연계모듈 구축	
향후 (07년 이후)	▪통관단일창구 확대 - 전 수출입 요건확인 업무 확대	▪건교부 및 해수부 RFID 시범사업과 연계하여 실시간 및 내륙화물추적 확대발전	▪추진기관별 물류주체 정보화 지속 추진(고도화)

자료: 수출입물류 종합정보서비스(3차) 구축 사업계획서(2006).

(3) 서비스 내용

1) 항만물류 통합 활용서비스(국토해양부 〈해양수산부〉 중심)

해상수출입 인허가 민원처리정보의 통합서비스 구축으로 해양수산부, CIQ 기관의 해상 인허가서식 처리결과를 일괄 조회할 수 있도록 하고, 해상화물 통합 조회서비스를 통해 화물이동 상태정보, 화물상세정보 통합조회, 해상화물

거점별 통계 등을 제공한다. 또한 한국해사위험물 검사원과 해양수산부 SP-IDC 및 각 지방청 간의 위험물질정보를 공유하고 연계서비스를 구축한다. [그림 4-17]은 항만물류 통합 활용서비스 개념을 보여주고 있다.

[그림 4-17] 항만물류 통합 활용 서비스 구축

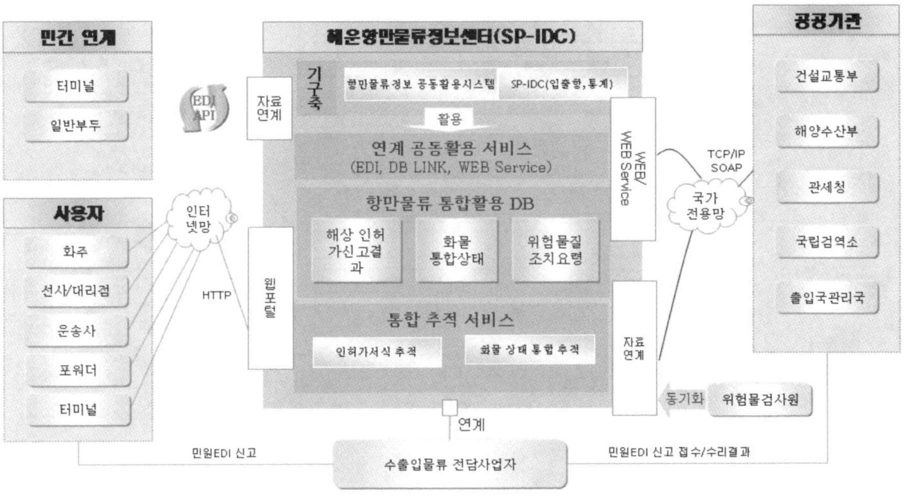

자료: 수출입물류 종합정보서비스(3차) 구축 사업계획서(2006).

2) 항공화물공용정보시스템(AIRCIS) 구축(국토해양부 〈건설교통부〉 중심)

입출항정보관리, 화물분류, 화물예약/추적 등 기존 ACTIS 기능을 개선한 신 ACTIS 시스템을 구축하고, FIS[25] 연계모듈 및 전자인증·전자결제 등 협업지원시스템 연계모듈을 구축했다. 또한 항공물류분야 통합정보 Vortal[26] 시스템을 구축하여 항공물류 지식정보 공동 활용서비스, 콘텐츠 통합관리, 항공물류 연관정보 등을 제공하였다. [그림 4-18]은 항공화물공용정보시스템의 개념을 보여주고 있다.

25) FIS(Forwarder Inhouse/Information System): 복합 운송업무 전산시스템.

26) Vortal(Vertical Portal): 특정 사용자 집단에 전문적인 정보를 제공하는 포털 사이트.

[그림 4-18] 항공화물공용정보시스템(AIRCIS) 구축

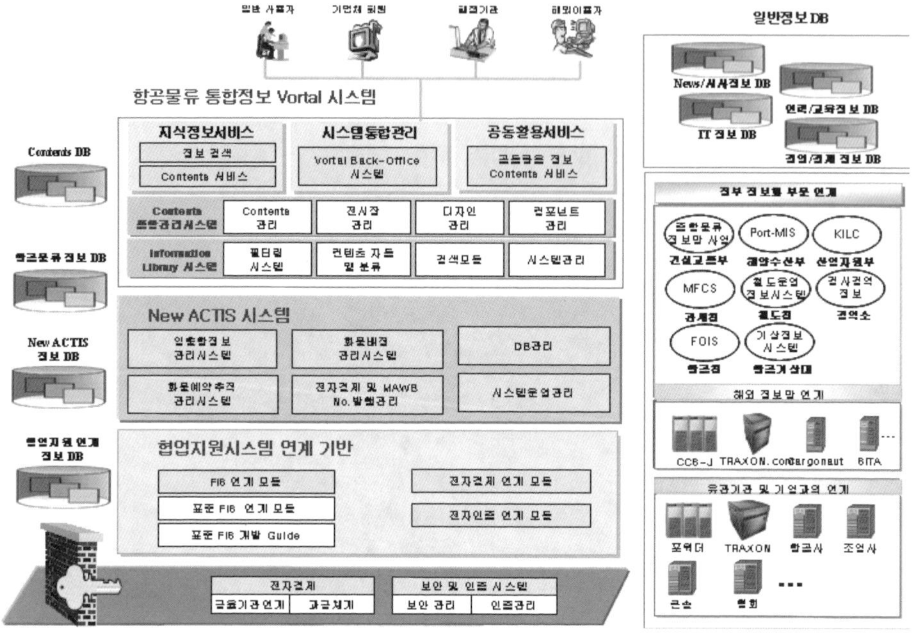

자료: 수출입물류 종합정보서비스(3차) 구축 사업계획서(2006).

3) 통관단일창구(Single Window) 시스템 확대 및 고도화(관세청 중심)

그간 수출입업체는 수출하기 위하여는 세관에 수출입신고서를 제출하기 전에 요건확인기관으로부터 요건확인신청과 승인서를 받아서 수출입신고에 첨부서류로 제출하여 왔으나, 요건확인기관과 세관과의 EDI에 의한 전산망 연계로 인하여 수출입업체는 요건확인서를 세관에 서류로 제출하지 않고 요건확인기관에서 세관으로 해당 확인업무를 EDI로 연계하여 제공함으로서 수출입업체의 서류간소화와 물류흐름의 신속성을 가져왔다. 통관단일창구 업무는 이러한 전산망을 기초로 하여 인터넷 환경에서 수출입업무뿐만 아니라 요건확인업무를 관세청에서 구축한 통관단일창구를 통하여 수출입신고업무와 요건확인신청업무 그리고 요건확인승인 및 세관연계 업무를 동시에 수행하고자 하는 개념으로 출발하였으나, 요건확인신고와 수출입신고업무간의 수행 시점의 상이와 업체들의 참여가 미흡하여 아직 활성화되고 있지 않고 있다. 다만, 통관단일창구 시스템의 구축과 고도화 및 확대 적용으로 통관단일창구의 궁극적인 목적달성

을 위해 관세청에서는 제도와 행정지도를 통하여 활성화에 노력하고 있다.

공산품 등 품질안전 관련 요건확인업무 연계추가로 마약류 관련 요건확인 민원신청과 멸각[27] · 폐기 통보서의 문서유통(관세청→식약청)을 기능 추가하였다. 또한 수수료 납부를 위한 전자지불 서비스를 통해 수수료 납부정보 및 확인정보 처리 등이 가능하도록 하고, 국립식물검역소, 공산품 등 품질안전 관련 요건확인 신청 기능, 요건업무처리를 위한 ASP 시스템 등 기존 작성정보 조회 서비스 강화한다. 아울러 코드 동기화를 위한 요건확인기관 연계 기능을 제공하고 요건확인기관의 공지사항 등록/수정/삭제 동시 관리할 수 있도록 하였다. [그림 4-19]는 통관 단일창구(Single Window) 확대 및 고도화의 개념을 보여주고 있다.

[그림 4-19] 통관 단일창구(Single Window) 확대 및 고도화

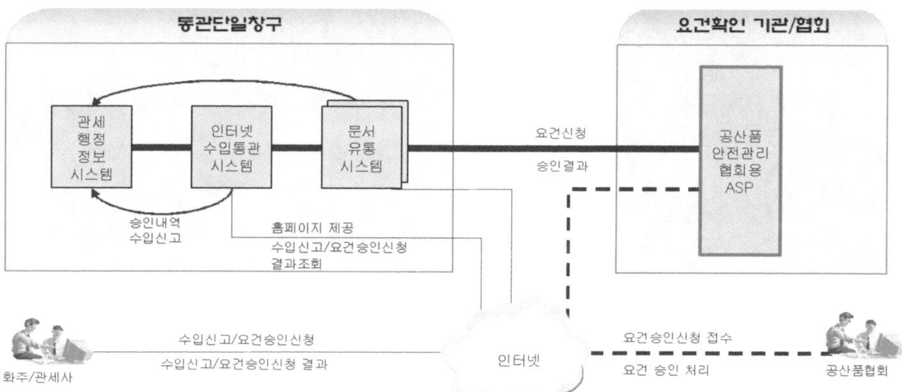

자료: 수출입물류 종합정보서비스(3차) 구축 사업계획서(2006).

(4) 기대효과

1) 정성적 효과

해상물류관련 정부기관의 인허가 단일화 사업을 통하여 유사서식의 중복 제출 업무 개선에 따른 업무편의성 증대와 관련비용 감소, 해당 DB기반의 정책 판단 수행으로 행정효율성이 증대된다. 또한 위험물질정보에 대한 정확 · 적시 정보 공유로 인한 항만 안정성이 제고되며, 통관단일창구 확대 · 발전을 통한

27) 멸각(滅却): 조금도 남기지 않고 없애 버림.

요건확인 및 수출입신고 One-Stop 서비스가 실현된다. 항공물류정보의 통합제공으로 경상업무의 절대적 감소로 국내 및 국제물류를 포함한 전체 물류흐름의 효율적 관리가 가능해지며, 화물추적에 대한 정보의 공동 활용을 통해 공항만 물류주체들의 업무 생산성 및 효율성 증대될 것으로 기대된다.

2) 정량적 효과

해상수출입인허가 정보통합에 따른 처리시간 절감에 따른 효과는 연간 30억원에 이르며, 해상화물통합 상태정보조회에 따른 처리시간 절감효과는 연간 132억원으로 기대된다. 또한 위험물질정보의 전산화 및 공동 활용으로 인한 위험물질 처리비용 절감에 연간 62억원, IMO 발간 위험물 코드집 구매비용 등에서 연간 30억원의 절감이 가능할 것으로 예측된다.

요건확인 신청 및 수출입 신고의 동시신청으로 One-Stop 처리하는 통관 단일창구로 통관소요시간 평균 1일이 단축되며, AIRCIS 구축으로 연간 54억 이상의 비용절감 효과와 연간 20억원의 수출입화물정보 수집 및 조회비용이 절감된다. 또한 FIS 연계모듈 제공에 따른 비용절감이 연간 20억원, WMS 및 TMS 연계모듈 제공에 따른 비용절감이 연간 12억원, AMS/EDI 연계모듈 제공에 따른 비용절감이 연간 약 1.5억원으로 기대된다. 이러한 정량적 기대효과는 수출입물류 종합서비스 구축 3차 보고서에서 발췌한 것이다.

2. 글로벌 Visibility(지능형 화물추적 시스템)

(1) 개 요

글로벌 Visibility 시스템은 수출입물류의 복잡성과 불확실성에 대응하기 위한 시스템으로서 화물의 출발에서 부터 최종 도착에 이르기 까지 일련의 과정을 모니터링 하고 관리하여 최종 납기(생산계획 또는 판매계획)를 준수할 수 있도록 지원하는 시스템이다. 항공, 항만, 철도, 육송을 혼합하여 운송하는 미국의 경우 내수물류에도 Visibility가 적용된다. Visibility 서비스는 다음 그림과 같이 각 처리 단계별 정보와 처리 예정단계의 중앙집중식 통합관리를 통하여 제공하는 서비스라고 할 수 있다.

[그림 4-20] 글로벌 화물추적 서비스 Visibility 서비스 개념도

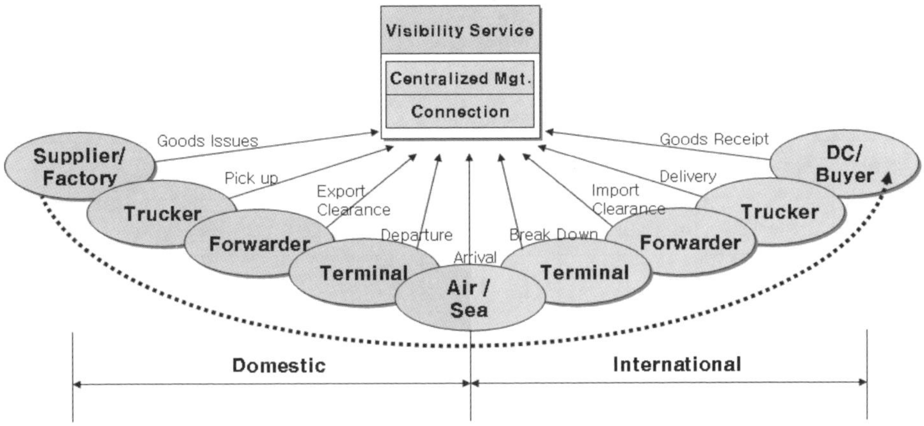

자료: 글로벌화물추적서비스의 이해(www.kilc.co.kr).

(2) Visibility의 필요성

글로벌 생산·아웃소싱 등 글로벌 공급망에 대한 관리(GSCM) 및 통제 능력에 대한 필요성이 증대되고 있는 가운데 글로벌 운송은 복합운송모드, 통관, 각종 신고 등 법규와 절차를 포함하고 있어, 이에 각 단계별 처리기간 모니터링 및 위험관리능력이 기업 경쟁력 제고에 중요시 되고 있다. 더욱이 FTA, WTO, WCO 등 국가간 거래에 대한 새로운 조약관련 신규 업무와 강대국의 자국보호를 위한 국제화물이동에 대한 법규가 증가하고 있어, 처리해야 할 단계의 증가와 함께 불확실성이 증가하고 있다.

DSG[28]의 자료에 의하면 부산에서 미국 서부까지 최장 34일, 최소 17일로 17일의 편차를 가지고 있다. 만약 가장 빠른 도착시간을 기준으로 창고를 준비했으나 가장 늦게 도착하는 경우 17일 동안 빈 창고가 될 수 있으며, 생산 또는 판매가 중지되지 않도록 하기 위해서는 가장 늦게 도착하는 날짜를 기준으로 17일분의 재고를 보유하여야 한다.

28) DSG(Descartes System Group).

〈표 4-18〉 아시아에서 북미까지 수출입물류의 Variation [단위: 일]

구분	Deliver to Port and Depart Asia	Booking in System	Arrive in North America	Clear Customs	Arrive at Central Warehouse	Sum of All Segments
최대	5	7	12	5	5	34
평균	4.1	2.4	12	2.3	3.4	24.2
최소	1	1	12	1	2	17

자료: Visibility 20/20 (Descartes System Group, 2005).

(3) 화물추적서비스의 종류

화물추적이라는 용어로 Visibility 서비스를 설명하는 것이 적합하지 않기 때문에 타 화물추적서비스와 비교를 통해 Visibility를 설명할 수 있다. 화물추적은 과거, 미래정보의 제공 여부에 따라 "Tracking," "Tracing," "Visibility" 서비스로 구분할 수 있다.

"Tracking"은 사전에 정의된 화물처리 단계 중 현재 단계의 화물추적 정보를 제공하는 서비스를 말하며, "Tracing"은 현재 단계의 화물추적 정보와 과거 단계별 처리기록에 대한 정보를 제공하는 서비스를 말한다. Visibility[29]는 화물

[그림 4-21] 단계별 화물의 이동 예시

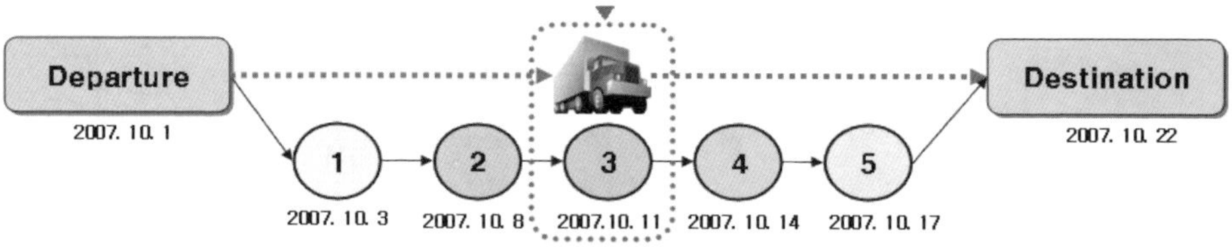

☞ Tracking: "단계 3에 있음"

☞ Tracing: "단계 1과 단계 2를 거쳐 단계 3에 있음"

☞ Visibility: "단계 1과 단계 2를 거쳐 단계 3에 있으며, 납기일정 준수가 가능함. 14일에 단계 4, 17일에 단계 5를 거쳐 22일 목적지에 도착할 예정"

자료: RFID와 화물추적시스템.

29) Visibility = Tracing(=Sum of Tracking) + Forecasting + History Record

의 과거 처리정보에 대한 기록과 향후 단계에 대한 예측정보를 통해 목표관리 기능을 제공하는 지능화된 화물추적서비스를 말한다. [그림 4-21]의 예시를 보면 쉽게 이해할 수 있다. 유사용어 중 최근 RFID와 함께 부각되고 있는 "Tracebility"는 이력관리에 이용되는 용어로서 현 물류단계 전후방의 조달, 생산, 판매 영역을 포함하는 확장된 영역으로서 화물추적과 구분되는 용어이다.

(4) Visibility 기능

Visibility 시스템은 중앙 집중화된 DB(Centralized Database)를 기반으로 각 거점(Touch Point)별 화물처리 정보를 취합하여 기 예정된 화물처리 예정정보 또는 통계정보와의 지속적 비교를 통해, 화물의 목표준수를 위한 일련의 기능을 제공한다. 기타 모니터링, Alert(E-MAIL/FAX/SMS), 통계정보(경로별, 과거, 물류업체 실적 정보) 등을 포함하고 있다.

[그림 4-22] 화물추적 용어별 기능 포함관계

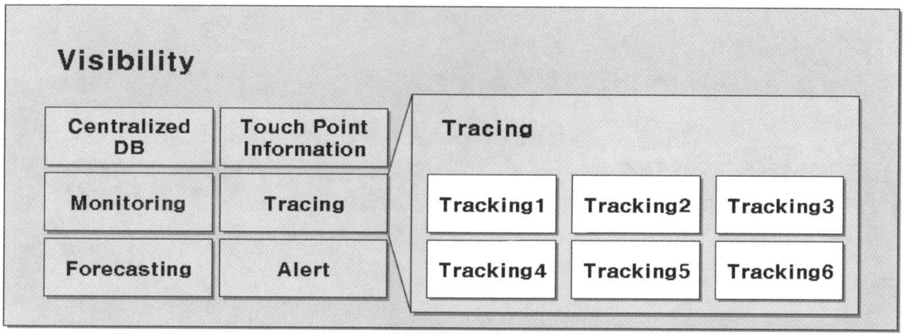

자료: RFID와 화물추적시스템.

(5) Visibility 서비스 개념도

글로벌 Visibility 서비스는 B2B 영역과 B2G 영역으로 구분된다. 해당정보 중 B2G 정보는 MFCS를 기반으로 상당부문 확보할 수 있으며, 해외 선사와 해외 포워더 간의 정보교환을 통해 B2B영역의 정보를 확보한다. Visibility를 판매계획에 이용하는 예로, A홈쇼핑에 B상품을 납품하는 C업체는 사전에 수입화물 처리일정을 확인하고, 반출예정일 1일 저녁 A홈쇼핑에서 판매하고 사전 주문된 배송정보를 기반으로 반출된 화물을 창고 경유 없이 배송하여 물류효율화와 고객만족을 동시에 충족시키고 있다.

한국통합물류컨소시엄(KILC)에서 Visibility(서비스 명, LogisView) 시스템은 중앙집중식 데이터베이스(Centralized Database)를 이용한 방식이다. 수입화물이 해외에서 출발할 때 해당 화물을 취급하는 포워더로 부터 출발정보와 입항정보를 사전에 취득하고, 해상에서는 GTNexus, CargoSmart 등과 같은 글로벌 물류VAN을 통해 화물추적정보를 입수한다. 해당 선박 또는 항공기가 국내에 도착하게 되면, KTNET의 MFCS와 CTI를 통해 입항, 하기/하역, 장치/보관, 내륙운송, 통관검역, 반입/반출 등 수입화물 프로세스의 단계별 처리과정에 대한 모니터링을 할 수 있게 된다. 해당 과정 중 지연이 발생하는 경우 e-Mail과 SMS를 이용하여 수입화주와 물류담당자에게 사전공지 기능을 제공하여 지속적인 모니터링을 통해 계획일정에 맞게 입고/판매 될 수 있도록 지원한다. 화물의 정상 진행 및 도착 여부는 해외 포워더도 공유할 수 있도록 하여 상호 정보공유 시스템으로서의 역할을 수행한다.

[그림 4-23] MFCS를 적용한 수입화물 Visibility 구성도

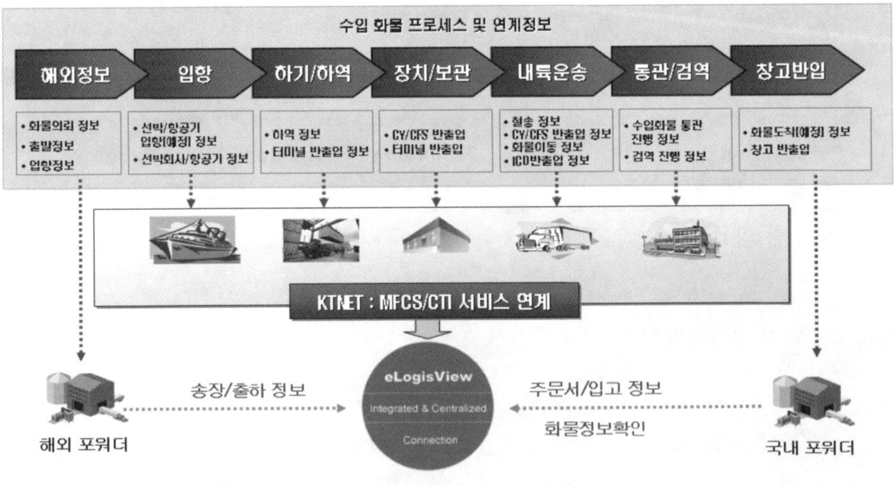

자료: 글로벌화물추적서비스의 이해(www.kilc.co.kr).

3. 사이버 화물중계 시스템(공차정보 시스템)

(1) 개 요

사이버 화물중계 시스템은 전자상거래에서 소형화물 위주의 물류서비스(택배)에 집중되어 있어 대형화물의 운송을 위하여 구축된 시스템으로서 주선사 · 알선사의 내부시스템(또는 ASP)과 연계를 통해 중앙 집중화된 공차정보DB를 구축하고, 해당 정보를 B2B e마켓플레이스에 제공하여, 전자상거래에서 발생하는 대형화물(국내 수송화물)을 전자적으로 예약하고 이용할 수 있게 하는 시스템이다.

(2) 주요 기능

사이버 화물중계 시스템은 크게 공차정보의 자동 취합 기능, 공차 및 대기용차 검색, 화물예약 및 화물도착 여부 조회 등 사용자 기능과 온라인 마켓플레이스에서 적용시 쉽게 적용 가능하도록 Interface 관리 기능으로 구성되어 있다.

[그림 4-24] 사이버 화물중계 시스템 개념도

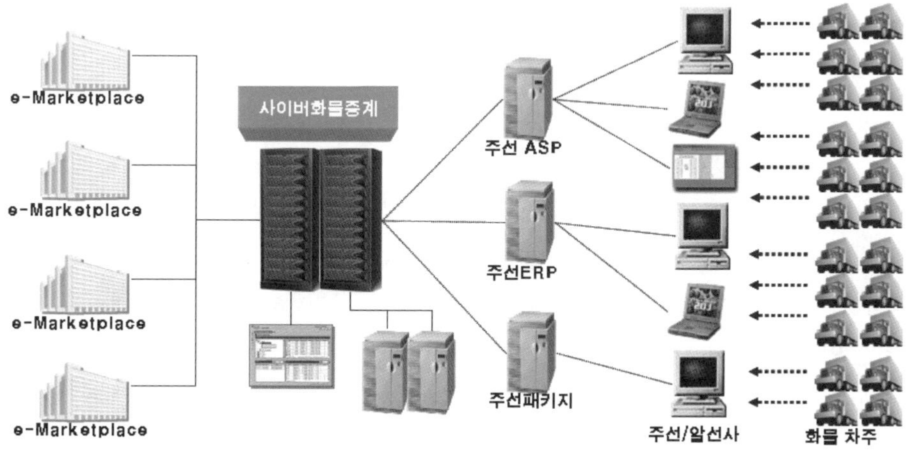

자료: 한국통합물류컨소시엄(www.kilc.co.kr, 2006).

(3) 기대효과

차량 보유 여부를 확인하지 않고 주선·알선사에 배차를 요청하게 되면, 다단계 구조를 통해 차량보유업체에 하청하게 되어 화물차주의 수익성 악화에 중요한 요인으로 작용해 왔었다. 그러나 사이버화중계서비스는 차량을 보유한 기업과 차량을 이용하려는 기업이 1단계 직접 검색을 통하여 검색할 수 있어 신속하고 정확한 상호 매칭이 가능하다. 또한 해당 시스템에 등록된 공차정보는 실시간으로 다수의 e마켓플레이스와 정보사이트에 등록되어 신속하게 화주와 매칭 될 확률이 높아진다. 이것은 주선·알선사와 화물차주의 영업기회 확장으로 수익증대로 이어지며, 활성화 되는 경우 공차율 감소와 다단계 하청구조의 개선이 가능할 것으로 기대된다.

4. 글로벌 해운 e마켓플레이스

e마켓플레이스는 복수의 판매자와 구매자가 인터넷을 매체로 거래 할 수 있도록 지원하는 가상공간을 의미한다. 해운 e마켓플레이스는 선사 또는 포워더 등 복수의 물류서비스 제공자가 제공하는 서비스를 연결해 주는 중개자 역할을 수행하는 서비스를 말하며, 특히 글로벌 선사 및 포워더가 서비스 제공자로 참여하여 글로벌 서비스 공급이 가능한 e마켓플레이스를 글로벌 해운 e마켓플레이스라고 한다.

해운 e마켓플레이스는 다수의 해운서비스 공급자의 카탈로그를 제공하는 카탈로그 마켓플레이스를 구축하고 운항스케줄 등의 제공을 통해 Booking 및 관련 물류정보를 해당 서비스 공급업체에 넘겨주거나 해당 공급업체의 내부 Legacy 시스템과 연계되어 있는 경우 자동으로 처리한다. 컨테이너 해운분야에서는 인터넷을 이용한 운송서비스 계약이나 정보제공 차원을 뛰어 넘어 e마켓플레이스의 구축을 통하여 전 세계 국가를 대상으로 물류/운송 부문에 특화한 온라인 공동구매 서비스와 같은 서비스 제공을 필요로 하고 있다. 해운 e마켓플레이스에서는 회원들이 인터넷의 표준 웹 브라우저를 통해 온라인 물류업무를 처리할 수 있도록 지원된다. 회원과 공급자들은 서비스의 보다 전략적인 소싱을 통해 시장 확장 향후에는 전체 수요 및 용량계획, 주문예측, 수송일정, 전

세계 재고 표시 및 구매 프로세스의 완벽한 자동화 등을 포함한 다양한 공급망의 관리 기능을 함께 제공하면서 기존의 해운거래 질서를 변화시키는 요인으로 작용하리라 예상되고 있다.[30] 대표적인 해운마켓플레이스로는 GT Nexus, INTTRA, CargoSmart를 들 수 있다.

GT Nexus는 아시아지역 선사를 주축으로 구성돼 있으며, INTTRA는 유럽지역선사가 중심이 되어 있고, Cargo Smart는 중국계 회사들이 주로 참여하여 아시아 중심으로 서비스 되고 있다. 이 세 포털을 모두 이용하는 선사도 있으며, 두개의 포털을 이용하는 선사도 있다. 일부 선사가 여러 포털을 이용하는 것은 지역별로 거래 화주의 요구에 따른 경우이다. 해운마켓플레이스의 주요기능으로는 운송예약, 운임율 제공, 운항스케줄 제공 B/L 통지업무, 화물추적서비스, 통관상태 제공 등의 업무를 주로 제공하고 있다.

상기의 3대 해운 포털 현황[31]을 살펴보면 첫째로 GT Nexus의 경우는 13개 글로벌 선사들과 IT기업인 구 Tradiant가 공동으로 출자해 2000년 만든 해운·물류 포털(Portal)로서 해운기업(선사)와 프레이트 포워더(3PL), 화주들이 참여하는 포털사이트이다. GT Nexus을 이용하는 사용자는 모두 4만여 명, 이용기관은 1만 5,000개사. 125개국을 커버하는 GT Nexus은 월간 2,000만 건을 처리하고 있으며 이는 연간 50%의 증가율이다.

한진해운과 현대상선을 비롯해 ANZDL, APL, Canada Maritime, Conship, Crowley, CSAV, Italia Line, K-Line, Libra, Lykes Lines, MOL, NYK, Senator Line, TMM Lines, Yangming, Zim이 참여하고 있다.

GT Nexus는 글로벌 제조업체들의 공급체인을 관리하는 소프트웨어 솔루션을 제공하고 있다. 로지스틱스 서비스제공자와 고객을 연계하는 개별기업의 사적 로지스틱스 네트워크가 GT Nexus의 솔루션 업무에 속한다. GT Nexus의 솔루션에 참여하고 있는 기업은 대략 20여개사. LG전자를 비롯해 HP, Xerox, Kmart, K·B Toys, P&G, Castrol, Evian, PVH, Marubeni, Williams-Sonoma 등을 들 수 있으며, GT Nexus의 제조업체 솔루션내용은 글로벌 인벤토리(Inventory), 글로벌 운송(Transportation), 글로벌 서류(Document handling), 글로벌코스트(Cost), 글로벌 정보관리(Information Management) 등이다.

---

30) 해운업의 e비즈니스 전략에 대한 고찰(한종길, 해운물류연구 2001).
31) 정기선사 포털 경쟁현황(월간해양한국, 2006).

또한 물류기술 솔루션을 제 3 자물류(3PL)로 전환하는 것이 세계적인 추세로서, 3PL의 솔류션으로는 통합된 데이터 서비스, 글로벌 서류관리, 글로벌 인벤토리 관리, 글로벌 운송관리, 글로벌 NVOCC에 대한 운임관리 등을 제공하고 있다. 3PL사로는 쉥커(Schenker), 엘리트(Elite), OWL(Ocean World Lines), APL Logistics, 센튜리(Century), BAX Global, EGL, 엑셀(Exel) 등이 이용하고 있다.

둘째로 2000년에 출범한 INTTRA는 유럽선사들이 중심이 돼 있는 포털이지만 일본선사도 참여하고 있다. 인트라는 2005년 8월 라틴아메리카에서만 월간 5만개의 컨테이너를 처리한 것으로 기록됐다. 미국과 유럽은 물론 아프리카지역에서 운송되는 컨테이너의 처리도 상당히 늘어난 것으로 발표했다.

가입선사는 K-Line, CMA CGM, Hapag-Lloyd, MSC, Safmarine, Alianca, DAL, Maersk Line, NYK, Senator, ANL, Hamburg-Sud, MCC Transport, P&O Nedlloyd, UASC 등이며, 아틀란틱, 카고 파트너, 돌핀 로지스틱스, DHL, 쉥커, OWL, 파날피나, UTI, 엘리트, 퀸에나겔, 헬만, Page International, Maersk Logistic 등 27개의 포워더가 참여중이다.

셋째로 중국계선사들의 E-서비스를 위해 2000년 11월 탄생한 Cargo-Smart는 OOCL과 COSCON, 말레이시아의 MISC, NYK 4개선사가 참여하고 있으며 현재 12,000개 기업들이 이용하고 있다. 특히 카고스마트의 솔루션은 중국 수출입업자과 그들의 카운터 파트와의 공급체인에 집중하고 있다. 이용회원은 3만명 정도이며 선사와 화주의 요구에 부합하는 선적관리 솔루션을 제공하는 포털이다.

참고문헌

[국내문헌 및 자료]

1. KOTI 2006 연구결과 요약집(한국교통연구원, 2007. 3)
2. 국가물류비 산정 및 추이분석(한국교통연구원, 2005)
3. 수출입물류중심의 국가물류정보체계 혁신(BPR/ISP) 사업 보고서(2003)
4. 무역업무프로세스혁신(BPR/ISP)사업 완료보고서(산업자원부, 정보통신부, 관세청, 2004)
5. 수출입물류 종합정보서비스(1차, 2차, 3차) 사업계획서(2004, 2005, 2006)
6. 글로벌물류 Network 서비스(KTNET, 2006)
7. 글로벌물류서비스의 이해(www.kilc.co.kr, 한국통합물류컨소시엄, 2006)
8. 물류B2B 3차년도 최종보고서(www.kilc.co.kr, 한국통합물류컨소시엄, 2007)
9. RFID와 화물추적시스템(최동준, 2005)
10. 전자무역서비스 주요내용(KTNET, 2006)
11. 무역실무 매뉴얼(한국무역협회, 2006)
12. 사이버해운거래의 효율화를 위한 e-Marketplace의 연계방안(박민섭, 동아대학교)
13. 정기선사 포털 경쟁현황(월간 해양한국, 2006. 2)
14. 해운업의 e비즈니스 전략에 대한 고찰(한종길, 해운물류연구 2001)

[해외문헌]

1. David Kroenke, Database Processing, 2nd ed.(SRA Inc. 1983)
2. Visibility 20/20(Descartes System Group, 2005)

[웹사이트]

1. 관세청 홈페이지(www.customs.go.kr)
2. 한국무역협회 홈페이지(www.kita.net)
3. 한국해사위험물검사원 홈페이지(www.komdic.or.kr)
4. 한국물류학회(www.klra.org)
5. 한국전자거래진흥원(www.kiec.or.kr)

CHAPTER

5

수출물류 프로세스

제 1 절　수출물류 시스템

1. 개　요

수출업무는 거래선의 발굴과 구매자(수입자)의 신용조사에서부터 시작한다. 인터넷 인프라와 전자상거래 응용기술의 발전은 수출업무에도 많은 영향을 미쳤다. e무역상사와 B2B e마켓플레이스를 통해 실시간으로 고객을 발굴하고, 인터넷을 통해 샘플의 해외 배송을 예약하고 도착여부를 확인할 수 있다. 이메일, 메신저, 화상통화 등 온라인을 통해 의견을 교환하여 계약을 체결하고 납기일정에 맞춰 수출상품을 생산 · 가공하여 해외 국가로 선적하기 위해서 수출물류 업무가 발생하게 된다. 이에 수출물류시스템은 정보시스템을 이용하여 수출관련 물류기업(선박회사, 항공사, 복합운송주선업체, 육상운송)과 각종 인허가 기관을 전자적으로 연결하여 온라인을 통해 실시간으로 수출관련 물류업무를 수행할 수 있도록 지원하는 시스템을 말한다.

2. 목 적

수출물류 시스템은 수출관련 물류업무의 처리절차 간소화와 신속한 처리를 통해 물류비 절감과 수출경쟁력 강화를 목적으로 구축되었으며, 수출이행사실 확인 등 타 업무 시스템과 연계를 통해 정보를 공유하고, 수출화물 서비스의 지리적 한계 극복과 각종 화물정보 및 통계의 신속한 작성과 제공을 지원하기 위해 이용되고 있다. 최근에는 통합서식 등의 개발로 중복제출 · 중복입력을 줄여 사용자의 수출입물류 부대비용을 감소할 수 있도록 하고, 이를 응용하여 은행의 무서류 Nego에도 적용되어 신속한 대금결제에도 적용되는 등 다양한 분야에서 고도화를 추구하고 있다.

3. 수출물류 프로세스와 정보시스템

수출상품이 생산되면 화주 및 통관 대행자인 관세사가 수출신고서 작성규칙 및 전자문서 작성규칙에 따라 관련 S/W를 이용하여 신고자 컴퓨터에서 신고서 내용을 입력하여 수출신고서를 작성하고, 세관에서는 서류검사를 통해 검사 대상을 선별하고 선별된 화물에 대하여 검사를 실시한다.

[그림 5-1] 수출물류 프로세스 개념도

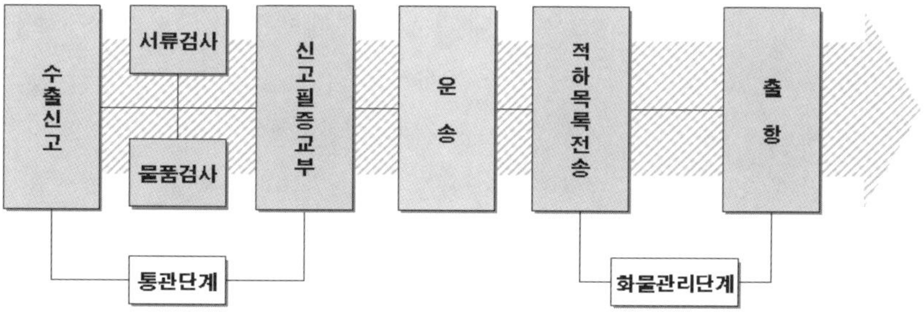

자료: 관세청(www.customs.go.kr).

수출신고수리를 세관으로부터 받게 되면 화주는 내륙운송을 통하여 해당 선적항으로 물품을 이동한다. 이동된 화물은 선적항에 위치한 ODCY[1]나

1) ODCY(Off Dock Container Yard): 컨테이너 장치장으로서 부두에서 떨어진 곳에 위치한 장

CFS[2])로 이동하여 선적을 위한 컨테이너 적입작업을 실시하고, 터미널에선 해당 선박에 컨테이너를 적재함으로써 수출화물에 대한 선적작업이 완료된다. 이 경우 선사는 적하목록(Manifest)을 세관에 제출하여야 한다. 제출단계에서는 반드시 수출신고수리번호에 해당하는 화물 즉, B/L 번호 또는 세관에서 정한 화물관리번호를 연계시켜 적하목록을 제출함으로써 수출신고된 화물이 제대로 선적되어 수출되었는지를 확인할 수 있다.

해상수출 업무는 수출화물의 통관에서부터 수송수단을 통해 항만에 도착하여 보관 되었다가 선박에 선적되어 외국으로 반출되는 과정까지를 처리하는 업무이다. 해양수산부, 법무부, 관세청, 철도청, 검역기관 등의 행정기관과 화주/관세사, 특송업체 포워더, 선사(예도선사 포함)/대리점, 운송사, 하역사, 검수/검정업체, 보세구역 등 물류업체는 해당업무 영역에서 각 세부업무를 처리한다. 해상수출 업무 및 조직체계는 〈표 5-1〉과 같다.

〈표 5-1〉과 같이 각 행정기관 및 물류주체가 해상수출 업무를 처리하기 위해서는 해당 절차와 관련된 사항을 신고하거나 접수 처리하는 정보시스템을 필요로 하게 된다. 화주/포워더는 수출예약시스템 또는 VAN/EDI 방식의 선적예약시스템(Booking, S/R, B/L)을 이용해서 해당 업무를 처리한다. 〈표 5-2〉는 수출의뢰, 운송, 통관/검역, 반입, 선적, 출항되기까지 해상수출 주요 정보시스템 현황을 보여주고 있다.

내용을 살펴보면 수출의뢰의 경우 대형 수출화주에서는 전자적으로 선적의뢰(Shipping Request)를 하고 있으나 대부분의 업체에서는 Fax 등을 활용하여 수출의뢰를 하고 있으며 최근 선사의 홈페이지를 이용하여 수출예약시스템을 개발하여 Booking 서비스를 제공하는 등 점차 많은 업체에서 이용하고자 하는 움직임이 활발해지고 있다. 운송단계에서는 운송관리시스템을 보유하고 있는 업체에서는 전산을 이용한 운송예약 서비스를 제공하고 있으며, 한국통합물류컨소시엄에서 제공하고 있는 공차정보시스템을 이용하는 업체도 많아지고 있다. 통관단계 즉 수출신고업무는 100% EDI 혹은 인터넷을 이용하여 신고와 수

치장.

2) CFS(Container Freight Station): 선사나 대리점이 선적할 화물을 화주로부터 인수하거나 양화된 화물을 화주에게 인도하기 위하여 지정한 장소로서 컨테이너를 채울 수 없는 LCL(Less than Container Load) 수출화물을 컨테이너에 적집하거나 혼재 수입화물을 분리하여 화주에게 인도하는 업무수행함.

〈표 5-1〉 해상수출 업무 및 조직체계

업무 / 주체		통관/검역			내륙 운송		장치/보관		선적			출항	
		정식통관	간이통관	검사검역	운송의뢰/계획	운송	반입/장치	CFS 작업	선적준비	선적계획	선적/검수	출항수속	화물신고
행정기관	국토해양부(해양수산부)											●	●
	법무부											●	
	관세청	●	●									●	●
	철도청				●	●							
	검역 기관	●	●	●									
	통관우체국		●										
물류주체	화주/관세사	●	●	●	●				●	●	●		●
	특송업체		●										
	포워더				●			●	●	●	●		●
	선사/대리점				●	●	●	●	●	●	●	●	●
	운송사			●	●	●	●						
	하역사(터미널)				●	●		●	●	●			
	검수/검정업체						●		●	●			
	보세구역(CFS/CY/ODCY)						●						
	예도선사											●	

자료: 수출입물류중심의 국가물류정보체계 혁신(BPR/ISP) 사업(2003).

리업무가 이루어지고 있다. 최근에는 인터넷을 이용한 수출신고 업무가 EDI 방식의 수출신고 건수보다 상회하고 있다. 수출화물의 검역업무는 Web 사이트를 통하여 신청하고 승인받고 있으나 첨부서류의 전산화가 미흡하여 아직 활성화가 더딘 편이다. 터미널에서의 컨테이너 반입 반출업무는 게이트자동화시스템을 이용하여 100% 자동화가 이루어지고 있다. 다만, 게이트로그는 정보화가 이루어져 있으나 정보 제공방법은 다양한 방법으로 운영되고 있다. 선적단계에서의 정보화 현황은 터미널의 경우에는 대부분의 작업이 전산화되어 운영되고 있으나 일반부두의 경우에는 정보화를 준비하고 있다. 출항의 경우에는 국토해양

〈표 5-2〉 해상수출 정보시스템 현황

구 분	정보화 현황	주요 정보시스템
수출의뢰	○ 수출의뢰 업무는 일부 대형화주를 제외하고 정보화 미흡 - 삼성전자, LG전자 등 XML/EDI 이용 - 대다수 수출입업체는 책자를 통한 스케줄 확인, FAX를 이용한 Booking, S/R, B/L 등 자료 교환	수출예약시스템 XML/EDI
운송	○ 수출운송업무는 다양한 형태로 정보화 적용 - VAN/EDI, 시스템간 파일교환, FAX 등 ○ 컨테이너 반출 예약업무는 일부업체만 정보화 - 대한통운의 경우 공컨테이너 반출 예약은 VAN/EDI 적용	운송관리시스템 XML/EDI
통관/검역	○ 수출통관 업무는 VAN/EDI를 통해 세관신고 ○ 수출화물 검역업무는 WEB을 통해 신고 - 동식물 검역 및 수산물, 약품등 WEB 신고 - 첨부서류 등의 미 정보화로 직접방문 필요	수출신고시스템 VAN/EDI, WEB
반입	○ 반입업무는 VAN/EDI를 통한 정보화 - 반입화물의 정보를 사전에 VAN을 통해 전송하여 게이트 자동화 처리 - 세관 반출입보고를 VAN을 통해 세관에 신고 ○ 게이트로그는 정보화 되어 있으나, 정보제공방법이 다양(VAN EDI, 파일, 서류 등)	게이트자동화시스템 터미널시스템 VAN/EDI
선적	○ 컨테이너터미널의 경우 대체적으로 정보화 되어 있으나, 일반부두는 정보화 추진 중 - 해수부: 일반부두정보화 사업('01년~) ○ 선적화물정보는 VAN/EDI를 통해 정보화 - 컨테이너예정목록, 선적화물정보 등 ○ 선적한 화물의 검수정보는 미 정보화	수출화물시스템 터미널시스템 VAN/EDI
출항	○ 출항업무는 VAN/EDI를 통해 해수부, 관세청, 출입국관리사무소 등 관련기관에 신고 - 입출항서식(입출항신고, 선원/승객명부)을 VAN을 통해 신고 - 수출화물정보를 수출적하목록(세관), 화물반출입보고(해수부)에 신고	PORT-MIS, 수출화물시스템 VAN/EDI

자료: 수출입물류중심의 국가물류체계 구축사업(2005. 국가물류정보화추진단).

부(해양수산부)와 관세청, 출입국관리사무소 등 관련기관에 100% VAN/EDI 방식으로 신고하고 있다. 전자문서로 신고하는 문서로는 출항보고, 선원 및 여객명부, 적하목록, 화물반출입보고가 해당된다.

항공수출 업무는 수출화물의 기적요청에서부터 수송수단을 통해 공항에 도착하여 보관되었다가 항공기에 기적되어 외국으로 반출되는 과정까지를 처리하는 업무이다. 관세청, 항공청, 출입국관리국, 검사/검역기관 등의 행정기관과 항공사, 포워더, 조업사, 특송업체, 보세창고 등 물류업체는 해당업무 영역에서 각 세부업무를 처리한다. 항공수출 업무 및 조직체계는 〈표 5-3〉과 같다.

〈표 5-3〉 항공수출 업무 및 조직체계

업무 / 주체		기적요청	내륙운송		통관/검역			장치/보관		출항		
		기적접수	운송의뢰/계획	운송	정식통관	간이통관	검사검역	화물접수	화물장치	기적	출항수속	적하목록신고
행정기관	관세청				●	●	●				●	●
	항공청										●	
	출입국관리국										●	
	검사검역기관						●				●	
	통관우체국					●						
물류주체	항공사	●	●	●				●	●	●	●	●
	포워더							●	●	●		
	조업사					●						
	특송업체	●	●	●	●	●	●		●		●	
	보세창고		●	●	●		●					
	화주											
	운송사											

자료: 수출입물류중심의 국가물류정보체계 혁신(BPR/ISP) 사업(2003).

〈표 5-3〉과 같이 각 행정기관 및 물류주체가 항공수출 업무를 처리하기 위해서는 해당 절차와 관련된 사항을 신고하거나 접수 처리하는 정보시스템을 필요로 하게 된다. 신고 의무자는 수출통관시스템 또는 VAN/EDI 시스템을 이용하여 통관업무를 수행한다. 이후 항공화물 예약시스템을 이용하여 선적의뢰하고 선적과 출항과 관련된 정보시스템을 이용하여 처리하게 된다. 〈표 5-4〉는

통관, 선적의뢰, 선적, 출항 등 항송수출과 관련된 각 업무별 정보화 현황 및 주요 정보시스템 현황을 보여주고 있다.

자세히 살펴보면 수출통관은 100% 전자적으로 신고하고 수리되고 있으며 해상과 마찬가지로 EDI와 인터넷을 병행하여 신고자의 선택에 따라 이루어지고 있다. 기적의뢰의 경우에는 대형 화주는 전자적으로 Booking하고 있으며 TRAXON[3] 및 KTNET를 통하여 기적의뢰를 하고 있다. 그러나 대부분의 포워더에서는 아직도 FAX 등의 방법을 이용하고 Booking하고 있다. 기적단계에서 적하목록의 신고는 100% 전자적으로 신고하고 있으며 출항단계에서 출항신고와 여객명부는 EDI 방식에 의하여 관세청과 출입국관리사무소에 신고하고 있다.

〈표 5-4〉 항공수출 정보시스템 현황

구 분	정보화현황	주요 정보시스템
통관	o VAN/EDI를 통해 관련기관에 신고	수출통관시스템 VAN/EDI
기적의뢰	o S/R, B/L 통지 업무는 대부분 서류로 처리 - 대형 화주의 전산화 의지가 점증하는 추세 - 전자무역 Infra의 확충과 업무 관행 개선을 통한 정보화 필요성이 높은 분야임	VAN/EDI
기적	o VAN/EDI를 통해 적하목록을 관련기관에 신고 - 항공사, 포워더의 적하목록을 취합하여 신고	수출화물시스템 VAN/EDI, MFCS
출항	o 출항업무는 VAN/EDI를 통해 관세청 및 출입국관리사무소에 신고 - 입출항서식(입출항신고, 승무원/승객명부) 신고 o 항공청은 서류로 보고	VAN/EDI

자료: 수출입물류중심의 국가물류체계 구축사업(2005. 국가물류정보화추진단).

3) TRAXON: 초기 몇몇 항공사와(대한항공, 루프트한자, 에어프랑스, 케세이퍼시픽) TRAXON 유럽에서 설립한 항공화물서비스 제공업체로서 출발되었으나 현재는 대한항공에서 자회사의 형태로 운영하고 있으며, 특히 항공사와 포워더 간의 항공화물예약서비스, 추적서비스 등을 제공하고 있음

제 2 절 수출물류업무 처리절차

1. 내륙운송

수출선적을 위해서는 사전에 선박의 입출항 스케줄을 확인하고 예약해야 한다. 각 선사와 항공사의 웹사이트를 이용할 수도 있으나, 스케줄뱅크와 쉬핑가제트와 같이 스케줄정보 제공 전문사이트를 이용하면 체계적으로 해상·항공별 선적 스케줄을 확인할 수 있다. 스케줄뱅크의 경우 KTNET Database를 기반으로 최적운송경로 조회서비스(iTROS)[4]를 운영한다. iTROS는 검색국가 또는 도시의 컨테이너 정기선 및 항공운송과 관련된 모든 운송경로가 동시에 검색되므로 각 운송경로를 비교하여 최선의 경로를 선택할 수 있다.

육상운송업체는 선박예약 후 선사로부터 공 컨테이너를 인도받아 화주의 공장 또는 창고로 보낸다. 적입 완료된 컨테이너는 선적 예약된 선박이 대기하고 있는 컨테이너 터미널로 운송된다.

2. 보세창고 반입

ODCY 및 터미널이 보세구역으로 설영특허 되어 보세창고로 분류되어 운용되고 있어, 1996년 이전에는 생산지로부터 선적항까지 운송될 때 보세운송신고(수출신고서 내용에 항목 삽입)를 통하여 운송하였으며, ODCY에서는 화물의 반출입 보고업무가 시행되어 왔으나, 업무절차 간소화를 통한 수출경쟁력 강화 차원에서 반출입보고 및 보세운송신고 업무가 폐지되었다.

3. 선적 및 출항

내륙지 생산지에서 수출신고된 화물은 운송사에 의하여 선적항으로 이동되어 컨테이너 적입작업을 완료하게 된다. 컨테이너에 적입이 완료되면 봉인을

4) ITROS(최적운송경로조회서비스): 한국통합물류컨소시엄(KILC)의 컨소시엄업체인 스케줄뱅크에서 제공하고 있는 서비스임.

채우고 해당 선박에 선적되기 위하여 터미널에 대기 후 선적되고 출항시 해당 선사는 적하목록을 작성하여 전자적 형태로 세관에 제출한다.

[그림 5-2] 수출물류시스템 업무 및 정보처리 구성도

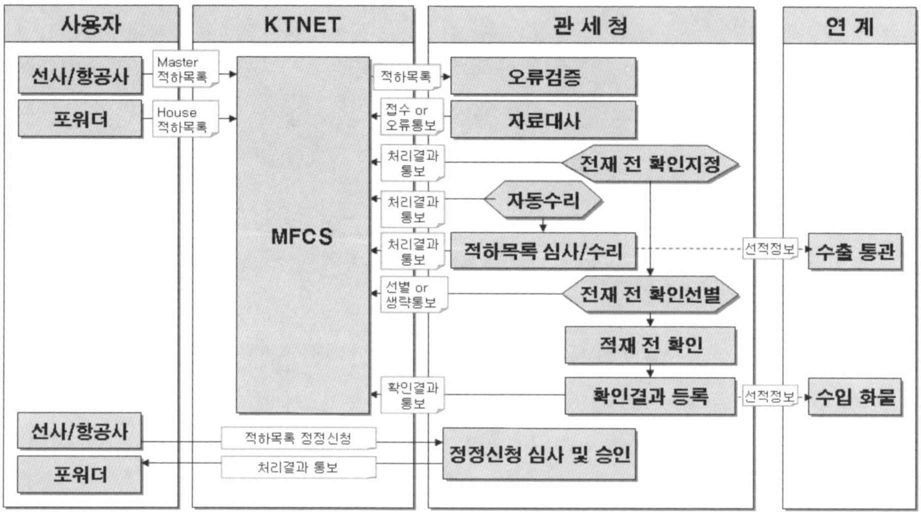

자료: 관세청(www.customs.go.kr).

(1) 적하목록 작성 및 MFCS 전송

화주로부터 선적의뢰를 받은 선사/항공사 또는 화물운송주선업자는 수출신고 등 관련서류를 검토한 후 B/L을 발행하고 해당 B/L 내역을 목록으로 작성하여 즉, 적하목록을 작성하여 MFCS로 전송하게 된다. 이때 선사/항공사는 Master B/L 내역을, 화물운송주선업자는 House B/L 내역을 MFCS로 전송한다.

수출적하목록 작성시 유의사항으로는 제출번호의 체계를 지켜야 한다. 항공의 경우 연도(2) + 항공사부호(2) + 일련번호(7) 총 11자리 번호체계로 구성되며 항공사부호, 출항일자, 편명 등을 조합하여 MFCS에서 생성하고 있다. 해상의 경우 연도(2) + 선사부호(4) + 일련번호(5) 11자리로 구성되어 있으며, 동 번호체계를 MRN(Manifest Reference Number)이라 부르며 선박 모선별로 번호가 생성되고 10년 동안은 중복되지 않도록 관리하고 있다.

〈표 5-5〉 수출적하목록 작성요령

1. 제출번호
   가. 항 공
      - 제출번호 체계: 연도(2) + 항공사부호(2) + 일련번호(7)
      - 제출번호 생성: 항공적하목록의 제출번호는 항공사부호, 출항일자, 편명 등을 조합하여 MFCS에서 생성하여 제출
   나. 해 상
      - 제출번호 체계: 연도(2) + 항공사부호(4) + 일련번호(5)
      - 제출번호 생성: 항공적하목록의 제출번호는 선사부호, 항차 등을 조합하여 선사에서 생성하여 제출
2. 적하목록 작성에 사용되는 각종 부호는 외부사용자 시스템을 조회하여 최근의 부호를 사용
3. 적하목록의 전송구분이 예정전송 상태인 경우에는 재전송이 가능하지만 마감전송 이후에는 재전송 불가함
      - 마감전송 후의 자료정정은 정정신청을 이용하여 처리함
4. 동시포장 기재
      - 동시 포장 시 동시 포장된 화물의 선적수량 중에서 최소 선적수량으로 동시포장됨
      - 동시 포장된 화물들의 동시포장개수 초과분의 합과 동시포장개수를 합한 개수가 BL의 총포장 개수와 일치해야 됨

ex) 수출신고 번호 A - 10, B - 20, C - 15
   . 동시포장 가능개수: 10(최소 선적수량 - A)
   . BL의 총포장개수: 25(B의 초과분 10 + C의 초과분 5 + 동시포장개수 10)

(2) MFCS 취합 및 세관전송

선사 및 항공사는 MFCS를 통해 적하목록 취합 여부를 확인하고 수출적하목록을 전자적 방법으로 세관에 전송한다. 제출기한은 해상화물은 적재 전까지이나 최근 미국행 화물은 적재 24시간 전, 벌크화물/근거리화물은 출항 익일 24시까지 적하목록을 제출하여야 하며 항공화물은 출항 익일 24시까지 제출하여야 한다.

(3) 적하목록 수신 및 오류검증

세관에서는 수신한 전자문서 내용이 수출적하목록 작성규칙에 맞게 작성되었는지를 확인한다. 오류가 있는 경우 오류항목의 위치 및 오류내용이 담긴 오류통보전자문서를 생성하여 MFCS로 전송하게 되면, 선사 및 화물운송주선업자는 오류내역을 확인한 후 오류내역을 수정하여 세관으로 재전송한다.

(4) 적하목록 대사 검증

접수된 적하목록에 대하여 B/L이 수출화물인 경우 수출신고내역과 환적화물인 경우 수입적하목록내역과 자료를 대사하여 이상이 없는 경우 정상 접수하고, 오류 발생시 MFCS로 오류통보 또는 확인통보를 전송한다.

(5) 적하목록 승인

세관시스템은 접수된 적하목록이 마감 전송건이거나 기간내 미제출건이 아니면 자동으로 승인처리하며, MFCS로 적하목록 처리결과를 전송한다.

(6) 선적관리

승인된 적하목록에 대하여 수출화물인 경우 익일작업으로 환적화물인 경우 실시간으로 선적 여부가 시스템에 반영된다.

(7) 적하목록 정정

수출적하목록 승인 후 적하목록을 정정하고자 할 경우에는 출항 후 45일 이내에 EDI 방식으로 신청한다.

(8) 적재 전 확인

세관시스템은 접수된 적하목록의 B/L이 수출화물인 경우 선적전 확인지정 여부를 확인하여 선적 전 확인지정을 등록하고 MFCS로 지정통보를 전송한다. 세관 적재 전 확인 담당자는 적재 전 확인 지정건에 대하여 심사하여 확인 선별 및 확인생략을 등록하며, 세관시스템은 확인 선별 및 확인생략 통보를 MFCS로 전송한다. 세관 적재 전 확인 담당자는 적재 전 확인 선별건에 대하여 확인하고

〈표 5-6〉 수출적하목록 정정가능 항목

1. 운항정보: 선박대리점명, 선박명, 항차, 선박호출부호, 선박국적, 출항일자, 적재항
2. 선사별 B/L 제출건수 정정: MASTER B/L 제출건수
3. B/L 정정: B/L TYPE, 양륙항, 송.수화인.통지처 상호.주소, 품명, 포장개수, 컨테이너 개수, 총중량, 총용적
4. B/L 삭제: 기재출된 MASTER B/L또는 HOUSE B/L
5. B/L 추가: 미취합된 MASTER B/L또는 HOUSE B/L
6. 컨테이너 정정: 컨테이너번호, TYPE, 봉인번호
7. 수출신고(화물관리) 번호: 수출신고 번호, 포장개수, 중량, 동시포장 여부, 분할선적 여부, 분할횟수

확인결과를 등록하며, 세관시스템은 확인결과를 MFCS로 전송한다.

(9) 수출신고 수리물품의 적재

수출신고가 수리된 물품은 수출신고 수리일로부터 30일 이내에 우리나라와 외국을 왕래하는 운송수단에 적재하여야 한다. 이때 수출신고가 수리되었더라도 적재 되지 않는 물품은 수출로 인정받을 수 없다.

참고사항

관세청은 수출 수리된 물품의 적재관리를 위하여 수출화물 시스템과 수출통관 시스템을 연계하여 활용하고 있다. 수출물품에 대한 관세환급도 수출물품의 적재사실이 확인되어야 가능하다.

수출수리물품의 적재가 불가피하게 연장되어야 할 사유가 발생한 경우 수출자는 적재기간 내에 세관장에게 "적재기간연장승인 신청서"를 제출하여 승인받고 적재기간을 연장 할 수 있다. 수출수리 후 연장승인 없이 적재하지 않은 물품에 대하여 세관장이 미적재에 의한 수출수리취소 예정통보를 한 후 14일 이내에 미적재 원인규명을 하지 않으면 세관장은 직권으로 수출신고수리를 취소할 수 있다.

(10) 적재 후(출항 후) 수출신고 가능 물품

일반적인 수출신고는 수출물품을 적재하기 전에 하여야 하나, 수출물품의 특성을 고려하여 다음 세 가지 경우에는 적재 후에 수출신고할 수 있다.

1) 선적 후 공인검정기관의 검정서(Survey Report)에 의해 수출물품의 수량을 확인하는 산물 또는 광산물이나 물품의 신선도, 자동차운반 전용선박에 적재하여 수출하는 신품자동차 등 유지 및 선상신고가 불가피하다고 인정되는 물품은 적재한 상태에서 수출신고가 가능하다.

2) 현지수출 어패류 등 외국 현지에서 수출하는 것이 부득이한 경우에는 수출 후 대금 결재 전까지 선박의 출항허가를 받은 세관에 수출실적을 증명하는 서류(예: Cargo Receipt)를 첨부하여 신고 자료를 전송한다.

3) 원양수산물과 같이 우리나라 선박이 공해에서 채포[5)]한 수산물을 현지 판매하는 경우 대금결재 전까지 수출사실을 증명하는 서류(예: Cargo Receipt, B/L, Final Settlement)가 첨부된 수출실적보고서를 한국원양어업협회를 경유하여 서울세관장에게 신고자료를 전송한다.

제 3 절 수출물류 세부업무

1. 전자적 방식에 의한 수출적하목록 제출

(1) 수출적하목록 작성 및 전송

선사/항공사 및 화물운송주선업자가 수출적하목록 운항정보 및 B/L내역을 수출적하목록 작성 S/W를 이용하여 신고자 컴퓨터의 적하목록 내용을 입력함으로써 수출적하목록을 작성한 후 MFCS로 전송하게 되면, 선사 및 항공사는 MFCS에서 적하목록 취합 여부를 확인한 후 세관으로 예정/마감 전송을 한다.

수출적하목록 작성 및 신고 업무는 VAN/EDI와 인터넷방식을 이용해서 처

---

5) 채포[採捕] : 해산물 따위를 채취하거나 잡음.

리할 수 있다. [그림 5-3]과 [그림 5-4]는 인터넷방식의 수출적하목록 입력화면이다. 적하목록 작성대상의 관련 정보를 입력하여 작성하고, 작성된 수출적하목록은 전송을 통해 신고할 수 있다. 해당 화면은 KTNET CTW6) 포털 중 물류서비스(eLogisFrame)로서 별도 EDI 관련 소프트웨어 없이 해당 화면에서 요구하는 정보를 입력하여 해당업무를 처리할 수 있다.

[그림 5-3] 수출적하목록 입력 화면

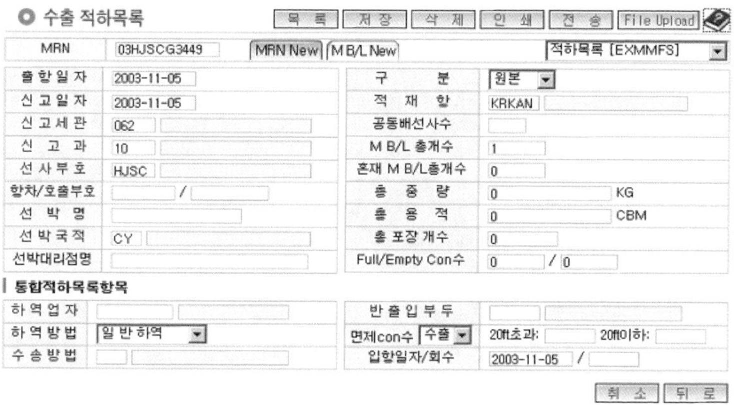

자료: www.ctradeworld.com(KTNET)

[그림 5-4] 수출적하목록 Master B/L 입력화면

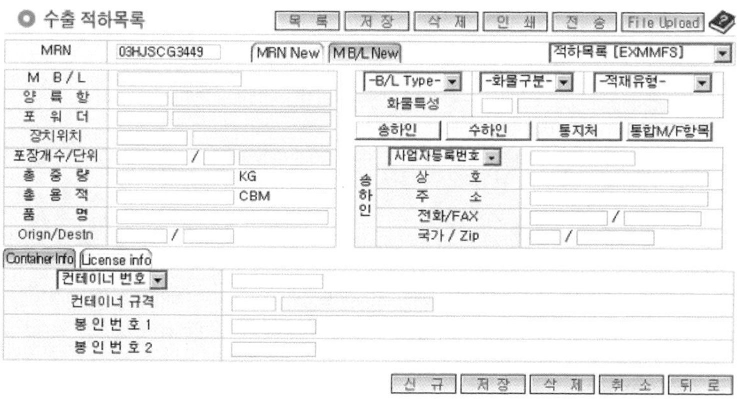

자료: www.ctradeworld.com(KTNET)

---

6) CTW(Cyber Trade World): 인터넷을 이용하여 무역관련 업무를 처리할 수 있는 KTNET 전자무역 포털사이트로서, 기존의 무역, 물류, 통관자동화 서비스를 간편하게 웹상에서 처리할 수 있도록 구현하여 무역의 전 업무를 단절 없이 일괄적으로 처리할 수 있도록 구축된 시스템 ※ CTW는 eTradeFrame(무역), eLogisFrame(물류), eCustomsFrame(통관)으로 구성됨.

〈표 5-7〉 수출화물 전자문서별 제출번호 체계

No	전자문서명	문서 구분	전자 문서부호	제출번호(신고번호) 체계
1	해상 적하목록제출	5CD	CUSMAN	연도(2)+선사부호(4)+일련번호(5)
2	항공 적하목록제출	5CD	CUSMAN	연도(2)+항공사부호(2)+일련번호(7)
3	해상 출항보고 제출	6S2	DEOVAD	연도(2)+선사부호(4)+일련번호(5)
4	항공 출항보고 제출	5CH	CUSREP	연도(2)+항공사부호(2)+일련번호(7)
5	선원명부 제출	6DA 6DB	PAXLST	연도(2)+선사부호(4)+일련번호(5)
6	승무원명부 제출	5CF	PAXLST	연도(2)+항공사부호(2)+일련번호(7)
7	출항승객명부 제출	6DD	PAXLST	MRN(11)
8	적하목록심사 결과통보	5AG	CUSRES	연도(2)+선사부호(4)+일련번호(5)
9	출항보고 결과통보	5AG	CUSRES	연도(2)+선사부호(4)+일련번호(5)
10	오류통보	963	CUSAPE	연도(2)+항공/선사부호(2/4)+일련번호(5/7)
11	접수통보	5AF	CUSRES	연도(2)+항공/선사부호(2/4)+일련번호(5/7)
12	적하목록 정정내역 통보	5CG	CUSMAN	연도(2)+선사부호(4)+일련번호(5)
13	적하목록 정정신청 제출	5CG	CUSMOD	연도(2)+선사부호(4)+일련번호(5)
14	적하목록 정정신청 결과통보	5EF	CUSRES	MRN(11)+신청인부호(2/4)+일련번호(4)

자료: 관세청(www.customs.go.kr).

(2) 수출적하목록 접수

선사 및 항공사는 MFCS에서 적하목록 취합여부를 확인한 후 세관으로 전송하면, 세관시스템은 적하목록 전자문서를 수신하여 적하목록 내용에 오류가 있는지를 검증하고 오류가 있는 경우, 즉시 오류통보 전자문서를 생성하여 MFCS로 오류통보를 하게 된다. 운항정보 오류인 경우에는 적하목록 전체에 대한 접수가 거부되며, B/L사항의 오류인 경우에는 오류가 있는 B/L에 대해서만 접수가 거부되고 오류가 없는 적하목록 운항정보 및 B/L내역은 접수되게 된다.

선사 및 항공사 또는 화물운송주선업자는 세관으로부터 오류통보를 수신했을 경우에는 오류를 정정한 후 적하목록을 세관시스템에 재전송하여야 한다. 이 때 기 신고한 제출번호와 동일한 번호로 전송하여야 하며 적하목록 전체 내용을 재전송하여야 한다.

(3) 수출적하목록 자료대사

세관 시스템은 수신된 적하목록 내역을 조회하며, 적하목록의 B/L에 대한 화물구분에 따라 자료대사를 하고 오류가 있는 경우 오류통보 또는 확인통보를 MFCS로 전송하게 된다. 수출신고번호가 수출신고건인 경우에는 수출통관 면허내역과 수출신고내역(수출적하목록)에 대하여 자료를 대사하며, 수출신고번호가 까르네수출(임시수출 및 재수출)건인 경우에는 까르네수출(일시 및 재수출)내역과 수출신고내역(수출적하목록)에 대하여 자료를 대사한다. 환적화물인 경우에는 수입적하목록의 내역과 환적신고내역(수출적하목록)에 대하여 자료를 대사한다.

2. 수출적하목록 심사 및 승인

(1) 자동승인

세관시스템은 접수된 적하목록 중 마감 여부가 '마감상태(F)'인 내역을 조회한다. 조회하여 마감된 적하목록의 제출일 및 출항일에 대한 검증을 하게 되며, 출항일 익일 24시 이후에 적하목록을 마감하여 제출하게 되는 경우에는 출항일 익일이 공휴일인 경우에는 자동 승인되며 출항일 익일이 공휴일이 아닌 경우에는 기간내 미제출건으로 승인을 보류하게 된다. 그리고 출항일 익일 24시 이전에 적하목록을 마감하여 제출하는 경우에는 자동승인 처리된다. 자동수리건에 대한 통계 및 환적화물내역과 관련하여서는 일일 수출화물 현황에 승인건수를 반영하여 관리하며 화물구분이 환적인 B/L에 대하여는 이적화물 입항적하목록 반영내역에 승인내역을 반영하여 관리한다.

(2) 심사자 승인

심사자 승인은 예정 전송건에 대한 수리로서 세관 출항적하목록 담당자는 적하목록 접수현황에서 미승인건을 선택한 후, 적하목록 심사내역등록 화면으로 분기하여 세관 출항적하목록 담당자는 적하목록의 운항정보사항, MASTER B/L, HOUSE B/L, 컨테이너, 수출신고사항을 조회하여 보완사항이 있을 시는 보완통보하고 이상이 없을 시에는 승인 처리하여 시스템에 등록시킨다. 기간내 미제출건에 대한 수리에서는 세관 출항적하목록 담당자는 적하목록 기간내 미제출 조회화면에서 미제출건을 선택한 후, 적하목록 심사내역 등록 화면으로 분기하여 세관 출항적하목록 담당자는 적하목록의 운항정보사항, MASTER B/L, HOUSE B/L, 컨테이너, 수출신고사항을 조회하여 미제출 사유가 타당할 경우에는 승인 처리하여 시스템에 등록시킨다.

(3) 선적사항 관리

화물구분이 수출화물인 경우 매일 배치 작업으로 승인건에 대한 선적사항을 수출통관 시스템 및 까르네 시스템에 반영하고 화물구분이 환적화물인 경우에는 실시간배치 작업으로 승인건에 대한 선적사항을 수입시스템에 반영한다.

3. 수출적하목록 정정

(1) EDI 방식으로 정정

선사/항공사 및 포워더는 적하목록 정정사항이 발생하면 수출적하목록 작성 S/W를 이용하여 신고자 컴퓨터의 적하목록 정정내용을 입력함으로써 수출적하목록 정정신청을 작성한 후 세관으로 전송한다. 세관시스템은 적하목록 정정신청 전자문서를 수신하여 정정신청 내용에 오류가 있는지를 검증하고 오류가 있는 경우 즉시 오류통보전자문서를 생성하여 신청인에게 오류통보를 하며, 선사/항공사 또는 화물운송주선업자는 세관으로부터 오류통보를 수신했을 경우에는 오류를 정정한 후 적하목록 정정신청을 세관시스템에 재전송한다.

세관 수출적하목록 담당자는 EDI 정정신청 현황을 조회한 후 심사할 정정신청을 선택하여 적하목록 정정신청 심사화면으로 분기하고, EDI 정정신청 사유 및 정정내역을 심사한 후 정정신청내역이 타당한 경우 정정신청을 승인한다. 세관시스템은 적하목록 정정신청 승인내역에 대하여 적하목록 정정이력을 생성하고, 선적수량 및 선적중량이 정정된 경우 수출통관 시스템 또는 수입화물시스템의 선적사항을 동시에 반영되도록 하여야 한다.

적하목록 정정신청은 2건 이상의 B/L 내역에 대하여 정정신청을 할 수 있으며, 세관 수출적하목록 담당자는 해당 정정신청에 대하여 B/L 단위로 승인한다. 단, 적하목록 정정신청에 기각은 정정신청 전체 또는 개별 신청 B/L 건에 대해모두 가능하다. 세관시스템은 적하목록 정정신청건에 대하여 모두 승인 또는 기각처리가 완료되었을 경우 정정신청 결과통보문서를 생성하여 정정신청업체로 전송한다. 정정신청 결과 통보시 문서구분은 승인 및 부분승인으로 기재되며, 정정신청 전체기각의 경우에도 부분승인으로 기재된다. 단, 부분 승인 시에는 미승인된 M B/L 번호 및 H B/L 번호를 기재하여 신청업체로 전송한다.

(2) 수작업에 의한 정정

세관 수출적하목록 담당자는 선사/항공사 또는 포워더로부터 서류 또는 유무선으로 적하목록 정정신청을 접수한다. 세관 수출적하목록 담당자는 적하목록 정정화면에서 수출적하목록 관리번호 및 신청인부호를 입력한 후 정정할 작업을 선택한다. 세관 수출적하목록 담당자는 정정대상 작업별로 분기된 수출적하목록 정정화면에서 정정내역을 등록한다. 세관시스템은 정정내역에 대한 정정이력을 등록하고, 정정사항에 따라 수출 적하목록내역을 정정한 후 선적수량 및 선적중량이 정정된 경우 수출통관 시스템 또는 수입화물시스템의 선적사항을 정정한다. 세관시스템은 적하목록 정정이력에서 수작업으로 정정된 건을 조회하여 적하목록 정정내역통보 전자문서를 생성하여 MFCS로 전송한다.

4. 적재전 물품확인 및 CSI 검사

(1) 적재 전 물품확인

세관시스템에서는 EDI 수출신고 접수시에 수출 CSI 기준에 따라 해당 수출신고를 적재 전 확인건으로 지정하고 적재전 확인지정 테이블에 등록을 하게 된다. 적재 전 확인 대상건으로 지정된 수출신고에 대해서는 자동 수리한다. 세관 수출통관담당자는 수출신고 심사시에 해당 물품에 대한 적재 전 확인이 필요하다고 판단되면 적재 전 확인 여부를 선택한 후 수출신고내역을 심사하며, 선사에서 수출적하목록을 마감 전송하면 세관시스템은 해당 적하목록의 수출신고내역에 대하여 적재 전 확인지정 여부를 확인하여 적재 전 확인 지정된 건이고 해상 건이면 적재 전 확인대상으로 등록하게 된다. 만일 B/L의 양륙항이 미국이면서 적하목록 제출일이 출항일보다 늦으면 확인통보 전자문서를 생성하여 MFCS로 전송한다. 세관시스템은 적재 전 확인대상으로 지정된 건에 대하여 적재전 확인지정통보 전자문서를 생성하여 MFCS로 전송한다.

(2) 적재 전 확인심사 및 결과등록

세관 적재 전 확인업무 담당자는 적재 전 확인대상건을 조회한 후, 수출신고내역 및 수출적하목록내역을 조회하여 적재 전 확인 여부를 판단하여 확인이 불필요하다고 판단되면 적재 전 확인생략, 확인이 필요하다고 판단되면 적재 전 확인 선별 등록을 하며, 세관시스템은 적재 전 확인생략 및 확인 선별된 건에 대한 적재 전 확인선별 및 확인생략통보 전자문서를 생성하여 MFCS로 전송한다. 세관 적재 전 확인업무 담당자는 적재 전 확인 선별건에 대한 물품확인을 한 후 적재승인 여부 및 확인결과를 등록한다. 세관시스템은 적재 전 확인결과내역에 대한 전자문서를 생성하여 MFCS로 전송한다. 적재 전 확인결과는 적재승인 및 적재불허로 통보되고 선사 및 포워더는 적재불허로 통보받은 건에 대해서는 선적을 할 수 없으며 적하목록 정정을 통하여 해당 수출신고내역을 삭제 신청하여야 한다.

〈표 5-8〉 보세화물 입출항 하선하기 및 적재에 관한 고시

제3-1-9조(적재신고 수리 및 물품확인)
① 세관장은 제3-1-7조의 규정에 의해 적재신고를 받은 물품에 대하여 전산시스템으로 신고내역의 오류 여부를 확인 후 자동으로 적재신고 수리하되, 수출신고사항과의 이상 유무 등에 대하여 세관공무원의 확인이 필요하다고 판단되는 물품은 선별하여 확인할 수 있다.
② 적하목록 제출의무자는 적재신고시 신고내역 중 물품확인대상으로 선별된 수출신고건이 있는지 여부를 확인하고, 선별된 물품이 있는 경우 당해물품의 화주 또는 수출신고인에게 이를 통보하여야 하며, 적재시는 세관공무원의 확인을 받아 적재신고수리를 받은 후 적재하여야 한다.
③ 제 1 항 및 제 2 항의 규정에 의한 물품확인은 '수출통관사무처리에관한고시'에 의거 확인하되, 화주 · 적하목록 제출의무자 및 하역회사 등은 세관공무원의 물품확인에 적극 협조하여야 한다.

(3) CSI(Container Security Initiative) 검사

선사는 물품 선적 전 24시간 전에 미 관세청으로 입항적하목록을 제출하여야 하며, 미 관세청은 선적 전 24시간 전에 제출받은 적하목록에 대하여 CSI 검사대상건을 선별한 후 선별내역을 관세청으로 통보한다. 세관 CSI 검사 담당자는 미 관세청으로부터 받은 CSI 검사대상건에 대하여 환적화물인 경우 수입적하목록 내역을 수출화물인 경우 수출적하목록 내역을 조회한 후 CSI 검사지정을 세관시스템에 등록한다. 또한 세관 CSI 검사 담당자는 CSI 검사지정건에 대하여 컨테이너 검색기를 이용한 검사 또는 개장 검사를 실시하고 CSI 검사결과를 세관시스템에 등록한다.

5. 미선적 관리

수출 수리일로부터 30일 이내에 적하목록을 제출하여야 하고, 수출수리 후 15일 경과 시에는 미선적 목록을 생성하여 외부사용자에게 통보하여야 하며, 수출 수리 후 20일 경과 시에는 수출통관시스템에서 수리취소 예정목록을 생성하여 세관원이 신고인에게 발행한다. 또한 30일 이내에 선적기간연장 신청서를 제출하여 365일 이내에 여러 번 선적기간의 연장이 가능하며, 30일 이후 미선적목록을 추출하여 해당 건에 대해 수리를 취소하고 과태료를 부과하게 된다.

제 4 절 수출물류 관련 시스템

1. S/R[7)]-B/L 선적예약 서비스

수출화주(무역업체)와 물류업체(선사/항공사/포워더)간 선적예약업무(S/R, B/L 통지, 세금계산서 발행)를 전자문서(EDI)화 하여 실시간으로 처리함으로써 시간 및 비용절감을 구현하는 서비스이다. 화주가 KTNET을 통해서 S/R을 전송하면,

7) S/R (Shipping Request): 선적요청.

S/R을 받은 물류업체는 해당 수출화주에게 B/L Advice[8]를 송부하고, 선적이 완료되면 선하증권을 발행한 후 세금계산서를 송부한다.

[그림 5-5] S/R 및 B/L 선적예약 서비스

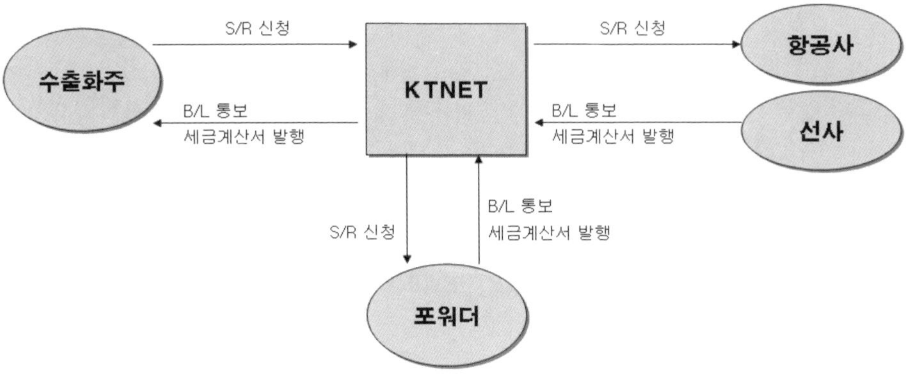

자료: 한국무역정보통신(KTNET).

2. 해상 AMS(Automated Manifest System) 서비스

미 세관(CBP)은 CSI(Container Security Initiative) 협정에 의하여 '03년 2월부터 외국 항만에서 선적되는 미국행 화물에 대해 선적 24시간 전에 화물정보 제출을 의무화하고 있으며, 미 세관에 전송자격을 갖춘 선사, 포워더가 직접 미세관 AMS 시스템에 B/L 정보를 전송할 수 있도록 지원하기 위한 서비스를 말한다. 물류업체(선사 또는 포워더)는 KTNET의 EDI 또는 웹 방식(eLogisFrame[9])을 통해서 B/L을 기반으로 미세관 신고정보를 전송한다(이때 선사는 Master B/L, 포워더는 House B/L 정보를 전송한다). 접수 및 입력 오류가 처리된 후 글로벌네트워크를 통하여 미국 세관에 전송된다. 접수 후 미세관 화물진행정보를 확인할 수 있다.

---

8) B/L Advice(Bill of Lading Advice): 선하증권 발급통지.

9) eLogisFrame: 별도 전산시스템 없이 Web Browser를 기반으로 적하목록 등 각종 수출입물류관련 전자문서를 작성하여 세관에 신고할 수 있도록 지원하는 KTNET의 물류 ASP 서비스.

[그림 5-6] 해상 AMS 서비스 구도

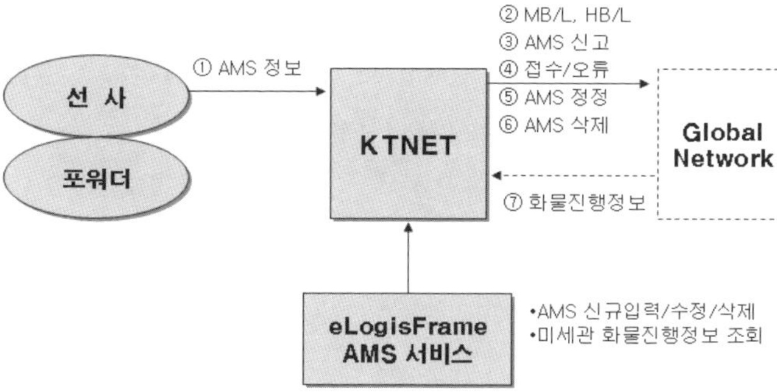

자료: AMS 서비스 설명회(관세청, KTNET).

3. 항공 AMS 서비스

미 세관(CBP)의 해상 CSI제도 시행과 함께 항공화물에 대해서도 항공기 도착 4시간 전까지 적하목록 정보제출을 의무화함에 따라 국내항공 포워더가 MAWB[10] 정보를 항공사에 제공하여 AMS 전송을 하기 위한 서비스를 말한다. 항공 포워더가 EDI 또는 웹 방식을 통해 AMS 정보를 입력하면 KTNET은 FHL[11]을 각 항공사에게 전송하고 항공사는 미세관에 AMS 신고정보를 전송한다. 포워더는 eLogisFrame을 통해 항공사 처리현황 및 미세관 진행정보를 조회할 수 있다.

[그림 5-7] 항공 AMS 서비스 구도

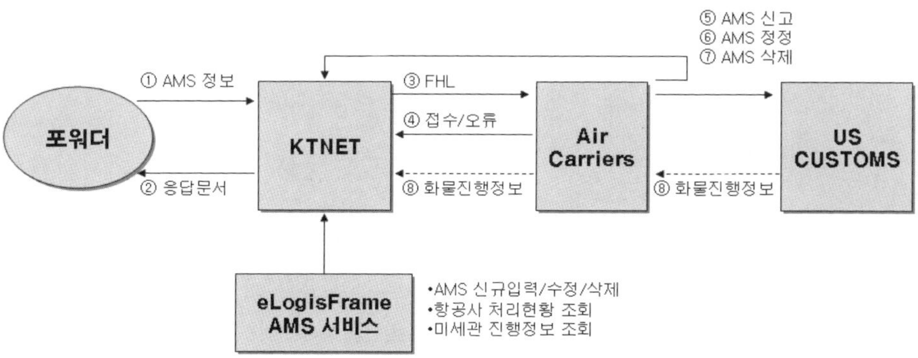

자료: AMS 서비스 설명회(관세청, KTNET).

10) MAWB(Master Air Waybill): 화물항공운송장.
11) FHL: House AWB 전자문서.

4. ACPS(Air Cargo Portal Service)

ACPS는 기존 오프라인으로 진행되었던 항공사와 포워더간 민간항공화물 업무인 Master AWB, 화물운송장 정보 및 화물예약업무를 국제표준인 Cargo-IMP 전자문서를 기반으로 온라인상에서 처리할 수 있도록 지원하는 항공화물 포털 서비스이다. ACPS는 항공사와 포워더간 Master AWB 정보(FWB), 화물예약(FFR), 화물진행정보(FSU), 통계정보 등의 정보를 송수신할 수 있도록 구현되어 있다.

포워더는 화물예약 및 운송장 정보를 자체 FIS 시스템에서 전송하거나 ACPS Website를 통해 입력하여 해당 전자문서를 항공사로 전송하면 항공사로부터 예약확인 및 화물진행정보를 실시간으로 받아볼 수 있다. ACPS를 활용하면 포워더와 항공사는 실시간 운송정보 및 각국세관 도착정보 등 각종 화물정보를 화주에게 제공할 수 있다.

[그림 5-8] ACPS 서비스 구도

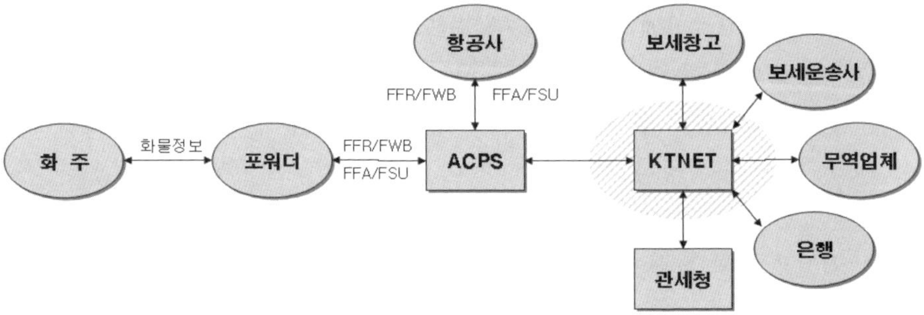

자료: 한국무역정보통신(KTNET).

5. Open Account(무서류 Nego 서비스)

수출입 대금결제 유형 중 사후 송금방식의 하나로서, 수출자가 국내 매입은행에 선적서류(수출신고필증, 선하증권(B/L), Invoice, Packing List)를 제출하면, 매입은행은 MFCS를 통하여 수출통관이행내역 및 선적 이행내역을 조회하고 수입국가의 거래은행으로부터 대금이 송금된 후, 수출업체의 외환당좌구좌로 수출대금을 입금한다.

[그림 5-9] Open Account 서비스 구도

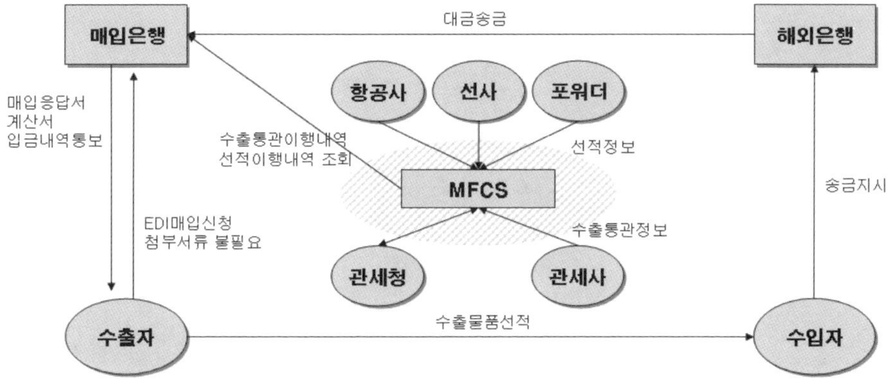

자료: 한국무역정보통신(KTNET).

6. eLogisFrame(e-LF)

(1) 개 요

시간과 장소의 제약 없이 인터넷으로 수출입물류업무를 처리할 수 있는 서비스로서, 외국화물을 적재한 선박/항공기가 국내에 입항하거나 출항하면서부터 하선/보세운송/보관/통관 등 수출입화물 업무처리절차를 전산화하여 신속한 화물처리를 도모하기 위하여 구축되었다.

물류업체들이 세관을 직접 방문하여 서류로 신고하던 업무절차를 간소화하고 서식 표준화를 통한 EDI 서비스 및 적하목록취합시스템(MFCS)를 이용한 화물정보와 실시간 화물진행정보제공서비스 등을 제공한다. 수출입물류업체의 업무기능 강화 및 효율성을 증대하고자 물류업체의 업무프로세스를 자동으로 연계, 시간과 장소의 제약없이 인터넷으로 이용할 수 있는 수출입화물 통합업무처리 서비스이다.

[그림 5-10] KTNET eLogisFrame 서비스 구성도

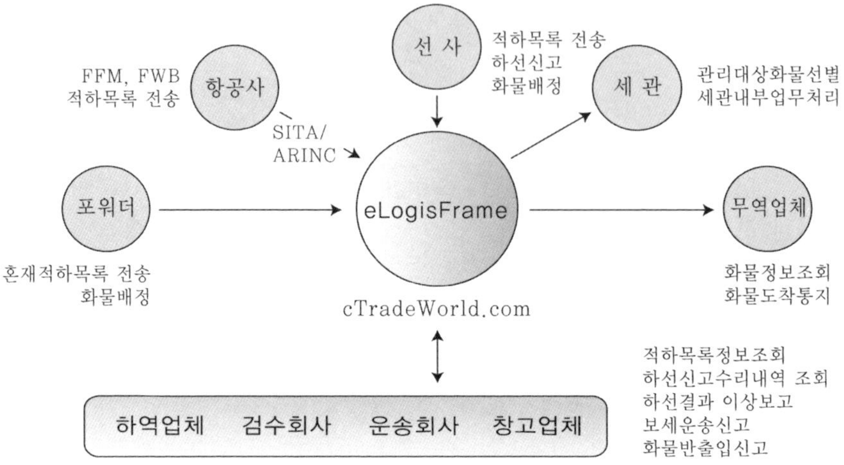

자료: www.ctradeworld.com

(2) 서비스별 안내

1) eLogisFrame(MFCS)

우리나라에 입출항하는 모든 화물의 총량관리를 위하여 선박이나 항공기에 적재된 화물의 총괄목록인 적하목록을 세관에 제출해야 하는 선사 및 항공사를 대신하여 용선사와 포워더들의 화물목록을 취합하여 제출할 수 있도록 지원하는 시스템이다.

① 적하목록 취합기능

선사/항공사의 Master 적하목록과 포워더의 House 적하목록을 취합하여 세관에 제출하는 기능으로 운송업계의 개별 전산환경 구축문제를 해결하고, 국제항공망 연계를 통한 항공업계 표준문서인 IATA Cargo-IMP 문서 자동변환(이중작업배제)과 전산환경이 열악한 소규모 포워더를 위한 입력대행 서비스를 포함하고 있다.

② 물류업체간 정보공유 기능

적하목록 취합과정부터 세관의 적하목록 심사까지 전 과정을 실시간으로 조회 할 수 있도록 하여 보세구역, 보세운송사, 검수회사, 하역업체, 관세사 등 적하목록정보를 공유하여 수신하고 활용할 수 있으며, 무역업체를 대상으로 입항 전에 Fax 및 e-mail을 통하여 수입화물도착통지 서비스를 제공하고 있다.

〈표 5-9〉 eLogisFrame 주요 서비스 내용

<table>
<tr><th>구분</th><th colspan="2">MFCS</th><th colspan="2">Web EDI</th><th>AMS</th></tr>
<tr><td>항공보세운송</td><td colspan="2">- 입항정보조회
- 적하목록조회
- 특별관리대상화물 조회
- 배정현황조회</td><td colspan="2">- 보세운송신고
- 보세운송승인신청
- 보세운송정정신청
- 사전분류요청</td><td></td></tr>
<tr><td>해상보세운송</td><td colspan="2">- 적하목록 예정목록 조회
- 관리대상화물 조회
- 보세운송차량조회</td><td colspan="2">- 보세운송신고
- 보세운송승인신청
- 사전분류요청
- 반출입계</td><td></td></tr>
<tr><td>항공보세창고</td><td colspan="2">- 입항정보조회
- 적하목록조회
- 배정현황조회
- 은행D/O 조회</td><td colspan="2">- 반입신고
- 반출신고
- 반출입신고
- 정정체화신고</td><td></td></tr>
<tr><td>해상보세창고</td><td colspan="2">- 반입예정목록
- 조회하신신고목록
- 조회하역내역조회
- 보세운송차량조회</td><td colspan="2">- 반입신고
- 반출신고
- 반출입신고
- 정정체화신고</td><td></td></tr>
<tr><td>선사</td><td colspan="2">- 적하목록 제출
- 하선신고
- 세관오류통보
- 보세운송차량조회</td><td colspan="2">- 적하목록 입력/수정/삭제
- 적하목록 정정
- 하선신고
- 입출항보고</td><td>- 선적정보 입력
- AMS 제출</td></tr>
<tr><td>항공포워더</td><td colspan="2">- 적하목록 조회
- 전송현황상태 조회
- 세관오류조회
- 배정현황조회</td><td colspan="2">- 적하목록 입력/수정/삭제
- 적하목록 정정
- D/O 발행</td><td>- 항공 AMS 제출</td></tr>
<tr><td>해상 포워더</td><td colspan="2">- 적하목록 취합/제출현황
- 세관오류통보
- 은행 L/G
- 보세운송차량조회</td><td colspan="2">- 선적정보 입력
- AMS 제출</td><td>- 선적정보 입력
- AMS 제출</td></tr>
<tr><td rowspan="2">항공사</td><th colspan="3">MFCS</th><th colspan="2">APIS</th></tr>
<tr><td colspan="3">- 적하목록 입력/조회/출력
- 입항/취합정보 조회
- 항공기 입출항 스케줄
- 세관 오류통보 조회</td><td colspan="2">- 입항정보
- 전송내역조회
- 일일전송률 현황
- 편별전송률 현황</td></tr>
</table>

자료: www.ctradeworld.com

MFCS에서 화물배정장소 및 내역을 입력하여 항공사의 서면분류 업무 자동화가 가능하며, 은행은 MFCS를 통한 선적확인으로 무역업체와 B/L 없는 무서류 Nego가 가능하도록 한다.

2) eLogisFrame(ASP)

자체 전산시스템이 구비되지 않은 업체가 WEB상에서 적하목록 등 각종 전자문서를 작성하여 KTNET MFCS 또는 관세청에 제출할 수 있도록 지원하는 시스템으로서 주요서비스로는 적하목록제출, 혼재화물적하목록제출, 입출항보고, 반입/반출신고, 반출입 정정, 보세운송신고, 보세운송승인신청 등이 있다.

3) 해상 AMS

미국행 화물의 경우 선사 및 포워더는 화물선적 24시간 전에 선적물품에 대한 정보를 미국세관에 신고하도록 되어있는데, 이러한 선적화물정보를 WEB 상에서 입력하거나 또는 자체시스템에서 KTNET으로 전송한 후 WEB에서 미 세관에 제출하고 미국세관으로부터의 응답메시지를 확인할 수 있는 서비스이다.

4) e-D/O

기존 수입화물 인도 업무를 수행하기 위하여 화물인도지시서(D/O), 화물인도지시서 발급 신청서, 보세운송요청동의서, 자가 운송신청서 등 4종 업무를 직접 방문을 통해 처리하였으나 국가물류 선진화를 실현하기 위하여 한국무역협회와 공동으로 구축, ON-LINE 업무처리 환경을 구축하여 막힘없는 ONE-STOP 서비스로 대화주 서비스와 대외 경쟁력 향상을 위해 완전 전산화를 실현하여 사무실에서 신청 및 발급하고 실시간으로 승인 및 확인할 수 있는 서비스이다. 주요서비스로는 화물인도지시서(D/O) 발급신청, 화물인도지시서(D/O) 발급, 보세운송요청동의서, 자가 운송신청서 등이 있다.

5) 항공 AMS

미국에 화물이 도착하기 4시간 전까지 항공사 또는 미국세관으로부터 인정받은 포워더가 화물정보를 EDI 형태로 전송하는 서비스. 이를 위해 KTNET이 포워더로부터 House 정보를 수신받아 항공사로 전송하고 있다.

6) 항공 APIS

국내로 입항하는 모든 편에 대해, 승객 및 승무원의 정보를 입항 전에 항공사가 관세청, 법무부 출입국관리소 등으로 제출할 수 있도록 EDI 형태로 전송하는 서비스이다. 출항으로도 확대가 진행중이다.

7) 항공 GD

모든 입항 및 출국 비행기는 입출항 신고를 관세청, 법무부 등에 해야 한다. 이를 위해 KTNET 시스템을 이용하여 EDI로 입출항 신고를 하고 있다.

8) 보세운송/보세창고 MFCS 정보 검색서비스

보세 창고 및 보세 운송사가 관련된 화물 정보를 KTNET의 MFCS로부터 검색하여 다운로드 받을 수 있는 서비스이다.

7. CSI(Container Security Initiative) 협정[12)]

(1) 협정 개요

미국 관세청은 해상화물을 통한 테러물품의 미국 내 반입을 원천적으로 차단하고 해상운송의 안전을 확보하기 위해 세계 20대 주요 항구에서 미국으로 선적되는 컨테이너에 대해 선적 전 검사를 실시하는 내용의 쌍무협정 체결을 각 국에 제안하였다.

미국에 반입되는 연간 약 600만 개의 해상 컨테이너 중 약 68%가 20대 주요 외국항만으로부터 반입된 화물로서 부산항은 미국 반입화물이 가장 많은 6대 항만인 점을 들어 우리나라에 CSI 협정체결을 요청하여 '03년 1월 한·미 양국 관세청간 CSI 협정을 체결하였다.

(2) 주요 협정체결 내용

위험화물의 조기 식별 및 추적을 위해 상호간 정보 교환 및 긴밀한 공조와 미국 세관직원을 부산항에 시범적으로 파견하여 보다 발전된 공조를 도모하고, 미국 세청직원은 주한미국 대사관의 지휘하에서 한국 관세청의 업무 지침에 따라 일하고 한국에 체재하는 동안 한국 법규 준수를 하며, 한국 세관은 상호주

12) 보세화물 관리주체의 관리방법(2003, 관세청).

의에 따라 미국항구에 필요한 경우 동일한 조건하에서 파견한다.

※ 파견 세관직원의 일반적인 구성(5명)

관리관(Supervisor) 1명, 분석관(Analyst) 1명, 검사관(Inspector) 3명

〈표 5-10〉 CSI 협정 참여 국가 현황

○ 대상 항구 중 참여국(항구): 18개 항구(12개국) 네덜란드(로테르담), 벨기에(앤트워프), 프랑스(르아브르), 독일(브레머하벤, 함브르크), 싱가포르(싱가포르),홍콩(홍콩), 일본(도쿄, 나고야, 고베, 요코하마), 이탈리아(라스페시아, 제노아), 영국(펠릭스토우), 한국(부산), 중국(상하이, 얀치안), 스페인(알제시라스) ※ 미참여국: 대만(카오슝), 태국(램차방)은 현재 협의중
○ 비 대상 항구 중 참여국(3개국) 캐나다, 말레이시아, 스웨덴

〈표 5-11〉 CSI 시행국가 현황

○ 미 관세청 직원이 파견되어 CSI를 시행중인 국가 네덜란드(로테르담), 독일(브레머하벤, 함브루크), 프랑스(르아브르), 벨기에(앤트워프), 싱가포르(싱가포르), 일본(요코하마), 캐나다(할리펙스, 몬트리올, 벤쿠버) 각 4~5명 가량 파견
○ 미국항만에 자국 세관직원을 파견하여 CSI를 운영중인 국가 캐나다, 프랑스, 일본 등

(3) CSI와 관련한 미국의 추진사항

1) 해상테러방지법(Maritime Transportation Anti-Terrorism Act) 마련

법안의 주요 내용으로는 미국내 위험성이 높은 항만내 각 시설의 취약성을 평가하고 평가결과를 시설 소유자 및 운영자에게 제공하며, 대테러 조치 미흡항구를 제재할 수 있으며 화물컨테이너의 안전 강화를 추진하고 있다. 또한 해상 반테러팀을 설치하여 테러활동으로부터 미국 관할 수역의 화물, 시설, 항만, 선박 등을 보호하고 공공의 안전을 책임을 규정하고 있다

2) 국토안보부 신설

미국의 안전을 강화하기 위하여 관세청을 포함한 22개 부처를 통합하여 국내안보를 총괄하는 국토안보부를 신설하였다. 2003년 1월에 부시 대통령의 국토안보분야를 보좌해 온 Tom Ridge가 초대 장관으로 취임하며, 2003년 3월에 주요 기관들이 새 부처로 이전되기 시작하였다. 주요 통합기관으로는 관세청, 이민국, 해안경비대, 교통보안청, 동식물 검역청, 비밀경호국, 연방비상관리청, 연방청사방호실이며 연간 370억 달러의 예산과 17만 명의 직원으로 국방성 다음으로 큰 부서로 개편되었다

3) 미국행 해상화물의 선적 24시간전 적하목록 제출 의무화

CSI에 의한 사전검사를 위하여 미국행 해상화물에 대하여 외국항에서 선적하기 24시간 전에 해상운송업자는 필수기재 14개 항목을 포함한 정확한 입항적하목록을 미국세관에 제출하도록 하는 제도로서, 미 AMS(적하목록 취합시스템) 참여자는 전자적으로 제출하며, 전산화되지 않은 소규모업체의 경우 서류형태 제출이 가능하다. 벌크화물(Bulk Cargo)나 Break Bulk Cargo(컨테이너가 아닌 다른 방법으로 포장된 화물)의 경우는 대상에서 제외하고 있다.

사전에 적하목록을 제출하지 않거나 허위 또는 잘못된 적하목록을 제출하는 경우, 최초 위반시에는 $5,000, 추가 위반시에는 $10,000의 과태료를 부과하며 이와는 별도로 필요한 모든 정보가 제출될 때까지 하선할 수 없도록 되어 있다.

4) 세관과 무역업계간 대테러협력(C-TPAT) 정책(2002. 4)

정부와 무역업계가 상호 협조체제를 구축하여 미국에 반입되는 화물의 안전을 보호하고 무역흐름을 촉진하기 위하여 참여를 원하는 업체에 대해 이들의 공급망(Supply Chain)에 대한 화물의 안전을 제고하기 위한 별도의 안전지침을 준수하도록 하고, 미국 관세청에서는 이러한 업체들에게 신속통관이란 반대급부를 제공하고 있다. 우리나라의 경우에는 한진해운, 현대상선 등 주요 업체들이 이미 C-TPAT에 참여하고 있다.

참고문헌

[국내문헌 및 자료]

1. 무역실무 매뉴얼(한국무역협회, 2006)
2. 수출입물류중심의 국가물류정보체계 혁신(BPR/ISP) 사업 보고서(2003)
3. 수출입물류중심의 국가물류체계 구축사업(2005. 국가물류정보화추진단)
4. 수출입물류 종합정보서비스(1차, 2차, 3차) 사업계획서(2004, 2005, 2006)
5. 관세청, 수출입통관 및 보세화물 제도개선방향(2002년도 정부물류정책 합동설명회 자료)
6. 산업연구원, eTrade 확산과 관세청의 대응전략 연구(2003)
7. 관세청, 보세화물 하선 하기 적재에 관한 고시
8. 관세청, 수출통관 사무처리에 관한 고시
9. 관세청, 수입통관 사무처리에 관한 고시
10. 관세청, 화물관리전문요원 교육자료(2003)
11. 관세청, 초일류세관을 위한 관세행정 개선방향(2003)

[웹사이트]

1. 관세청 홈페이지(www.customs.go.kr)
2. KTNET cTradeWorld 홈페이지(www.ctradeworld.com)
3. 미국 관세청 홈페이지(www.cbp.gov)
4. 미국 국제무역데이터시스템 홈페이지(www.itds.gov)

CHAPTER

6

수입물류 프로세스

제 1 절 수입물류 시스템

1. 개 요

수입화주는 수입상품이 원자재 또는 부분품일 경우 생산계획을 수립하여 완제품을 생산하고, 완제품을 수입하는 경우에는 온·오프라인 유통 채널을 이용하여 국내에 판매하고 일부는 다시 해외로 수출된다. 수입화물은 국내물류와 달리 이동기간이 길며 단계별 인허가 과정을 필요로 하여 수입화물의 관리 여부에 따라 생산과 판매에 영향을 미칠 수 있으며, 추가적으로 창고 보관료 등과 같이 탄력적으로 대응해야 하는 비용과 이어져 물류비 증가로 연결된다. 수입물류시스템은 정보시스템을 이용하여 수입관련 물류기업(선박회사, 항공사, 복합운송주선업체, 육상운송)과 각종 인허가 기관을 전자적으로 연결하여 온라인을 통해 실시간으로 수입관련 물류업무를 수행할 수 있도록 지원하는 시스템을 말한다.

2. 목 적

수입물류시스템은 외국화물을 적재한 선박·항공기가 국내 입항에서부터 발생하는 하선, 보세운송, 통관, 인도 등 각종 신고와 서류제출 절차를 전산화하여 수입화물의 불법유출 방지와 신속한 화물처리를 도모하기 시스템으로서, 화물관리를 하는 세관의 주요목적은 입항에서 통관에 이르기까지 최초의 수입화물 총량이 중간과정에서 불법유출 없이 적법하게 통관되어 화주에게 인도되었는지를 감시·단속하는 데 있다. 최근 화주입장에서의 수입화물관리는 판매 및 생산에 대한 리스크를 감소하고 대응을 위한 관리상태 유지에 관심이 집중되고 있다.

3. 수입물류 프로세스 개괄 및 주요 정보시스템

수입물품을 적재한 외국무역선이 국내항에 도착하면, 관련서식을 제출하여 입항에 필요한 서류를 제출하고 입항한다. 선박으로부터 물품이 하선된 대상 물품을 입항지 보세구역에 장치하여 반출입하고 관련 시스템을 통해 해당 여부를 신고하고 보세운송을 거쳐 내륙지 보세구역으로 반입된다. 세관은 수입신고한 물품과 수입승인서상의 물품이 일치하는지 여부를 심사한 후 수입자에게 수입신고필증을 교부한다.

[그림 6-1] 수입물류 프로세스 개념도

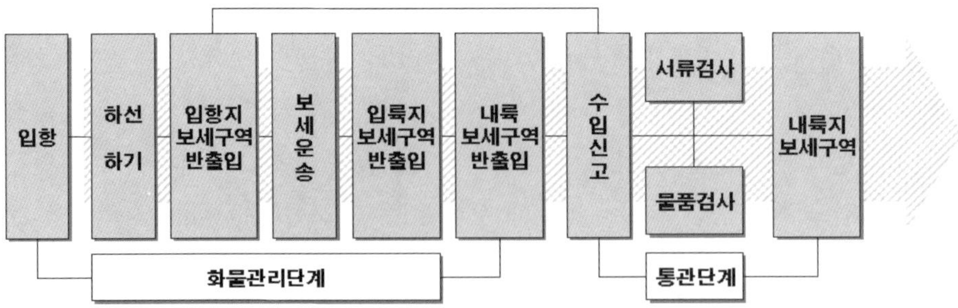

자료: 관세청(www.customs.go.kr).

〈표 6-1〉 해상수입 업무 및 조직체계

주체 \ 업무		입항			하역		장치/보관				내륙 운송			통관/검역		
		입항준비	입항수속	화물신고	하역계획	하역/검수	반입수속	장치/보관	CFS작업	반출수속	운송의뢰/계획	운송	화물인수도	정식통관	간이통관	검사/검역
행정기관	국토해양부(해양수산부)		●													
	법무부		●													
	관세청		●	●		●	●	●	●	●	●			●	●	
	철도청										●	●				
	검역 기관		●											●	●	●
	통관우체국														●	
물류주체	화주/관세사	●						●		●	●		●	●	●	●
	특송업체														●	
	포워더	●		●					●							
	선사/대리점	●	●	●	●	●			●	●	●	●				
	운송사						●			●	●	●	●			
	하역사(터미널)	●			●	●					●	●	●			
	검수/검정업체				●	●			●							
	보세구역(CFS/CY/ODCY)						●	●	●	●	●		●			
	예도선사		●													

자료: 수출입물류중심의 국가물류정보체계 혁신(BPR/ISP) 사업(2003).

통관완료 후 내륙지 보세구역으로부터 화물을 반출하여 최종 수입화주에게 전달되게 된다. 이 때 수입화주는 선하증권 원본을 선사에 제출하고 받은 화물인도지시서(D/O)를 보세창고(또는 CY)에 제출하여 화물을 인취[1]할 수 있다. 선하증권 원본이 도착하지 않은 경우 은행으로부터 수입화물선취보증서(L/G)를 발급받아 선사 또는 포워더에 제출하여 D/O를 발급받을 수 있다.

1) 인취(引取): 수출면허를 받은 물품이나 외국(外國)으로부터 도착된 물품을 우리나라에 들여오는 것.

해상수입 업무는 수입화물을 선적한 선박이 항만에 도착하여 입항절차를 거쳐 화물을 하역하고 하역된 화물이 부두에서 장치보관되거나 세관절차를 거쳐 항만 밖으로 반출되어 최종 화주에게 전달되는 과정에서 처리하는 업무이다. 국토해양부, 법무부, 관세청, 철도청, 검역기관 등의 행정기관과 화주/관세사, 특송업체 포워더, 선사(예도선사 포함)/대리점, 운송사, 하역사, 검수/검정업체, 보세구역 등 물류업체는 해당업무 영역에서 각 세부업무를 처리한다. 〈표 6-1〉은 해상수입 업무 및 조직체계를 세부적으로 보여주고 있다.

〈표 6-1〉과 같이 각 행정기관 및 물류주체가 해상수입 업무를 처리하기 위해서는 해당 절차와 관련된 사항을 신고하거나 접수 처리하는 정보시스템을 필요로 하게 된다. 선사는 선박 입항시 입출항서식(입출항신고, 선원/승객명부)을 국토해양부, 관세청, 출입국관리사무소 등 3개 기관에 신고하게 되는데 이때, 하고 해당기관은 PORT-MIS, 수입화물시스템, VAN/EDI 등의 시스템을 통해서 해당 업무를 처리한다. 〈표 6-2〉는 입항, 하역, 반출입 운송, 통관/검역을 거쳐 최종 화주에게 인도되기 까지 해상수입 주요 정보시스템 현황을 보여주고 있다. 입항단계의 정보화는 관세청의 입항신고시스템, 국토해양부(해양수산부)의 Port-Mis 등에서 일찍 시작되어 선사와 전자적으로 수행되었다. 선사는 KL-Net 이든 KTNET이든 어느 곳에 가입되어 입출항신고업무를 EDI로 신고하면 KL-Net과 KTNET간 상호연동을 통하여 관세청 및 국토해양부(해양수산부)에 자동적으로 신고처리될 수 있도록 구현되어 운영되고 있다. 하역단계의 정보화는 터미널의 정보화는 이미 Bay Plan을 중심으로 선사와 터미널간 정보연계가 이루어지고 있으며 작하목록정보는 MFCS를 통하여 신고 처리되고 있다. 또한 창고 및 터미널의 반출입보고 업무와 게이트자동화 업무는 VAN/EDI 방식에 의하여 정보화가 이루어져 있다. 정부기관과의 연계되는 업무 즉 B2G 업무는 대부분 전자적으로 업무처리가 이루어지고 있으나 B2B 연계업무는 일부만 적용되고 있는 실정이다.

항공수입 업무는 수입화물을 기적한 항공기가 공항에 도착하여 입항절차를 거쳐 화물을 하기하고 하기된 화물이 공항에서 장치보관되거나 세관절차를 거쳐 공항 밖으로 반출되어 최종 화주에게 전달되는 과정을 처리하는 업무이다. 관세청, 항공청, 출입국관리국, 검사/검역기관, 통관우체국 등 행정기관과 항공사, 포워더, 조업사, 특송업체, 보세창고, 운송사 등 물류업체는 해당업무

〈표 6-2〉 해상수입 정보시스템 현황

구 분	정보화 현황	주요 정보시스템
입항	○ 입항업무는 VAN/EDI를 통해 관련기관에 신고 - 입출항서식(입출항신고, 선원/승객명부)이 VAN을 통해 해수부, 관세청, 출입국관리사무소 등 3개 기관에 신고하고 입출항서식은 표준화됨 ※ '99년부터 VAN(KL-Net↔KTNET)간 연계처리 ○ 무선기반의 PORT-MIS ISP 추진('02년)	PORT-MIS 수입화물시스템 VAN/EDI
하역	○ 컨테이너터미널의 경우 대체적으로 정보화 되어 있으나, 일반부두는 정보화 추진중 - 해수부: 일반부두정보화 사업('02) ○ 하역화물정보는 다양한 경로로 업체간 정보 유통 - Bay Plan: VAN/EDI 및 직접 파일교환 - 적하목록 정보: 적하목록취합시스템에서 수신	수입화물시스템 터미널시스템 VAN/EDI
반출입	○ 반출입 업무는 VAN/EDI를 통한 정보화 - 반출화물의 정보를 사전에 VAN을 통해 전송하여 게이트 통과시 적체시간 줄임 - 세관 반출입 보고를 VAN을 통해 세관에 신고 ○ 게이트 반출입 로그는 정보화 되어 있으나, 정보제공 방법이 다양(VANEDI, 파일, 서류 등)	게이트자동화 터미널시스템 VAN/EDI
운송	○ 정부기관 운송업무는 신고부문이 정보화(VAN/EDI) - 세관(보세운송신고), 철도청(화차배분, 화물운송장) ○ 업체간 운송업무는 대체로 수작업 위주로 처리 - 화물배달요청 등은 서류 혹은 전화로 통보	운송관리시스템 철송시스템 VAN/EDI
통관/검역	○ 수입통관 업무는 VAN/EDI를 통해 세관신고 ○ 수입화물 검역업무는 WEB을 통해 신고 - 동식물 검역 및 수산물, 약품 등 WEB 신고	수입신고시스템 VAN/EDI WEB
화주	○ 화주의 수입화물업무는 미정보화 - 수입화물도착통지는 FAX, 전화[2]로 수신 - 운송비 및 보관료 등 서류로 확인하여 정산	수입화물시스템

자료: 수출입물류중심의 국가물류체계 구축사업(2005. 국가물류정보화추진단).

2) 수입화물도착통지는 서비스는 MFCS 정보를 기반으로 E-mail, FAX뿐 아니라 EDI 방식으

영역에서 각 세부업무를 처리한다. 〈표 6-3〉은 항공수입 업무 및 조직체계를 세부적으로 보여주고 있다.

〈표 6-3〉 항공수입 업무 및 조직체계

업무 / 주체		입항			하기	장치/보관		내륙운송		통관/검역		
		입항준비	입항수속	적하목록신고	하기업무	화물장치/관리	화물반출	운송의뢰/계획	운송	정식통관	간이통관	검사검역
행정기관	관세청	●	●	●	●	●	●	●		●	●	●
	항공청		●									
	출입국관리국		●									
	검사검역기관		●									●
	통관우체국										●	
물류주체	항공사	●	●	●	●				●			●
	포워더	●		●	●	●		●				
	조업사	●			●				●			
	특송업체										●	
	보세창고			●	●	●	●	●	●			
	화주	●		●	●	●	●	●	●	●	●	●
	운송사			●	●	●	●	●	●			●

자료: 수출입물류중심의 국가물류정보체계 혁신(BPR/ISP) 사업(2003)

〈표 6-3〉과 같이 각 행정기관 및 물류주체가 항공수입 업무를 처리하기 위해서는 해당 절차와 관련된 사항을 신고하거나 접수 처리하는 정보시스템을 필요로 하게 된다. 항공사는 항공기 입항 시 입출항서식(입출항신고, 승무원/승객 명부)을 국토해양부, 관세청, 출입국관리사무소 등 3개 기관에 신고하게 되는데 이때, 하고 해당기관은 수입화물시스템, VAN/EDI, MFCS, APIS[3] 등의 시스템을 통해서 해당 업무를 처리한다. 〈표 6-4〉는 입항, 하역, 반출입 운송, 통관/검역을 거쳐 최종 화주에게 인도되기까지 항공수입 주요 정보시스템 현황을 보여주

로 제공되고 있다.

3) APIS: 여행자정보사전확인제도.

〈표 6-4〉 항공수입 정보시스템 현황

구 분	정보화 현황	주요 정보시스템
입항	○ 입항업무는 VAN/EDI를 통해 관련기관에 신고 - 입출항서식(입출항신고, 승무원/승객명부), 적하목록 ○ 출입국사무소, 건교부는 서류로 보고	수입화물시스템 VAN/EDI MFCS
하역	○ 적하목록 정보 공유(MFCS)를 통한 분류작업 자동화(자동 배정) ○ 하기보고는 구두로 신고	수입화물시스템 터미널시스템 VAN/EDI, MFCS
반출입	○ VAN/EDI를 통한 관련기관 신고	수입화물시스템 터미널시스템
운송	○ 적하목록 정보 자동 연계후 VAN/EDI를 통해 관련기관에 신고	수입화물시스템 VAN/EDI, MFCS
통관/검역	○ VAN/EDI를 통해 관련기관에 신고 - 99년 7월부터 수입 P/L신고 도입, 현재 75%까지 신고대상 확대	수입통관시스템 VAN/EDI
화주	○ 상역/외환망과 연계하여 VAN/EDI를 통해 관련기관과 업무 처리 - e-L/G 서비스('00. 11), e-D/O 서비스('98. 4) 등 물류업무와 관련한 업무 전산화	VAN/EDI MFCS

자료: 수출입물류중심의 국가물류체계 구축사업(2005. 국가물류정보화추진단).

고 있다.

항공부문의 정보화 현황을 자세히 살펴보면 입항업무는 해상수입 및 항공수출과 마찬가지로 EDI 방식에 의한 전자화가 이미 구축되어 이용중에 있으며, 항공에서의 특징적인 사항은 여객명부 및 입출항신고가 해상의 경우와는 달리 MFCS를 이용하여 업무처리를 한다는 것이다. 반출입보고업무, 운송 그리고 통관업무는 모두 해상의 경우와 동일수준으로 정보화가 잘 되어 운영되고 있다. 화주가 화물을 인수하는 시점에서 은행과 포워더 그리고 항공화물창고 간에 화물인도에 따른 분쟁을 최소화시키기 위하여 MFCS를 활용한 L/G(Letter of

Guarantee; 수입화물선취보증서)와 D/O(Delivery Order; 인도지시서) 업무에도 전자적으로 처리할 수 있는 체계가 2000년도 말 구현되었다.

제 2 절 수입물류 주요 업무 처리절차

1. 수입화물의 입항과 하역

수입물품을 적재한 외국무역선이 해외항을 출발하여 국내항에 도착하기 전, 선사는 도착화물을 인수할 수 있도록 해당선박 도착 전 수입지에 위치한 대리점을 통해 수입화주에게 화물의 도착을 알리는 통지서(A/N)[4]를 발송한다. 도착한 선박은 관련서식을 제출하여 입항에 필요한 서류를 제출한다. 수입자는 도착통지를 받지 못한 경우라도 수시로 선사 또는 포워더와 연락을 취하면서 자신의 화물이 어디에 있는지 혹은 어느 물류단계에 있는지를 체크해야 한다. 화물도착 e-Mail을 받고자 하는 무역업체는 KTNET cTradeWorld.com에서 e-Mail 주소를 등록하면 된다.

2. 입항 및 적하목록 제출

해상화물의 경우에는 입항 24시간 전까지, 항공화물은 입항 전까지 선사 또는 항공사가 적하목록을 세관시스템에 전송하여야 하며, 선사(항공사)는 포워더로부터 제출받은 혼재화물 적하목록을 취합하여 제출하여야 한다.

국내의 포워더는 외국의 포워더로 부터 화물선적 즉시 House B/L 등 관련 정보를 입수하여 개별적하목록을 작성하여 MFCS에 전송한다. 또한 포워더가 선박 및 항공기가 입항하기까지 B/L 정보를 입수하지 못하여 혼재화물적하목록을 작성하여 제출하지 못한 미 제출건에 대하여는 입력 대행소에서 입력하여 전체가 취합되도록 한다. 선사(항공사)는 포워더가 제출한 개별화물에 대한 적하목록정보를 MFCS상에서 선박(항공기)별로 일괄 취합하여 세관시스템에 제출한다. [그림 6-2]는 물류업체의 적하목록 처리 흐름을 보여주고 있다. 선사/항공

4) A/N(Arrival Notice): 화물도착통지.

사와 포워더가 선박(항공기)별 적하목록과 개별 적하목록을 MFCS에 입력하면 관세청 전산시스템을 경유하여 세관에 전송된다. 이때, 미 제출된 적하목록은 입력대행소를 통하여 추가로 제출할 수 있다.

[그림 6-2] 적하목록 제출 및 처리 흐름도

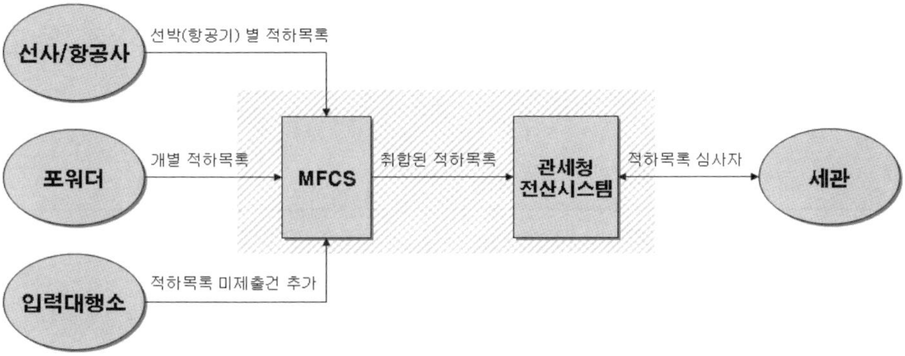

자료: 관세청(www.customs.go.kr).

적하목록이란 선박(항공기)에 적재되어 국내에 도착된 화물에 관한 정보로서 수입화주, 송하인, 품명, 중·수량, 적출국 등 B/L(Bill of Lading)의 주요 항목이 기재된 화물의 목록을 말한다. 수입되는 적하목록에는 각 단위화물별로 화물관

〈표 6-5〉 수입화물 입출항보고 항목 및 번호 체계

No	전자문서명	문서 구분	전자 문서부호	제출번호(신고번호) 체계
1	해상 입항보고 제출	6S1	DEOVAD	MRN(11)
2	해상 선원명부 제출	6DA	PAXLST	MRN(11)
3	해상 승객명부 제출	6DC	PAXLST	MRN(11)
4	해상 선원휴대품목록 제출	744	CUSCED	MRN(11)
5	항공 입항보고 제출	5CM	CUSREP	MRN(11)
6	항공 승무원명부 제출	5CN	PAXLST	MRN(11)
7	항공 승객명부 제출	745	PAXLST	MRN(11)
8	입항보고 결과 통보	6GA	CUSRES	MRN(11)

자료: 관세청(customs.go.kr).

리번호를 제출하여야 하는데 이 번호는 화물관리에 있어서 매우 중요한 번호라 할 수 있다. 화물관리번호는 유일하여야 하며 모선별로 작성되어야 한다. 즉 적하목록관리번호와 B/L 번호를 조합한 화물의 유일한 식별 체계를 작성하고 우리나라 실정에 맞는 화물관리번호를 구성하여 운영하고 있으며, 화물관리번호는 적하목록상의 최소 단위인 House B/L 단위로 부여하고 있다. 화물관리번호를 Key값으로 하여 하선, 보세구역 반출입, 보세운송, 수입신고, 반출 등 수입물류의 흐름을 일괄적으로 실시간으로 조회가 가능하게 된다.

〈표 6-6〉 화물관리번호의 체계

① 적하목록관리번호(MRN: Manifest Reference Number): 입항선박(항공기)별 선사 또는 항공사가 부여한 적하목록 제출일련번호(11자리로 구성)
 - 항공: 연도(2) + 항공사부호(2) + 입항일련번호(5) + 지역구분(1)+Check Digit(1)
 - 해상: 연도(2) + 선사 부호(4) + 입항일련번호(4) + Check Digit(1)

② Master B/L 일련번호(MSN: Master B/L Sequence Number): 선사 또는 항공사가 작성한 적하목록별로 부여한 Master B/L 단위의 일련번호

③ HouseB/L 일련번호(HSN: House B/L Sequence Number): 포워더가 작성한 혼재화물적하목록의 Master B/L별로 부여한 House B/L 단위의 일련번호

④ 적하목록관리번호(MRN)과 MSN, HSN을 조합하여 B/L 별로 Unique한 화물관리번호를 생성하여 화물추적을 관리할 수 있게 된다.
 ※ 예) 07HJSCE1032 - 1001 - 001

해상수입 적하목록은 전송업무는 VAN/EDI와 인터넷방식을 이용해서 처리할 수 있다. [그림 6-3]은 인터넷방식의 해상수입 적하목록 House B/L 입력화면이다. 해당 화면은 KTNET CTW[5] 포털 중 물류서비스(eLogisFrame)로서 별도 EDI 관련 소프트웨어 없이 해당 화면에서 요구하는 정보를 입력하여 해당 업무를 처리할 수 있다.

5) CTW(Cyber Trade World): 인터넷을 이용하여 무역관련 업무를 처리할 수 있는 KTNET 전자무역 포털사이트로서, 기존의 무역, 물류, 통관자동화 서비스를 간편하게 웹상에서 처리할 수 있도록 구현하여 무역의 전 업무를 단절 없이 일괄적으로 처리할 수 있도록 구축된 시스템 ※ CTW는 eTradeFrame(무역), eLogisFrame(물류), eCustomsFrame(통관)으로 구성됨.

[그림 6-3] 해상수입 적하목록(H B/L) 입력화면

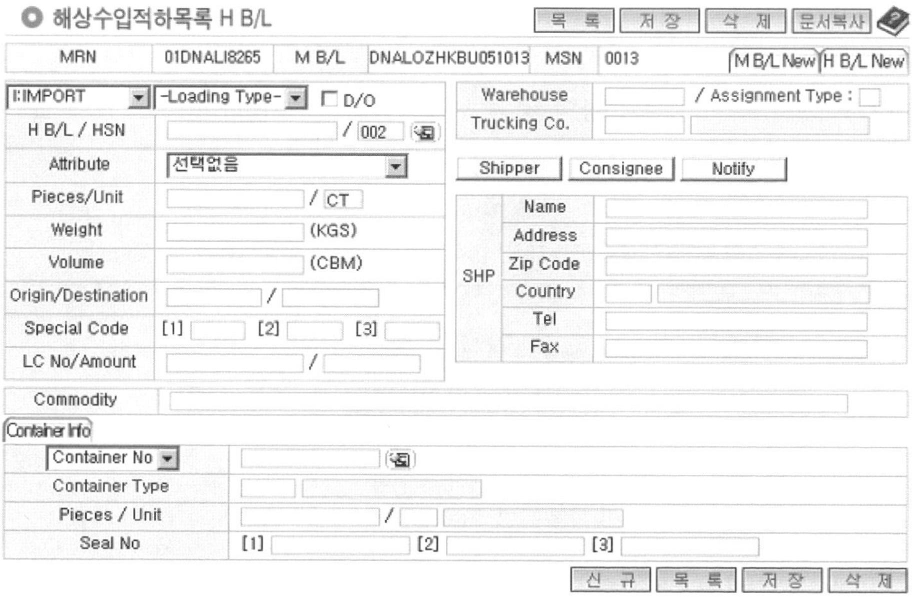

자료: 한국무역정보통신(KTNET).

3. 적하목록 심사

적하목록 심사의 주된 목적은 우범화물을 선별 관리하는 것이며, 세관직원은 국내에 도착한 화물에 대하여 적하목록의 정보를 기초로 전산에서 선별한 우범화물과 담당자의 경험 등을 활용하여 우범화물을 관리대상화물로 선별하여 검사를 실시한다.

4. 하선(기)

적하목록 심사가 완료되면 모선으로부터 하선(기)작업을 하게 된다. 선사에서 화물을 하역하기 위하여는 세관에 전산으로 Master B/L 단위로 하선신고를 한다. 단 항공화물의 경우에는 적하목록 제출로 하기신고를 갈음하고 있다. 즉 항공화물은 세관에 구두로 하기신고 후 MFCS로부터 Download 받은 화물 분류작업지시서를 근거로 하기작업을 하고 있으며 분류작업지시서에는 적하목록

심사시 관리대상화물로 지정된 건에 대한 반입장소가 반영되어 있다. 해상화물은 하선신고서에 의해 하선장소(입항반입장소)가 확정되며, 이후의 반입처리는 하선신고서를 기준으로 진행한다. 하선(기)장소는 공항 또는 부두 내에 있는 보세구역이 대부분이나, 부산항의 경우 부두내 창고가 부족하여 부두 밖에 있는 창고(ODCY[6]))까지 하선장소로 허용하고 있다.

〈표 6-7〉 수입화물 적하목록 하선(기)신고항목 및 번호체계

No	전자문서명	문서구분	전자문서부호	제출번호(신고번호) 체계
1	해상 적하목록 제출	85	CUSMAN	MRN(11)
2	항공 적하목록 제출	85	CUSMAN	MRN(11)
3	해상 적하목록 부분재전송 제출	5IF	CUSMAN	MRN(11)
4	항공 적하목록 부분재전송 제출	5IF	CUSMAN	MRN(11)
5	관리대상 화물 반입지시서통보	5IE	CUSINS	MRN(11)
6	적하목록 처리상태 통보	5IK	CUSRES	MRN(11)
7	하기(적재) 결과 이상 보고 제출	5IG	CUSRGD	MRN(11)
8	하선신고서 제출	5ID	CUSAGD	MRN(11)+선사부호(4)
9	하선신고 수리 통보	5IL	CUSINS	MRN(11)+선사부호(4)
10	하선(적재) 결과 이상 보고 제출	5IH	CUSRGD	MRN(11)
11	하선신고 정정신청 제출	5LK	CUSDMR	MRN(11)+선사부호(4)
12	적하목록 정정신청 제출	5LI	IMFMOD	MRN(11)+신청인부호(4)+일련번호(4)
13	적하목록 정정 결과통보	5LM	CUSMPR	MRN(11)+신청인부호(4)+일련번호(4)
14	장치장 적하목록 정정통보	5FF	CUSMAN	MRN(11)+MSN(4)+HSN(3)

자료: 관세청(www.customs.go.kr).

6) ODCY(Off Dock Container Yard, 내륙 장치장).

하선신고는 용선선사별로 Master 적하목록 단위로 하선장소를 기재하여 제출하며, 하선신고서 접수시점에 하선신고서의 B/L 건수와 적하목록의 용선선사의 Master B/L 건수가 일치하여야 한다. 이때 용선선사는 동일항로를 여러 선박회사가 공동 운항할 경우, Master B/L을 발급하는 선박회사, 즉화물에 대한관리 책임이 있는 선박회사를 말한다. 하선신고서의 제출 시기는 적하목록 접수 이후 언제든지 가능하다. [그림 6-4]는 eLogisFrame의 하선신고 입력화면으로서, 해당 MRN에 대한 하선장소, 포장개수/단위, 총중량 등 해당 화면에서 요구하는 정보를 입력하여 해당업무를 처리할 수 있다.

[그림 6-4] 하선신고 입력 화면

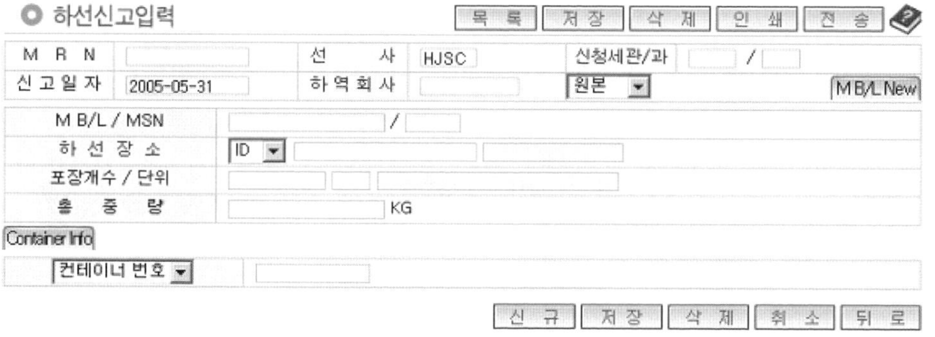

자료: 한국무역정보통신(KTNET).

5. 보세운송과 보세창고 반출입

(1) 보세운송

보세운송이란 외국으로부터 수입하는 화물을 입항지에서 통관하지 아니하고 세관장에게 신고하거나 승인을 얻어 외국물품 상태 그대로 다른 보세구역으로 운송하는 것을 말한다. 이러한 보세운송은 수입화물에 대한 관세가 유보된 상태에서 운송되는 것이므로 운송에 제약이 따르게 된다. 보세운송 신고는 보세화물을 내륙지세관에서 통관하고자 하는 경우에는 세관장에게 보세운송신고 또는 승인신청을 하여야 하는데 수출물품의 경우에는 보세운송절차를 생략한다. 세관에서 검역장소, 위험물취급장소 여부 등 특별히 심사할 필요가 있는 검역대상물품, 위험물 등만 예외적으로 세관장의 승인대상이며, 나머지 대부분

〈표 6-8〉 수입화물 통관목록, 보세운송, 보세판매장 운송항목 및 번호체계

No	전자문서명	문서구분	전자문서부호	제출번호(신고번호) 체계
1	통관목록 제출 (통관목록관련)	936	CUSDEC	특송업체부호(2)+연도(2)+일련번호(4)
2	통관목록 결과 통보 (〃)	5IR	CUSRES	특송업체부호(2)+연도(2)+일련번호(4)
3	보세운송 신고 제출 (보세운송관련)	31	CUSMOV	세관(3)+과(2)+보세운송업자부호(6)+구분(1)+연도(2)+일련번호(6)
4	보세운송 승인신청 제출 (〃)	5CP	CUSMOV	세관(3)+과(2)+보세운송업자부호(6)+구분(1)+연도(2)+일련번호(6)
5	보세운송신고 결과 통보 (〃)	32	CUSRES	세관(3)+과(2)+보세운송업자부호(6)+구분(1)+연도(2)+일련번호(6)
6	보세운송 정정신청 접수 (〃)	5LH	CUSDMR	세관(3)+과(2)+보세운송업자부호(6)+구분(1)+연도(2)+일련번호(6)
7	보세구역 보세운송 변경사항 통보 (〃)	5IM	CUSRES	세관(3)+과(2)+보세운송업자부호(6)+구분(1)+연도(2)+일련번호(6)
8	보세판매장 보세운송신고 제출 (보세운송관련)	5IY	CUSWBR	세관(3)+과(2)+보세구역(8)+연도(2)+일련번호(6)
9	보세판매장 보세운송신고 결과통보 (〃)	5JD	CUSRES	세관(3)+과(2)+보세구역(8)+연도(2)+일련번호(6)
10	보세판매장 보세운송 정정신청 제출 (〃)	5KE	CUSWBR	세관(3)+과(2)+업자부호(8)+연도(2)+일련번호(6)

자료: 관세청.

의 보세화물은 신고대상이 된다.

보세운송의 신고단위는 House B/L 단위로 신고하는 것이 원칙이나 다음과 같은 경우에는 여러 건의 B/L을 보세운송 신고 1건으로 신고가 가능하다. 첫째

로 동일 발송지에서 동일한 도착지로 운송되는 경우와 둘째로 단일화주의 FCL(Full Container Load) 화물인 경우 마지막으로 LCL(Less than Container Load) 화물 중 컨테이너에서 미적출 상태로 보세운송하는 경우가 해당된다. 다만 보세운송신청의 경우에는 반드시 B/L 1건이 보세운송 승인신청 1건으로 신고하여야 한다.

보세운송업자는 신고수리일로부터 15일(항공화물과 반송화물은 7일) 내에 도착지에 도착시켜야 하며, 도착지 보세창고 운영인은 보세운송화물 도착 시 화물의 이상 여부를 확인하여야 한다. 또한 도착지 보세구역 운영인 또는 화물관리인은 발송지 세관으로부터 통보받은 보세운송 반입예정정보와 보세운송 신고필증 또는 승인서와의 일치여부를 확인하며, 보세구역운영인 또는 보세구역외 장치허가를 받은 자는 보세운송화물 도착 즉시 세관에 전산으로 반입신고(보세운송반입)를 하여야 한다. [그림 6-5]는 보세운송 절차를 보여주고 있다.

[그림 6-5] 보세운송 절차

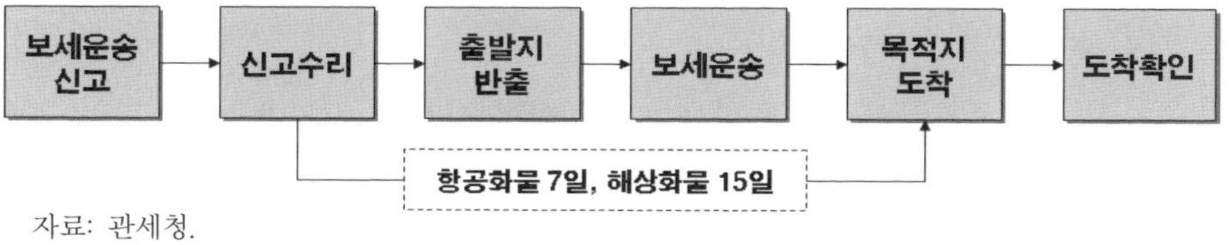

자료: 관세청.

보세운송신고 전송업무는 VAN/EDI와 인터넷방식을 이용해서 처리할 수 있다. [그림 6-6]은 인터넷방식의 보세운송신고 등록 입력화면이다. 적하목록을 검색하여 관련 정보를 조회하고 해당 화면에서 요구하는 신고세관, 발송지, 경유지, 도착지 등 관련 정보를 입력하여 해당업무를 처리할 수 있다. 해당 화면은 KTNET CTW 포털서비스로서 별도 EDI 관련 소프트웨어 없이 이용가능하다.

[그림 6-6] 보세운송신고 등록 화면

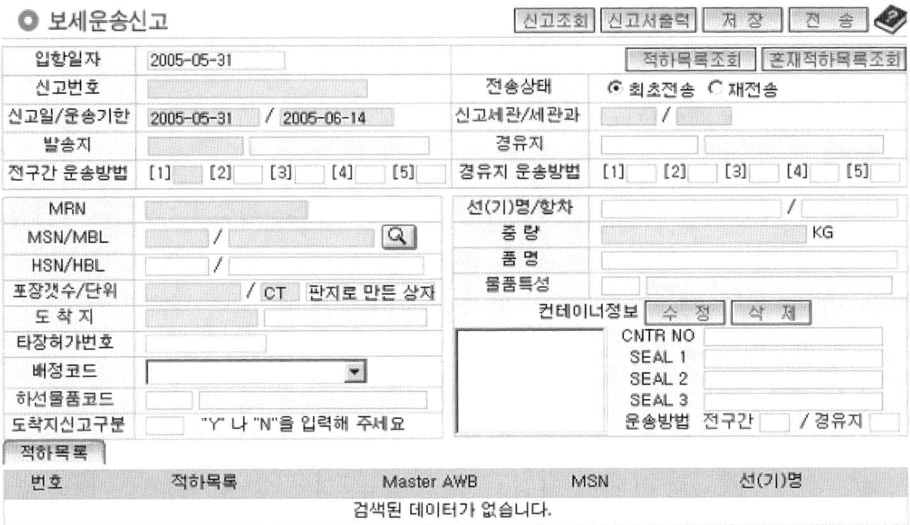

자료: 한국무역정보통신(KTNET).

(2) 보세구역 반출입

모든 보세구역에서는 수입화물이 반입 또는 반출될 시 반출입보고 전자문서를 이용하여 세관에 즉시 신고하여야 한다. 반입신고된 화물은 반출이 완료될 때까지 보세구역별로 화물 재고를 관리하며, 장치기간이 경과된 화물은 체화로 지정하여 체화절차를 따르게 된다. 2002년 7월부터는 CY에서는 컨테이너 단위로 반출입을 허용하고 있으며, 세관은 이를 B/L 단위로 변환하여 재고내역을 관리 생성하고 있다.

반입의 경우 하선신고물품(보세운송신고물품)이 하선장소 및 보세운송 도착지 보세구역에 도착시 반입할 물품을 신고내용과 대조 확인한 후 반입토록 하기 위하여 세관에서는 당해 보세구역에 「반입예정정보」를 제공하고 있어 화물의 신속한 흐름이 이루어질 수 있도록 하고 있다.

[그림 6-7] 반입신고 주요 처리절차

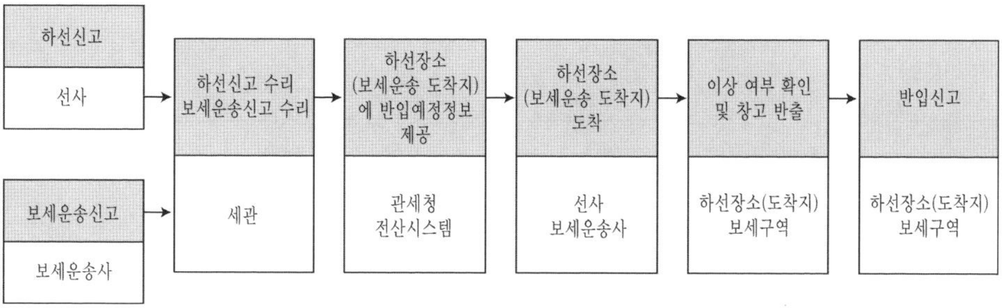

자료: 관세청.

〈표 6-9〉 수입화물 보세구역 반출입보고 항목 및 번호체계

No	전자문서명	문서 구분	전자 문서부호	제출번호(신고번호) 체계
1	반출신고서 제출	6NB	CUSBRR	보세구역부호(8)+연도(2)+일련번호(6)
2	반입신고서 제출	632	CUSCAR	보세구역부호(8)+연도(2)+일련번호(6)
3	반입신고정정신청 제출	5LC	CUSDMR	보세구역부호(8)+연도(2)+일련번호(6)
4	반출신고정정신청 제출	5LD	CUSDMR	보세구역부호(8)+연도(2)+일련번호(6)
5	컨테이너반입신고 제출	5LA	CUSCAR	보세구역부호(8)+연도(2)+일련번호(6)
6	컨테이너반출신고 제출	5LB	CUSBRR	보세구역부호(8)+연도(2)+일련번호(6)
7	컨테이너반입정정 제출	5LF	CUSCAR	보세구역부호(8)+연도(2)+일련번호(6)
8	컨테이너반출정정 접수	5LL	CUSCAR	보세구역부호(8)+연도(2)+일련번호(6)
9	보세구역반입예정정보 통보	5IJ	CUSINF	세관(3)+과(2)+보세운송업자부호(6)+구분(1)+연도(2)+일련번호(6)
10	보세구역 반출승인 내역 통보	99	CUSCRA	반출승인의 근거번호

자료: 관세청.

반입신고서의 제출시기는 물품도착 즉시 하는 것을 원칙으로 하고 있으나 일부 보세구역에서 일괄하여 신고하는 경우도 있다. 반입신고는 House B/L 단위로 제출하여야 하며, 다만 하선장소 보세구역에 컨테이너 단위로 반입하는 경우에는 Master B/L 단위로도 반입이 가능하다. 반입기한은 입항반입의 경우에

는 해상의 경우 컨테이너 화물은 3일, Bulk 화물은 10일 이내에 하여야 하며, 항공의 경우엔 1일 이내 그리고 보세운송반입의 경우에는 보세운송 기한 내에 하여야 한다.

반입등록 신고 업무는 VAN/EDI와 인터넷방식을 이용해서 처리할 수 있다. [그림 6-8]은 인터넷방식의 보세운송신고 등록 입력화면이다. 반입대상 화물의 반입구분, 포장종류, 입항지, 화주, 장치위치 등 관련 정보를 입력하여 해당업무를 처리할 수 있다. 해당 화면은 KTNET CTW 포털서비스로서 별도 EDI 관련 소프트웨어 없이 이용 가능하다.

[그림 6-8] 반입등록 화면

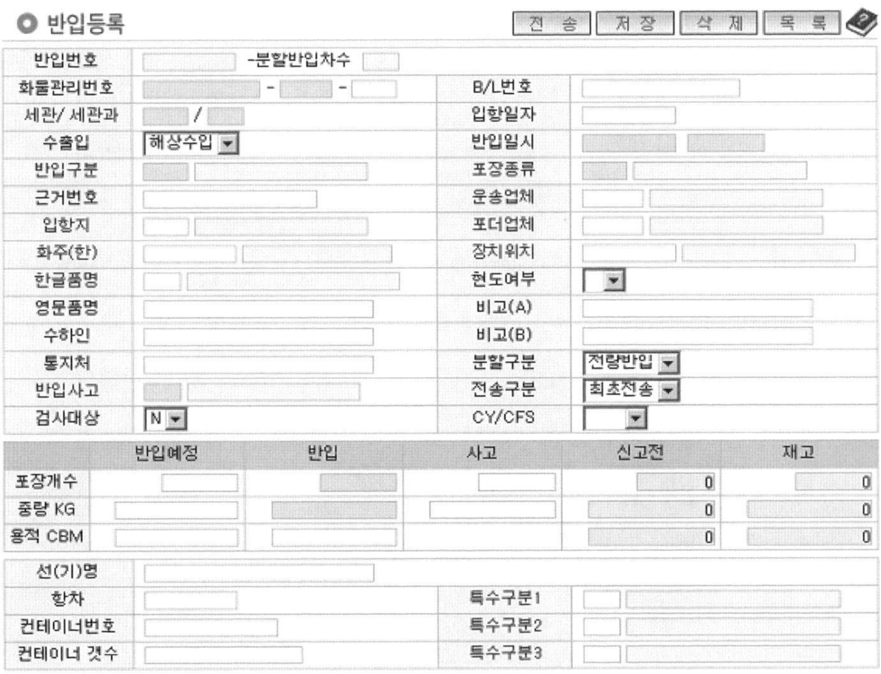

자료: 한국무역정보통신(KTNET).

반출의 경우에는 물품 반출시 반출물품을 신고내용과 대조 확인한 후 반출토록 하기 위하여 세관에서는 반출되기 이전에 수입신고(보세운송) 수리된 물품이 장치되어 있는 보세창고에 「반출승인정보」를 제공하고 있다.

[그림 6-9] 반출신고 주요 처리절차

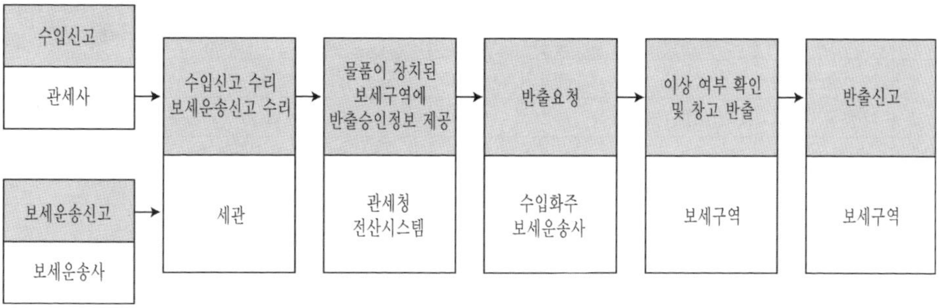

자료: 관세청.

반출신고서의 제출시기 물품반출 즉시 하는 것을 원칙으로 하나 일부 보세구역에서는 일괄적으로 신고하는 경우도 있으며, 반출신고의 단위는 House B/L 단위로 제출하여야 하며, 다만 하선장소 보세구역에 컨테이너 단위로 반출하는 경우에는 Master B/L 단위 반출이 가능하다. 반출신고가 가능하게 되는 경우는 첫째로 수입신고수리 반출이 있으며 이 경우에는 수입신고수리가 기준이 되며(화물관리번호, 보세구역, 총수량), 두 번째로 보세운송 반출의 경우에는 보세운송수리가 기준(화물관리번호, 발송지 보세구역, 중량, 수량)이 된다. 마지막으로 이고반출의 경우에는 반입기준(화물관리번호, 보세구역, 중량, 수량)에 따라 반출이 이루어진다.

〈표 6-10〉 기타 신청 · 신고항목 및 번호체계

No	전자문서명	문서구분	전자문서부호	제출번호(신고번호) 체계
1	선용품 적재 등 신청 제출	5JI	CUSSSD	연도(4)+업체부호(7)+용도구분(2)+일련번호(5)
2	선용품 적재 등 정정신청 제출	5GJ	CUSSSD	연도(4)+업체부호(7)+용도구분(2)+일련번호(5)
3	선용품 접수 및 처리결과 통보	5GL5 GM	CUSDPR	연도(4)+업체부호(7)+용도구분(2)+일련번호(5)
4	기용품 기적 등 신고	5JA	CUSSSD	신고연도(4)+공급자부호(6)+신청구분(2)+일련번호(5)
5	입항/선(기)용품 접수/허가 통보	5IO	CUSRES	세관에서 접수한 문서의 신고번호
6	보세공장 반입신고 제출	5LO	CUSMAN	보세구역부호(8)+연도(2)+일련번호(5)
7	보세공장 반출신고 제출	5LN	CUSMAN	보세구역부호(8)+연도(2)+일련번호(5)
8	보세공장 반입예정정보 통보	5LP	CUSMAN	보세구역부호(8)+연도(2)+일련번호(5)
9	보세공장 반출입신고 결과통보	5LQ	CUSRES	보세구역부호(8)+연도(2)+일련번호(5)
10	이적허가서 제출	950	CUSBCR	해상: 선사부호(4)+연도(2)+일련번호(5)
				항공: 항공사부호(2)+연도(2)+일련번호(5)
11	이적허가 부분재전송 제출	5CJ	CUSBCR	선사부호(4)+연도(2)+일련번호(5)
12	이적허가 결과통보	5AG	CUSRES	선사부호(4)+연도(2)+일련번호(5)
13	휴대품 반입예정 통보	5JC	CUSMAN	유치서번호+0 또는 예치서번호+1 형태로 기재
14	휴대품 반입신고 제출	5KH	CUSMAN	유치서번호+0 또는 예치서번호+1 형태로 기재
15	휴대품 반출승인 통보	5KG	CUSCRA	반출승인근거번호
16	반출통고 목록보고 제출	5II	CUSCAR	MRN(11)+MSN(4)+HSN(3)
17	타소장치 허가신청 제출	5IQ	CUSCAR	관세사 신고시 세관(3)+과(2)+관세사부호(5)+연도(2)+일련번호(5)
				화주 신고시 사업자부호(10)+연도(2)+일련번호(5)
18	보세화물 양수도 신고서 제출	5IU	CUSCAR	MRN(11)+MSN(4)+HSN(3)
20	누락체화예정정보 통보	5IN	CUSINS	MRN(11)+MSN(4)+HSN(3)
21	접수 통보	5AF 5IO	CUSRES	세관에서 접수한 문서의 신고번호
22	오류 통보	963 5IP	CUSAPE	세관에서 접수한 문서의 신고번호
23	항공기 자격변경 신청	5JE	CUSREP	항공사(2)+변경구분(1)+연도(2)+일련번호(5)+체크디지트(1)
24	항공기 자격변경 결과 통보	5JF	CUSDPR	항공사(2)+변경구분(1)+연도(2)+일련번호(5)+체크디지트(1)
25	입출항 수입대체경비 통보	5JH 5JG	CUSRES	세관(3)+과(2)+연도(2)+고지유형(1)+일련번호(6)+Check_Digit(1)
26	수입화물 정정 결과통보	5LG	CUSRES	MRN(11)+신청인부호(4)+일련번호(4)
27	정시간 외 작업통보 제출	5LE	CUSAGD	하역업체부호(9)+연도(2)+일련번호(6)
28	정시간 외 수리통보	5LJ	CUSRES	하역업체부호(9)+연도(2)+일련번호(6)

자료: 관세청.

제 3 절 수입물류 관련 부가서비스

1. 수입화물 도착통지 서비스

MFCS에 취합된 수입화물의 입항정보를 E-mail, FAX, SMS, EDI 등 다양한 방법으로 화주에게 통지함으로서, 보다 신속한 운송 및 통관계획의 사전수립을 지원하는 서비스이다. 선사·포워더가 입항 24시간 전까지 Master/House B/L정보를 MFCS로 전송하고, 세관에서 모선/편명별로 관리대상 화물선별을 완료하면, MFCS는 B/L 건별로 화물도착통지 정보를 화주에게 통지(송신)한다.

[그림 6-10] 수입화물도착통지서비스 구성도

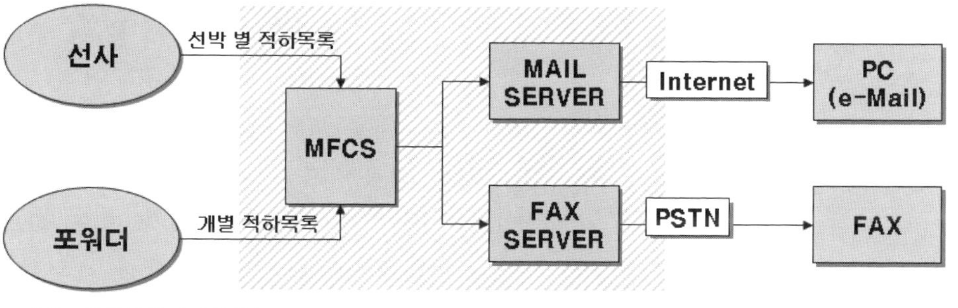

자료: 한국무역정보통신(KTNET).

2. 수입화물 선취보증(L/G[7]) 및 화물인도지시(D/O) 서비스

수입화물이 수입지에 도착하였으나, 선적서류 원본이 도착되지 않아 수입업자의 수입화물인수가 불가능할 경우 수입업체는 수입화물선취보증신청서를 은행에 신청하고, 은행이 보증한 수입화물선취보증서를 운송인에게 제출하여 수입서류 결제 전에 수입화물이 수입업자가 인도할 수 있도록 지원하는 서비스이다.

수입업체는 물품대금지급 및 운송사(선사, 항공사, 포워더)에 운송료를 지불하고 수입화물선취보증신청 전자문서를 개설은행에 전송하면, 개설은행은 수입

7) L/G(Letter of Guarantee): 수입화물선취보증서.

화물선취보증서를 신청인 및 운송인에게 전송하고, 운송사(선사, 항공사, 포워더)는 D/O 발급통지를 화물장치장에 전달하여 화물을 반출할 수 있다.

[그림 6-11] 수입화물 선취보증 서비스 구성도

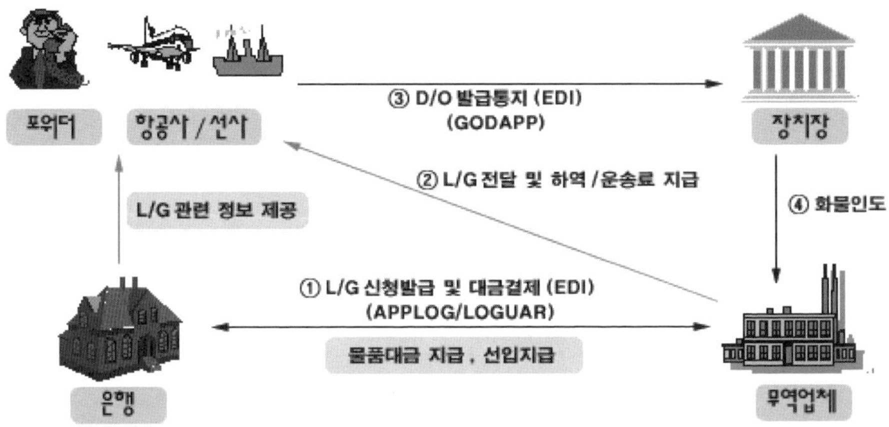

자료: 한국무역정보통신(KTNET).

수입화물 인도업무를 수행하기 위하여 화물인도지시서(e-D/O), 화물인도지시서 발급 신청서, 보세운송요청동의서, 자가운송신청서 등 4종 업무를 직접 방문을 통해 처리 하였으나 해당 업무를 인터넷 기반으로 실시간으로 신청 · 승인 및 확인할 수 있는 서비스이다. 주요기능으로는 화물인도지시서(e-D/O) 발급신청, 화물인도지시서(e-D/O) 발급, 보세운송요청동의서, 자가운송신청서 송수신 등이 있다. 항공화물과 해상호물을 구분하여 L/G와 D/O 서비스를 살펴보면 다음과 같다

(1) 항공화물

은행에서 발급되는 수입화물선취보증서(L/G)를 화주와 물류업체에게 전자문서(EDI)로 동시에 전송하여 은행과 물류업체간 보증서의 진위 여부 확인을 위한 상호확인 절차를 생략할 수 있으며, 운송업체(항공사/선사/포워더)는 은행이 발급한 L/G(Letter of Guarantee) 내역을 MFCS에서 조회한 후 화물이 장치되어 있는 보세구역으로 화물인도지시서를 발급하게 되면 보세창고에서는 포워더의

D/O(Delivery Order)와 은행이 발급한 L/G를 확인한 후 화주에게 화물을 인도하게 함으로써 서류제출로 인한 업무의 비효율성을 제거하고 신속한 화물인도를 가능하게 한다. [그림 6-12]에서는 항공화물의 L/G 및 D/O 서비스를 그림으로 나타낸 것이다.

[그림 6-12] 항공화물 L/G 및 D/O 서비스 구성도

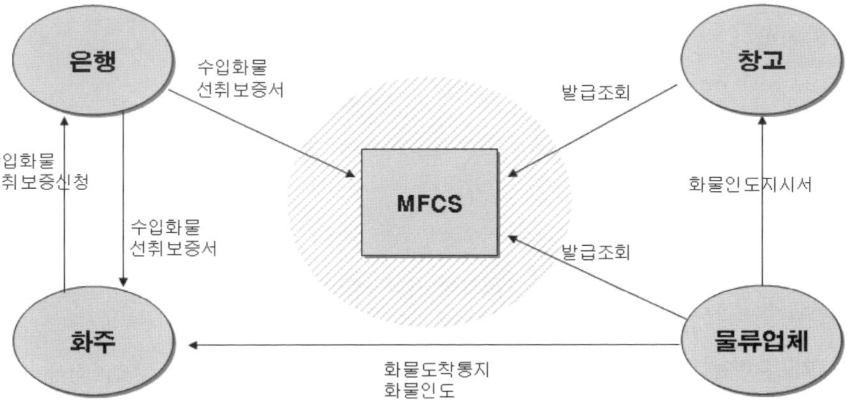

자료: 한국무역정보통신(KTNET).

(2) 해상화물

화주가 수입화물이 보세구역에 장치되어 있는 화물을 인수하게 될 때 선사 또는 포워더에 운임 등의 부대비용을 정산한 후에 보세구역으로 화물인도지시서(D/O)를 발급하여 화물을 반출할 수 있게 한다. 먼저, 선사 및 포워더가 MFCS에 D/O 발급을 요청하면, MFCS는 비밀번호를 생성하여 보세구역에 전달한다. 화주가 D/O 비밀번호를 확인하고 제출하면, 보세구역은 비밀번호를 확인하고 화주에게 화물을 반출한다. 이때, 하선장소에서는 해당 D/O만 조회할 수 있으며, 보세운송사는 모든 D/O를 조회할 수 있다.

[그림 6-13] 해상화물인도지시 서비스 구성도

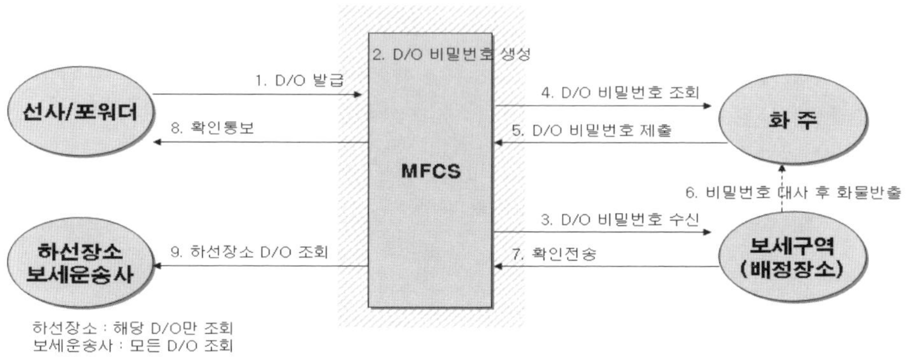

자료: 한국무역정보통신(KTNET).

3. 보세운송 적하목록 검색서비스(MAPAS)

보세운송사의 EDI 신고 담당자가 보세운송신고를 위하여 많은 양의 적하목록을 한건씩 확인하여 입력하던 방식과는 달리 검색엔진을 이용하여 MFCS로부터 적하목록의 내용을 신속하게 검색하여 동 정보를 Download하여 업무에 활용하는 서비스다. 주요기능으로는 Web MFCS 화면 검색이 아닌 적하목록 데이터 송수신 방식에 의하여 검색작업을 실시하여 적하목록 내용을 신속하게 검색함으로써 인력 및 업무시간을 단축할 수 있게 되며, 사전에 사용자가 입력한 검색조건에 의하여 검색할 수 있어 업무효율의 증대를 가져올 수 있으며, 다양한 EDI 전송 시스템과 연동할 수 있어(즉, 보세운송회사의 S/W와 Web EDI 등을 병행적으로 연계할 수 있음) 원활한 정보 활용이 가능하다. 또한 작업지시서 및 적하목록 내역의 출력이 가능하고 기술의 발달로 인한 업그레이드를 통하여 다양한 검색기능을 자유롭게 추가할 수 있다. [그림 6-14]는 MAPAS 전용프로그램으로서 입항정보를 조회하여 화물처리상태 및 처리일자를 확인하는 화면이다.

[그림 6-14] MAPAS 입항정보 검색 화면

	편명	입항일	입항시간	MRN	도착항	처리상태	처리일자	MAWB	HAWB	진행시간	정정건	STATE	이전처리일자
1	KE8524	20041026	05:43	04KE6KSAPI6	ICN	화물없음	10-26 07:35	(0)0	(0)0	10-26 17:16		X	10-26 07:35
2	5X6995	20041026	11:17	045X5EBAQI2	ICN	하기보고	10-26 14:38	(10)10	(28)28	10-26 17:16		O	10-26 10:54
3	9S977	20041026	12:20	049S0R5API7	ICN	접수마감	10-26 12:06	(0)0	(0)0	10-26 17:16		B	
4	AC063	20041026	15:35	04AC01RAPI1	ICN	분류마감	10-26 16:59	(2)2	(1)1	10-26 17:16		M	10-26 05:02
5	AF264	20041026	07:10	04AF07CAPI9	ICN	하기보고	10-26 16:54	(20)20	(26)26	10-26 17:16		O	10-26 09:49
6	B70052	20041026	10:30	04B701GAQI0	ICN	분류마감	10-26 11:55	(5)5	(6)6	10-26 17:16		M	10-26 10:54
7	BR1160	20041026	18:10	04BR0W8AQI8	ICN	취합중	10-26 16:00	(0)19	(0)9	10-26 17:16		A	
8	CA123	20041026	11:50	04CA03FAQI4	ICN	하기보고	10-26 16:18	(0)15	(0)64	10-26 17:16		O	
9	CA125	20041026	17:00	04CA03HAQI0	ICN	2차접수	10-26 17:18	(0)7	(0)32	10-26 17:16		K	
10	CA127	20041026	12:50	04CA03JAQI6	ICN	분류마감	10-26 14:08	(0)5	(0)9	10-26 17:16		M	
11	CA129	20041026	11:30	04CA03LAQP3	PUS	분류마감	10-26 13:12	(0)5	(0)4	10-26 17:16		M	10-26 10:47
12	CA135	20041026	12:00	04CA03RAQP1	PUS	분류마감	10-26 12:05	(0)3	(0)1	10-26 17:16		M	10-26 10:52
13	CA139	20041026	15:15	04CA03VAQI2	ICN	분류마감	10-26 16:58	(0)2	(0)0	10-26 17:16		M	
14	CA435	20041026	14:15	04CA0C3AQI1	ICN	분류마감	10-26 16:03	(0)2	(0)0	10-26 17:16		M	
15	CX2046	20041026	07:35	04CX1KUAQI1	ICN	분류마감	10-26 08:52	(15)15	(1918)1918	10-26 17:16		M	10-26 08:52
16	CX410	20041026	14:02	04CX0BEAQI5	ICN	분류마감	10-26 16:02	(0)46	(0)164	10-26 17:16		M	
17	CX418	20041026	18:21	04CX0BMAQI9	ICN	취합중	10-26 15:23	(0)15	(0)96	10-26 17:16		A	
18	CZ337	20041026	11:35	04CZ09DAQI7	ICN	분류마감	10-26 14:22	(0)7	(0)143	10-26 17:16		M	
19	CZ681	20041026	11:35	04CZ0IXAQI1	ICN	하기보고	10-26 16:17	(28)28	(6)8	10-26 17:16		O	10-26 10:06
20	CZ685	20041026	10:40	04CZ0J1AQI3	ICN	하기보고	10-26 16:09	(32)32	(111)248	10-26 17:16		O	10-26 10:38
21	CZ687	20041026	10:50	04CZ0J3AQI9	ICN	분류마감	10-26 13:05	(4)4	(2)2	10-26 17:16		M	10-26 09:05
22	EF308	20041026	20:20	04EF08KAQC9	CJU	선별마감	10-26 17:12	(0)2	(0)0	10-26 17:16		D	
23	EF310	20041026	13:00	04EF08MAQP4	PUS	취합중	10-26 13:33	(0)0	(0)0	10-26 17:16		A	

자료: 한국무역정보통신(KTNET).

참고문헌

[국내문헌 및 자료]

1. 무역실무 매뉴얼(한국무역협회, 2006)
2. 수출입물류운송실무(허문구·한승철, 한국재정경제연구소)
3. 수출입물류중심의 국가물류정보체계 혁신(BPR/ISP) 사업 보고서
4. 수출입물류 종합정보서비스(1차, 2차, 3차) 사업계획서(2004, 2005, 2006)
5. 관세청, 수출입통관 및 보세화물 제도개선방향(2002년도 정부물류정책 합동설명회 자료)
6. 산업연구원, eTrade 확산과 관세청의 대응전략 연구(2003)
7. 관세청, 보세화물 하선 하기 적재에 관한 고시
8. 관세청, 수출통관 사무처리에 관한 고시
9. 관세청, 수입통관 사무처리에 관한 고시
10. 관세청, 화물관리전문요원 교육자료(2003)
11. 관세청, 초일류세관을 위한 관세행정 개선방향(2003)

[웹사이트]

1. 관세청 홈페이지(www.customs.go.kr)
2. KTNET cTradeWorld 홈페이지 (www.ctradeworld.com)

제 3 편

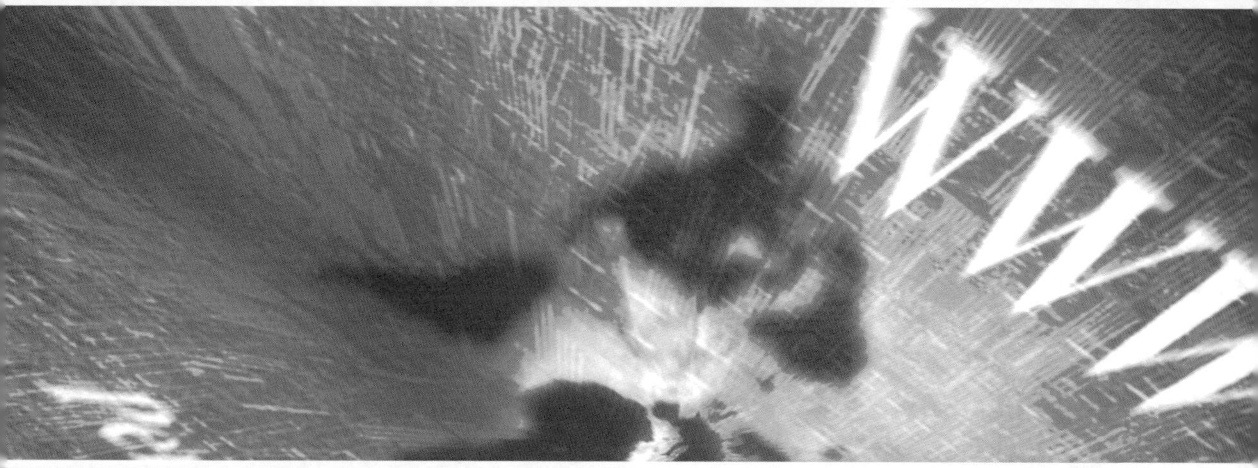

무 • 역 • 물 • 류 • 사 • 이 • 버 • 거 • 래 • 론

통관 프로세스와 정보화

CHAPTER

7

전자통관 프로세스

제 1 절 수출입통관 프로세스의 개요

1. 통관의 의의와 종류

(1) 통관의 의의

통관(Customs Clearance)이란 일반적으로 관세법에서 규정한 절차에 따라 물품을 수출·수입 또는 반송하는 것을 말하는데, 구체적으로는 수출·수입 또는 반송 신고한 물품을 수출·수입 또는 반송하도록 허용하는 행위인 신고수리를 의미한다. 이러한 통관제도는 수출입하는 물품에 대한 관세, 내국세 등 각종 조세를 부과 징수하여 재정수입을 확보하는 것 이외에 국가정책상 필요한 각종의 규제사항을 집행하는 데에도 그 목적이 있다.

(2) 통관의 종류

통관은 크게 수입통관·수출통관·반송통관으로 구분할 수 있는데, 수출(입)통관은 물품이 국내(외국)에서 외국(국내)으로 이동하는 경우이고, 반송통관은 외국물품이 국내에 이동했다가 외국물품 상태 그대로 다시 외국으로 이동하는 경우를 말한다. 통관은 또한 절차의 편의에 따라 일반(정식)통관과 간이통관으로 분류할 수 있으며, 수입통관은 다시 관세의 부과방식에 따라 수입자가 자율적으로 세액을 신고하는 신고납부방식과 세관에서 세액을 직접 부과하는 부과고지방식으로 나눌 수 있다.

2. 수출입의 개념

(1) 수출의 개념

관세법상 "수출"이라 함은 내국물품을 외국으로 반출하는 것으로서, 수출하고자 하는 물품이 대외무역법 및 관계법령 등에 의하여 수출이 가능한 물품인지 여부를 먼저 확인하여야 하며, 대금영수방법에 대하여도 외국환거래법의 관계규정에 의거하여 제약이 없는지 사전 확인하여야 한다. 한편 "내국물품"이라 함은 다음에 해당하는 물품을 말한다.

1) 우리나라에 있는 물품으로서 외국물품이 아닌 것
2) 우리나라의 선박 등에 의하여 공해에서 채집 또는 포획된 수산물 등
3) 입항 전 수입신고가 수리된 물품
4) 수입신고 수리 전 반출승인을 얻어 반출된 물품
5) 수입신고 전 즉시 반출신고를 하고 반출된 물품

〈대외무역법상의 "수출"과 비교〉

대외무역법상 수출	수출승인에서부터 대금영수까지 포함하여 일련의 수출절차로 파악
관세법상 수출	국경(관세선)을 중심으로 수출신고 수리시점을 기준으로 반출하는 개념으로 파악(수출이 성립되는 반출시점은 정해진 기간에 운송수단에 적재하는 사실행위에 의해서 이루어짐)

대외무역법상 "수출"의 개념(대외무역법시행령 제 2 조 제 3 호)

① 매매 · 교환 · 임대차 · 사용대차 · 증여 등을 원인으로 국내에서 외국으로의 물품의 이동(우리나라 선박에 의하여 외국에서 채취 또는 포획한 광물 또는 수산물을

외국에 매도하는 것을 포함)
② 유상으로 외국에서 외국으로 물품을 인도하는 것으로서 지식경제부장관이 정하여 고시하는 기준에 해당하는 것
(②항: 해외건설현장에서 사용하던 기자재를 국내로 들여오지 않고 외국에서 매각하고 대금은 국내에서 영수하는 현지인도 수출과 중계무역에 의한 수출입 등)

(2) 수입의 개념

관세법상 "수입"이라 함은 외국물품을 우리나라에 반입하거나, 소비 또는 사용하는 것을 말하는데, 보세구역을 경유하는 경우에는 보세구역으로부터 반입하는 것도 수입으로 본다. 여기서 "외국물품"이라 함은 외국으로부터 우리나라에 도착된 물품으로서 수입의 신고를 수리하기 전의 것과 수출신고가 수리된 물품을 말하며, 외국의 선박 등에 의하여 공해(the high seas)에서 채집 또는 포획된 수산물 등을 포함한다. "우리나라"라 함은 영토적 개념 이외에 영해를 포함하므로 영토 이외에 영해 12해리를 포함한다.

〈대외무역법상의 "수입"과 비교〉

대외무역법상 수입	수입승인에서부터 대금지급까지 포함하여 일련의 수입절차로 파악
관세법상 수입	국경(관세선)을 중심으로 우리나라에 반입하는 개념으로 파악

대외무역법상 "수입"의 개념(대외무역법시행령 제2조 제4호)
① 매매 · 교환 · 임대차 · 사용대차 · 증여 등을 원인으로 외국으로부터 국내로의 물품의 이동
② 유상으로 외국에서 외국으로 물품을 인수하는 것으로서 지식경제부장관이 정하여 고시하는 기준에 해당하는 것
(②항: 해외건설현장에서 사용하기 위한 기자재를 외국에서 구입하여 사업현장에 송부하고 대금은 국내에서 지급하는 외국도착수입과 중계무역에 의한 수출입 등)

(3) 반송의 개념

우리나라에 반입된 외국물품을 외국물품인 상태 그대로 외국으로 반출하는 것을 말하며 내국물품이 아닌 외국물품을 반출한다는 점에서 수출과 구별

된다.

3. 수출입의 금지 및 규제

(1) 개 요

물품의 수출입에 관하여는 관세법은 물론 대외무역법 등 타 법령에서도 많은 규제를 하고 있으나 관세법에서 규정한 금지사항은 어떠한 경우에도 수출입을 할 수 없는 절대적 금지이며, 타 법령에서 규제하는 사항은 특정한 경우에 그 규제를 해제할 수 있는 상대적 금지를 규정하고 있다.

(2) 관세법상 수출입 금지물품

헌법질서를 문란하게 하거나 공공의 안녕질서 또는 풍속을 해치는 서적, 간행물, 도서, 영화, 음반, 조각물 기타 이에 준하는 물품, 정부의 기밀을 누설하거나 첩보활동에 사용되는 물품, 화폐, 채권, 기타 유가증권의 위조품 · 변조품 또는 모조품 등은 관세법에 의하여 수출 또는 수입할 수 없도록 규정하고 있다.

(3) 타 법령에 의한 수출입 규제

대부분의 물품은 대외무역법의 규정에서 정하는 바에 따라 규제되고 있으며, 일부의 물품에 대하여는 대외무역법 이외의 특별법령의 적용을 받게 되는데, 이러한 규제법령의 종류와 대상 물품은 매년 필요에 따라 재조정하고 있다.

4. 수입통관

(1) 수입통관제도의 변천

1) 수입물품에 대한 전량검사(1948~1978)

이 시기는 통관제도 운영 초창기로 관세수입 확보와 수입물품의 100%검사에 주안점을 두었으며, 수입신고를 하고자 하는 자는 당해 물품을 보세구역에 반입하고 보세구역 운영인에게 장치확인을 받은 후, 수입신고서에 장치확인서류를 첨부하여 신고를 하였고 세관의 통관심사도 엄격하게 이루어졌다.

2) 신고납부제도 도입 및 운영(1978~1988)

이 시기에는 수입신고에 대한 세액을 화주가 직접 계산하여 신고하는 신고 납부제를 처음 도입하였다. 그러나 형식은 신고납부제도이지만 실질적으로는 납세고지서 교부방식으로 제도를 운영하였다. 한편 수입물품에 대한 100% 검사 제도를 일부 완화하여 검사 생략물품을 별도로 지정하여 운영하였다.

3) 우범화물 선별검사에 의한 수입통관(1989~1993)

이 시기에는 세관의 수입물품 검사에 있어 큰 변화가 일어난 시기로 종래 100 % 전량검사방식을 폐지하고, 검사생략을 원칙으로 채택하여 예외적으로 필수 검사 대상물품과 불규칙 검사대상물품을 지정하여 운영하였다. 또한 국제무역 증가에 따른 화물운송의 표준화로 그 이용률이 급증하고 있는 컨테이너 화물의 효율적 관리를 위하여 1989년 12월에 컨테이너 내장장치승인물품을 별도로 지정하고, 컨테이너 내장검사 제도를 도입하였다.

4) 완전한 신고납부제도로 전환(1993~1996. 6)

1994년도부터 세관에서의 신고납부서 교부제가 폐지됨에 따라 형식적인 신고납부제도에서 수입화주의 신고내용을 실질적으로 인정하는 신고납부제도로 전환하게 되었으며, 원칙적으로 사후에 세액심사를 하도록 하였다. 또한 1993년도에 선박·항공기가 항구(공항)를 출항한 후 입항하기 전까지 제조업체의 시설기자재, 원재료 등 긴급히 통관해야 할 물품에 대하여는 세관 통관심사를 미리 받을 수 있도록 수입예정신고를 도입하였으며, 항공기로부터 수입되는 물품, 일본·동남아로부터 선박으로 수입되는 물품에 대하여는 수출국에서 출항전이라도 신고할 수 있도록 하였다.

5) 신고수리제도 도입과 EDI 수입통관(1996. 7~2003)

전통적인 수입신고 면허제를 폐지하고, 수입화주의 자율성을 보장하고 신속한 통관을 위하여 수입신고수리제도로 전환하였는데, 이는 1996년도부터 사회간접자본의 부족으로 인한 물류적체 현상을 통관절차 개선으로 해소하고자 하는 의도가 컸다. 신고수리제도로 인하여 통관절차는 간소화되었고 수입신고를 위한 의무적 보세구역 장치요건을 완화하고 세관의 수입요건 확인과 물품검사를 대폭 축소시켰다. 또한 종전에는 관세를 납부하여야 물품을 반출할 수 있어 수입통관이 지체되는 한 요인으로 작용하였으나, 수입절차와 납세절차를 분리함으로써 물품반출 후 관세를 납부할 수 있도록 관세의 사후납부제도를 도입하였다.

한편 1996년도에 EDI형 수입통관시스템의 개통으로 수입업체, 관세사, 은행, 검역소, 식품검사소, 수입유관기관 등과 세관간의 전산망을 연결하여 EDI 방식으로 수입신고 및 수리를 할 수 있고, 신고수리 및 결과를 확인해 볼 수 있도록 하였다. 또한, 수입자가 검사·검역물품이나 수입요건 확인대상물품을 수입하는 때에는 종래 검사·검역기관등에서 발행한 서류를 발급받아 세관에 다시 제출함으로써 통관이 가능하였으나, 1998년부터는 검사·검역기관 및 수출입요건확인기관과의 전산망 연계를 완료하였다.

그 후 1999년 7월부터는 성실업체가 신고하는 수입신고물품 중 통관심사에 어려움이 없는 물품을 대상으로 수입 P/L(Paperless) 신고 제도를 도입하였다. 2000년대 들어서 인터넷 보급 확산에 따라 우선 세관내부업무에 대한 인트라넷을 2년에 걸쳐 구축하고, 수입신고인이 인터넷을 이용하여 수입신고를 할 수 있도록 인터넷통관제도를 2005년 10월에 도입하였다.

(2) 현행 수입통관제도의 특징

1) 수입통관제도의 종류

수입통관은 기본적으로 수입물품이 우리나라에 도착하여 보세구역에 장치된 후 수입신고하고 수리하여 물품을 반출하는 순서로 진행되는데, 예외적으로 신속통관, 화주편의, 행정의 효율성 제고 등의 목적을 위하여 일부 절차가 생략되거나 절차의 순서가 조정된 다양한 수입통관절차를 수입업체가 선택적으로 이용 가능하다.

① 수입신고시기에 따른 구분

수입신고는 우리나라에 물품이 도착되기 전뿐만 아니라 선박(항공기)이 도착한 후 보세구역에 도착하기 전, 보세구역에 장치한 후 어떠한 시점에서도 신고가 가능하다. 물품을 어디에 두고 신고하느냐에 따라 편의상 출항 전 신고, 입항 전 신고, 보세구역 도착 전 신고, 보세구역 장치 후 신고로 구분하고 있으며, 출항 전 신고 및 입항 전 신고는 당해 물품을 적재한 선박 등이 우리나라에 입항하기 5일 전(항공기에 의한 경우에는 1일 전)부터 신고할 수 있다. 우리나라에 물품이 도착된 경우에는 이를 보세창고에 장치하여야 하는데 수입신고는 보세창고반입 전이나 반입 후 어느 때라도 가능하다.

가. 출항 전 신고

수입하고자 하는 물품을 적재한 항공기 또는 선박이 당해 물품을 적재한 공항 또는 항구를 출발하기 전에 수입신고를 하는 것을 말하는데, 항공기로 수입되는 물품 또는 일본, 중국, 대만, 홍콩으로부터 선박으로 수입되는 물품은 출항전신고가 가능하며, 수입물품을 적재한 선박이 도착할 입항예정지 세관장에게 수입신고를 하여야 한다.

나. 입항 전 신고

수입하고자 하는 물품을 적재한 항공기 또는 선박이 선적지 공항 또는 항구에서 출항한 후 우리나라 항구(공항)에 입항하기 전에 수입신고 하는 것을 말하는데, 출항전신고와 같이 수입물품을 적재한 선박(항공기)이 도착할 입항예정지 세관장에게 수입신고를 하여야 한다.

다. 보세구역 도착 전 신고

수입하고자 하는 물품이 우리나라 항구 또는 공항에 도착한 후 보세창고에 입고하기 전에 수입신고 하는 것을 말하는데, 이때의 보세구역이란 보세창고는 물론 부두 밖 컨테이너 보세창고 및 컨테이너 내륙통관기지, 선상도 포함한다.

라. 보세구역 장치 후 신고

수입물품이 입항예정지에 도착하여 보세구역에 장치된 후 관할 세관에 신고하는 것을 말한다. 수입신고 시기별로 구분하였을 때, 82 %의 가장 높은 비중을 차지하고 있다(〈표 7-1〉 참조).

〈표 7-1〉 신고 시기별 수입통관 건수(06. 1~9)

구 분	출항전 신고	입항전 신고	보세구역 도착전 신고	보세구역 장치후 신고	합계
건 수	40	198,941	327,539	2,961,913	3,488,433
비율(%)	-	6.1	11.9	82	100
금액(US million)	2	41,390	7,691	141,467	190,550

자료: 관세청.

② 수입신고 수리방법에 의한 구분

수입신고수리란 수입자가 신고한 내역에 대하여 세관에서 이를 적법하고 정당하게 이루어졌다고 인정하여 통관을 허용하는 행위를 말하는데, 수입신고는 신고서의 수리 방법에 따라 P/L 신고(전산에 의한 심사) 수리, 서류제출신고수리, 목록통관 등 자동 수리의 3가지로 구분한다. 1999년 P/L 수입신고제도 도입 이후 P/L 신고 수리 비율이 점차 증가하여 70% 이상을 차지하고 있다.

〈표 7-2〉 신고 수리 방법별 수입통관 현황

연도		P/L 수리	서류 심사	자동 수리	합계
2005	건수	3,475,843	927,467	378,501	4,781,811
	비율(%)	72.7	19.4	7.9	100
	금액(US million)	212,228	48,772	238	261,238

자료: 관세청.

가. P/L(Paperless) 신고(전산에 의한 심사) 수리

수입자가 신고서류를 제출하기 위하여 세관에 직접 방문하지 아니하고 전자서류에 의하여 신고·심사·수리를 할 수 있다. 신고서류 제출생략으로 세관방문이 필요 없는 수입신고를 원칙으로 하고, 예외적으로 서류심사가 필요한 일부 물품에 한정하여 신고서류를 제출한다.

나. 서류제출신고 수리

수입자가 신고 자료를 세관에 전산망을 이용하여 전송하고, 신고서 및 첨

부서류를 제출·서류심사·수리를 하는 경우이다.

다. 목록통관 등 자동수리

국제운송방법 중 가장 신속한 운송방법으로 수출용 원·부자재, 샘플, 수리용 물품을 Door to Door로 배달하는 특송화물에 대해서는 간이통관절차가 적용되므로, 목록제출만으로 간단하게 통관할 수 있다.

③ 수입신고 처리절차에 의한 구분

수입신고의 처리절차에 따라 정식통관과 간이통관으로 구분할 수 있는데 정식통관은 일반 수입신고 물품에 대한 통관절차이고, 간이통관은 특송화물, 우편물, 이사화물 등에 대한 통관절차를 말한다.

2) 수입 P/L 통관제도의 전면 시행

수입물품 통관시 전산신고 후 세관에 첨부서류 등을 별도로 제출함에 따라 물류흐름의 지체요인이 발생하여 기업의 국제경쟁력 강화를 위한 물류신속화 추진 방안으로 세관방문이 필요 없는 통관제도의 전면적인 실시가 필요하게 되었다. 이에 수입 P/L신고를 원칙으로 하고, 예외적으로 필요시에만 수입신고서류를 제출토록 2003년도에 개편 시행하였다. 2002년까지는 성실업체가 수입하는 우범성이 적은 물품에 한하여 P/L신고를 허용하였으나 현재는 검사대상·사전세액심사 대상물품 등 통관단계에서 반드시 서류 확인이 필요한 경우에만 예외적으로 무역서류를 제출하도록 하고 있다.

3) 간이수입통관 제도

간이수입통관제도는 예외적 수입통관절차로서 여행자 휴대품이나 탁송품·우편물과 같이 소량이면서 빈번하게 수입되는 물품에 대하여 일반수입통관절차를 거치게 하는 것은 비효율적이므로, 일반 수입신고를 생략하거나 관세청장이 정하는 간이한 방법으로 신고할 수 있도록 하고 있다.

① 특급탁송물품

특급탁송물품은 일정금액 이하인 경우 간이한 방법으로 수입 통관할 수 있으며, 해당 요건 및 신고 방법은 미화 100달러 이하로서 법령상 통관요건확인대상이 아닌 경우에는 목록에 의하여 통관하거나, 100달러 초과 2,000달러 이하인 경우에는 간이신고에 의하여 통관하고, 법령상 허가·승인·검역 등을 받아야 하는 물품은 일반수입신고절차에 따른다.

② 우편물

관세법과 국제협약(만국우편연합)에 의하여 모든 국제우편물은 세관의 검사를 받도록 하고 있으며, 국제우편물 One-Stop 집중통관체제 시행에 따라 관세청장이 정보통신부장관과 협의하여 현재 전국 2개 우체국을 운영하고 있다. 외국에서 반입된 우편물은 X-ray기 투시 후 편지, 카탈로그, 서적 등 관세가 무세이거나 통관이 허용되는 물품으로서 과세가격 15만원 이하의 소액물품은 현장에서 면세 통관하고, 수취인의 주소 성명이 명확하고 수입제한이 없는 물품으로서 미화 600달러 이하의 물품은 현장에서 과세통관하며 기타의 물품은 일반수입통관절차에 따라 처리한다.

③ 이사화물

우리나라로 주거를 이전하기 위하여 입국하는 자가 입국하는 때에 수입하는 이사물품으로서 거주이전의 사유, 거주기간, 직업, 가족수, 기타의 사정을 고려하여 관세를 면제한다. 이사자는 우리나라 국민으로서 외국에 주거를 설정하여 2년 이상 거주한 자 또는 외국인으로서 우리나라에 주거를 설정하여 2년 이상 거주할 자를 말하며, 준이사자는 1년 이상, 단기체류자는 3월 이상 체류한 자를 말한다. 이사물품은 주거를 설정하여 생활하는데 필요한 것으로서 세관장이 당해 이사자의 직업, 거주이전의 사유 등을 감안하여 타당하다고 인정하는 물품이 해당된다.

5. 수출 및 반송 통관

(1) 수출통관의 의의

수출통관이란 우리나라에서 외국으로 물품을 수출하고자 하는 경우 반드시 거쳐야 하는 일련의 법정 세관절차로 물품을 수출하고자 하는 자는 당해물품의 장치장소를 관할하는 세관장에게 신고하여 수리를 받아야 한다.

수출신고는 관세사, 관세사법인, 통관취급법인 또는 수출화주(완제품공급자 포함)의 명의로 한다. 수출물품이 확보되면 당해물품을 적재하기 전까지 수출물품이 장치된 지역을 관할하는 세관장에게 당해물품을 외국으로 반출하고자 하는 선박 또는 항공기의 적재단위별로 신고하여야 한다. 수출신고 방법은 서류 없는(P/L) 신고와 서류제출신고가 있으며, 서류제출대상물품인 경우에는 세관에 별도의 서류를 제출한다.

(2) 간이수출통관

간이수출통관이란 정식통관절차를 거치지 않고 간편한 방법에 의하여 수출신고를 하는 것으로 송품장, 간이통관목록 또는 우편물목록 제출로 수출신고를 대신할 수 있다. 유해 및 유골, 외교행낭으로 반출되는 물품, 신문·뉴스취재 필름·녹음테이프 등 언론기관 보도용품, 카탈로그·기록문서와 서류가 이에 해당한다. 간이수출신고 방법으로 간이신고 대상물품은 송품장, 간이통관목록 또는 우편물 목록을 제출하거나 이에 갈음하는 간이통관 목록자료를 전자문서로 세관장에게 전송한다.

(3) 수출물품의 적재

1) 적재 기간

수출신고가 수리된 물품은 수출신고가 수리된 날부터 30일 이내에 우리나라와 외국간 왕래하는 운송수단에 적재하여야 한다. 적재 스케줄 변경 등 부득이한 사유가 있는 경우에는 통관지 세관장에게 적재기간 연장승인(신청)서를 제출하여 수출신고 수리일로부터 1년의 범위 내에서 적재기간 연장승인을 받을 수 있다.

2) 선사(항공사)를 통하지 않은 반출물품의 적재 처리

수출신고 수리된 물품을 우편 발송하고자 하는 경우 통관우체국의 세관공무원 또는 우체국장(별정우체국 또는 우편취급소는 제외함)에게 현품 및 수출신고필증을 제출하여 우편발송확인을 받아야 한다. 또한 휴대탁송(Hand carry)의 경우로서 수출신고 수리된 물품을 출국시 휴대하여 반출하고자 할 때 출국심사 세관공무원 등에게 수출신고필증 사본을 제출하여 적재 확인을 받아야 한다.

(4) 반송통관

반송이란 수출신고 수리물품을 제외한 외국물품을 국내로 수입하지 아니하고 외국으로 반출하는 것을 말한다. 이러한 반송의 유형에는 상사간의 계약취소 등으로 반송되는 경우 외에도 수입신고수리 요건 등을 구비하지 못하여 통관이 보류된 물품, 위탁가공계약에 의하여 해외에서 위탁 가공하여 보세구역 반입 후 외국으로 반출하는 물품, 보세전시 종료 후 외국으로 반출하는 물품, 보세판매장에 반입되어 판매중인 외국물품이 변질, 고장 등의 사유로 판매하지 못하여 운영인이 외국으로 반출하고자 하는 물품 등이 있다.

이러한 반송물품도 관세법 제241조의 규정에 의하여 물품소재지를 관할하는 세관장에게 반송신고수리를 받아 반출하여야 하며, 신고는 당해물품이 관세법에 규정된 장치장소에 있는 경우에 한하여 할 수 있다.

제 2 절 통관정보화의 개념과 정보화 현황

1. 통관정보화의 개념과 의의

우리나라는 1970년대부터 수출 진흥을 통한 경제성장에 국가역량을 집중해 왔다. 이러한 환경에서 고객들의 요구사항은 무엇보다도 신속하고 간편한 원자재 확보와 수출지원이 가능하도록 지원할 수 있는 통관업무의 전산화가 시급한 실정이었다. 지속적으로 증가하는 수출입 물동량에 효율적으로 대처하고, 신속한 통관 제도 및 절차의 간소화 등의 업무를 효율적으로 처리하기 위해 업무처리 절차의 전산화가 추진되었다. 이렇게 시작된 통관정보화는 제도 및 절차를 간소화하고, 업무 절차를 전산화하여 업무 및 문서의 표준화를 꾀하였다. 그리고 업무 처리의 기준을 객관화한 관세행정을 통해 신속한 통관으로 물류흐름을 촉진하고, 부대비용을 감소시켜 관세행정 업무의 투명성과 효율성을 높여 대국민 서비스의 질적 향상과 국가경쟁력 제고를 목표로 추진되었다.

국가행정전산망 6대 사업의 하나로 통관업무가 선정됨에 따라, 1985년부터 약 5년간에 걸쳐 항공화물 통관관리시스템을 개발하여 1990년부터 운영을 시작하였고, 파일전송 방식에 의한 수출입신고서 처리업무를 전산화하였다. 이러한 서류 없는 관세행정 시대는 세관을 방문할 필요 없이 모든 업무를 온라인으로 처리할 수 있으며, 수출입 유관기관과 전산망을 연계하여 모든 서류의 전자적 확인이 가능하게 되었다. 또한 수출입신고필증, 수입세금계산서, 보세운송승인서, 환급금지급통지서 등의 서류를 전자적으로 교부할 수 있게 되었다.

[그림 7-1] 통관정보 시스템 구성도

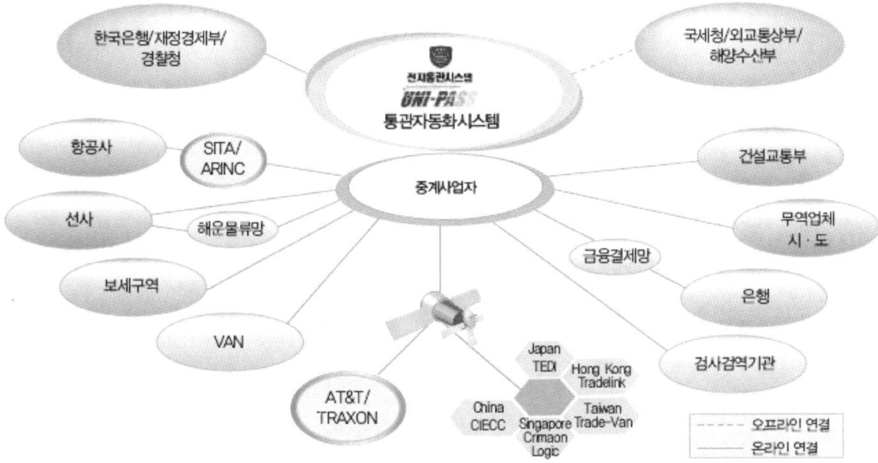

자료: 행정자치부, 「2006 전자정부사업 연차보고서」.

이러한 정보시스템 도입에 따른 과학적 위험관리(Risk Management) 체계에 의한 우범화물 선별을 통해 물품 전량검사제가 선별검사제도로 전환되었으며 검사비율도 최소화되었다. 아울러 관세행정 제도의 지속적 개선 및 간소화로 통관 관련 신고서류 및 절차가 대폭 감축되고, 수출의 경우 업무처리 절차가 8단계에서 4단계로 대폭 축소하였다.

2. 통관정보화 추진경과

관세청의 전산화는 1970년대 무역통계 업무에서부터 시작되었으나, 본격적인 정보화는 1990년대 초부터 추진되었다. 국가행정전산망 6대 사업의 하나로 통관업무가 선정됨에 따라, 1985년부터 약 5년간에 걸쳐 항공화물 통관관리 시스템(CCS)을 개발, 1990년부터 본격적인 운영에 들어갔다. 1992년 EDI 통관자동화시스템의 전 단계로써 파일전송시스템을 개발하여 운영한 관세청은 21세기 관세행정 비전을 효과적으로 달성하기 위하여, 1992년 'EDI 통관자동화 6개년 종합계획'을 수립하면서 본격적인 EDI 통관시스템을 구축하기 시작하였다. 'EDI 통관자동화 6개년 종합계획'은 무역업체, 운송업체, 보세창고 등 통관관련 업계에서 요구한 신고 항목의 표준화, 제출 서류의 간소화, 신고절차의 전산화, 화물추적정보 등 민원서비스 개발 등 고객 요구사항을 반영하여 수립되었다. EDI 시스템은 당시 미국, 호주 등 몇몇 선진국만이 시범운영하고 국내 타 정부기관에서는 도입을 전혀 고려하지 않았던 새로운 IT 기술이었다. 관세청은 한국무역정보통신(KTNET)을 통관망 접속 지정사업자로 선정하여 관련 전자문서 표준화 및 외부 사용자와의 인터페이스 등의 기능을 담당하도록 하였다. 동 기본 계획에 의거 1994년부터 1998년까지 EDI 수출입통관, 화물관리, 환급시스템 등을 성공적으로 구축하였다.

그리고 정보를 축적·활용하고, 신속한 통관절차를 악용하는 불법·부정 무역을 효과적으로 단속하기 위해 조사감시 정보시스템을 구축해 조사·감시 업무의 전산화를 완료했으며, 1999년에는 수입 P/L 시스템을 구축해 수입신고시 별도로 제출해야 할 수입요건확인서류 등 부대서류 제출을 생략했다. 2000년대 들어서면서 인터넷 인프라가 확충되고 e-Business 산업이 활성화되면서 고객들의 요구도 한층 다양해지게 되었다. 또한 중국 등 신흥국가와의 수출경쟁력 제고를 위해 통관시간을 더 단축하고 신고비용이 저렴한 인터넷 방식의 수출입통관시스템을 도입할 필요성이 대두되었다.

한편 국제연합(UN), 세계관세기구(WCO) 등에서는 무역업체가 수출입을 위하여 여러 수출입기관에 일일이 신고를 하여야만 통관이 가능한 업무절차가 또 다른 무역장벽으로 작용하고 있음을 인식하고 원스톱 일괄처리가 가능한 단일창구(Single Window)를 각 국가에서 도입할 것을 권고하게 되었다. 이에 따라 인터넷으로 수출입신고 및 수출입 유관기관 전자민원 시스템을 개발하였으며, 대부분의 수출입요건확인기관이 참여하여 전체 수출입업무의 93%가 한 번의 신고만으로 처리가 되는 통관단일창구를 구축하였다.

[그림 7-2] 통관정보화 추진경과

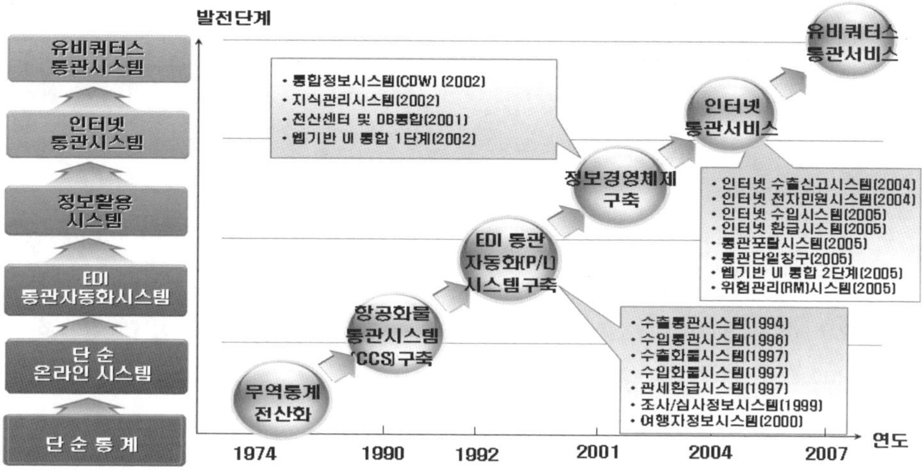

자료: 관세청.

3. 통관정보화의 추진성과

1974년 113억 달러이던 수출입물동량은 2006년 6,000여 억 달러로 크게 증가하고 해외여행자도 급속도로 증가하는 등 업무량이 폭증한 반면, 관세청 직원 수는 약 2배 정도 증가하는 데 그쳤음에도 통관정보화를 통한 전자통관시스템의 구축을 통하여 수출입통관지원이 차질 없이 가능하게 되었다.

또한 각 통관업무 영역별로 업무처리시간은 최고 4.7시간, 업무단계 최고 4단계로 단축된 반면, 1일 평균 처리건수는 최고 29,739건이 증가하는 등 전자통관시스템을 통하여 관세행정의 근원적 혁신이 이루어진 것으로 평가되고 있다. 전자통관시스템이 구축됨에 따라 수출통관 2분 이내, 수입통관 2.5시간, 관세 환급 5.2시간, 세금납부가 10분 이내에 처리됨으로써 세계관세기구(WCO) 회원국 전체 169개 국가 중 가장 빠른 통관시스템을 구축하게 되었다.

그리고 2005년 한국정보사회진흥원의 "관세행정 정보화 성과측정보고서"에 의하면 전자통관시스템 도입에 따라 시간 및 비용 절감효과 6,900억원, 인터넷 및 싱글윈도우 도입효과 199억원, 화물처리시간 단축 및 예측효과 12,142억원, 창고비용 절감 및 공항만시설 효율화 효과 11,562억원, 기타 산업파급효과

7,982억원 등 연간 총 3조 8천억원의 경제적 효과가 있는 것으로 분석되었다.

4. 통관정보시스템 현황

(1) 통관업무처리

1) 인터넷 통관포털

인터넷의 급속한 확산과 웹 기반 기술의 발전에 적합한 통관 시스템 구축을 추진하여 사용자의 편의성을 증진하고 시스템의 연계와 확장성을 강화하기 위해 인터넷 통관지원시스템을 구축함으로써 기존 EDI 방식과 병행 운영하고 있다. 이는 고객요구와 편의에 맞춰 언제 어디서나 신속·편리한 수출입신고가 가능한 것으로 인터넷을 이용한 수출입신고 및 결과 조회, 수출입신고 시스템 이용 및 작성 안내 기능을 제공한다. 인터넷 서비스 제공으로 기업의 업무 효율성이 증대되며, FTA 체결증가 등 전자무역 확산에 유연하게 대응하는 수출입통관 서비스를 제공한다.

[그림 7-3] 인터넷 통관포털 개념도

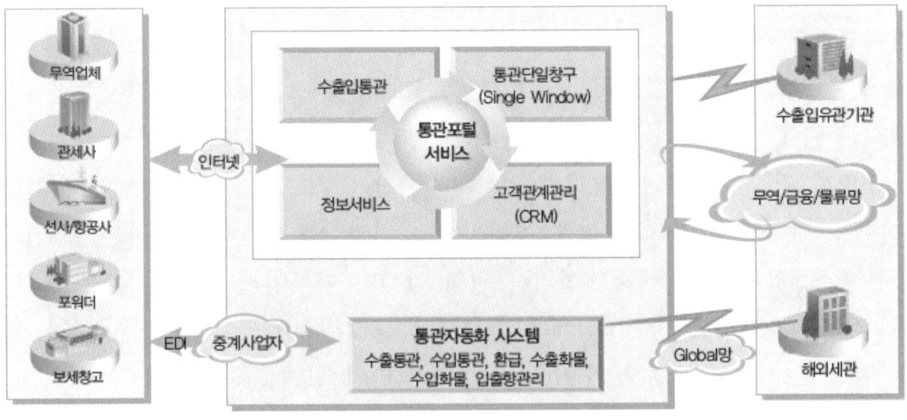

자료: 행정자치부, 「2006 전자정부사업 연차보고서」.

2) 통관단일창구(Single Window) 시스템

인터넷 기반의 요건확인 신청 및 수입신고의 One-Stop 서비스를 제공하고 자료의 중복입력과 전송으로 인한 불편 및 업무의 비효율성을 줄이기 위하여 요건확인기관 연계 통관단일창구(Single Window)를 구축하여 서비스하고 있다. 유사항목의 통·폐합 및 신고 항목 간소화를 통하여 신고 서식을 표준화하고, 요건확인신청과 수입신고서 작성을 동시에 할 수 있도록 구현하였다(상세 내용은 8장 "수출입통관시스템" 참조).

(2) 화물업무처리

1) 수입화물 통관진행정보시스템

무역업체는 수입화물 통관진행정보 시스템을 통하여 입항에서 물품인수(입항, 하역, 보세운송, 보세창고 반입, 수입통관, 보세구역 반출)에 이르기까지 수입화물의 처리 절차를 실시간으로 확인하여 다음에 해야 할 조치를 취함으로써 신속하게 화물을 처리할 수 있고 분실 등을 방지할 수 있다.

[그림 7-4] 수입화물 통관진행시스템 구성도

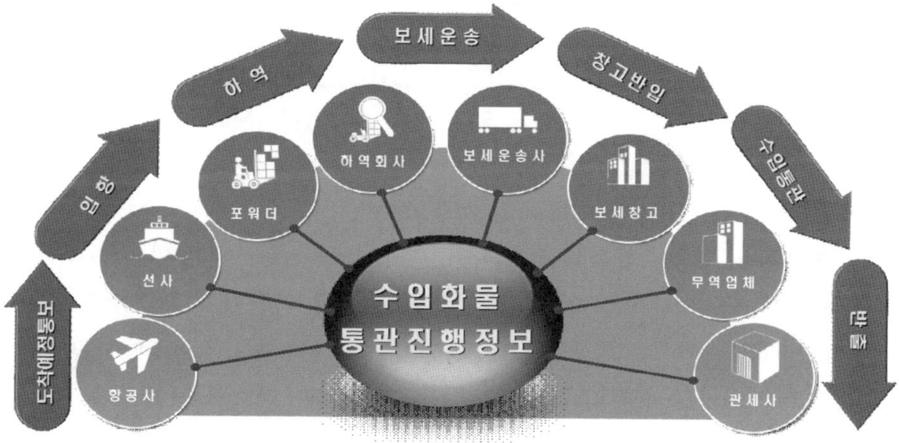

자료: 관세청.

수입화물 통관진행정보 서비스는 기본적으로 국내에서 발생되는 모든 수출입화물 관련 정보를 관세청으로 신고하도록 하여 축적된 정보를 활용하여 제공된다. 세관은 이 시스템을 이용하여 화물의 처리단계별로 처리시간을 측정하고 지체요인을 파악하여 개선함으로써 화물의 처리시간을 획기적으로 단축할 수 있다. 수입화물의 입항에서 물품인수까지 진행 상태를 실시간으로 확인 가능하며, 화물관리번호, 선하증권번호 등 다양한 조건을 입력하여 검색하는 기능을 제공한다.

[그림 7-5] 화물진행정보 조회 화면

번호	처리구분 / 수신일시	장치장/장치위치 / 장치장명	반출입(처리)일자 / 반출입(처리)내용	신고번호 / 반출입근거내용
1	적하목록제출	03070268		입항예정일
	2005-05-03 16:34	동부부산보세창고		2005-05-04
2	하선신고	03070268		05030125658
	2005-05-04 9:10	동부부산보세창고		머스크
3	반입	03070268	2005-05-04 17:41	03070268-05-23642A
	2005-05-04 17:41	동부부산보세창고	입항 반입	
4	보세운송	03070268	(도)13112017 의왕ICD	03010010005005606798
	2005-05-04 17:57	동부부산보세창고	대한통운(주)	
5	반출	03070268	2005-05-05 10:49	03070268-05-23434A
	2005-05-05 10:50	동부부산보세창고	보세운송 반출	03010010005005606798
6	반입	13112017	2005-05-06 08:00	13112017-05-11595A
	2005-05-06 08:00	의왕ICD	보세운송 반입	03010010005005606798
7	수입신고	13112017	40659-05-8016208	경기관세사
	2005-05-06 13:12	의왕ICD		
8	수입신고수리	13112017	40659-05-8016208	경기관세사
	2005-05-06 14:51	의왕ICD		
9	반출	13112017	2005-05-07 10:16	13112017-05-12414A
	2005-05-07 10:17	의왕ICD	수입신고 수리후 반출	40659058016208

자료 : 관세청

2) MFCS(Manifest Consolidation System)

수출입화물의 적하목록을 취합하여 세관에 전송해주는 서비스로 모든 화물의 총량관리를 위하여 선박이나 항공기에 적재된 화물의 총괄목록인 적하목록을 세관에 제출해야 하는 선사 및 항공사를 대신하여 용선사와 포워더들의 화물목록을 취합하여 제출할 수 있도록 지원하는 시스템으로 적하목록 취합 및 물류업체간의 정보공유가 가능하다(상세 내용은 제 4 장 "전자물류 프로세스" 참조).

(3) 위험관리

1) CDW(Customs Data Warehouse, 통합정보시스템)

CDW(통합정보시스템)은 과거 10여년간 EDI 시스템 등 통관 업무 운영을 통해 축적된 수출입통관 자료 등 내부 자료와 국세청 세적자료 및 한국은행 외환자료 등 외부기관 자료를 상호 연계하여 데이터베이스를 구축하고 축적된 데이터의 정보를 분석하여 밀수나 관세탈루 위험업체 및 위험물품, 우범여행자 등을 색출해 내는 고도의 위험관리시스템이다.

이 시스템은 날로 다양화·지능화·대형화하고 있는 관세 법규 위반에 대해 효과적으로 대처하기 위하여, 관세행정 정보화 3개년 계획(2001~2003)의 핵심 과제로 추진되었다. 관세행정 수행에 필요한 통계 및 보고서를 손쉽고 빠르게 작성함으로써 업무 능률을 크게 향상시켰으며, 객관적이고 계량화된 정보에 의해 주요 정책을 결정함으로써 체계적인 의사 결정의 초석이 되었다. 구체적으로는 외환사범 단속, 세액 추징, 관세사범 단속 적발률이 크게 향상되었다.

〈표 7-3〉 CDW 도입 전후 비교

CDW 도입 전	CDW 도입 후
• 개인적 역량에 의존한 직관적 업무 수행	• 과학적 정보 분석에 의한 지식 기반 업무 수행
• 정보 지식의 공유 체제 미비로 관행적 업무 수행	• 정보, 지식 공유를 통한 창조적 업무 수행

2) 밀수동향관리시스템

밀수동향관리 시스템은 해당 품목의 국내외 가격차와 수입량, 생산량 등을 분석하여 밀수 가능성을 파악하고 주요 밀수가능품목을 상시적으로 감시하고 밀수 위험도를 수시로 측정하기 위한 시스템이다. 포괄적이고 과학적인 조사, 통관, 화물 및 외환자료 분석을 통하여 밀수 단속건수 및 금액의 획기적인 증가를 가져왔다. 밀수 주종품목에 대한 밀수수법, 조직, 루트 및 밀수요건(가격차 등)을 분석하고, 국내외 가격차이가 큰 물품, 고세율 물품 등 주요 밀수우범품목에 대한 동향을 분석(국내외 단체, 협회, 전문잡지, 인터넷 사이트 활용)하여, 주요 품목별 밀수수법, 루트 등에 대한 밀수위험도를 모니터링 할 수 있다. 가짜상품 밀수 특정품목(가방, 시계 등)에 대한 밀수위험도를 측정하여 조사하는 밀수동향관리시스템은 2005년 정부혁신사례로 대통령상을 수상한 바 있다.

(4) 수출입 통관정보 서비스(통계)

무역통계는 한국과 외국 간의 무역 거래에 의한 상품의 수출과 수입에 대한 통계로서, 수출입 통계는 수출입물품 중 통계작성 기준에 적합한 물품을 대상으로 작성된다. 관세청 통관정보시스템을 통하여 신고 되는 모든 국내외 수출입화물의 통관·입출항·환급·통계 정보를 실시간으로 제공하며, 수출입통관·화물의 데이터베이스를 고객의 목적과 수요에 맞춤형 서비스로 가공하여 제공한다.

1) 주요 수출입통계

수출입 통관과정을 거치는 물품에 대해 시도별, 국가별 또는 대륙별, 세관별 통계자료를 제공한다. 수출입통계는 국내외 수출입시장의 동향분석·마케팅 전략수립·무역금융신청 등을 위한 실적제출·덤핑 등 국내시장교란 물품의 감시 등 다양한 업무 및 분야에 이용되고 있다. 다음 그림은 기준 년도를 입력하여 주별 또는 경제권별로 수출입실적 현황을 조회하는 화면이다.

[그림 7-6] 주별/경제권별 수출입실적 조회 화면

수출입 총괄

대륙별 수출입실적

구분	⦿ 출항일 ○ 수리일
조회년월	2007 년 01 월 ~ 12 월

조회 › 화면지움 ›

(단위:천불)

대륙명	수출건수	수출금액	수입건수	수입금액	무역수지
아 시 아	3,027,543	188,468,636	3,690,616	170,549,285	17,919,351
중 동	206,418	19,524,465	27,709	67,540,848	-48,016,383
유 럽	749,187	70,940,007	851,682	47,987,299	22,952,708
북 미	666,948	49,169,862	962,732	40,473,775	8,696,087
중 남 미	206,551	25,458,464	56,620	11,323,868	14,134,596
아프리카	59,441	8,350,549	8,322	4,316,208	4,034,341
오세아니아	106,070	5,583,948	67,592	14,581,991	-8,998,042
대 양 주	3,100	2,012,545	156	9,576	2,002,969
기 타	2,877	468,250	2,537	62,883	405,366

자료: 관세청.

2) 품목별 통계

H.S코드 10단위 이상의 품목통계 및 단위별 무역수지 정보를 수출입별로 제공한다.

[그림 7-7] 국별 품목별 수출입 실적 조회 화면

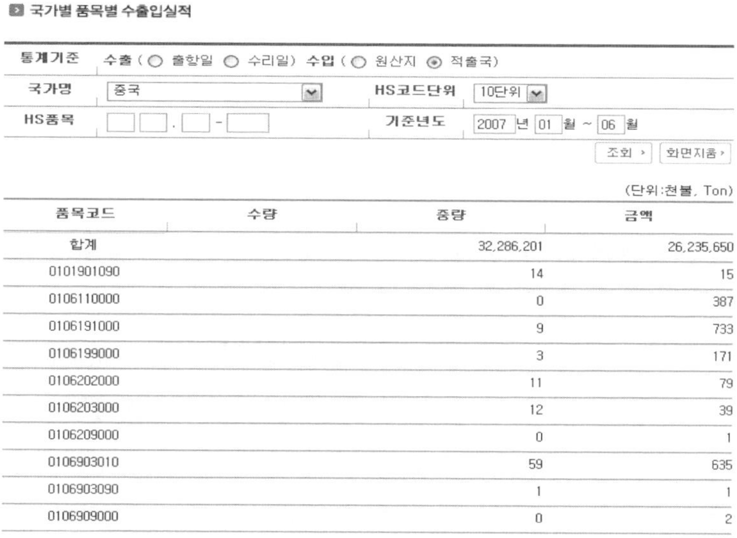
국가별 품목별 수출입실적

통계기준	수출 (○ 출항일 ○ 수리일) 수입 (○ 원산지 ◉ 적출국)		
국가명	중국	HS코드단위	10단위
HS품목	. -	기준년도	2007 년 01 월 ~ 06 월

조회 › 화면지움 ›

(단위:천불, Ton)

품목코드	수량	중량	금액
합계		32,286,201	26,235,650
0101901090		14	15
0106110000		0	387
0106191000		9	733
0106199000		3	171
0106202000		11	79
0106203000		12	39
0106209000		0	1
0106903010		59	635
0106903090		1	1
0106909000		0	2

자료: 관세청.

3) 수출이행내역 조회

수출신고번호를 기준으로 수출신고가 수리된 물품의 수출이행 내역을 조회할 수 있다. 수출신고인 또는 수출신고의뢰인 등이 관세청에 수출신고 수리된 물품의 선적이행 여부를 확인할 수 있도록 수출이행내역의 주요 항목 등을 조회 또는 자료를 제공받는다. 수출의 경우 수출신고 수리된 물품은 수리일로

[그림 7-8] 수출이행내역 조회 화면

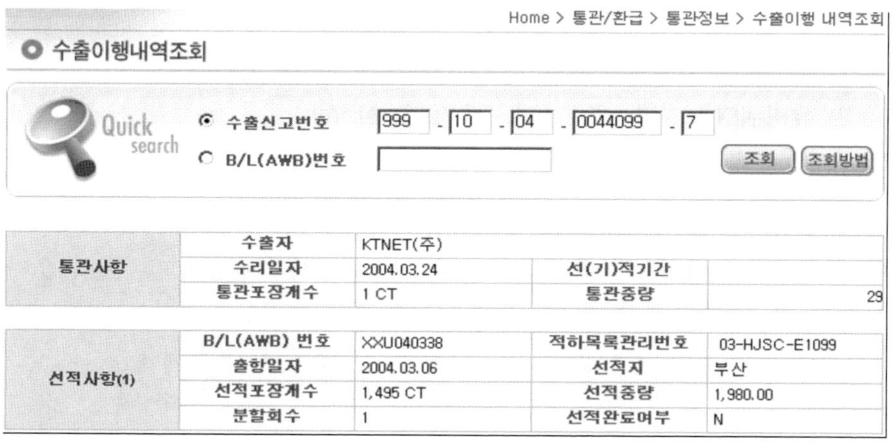
Home > 통관/환급 > 통관정보 > 수출이행 내역조회

수출이행내역조회

Quick search

◉ 수출신고번호 999 - 10 - 04 - 0044099 - 7

○ B/L(AWB)번호

조회 조회방법

통관사항	수출자	KTNET(주)		
	수리일자	2004.03.24	선(기)적기간	
	통관포장개수	1 CT	통관중량	29

선적사항(1)	B/L(AWB) 번호	XXU040338	적하목록관리번호	03-HJSC-E1099
	출항일자	2004.03.06	선적지	부산
	선적포장개수	1,495 CT	선적중량	1,980.00
	분할회수	1	선적완료여부	N

부터 30일 이내 선적이행 의무가 발생되며, 수출신고정보와 수출적하목록정보를 연계하여 수출물품의 선적의무이행 여부를 확인한다. 수출신고번호 또는 B/L(AWB)번호 선택 입력 후 조회할 수 있으며, 조회 화면은 다음 그림과 같다. 이를 활용하면, 수출 후 선적 미이행에 의한 과태료 발생을 미연에 방지하며, 관세 및 부가가치세 환급신청을 위한 요건 확인이 가능하다.

5. 통관정보화의 향후과제

(1) 전자통관시스템의 국제 브랜드화 및 해외수출 추진

한국의 전자통관 시스템은 2001년 네덜란드에서 개최된 UN 반부패 포럼에서 모범사례로 채택된 바 있으며, 미주개발은행 및 아시아개발은행이 공동으로 통관행정개선 우수사례로 선정하였다. 또한 2006년에는 국제공인 인증(ISO 20000)을 획득하였으며 WCO로부터 지적재산권상을 수상하는 등 국제적인 성가를 높이고 있다. 2005년에는 관세청 전자문서 중계사업자인 KTNET와 공동으로 카자흐스탄에 6억 8천만원 규모의 관세시스템 수출 계약을 체결하였고, 이외에 도미니카, 키르기즈스탄, 타지기스탄, 베트남 등에 시스템 수출을 추진하고 있다.

2006년 4월 몽골과 아제르바이잔 관세행정 정보화 사업추진을 위한 타당성 조사가 7월에 모두 성공적으로 완료됨으로써 전자통관시스템 수출전략의 성과는 서서히 가시화되기 시작하였다. 도미니카의 경우에도 양국간 관세행정 정보화 관련 경험과 정보공유를 골자로 하는 관세행정정보화 업무협력에 관한 양해각서를 체결하고, 시스템 수출계약 체결을 눈앞에 두고 있다.

(2) 유비쿼터스 기반 세관행정 구현(u-Customs)

2010년까지 세관선진화계획을 수립하여 유비쿼터스 관세행정 기반 구축, 화물의 출발지에서 목적지까지 글로벌화물추적정보시스템을 구축할 예정이며, 이를 위하여 2006년에 u-Customs 환경 대응 정보화전략계획(ISP)을 수립하였다. 이에 따르면 단절 없는 수출입화물 흐름을 보장하고 수출입업체가 화물이동에 관한 정보를 실시간으로 알아볼 수 있도록 유비쿼터스 물류체제(u-Logistics)가 완성된다.

화물관리체계에 유비쿼터스 기술을 접목하여 화물관리를 자동화하고 실시간으로 화물정보를 제공하여 기업의 물류 지체를 최소화하고 국가간 통관화물 정보를 사전 교환하는 글로벌 통합물류 공급망 구축으로 현재 수입의 경우 '국내입항'부터 '국내반출'까지 관리하던 것을 향후 '수출국 수출신고' 시점부터 '국내 반출'까지 처리하게 된다. 수출도 '국내수출신고'부터 '국내출항'까지만 관리하던 것을 '국내수출신고'에서 '수입국 세관반출' 시점까지 관리해 국내외를 망라한 완벽한 JIT(Just In Time) 물류관리 체제구축으로 기업의 물류비 절감에 기여하게 된다. 아울러 최첨단 유비쿼터스 세관을 지원하는 정보인프라도 구축된다.

제 3 절 통관 관련기관과의 정보 연계

1. 수출입요건 확인 업무 절차

(1) 수출입요건확인

수출입에 있어서 법령이 정하는 바에 의하여 허가·승인·표시 기타 조건의 구비를 요하는 물품은 세관장에게 그 허가·승인·표시 기타 조건을 구비한 것임을 증명하여야 한다. 50여 개 수출입관련 법규별 소관 정부부처 또는 그 산하단체(협회, 조합 등 포함)가 수출입물품에 대하여 해당법규에서 정하고 있는 요건에 해당하는지 여부를 확인하고 수출입 허용 여부에 대한 증명서(검사·검역·허가) 등을 발급하는 절차를 수출입요건확인이라 한다. 수출입 물품의 통관 시 해당 물품이 세관장확인 대상인 경우 관련법규에 의한 요건을 구비하였는지 여부를 확인하며 이에 대한 증명서를 구비하지 못한 경우 보완을 요구받게 되며, 수출입 신고수리 전까지 해당 증명서를 제출하여야 한다. 요건확인기관이란 수출입에 있어서 법령이 정하는 바에 의하여 수출입물품에 대한 허가·승인·표시 기타 조건을 확인·증명하는 수출입관련기관을 말한다.

(2) 수출입요건확인 대상 업무

1) 세관장 확인

세관장확인이란 세관장이 수출입신고 자료의 심사과정에서 수출입요건 구비여부를 확인하는 것을 말한다. 마약, 총기류, 식품류와 같이 통관 후에는 원상회복이 불가능하거나 사회적 비용이 크게 발생할 우려가 높은 국민보건, 환경보호, 사회 안전 등과 직결된 물품에 대하여 수출입 관련법령에서 세관장이 확인할 것을 위임하고 있다.

세관장이 확인하는 구체적인 물품은 국민보건과 직결된 농·수·축산물 등 식품류, 약품류, 사회 안전을 위협할 수 있는 마약, 총기류, 방사능 물질, 환경보호를 위하여 관리가 필요한 화학물질, 폐기물 등이 있으며, 이외에도 국민생활안전을 지키기 위해 관련법령에서 정한 사항들과 국제협약에 따라 결정된 물품 등이 있다. 즉 외국환 등 지불수단으로서의 화폐, 보존가치가 있는 문화재 반출 확인, 국제적 보호대상인 멸종위기에 처한 동식물 등이다.

2) 추 천

추천이란 해당 부처별 할당, 양허 등 관세혜택 적용 품목에 대해 공고된 추천 요령을 토대로 한 요건확인 업무를 뜻하며, 관세법 시행령 제92조 할당관세, 제94조 농림축산물에 대한 양허세율의 적용신청에 근거한 지경부, 농림부의 추천요령에 의한다.

3) 사후관리

요건면제물품의 수출입통관 및 사후관리 또는 실적보고 등에 의거하여 관세청에게 통관자료를 요청하거나, 화주 및 관련기관으로부터 관련 자료를 받아 보고 및 관리하는 업무(통합공고 제 6 조, 제20조, 제21조, 제25조) 중 세관장확인 업무 및 추천 업무와 병행해서 수행되는 사후관리는 제외한다.

〈표 7-4〉 관계 법령별 요건확인기관 현황

법령 명	확 인 물 품	대상기관	소관부처
1 약 사 법	의약품 및 한약재	한국의약품수출입협회	식약청
	동물용 의약품	한국동물약품협회	농림부
	의료용구	한국의료기기산업협회 대한치과기재협회	식약청
2 마약류관리에관한법률	마약	식품의약품안전청	"
	대마	식품의약품안전청	"
	향정신성의약품	한국의약품수출입협회	"
3 식품위생법	식품 및 첨가물	지방식품의약품안전청	"
		국립검역소	"
	어패류, 해조류	국립수산물품질검사원	해수부
4 양곡관리법	미곡	농림부	농림부
5 식물방역법	식물, 종자, 원목, 가공목재	국립식물검역소	농림부
6 가축전염예방법	가축	국립수의과학검역원	농림부
7 축산물가공처리법	축산물	국립수의과학검역원	농림부
8 전기용품안전관리법	가정용 전기제품	한국전기전자시험연구원 산업기술시험원 전자파장해공동연구소	지경부
9 폐기물의국가간이동및그처리에관한법률	폐기물	환경부	환경부
10 오존층보호를위한물질의제조규제등에관한법률	수입금지물질, 수입쿼터관리품목	한국정밀화학공업진흥회	지경부
11 유해화학물질관리법	유독물(관찰물질)	한국화학물질관리협회	환경부
12 자연환경보전법	국제적멸종위기종	(지방)환경관리청	환경부
13 수산물품질관리법	수산동식물	국립수산물품질검사원	해수부
14 원자력법	방사성동위원소	한국방사성동위원소협회	과기부
15 총포 · 도검 · 화약류등단속법	총포 · 화약류	경찰청	경찰청
	산탄엽총·도검	지방경찰청	
16 조수보호및수렵에관한법률	멸종위기에 처한 야생조수	(지방)환경관리청	환경부
17 남북교류협력에관한법률	남북교역물품	통일부	통일부
18 비료관리법	위해성검사대상물품	농업과학기술원	농림부
19 종자산업법	식량작물종자, 채소종자	한국종자협회	농림부
20 먹는물관리법	먹는샘물, 수처리제	(지방)환경관리청	환경부
21 사료관리법	사료, 단미사료, 건초사료	한국사료협회, 한국단미사료협회, 농협중앙회	농림부
22 화장품법	화장품	한국의약품수출입협회	식약청

자료: 관세청(2004).

(3) 수출입신고와 요건확인 절차

세관은 수입 통관시 첫째, 대외무역법 · 약사법 · 가축전염병예방법 등 각종 수입관련 법령상의 수입요건 이행여부를 확인하고, 둘째, 할당 · 양허세율적용을 위한 수입물량 추천여부를 확인하고, 셋째, 관세, 부가가치세 등 각종 세법에서 정한 세금의 납부를 확인하여 수입신고를 수리한다.

이를 위하여 수입자는 외국 수출자로부터 받은 송장(Invoice), 선하증권 등 무역 서류와 지식경제부, 보건복지부 등 수입관련 승인기관에서 받은 승인서(검사 · 검역증, 허가서 등) 및 할당 · 양허관세 등 세율추천기관에서 받은 할당 · 양허세율 적용추천서 등을 기초로 수입신고서를 작성하여 세관에 제시(수입신고)하여야 한다. 지난 1998년부터는 각종 승인, 추천, 검사검역 확인이 필요한 요건확인대상 업무와 관련하여, 관세청과 유관기관간의 전산망 연계를 통하여 EDI 방식을 이용함으로써 서류를 제출하지 않고 업무를 처리할 수 있다.

2. 수출입 요건확인 전산망 연계 현황

(1) 수출입요건 확인대상 비중

수출입통관을 함에 있어 세관의 수출입신고뿐만 아니라, 수출입승인·추천, 검사 및 검역 등의 업무를 함께 처리할 수 있는 기반이 필요하다. 수출입 통관과정에서 수출입 요건확인대상은 다음 표에서 보는 바와 같이 2005년 기준으로 전체 수입신고 건수의 24%, 수출을 포함한 전체 신고건수의 14.1%에 이른다.

〈표 7-5〉 수출입 요건 확인 대상 현황표

구 분	총 신고건수(A)	요건확인건수(B)	
			비율(B/A)
수 입	4,337,168	1,033,659	24%
수 출	4,634,711	231,736	5%
계	8,971,879	1,265,395	14.1%

자료: 관세청(2005).

(2) 요건확인기관 전자민원서비스 추진경과

관세청은 관세법 제226조의 규정에 의한 세관장 확인물품 및 확인방법 지정고시 부칙을 마련하여 수출입요건확인업무를 전자문서로 확인하도록 의무화하였다. 이에 1998~2000년까지 68개 수출입요건확인기관과 통관정보망을 EDI 전자문서방식으로 연계하였다. 2002년에는 의약·의료기기 4개 기관의 표준통관예정보고 업무 전자문서를 개발하고 기관의 요건 승인 시스템을 구축하였다. 그러나 '수출입업체 — 요건확인기관 — 세관'에 이르는 업무절차 가운데 관세청과 요건확인기관 간에는 전자적인 업무처리 방식이 정착되었으나, 수출입자와 요건확인기관간의 업무처리는 식품의약품안전청 등 일부 기관을 제외하고 모두 전통적인 방식(기관방문, 종이문서 등)에 의존하고 있었다.

21세기 새로운 무역의 패러다임인 전자무역을 활성화하기 위해 구성된 전자무역추진위원회는 수출입업체들이 수출입 승인·추천 등 요건확인을 위해 유관기관에 직접 방문하는 대신 인터넷을 활용하여 업무를 처리토록 하기 위해, 2003년에 "수출입유관기관 전자민원 프로세스 개선 BPR/ISP"를 수행하여, 요건확인 업무 전자화 추진기관을 도출하고 단계별 구축 계획을 수립하였다. 2003-2005년에 추진된 "수출입요건확인기관 인터넷 전자민원시스템 구축사업"에 의해, 22개 승인/추천기관의 인터넷 기반 요건확인 시스템을 구축하고, 55개 승인/추천기관의 인터넷 방식의 세관통보시스템 구축(ASPLINE)을 완료하였다.

(3) ASPLINE 시스템 소개

1) ASPLINE 개요

ASPLINE은 무역업체와 요건확인기관 간에 발생하는 승인, 추천 등의 서류상의 업무를 인터넷을 통한 전자적인 방법(EDI 등)으로 처리하도록 하기 위하여 구축된 시스템이다.

인터넷 기반의 ASP(어플리케이션 임대) 방식이므로 별도의 전산 시스템을 구축하지 않고 기관 및 무역업체의 민원관련 전산업무를 처리할 수 있다. 손쉽게 요건확인업무를 처리할 수 있음으로 시간과 비용이 대폭 절감되며, 협회나 기관, 무역업체의 업무프로세스가 개선됨으로써 업무의 효율성을 증가시킬 수 있다. 세관전송 내용, 승인현황관리, 배정잔량 등을 손쉽게 확인할 수 있으며,

[그림 7-9] ASPLINE 시스템 연계 구성도

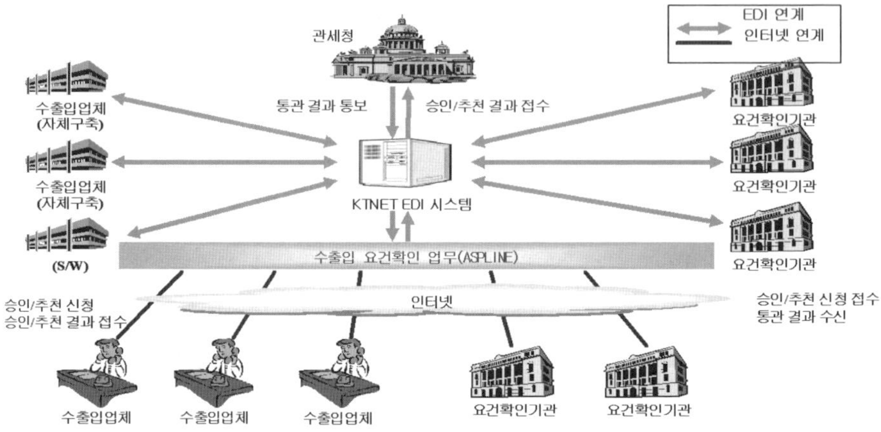

자료: 전자무역 활성화를 위한 과제와 정책제언(관세와 무역).

무역업체·협회나 기관이 관리하는 각종 보고 및 통계자료 등을 조회 및 출력 가능하다. 현재 69개 기관을 연계하여 서비스를 제공하고 있다.

2) ASPLINE 이용 범위

① 수입 승인

수입요건확인기관을 대상으로 수입요건확인신청, 요건확인업무, 통관예정보고업무를 처리하는 업무를 말한다.

② 양허 관세 추천

농축산물의 품목별 해당기관(공사 포함 수입추천대행기관)에 양허관세추천신청서 제출을 하고 해당기관은 일반내수용 및 외화획득용 제품, 외화획득용 원료의 추천, 수입제한승인품목에 대한 추천, 시장접근물량에 대한 추천 등을 승인 및 세관통보의 절차를 거쳐 추천서를 발급하는 업무이다.

③ 관세 감면 추천

관세감면이란 특정한 경우에 관세납부를 무조건 또는 일정조건을 충족하는 경우 관세의 일부 또는 전부를 면제하는 것을 말하는 것으로 전자를 감세, 후자를 면세라고 하며, 관세법 기타 관세에 관한 법률 또는 조약에 의하여 관세감면을 받고자 하는 자는 당해 물품의 수입신고시부터 수입신고 수리 전까지 관세감면 신청서를 통관지 세관장에게 제출해야 한다.

3) ASPLINE 초기 화면

자료: www.aspline.co.kr

4) 수입승인신청서 화면 예시

자료: www.aspline.co.kr

참고문헌

[국내문헌 및 자료]

1. 관세청, 「관세행정 정보화 백서」
2. 행정자치부, 「2006 전자정부사업 연차보고서」
3. 관세청, 「관세청 정보화 중장기종합계획 수립을 위한 연구용역(ISP)」, 2002.
4. 관세청, 「통관단일창구 구축전략」, 2003. 9.
5. 관세청, 「수출입요건 세관장확인대상 축소방안」, 2003. 9.
6. 관세청, 수출입통관 및 보세화물 제도개선방향(2002년도 정부물류정책 합동설명회 자료)
7. 산업연구원, eTrade 확산과 관세청의 대응전략 연구(2003)
8. 관세청, 보세화물 하선하기 적재에 관한 고시
9. 관세청, 수출통관 사무처리에 관한 고시
10. 관세청, 수입통관 사무처리에 관한 고시
11. 관세청, 초일류세관을 위한 관세행정 개선방향(2003)

[웹사이트]

1. 관세청 홈페이지(www.customs.go.kr)
2. 수출입요건확인기관 포털서비스 홈페이지(www.aspline.co.kr)
3. 한국무역정보통신 전자무역 포털서비스(www.ctradeworld.com)
4. 세계관세기구 홈페이지(www.wco.org)
5. 세계무역기구 홈페이지(www.wto.org)

CHAPTER

8

수출입통관 시스템

제 1 절 EDI 방식에 의한 수출통관

1. 수출통관 업무

물품을 외국으로 반출하고자 하는 자는 수출신고를 하여 수리를 받아야 하며, 수출통관절차라 함은 수출하고자 하는 물품을 세관에 수출신고한 후 신고수리 받아 외국 무역선(기)에 적재하기까지의 절차를 말한다.

수출화주는 수출통관을 원하는 장소에 물품을 장치하고, 관세청과 전산망으로 연계된 요건확인기관을 통하여 수출신고 이전에 통관요건을 충족한다. 수출물품의 화주(완제품공급자 포함)·관세사·관세사법인·통관법인 등 수출신고인이 신고서를 작성하여 통관시스템에 전송하면, 통관시스템은 오류 여부를 검증한 후 검사대상·서류제출대상·P/L대상·자동수리 대상을 선별하여 신고인에게 접수 사실을 통보한다. 검사건은 현품 확인 및 서류에 의해 통관심사되며, 서류제출건은 서류에 의해 통관심사한다. 자동수리건은 통관시스템이 자동수리하고, P/L건은 화면에 의해 통관심사한다. 수출화주는 수출물품을 항만(공항)까지 운송하고, 선사(항공사)는 수출화주의 요청에 따라 물품을 선박(항공기)에 적재 후 목적국으로 출항한다.

[그림 8-1] 수출통관 업무 흐름도

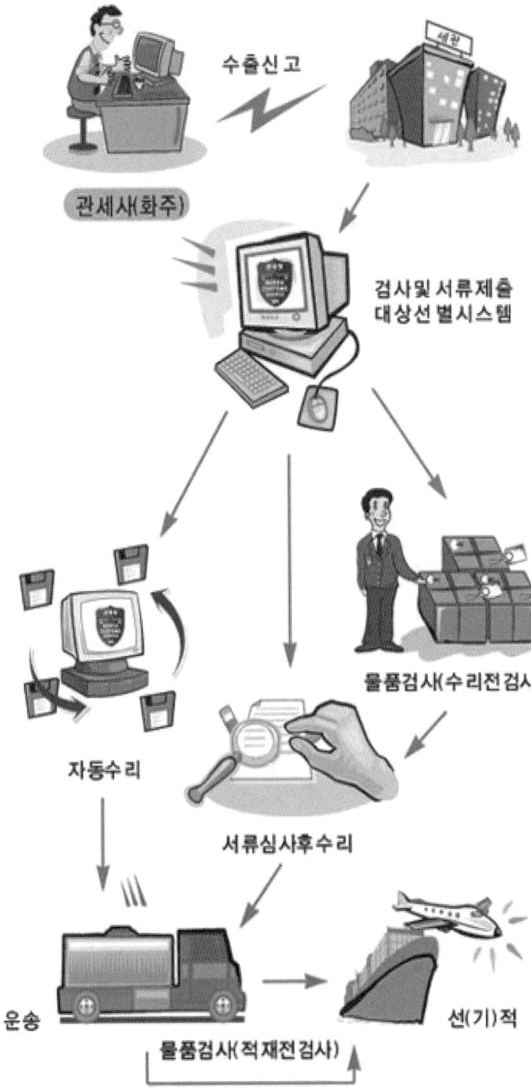

물품장치

▼

요건구비
(수출 화주)

▼

수출신고
(신고인)

▼

신고서 처리
(세관)

▼

신고수리
(통관시스템)

▼

내륙운송
(수출화주)

▼

물품선적
(선사 · 항공사)

자료: 관세청.

2. 수출통관 업무 세부절차

(1) 수출신고의 시기 및 기준

수출신고를 하고자 하는 자는 선적일정 등을 감안하여 당해물품을 선(기)적하기전까지 어느 때나 수출 신고할 수 있으며, 수출자는 당해물품이 장치되어 있는 소재지를 관할하는 세관에 신고하여야 한다. 수출신고는 원칙적으로 당해물품을 외국으로 반출하고자 하는 선박 또는 항공기의 적재단위(S/R 또는 S/O, B/L 또는 AWB)별로 하여야 한다. 다만, 부득이 분할(1 : N) 또는 동시포장(N : 1)하여 선적하는 경우에는 예외로 하고 있다.

- S/R(Shipping Request; 선적요청서), S/O(Shipping Order; 선적지시서)
- B/L(Bill of Lading; 선하증권), AWB(Air Way Bill; 항공운송장)

(2) 신고서 작성 및 전송

수출신고를 하고자 하는 자는 수출신고서 작성요령 및 관세청장에게 등록된 수출신고서 작성 프로그램에 의하여 제출번호를 기재하여 작성한 신고 자료를 EDI방식으로 관세청사서함으로 전송한다. 세관시스템은 수신된 수출신고를 기계적, 논리적으로 검증하여 오류발생 신고건에 대해서 오류통보 전자문서를 신고인에게 전송하며, 신고인은 오류사항을 정정 후 동일 제출번호로 최초전송과 동일하게 전송한다.

[그림 8-2] EDI에 의한 수출신고 절차

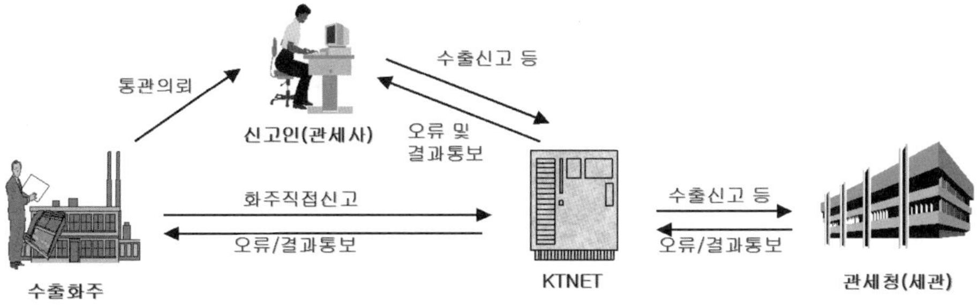

자료: KTNET.

(3) 신고서처리 및 신고수리

정상적으로 세관시스템 검증을 통과한 수출신고건은 세관 DB에 저장되며, P/L 신고건의 경우는 세관시스템에서 자동으로 수리통보를 전송한다.

[그림 8-3] 신고서 접수 및 심사 흐름도

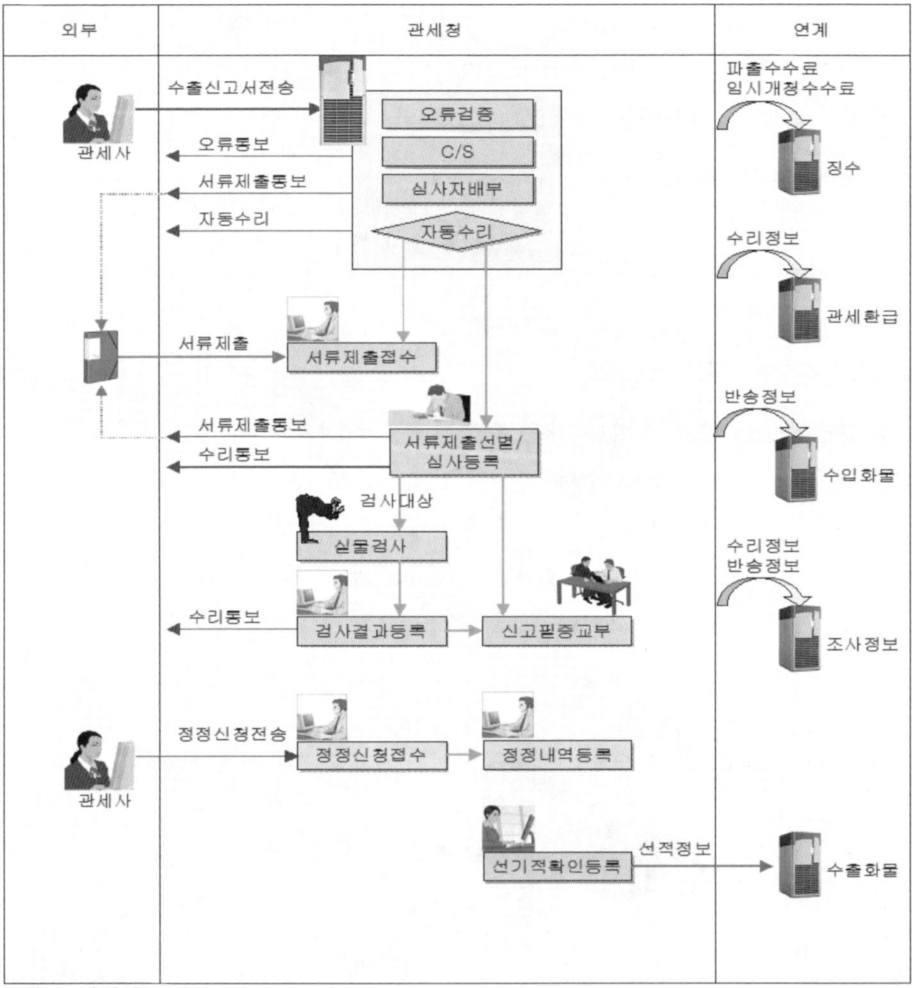

자료: 관세청.

수출 신고된 물품에 대한 신고서의 처리방법에는 자동수리, 즉시수리, 검사 후 수리가 있는데, 자동수리대상물품은 심사를 요하지 아니하며, 즉시 수리대상 물품은 화면심사를 통하여 해당 요건을 심사한다. 또한 서류를 제출받아 실질적인 내용을 심사하여야 하는 물품은 서류제출요구 문서를 통보한다. 수출물품에 대하여는 물품검사를 하지 않음이 원칙이나 통관시스템에 의하여 검사대상으로 선별되었거나, 신고의 내용을 심사한 결과 현품확인이 필요한 경우에는 예외적으로 검사를 할 수 있다. 수출신고물품에 대한 검사는 원칙적으로 검사희망일에 실시하며, 수출하고자 하는 물품에 대한 검사는 당해물품이 장치되어있는 당해장소에서 행한다. 신고인은 수리된 신고건에 대해서 수출신고필증을 출력하여 신고인의 확인도장을 날인 후 수출신고필증으로 사용한다. 서류제출건인 경우에는 EDI로 신고 후 수출신고서를 출력하여 세관에 제출하며, 세관원은 서류 등을 심사 후 신고인에게 수출신고필증을 발급한다.

(4) 수출신고 수리정정/취하

수출신고를 정정/취하하고자 하는 자는 정정/취하하고자 하는 내용을 전자문서로 작성하여 세관에 전송하여야 한다. 정정/취하신청서는 화면심사 후 승인, 서류심사 후 승인의 2가지 처리방법이 있으며, 처리방법의 결정은 수출신고서 항목별로 관세청장이 별도로 정하여 통관시스템에 등록한 기준에 의하며 결정된 처리방법은 신청서가 접수된 즉시 통관시스템에서 신청인에게 전산통보한다.

화면심사 후 승인대상은 정정/취하 내용 및 사유를 화면으로 심사 후 승인하며, 서류심사 후 승인대상은 신청서와 증빙서류를 제출받아 심사 후 승인한다. 단, 화면심사 후 승인대상 물품에 대한 심사결과, 서류에 의한 확인이 필요하다고 인정하는 경우에는 서류제출 대상으로 변경할 수 있다. 신청자는 승인받은 내역과 동일한 정정/취하승인 내역을 자체 출력하여 화주에게 교부할 수 있다. 다만, 서류심사 후 승인건은 승인(신청)서에 처리 담당자의 인장을 날인한 승인서를 신청인에게 교부하여야 한다.

3. 수출통관 전자문서 및 용도

(1) 수출신고(CUSDEC)

신고인(관세사/수출업체)이 수출통관을 위해서 관세청에 전송하는 전자문서

(2) 수출신고수리(CUSRES)

신고인(관세사/수출업체)이 신고한 수출 신고건에 대한 세관의 수리사항을 관세청에서 신고인에게 전송하는 전자문서

(3) 서류제출 요구통보 및 오류통보(CUSRES)

신고인(관세사/수출업체)이 관세청에 전송한 Paperless 수출신고(서류제출생략 수출신고) 전자문서에 대해서 서류제출을 요구하거나 세관직원이 오류내역을 전송하는 전자문서

(4) 오류통보(CUSAPE)

세관의 외부사용자가 관세청에 전송한 모든 전자문서에 대해서 수신오류를 검증하여 오류수신의 결과를 세관외부 신청자 또는 신고자에게 통보하는 전자문서

(5) 수출임시개청신청(CUSDEC)

신청인(관세사/수출업체)이 세관에 임시개청(정규 근무시간외에 세관의 수출입, 화물관련 업무를 처리하기 위하여 공휴일 또는 일과시간 외에 일시적으로 세관업무를 집행하는 것)을 신청하기 위해 관세청에 전송하는 전자문서

(6) 수출신고 정정/취하신청서(CUSDMR)

수출신고 내용 중 정정/취하가 발생 할 경우 신청인이 세관에 전송하는 전자문서

(7) 수출신고정정/취하 처리결과 통보(CUSDPR)

신청인이 세관에 기 전송한 수출신고수리 정정/취하 승인(신청) 전자문서에

대해 처리 결과(서류변경/승인/기각)를 신청인에게 통보하는 전자문서

(8) 수출보완통보(CUSDPR)

수출 신고건에 대해 보완요구사항이 발생할 경우 세관에서 통보하는 전자문서

(9) 수출신고 미선적내역 통보(CUSINF)

수출신고 수리된 날부터 20일 경과한 미선적건에 대해서 수출신고인에게 미선적내역을 통보하는 전자문서

(10) 수출승인서(LICINF)

수출요건 승인기관에서 신고(신청)인으로부터 신고/신청 받아 승인/허가한 승인내역을 관세청에 통보시 사용하는 전자문서

(11) 수출승인서 취소통보(LICINF)

수출요건승인기관에서 승인/허가한 승인내역이 취소된 경우 그 취소 사실을 관세청에 통보시 사용하는 전자문서

(12) 수출승인 통관결과 통보(CUSDEC)

수출요건승인기관에서 승인/허가한 내역이 통관된 경우 그 통관 사실을 관세청에서 승인기관에 통보시 사용하는 전자문서

(13) 접수통보(CUSRES)

승인기관이 관세청으로 전송한 수출입승인서에 대해서 관세청이 오류검증을 실시하여 이상이 없는 경우 정상적으로 자료를 접수하였음을 승인기관에 통보시 사용하는 전자문서

(14) 오류통보(CUSAPE)

승인기관이 관세청으로 전송한 수출입승인서에 대해서 관세청이 오류검증을 실시하여 이상이 있는 경우 오류사항을 승인기관에 통보시 사용하는 전자문서

제 2 절 EDI 방식에 의한 수입통관

1. 수입통관 업무

수입통관 절차란 외국물품을 수입하고자 하는 자가 직접 또는 관세사 등을 통하여 세관장에게 수입 신고를 하고, 동 수입신고가 관세법의 규정에 다라 적법하고 정당하게 신고된 것으로 인정되는 경우에는 이를 수리함으로써 수입자가 보세구역으로부터 물품을 반출하여 자유롭게 사용할 수 있도록 하는 것을 말한다.

수입 화주는 물품도착 후 보세구역에 물품을 장치한 후, 통관요건 · 세율추천 · 감면추천을 수입신고하기 전에 사전에 구비한다. 수입신고인은 신고서를 작성하여 통관시스템에 전송하고, 통관시스템은 오류 여부를 검증하여 수입 C/S(Cargo Selectivity: 검사 대상 화물 선별) 수행 후 신고인에게 접수 사실을 통보한다. 검사건은 현품 확인 및 서류에 의해 통관심사되며, 서류제출건은 서류에 의해 통관심사하며 P/L건은 화면에 의해 통관심사한다. 수입화주는 물품을 인도받기 위해 세관에 납세담보를 제공하거나 세금을 사전에 납부하여야 하며, 금융기관은 관세 수납사실을 관세청과 연계된 전산망을 통해 세관에 통지하여야 한다. 통관시스템은 세금이 수납되었거나 담보가 설정된 경우 자동으로 신고수리하며, 신고인 및 보세구역에 수리내역을 통보한다. 보세구역은 수입화주의 물품인도 요청에 대하여 신고수리여부 등을 확인하고 물품을 인도한다. 관세 사전 납부 건이 아닌 경우, 신고수리 후 15일 이내에 세금을 사후납부하고 제공된 담보를 해제한다.

[그림 8-4] 수입통관 업무절차

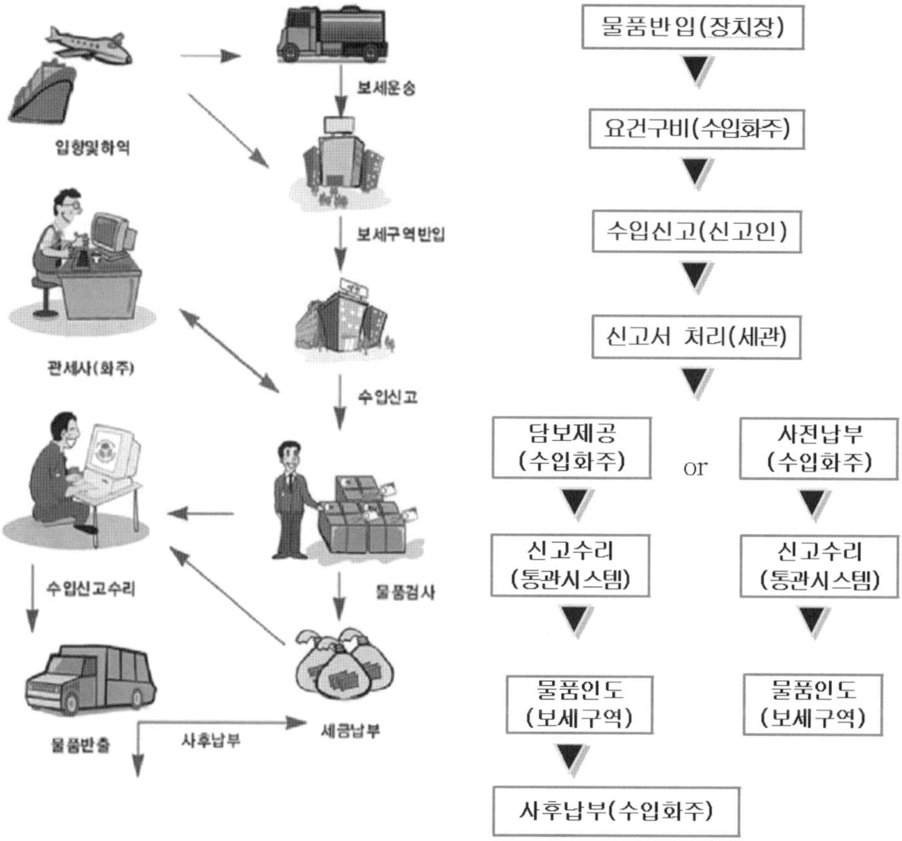

자료: 관세청.

2. 수입통관 업무 세부절차

(1) 수입요건승인내역 통지 및 접수

수입화주는 통관 전에 승인·추천·허가·검사 등 수입요건을 구비해야 하는 물품인 경우 관련기관(수입요건승인/추천기관/검사, 검역소)에 신청서류를 제출하거나 EDI 방식으로 신청한다. 수입승인기관 담당자는 수입요건 승인 후 승인내역을 해당 기관의 시스템에 등록하고 수입요건승인내역(전자문서)을 관세청 사서함으로 전송한다. 관세청 시스템은 수입요건 승인 전자문서를 수신받아 오류 검증기준에 의하여 검증 후 오류가 없는 경우 수입요건 승인내역 접수통지(전자문서)를 해당 수입요건 승인기관 사서함으로 전송한다.

관세청 시스템은 수입요건 승인내역을 정상적으로 접수한 경우 수입화주, 신고인 등이 조회할 수 있도록 CTI(Customs Trade Information; 무역통계정보조회시스템)에 수록한다. 화주 또는 신고의뢰를 받은 관세사는 신고서 작성시 CTI를 통하여 승인 내역을 참조한다.

사후확인의 경우에는 요건확인기관은 사후관리가 필요한 품목을 관세청에 통보하고, 관세청은 해당 품목이 수입통관 후 자동으로 요건확인기관에 수입통관내역을 전송한다. 요건확인기관은 전송받은 수입통관내역을 사후관리에 활용한다.

[그림 8-5] EDI 방식에 의한 요건확인 절차

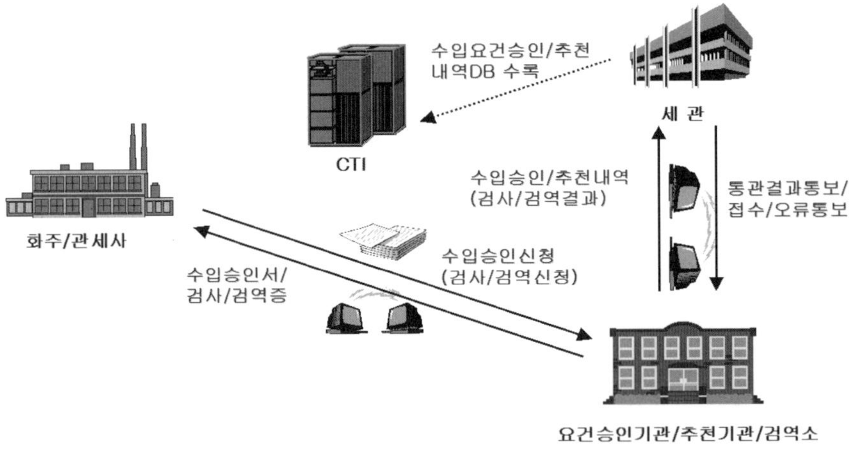

자료: KTNET.

또한 검사, 검역증 및 할당관세, 시장접근물량 양허관세 적용을 위하여 세율 추천서를 구비해야 하는 경우에도 상기 절차와 동일하다.

(2) 수입신고서 작성 및 신고

수입화주는 EDI 방법, FAX, 인편 등을 통하여 수입신고서류를 신고인(관세사 등)에게 전달하여 수입신고를 의뢰한다. 신고인은 수입신고서류를 참조하여 수입신고서 작성요령에 따라 작성한 후 EDI 방식으로 세관에 전송한다. 이때 가격신고서 제출대상인 경우에는 가격신고서를 작성 후 신고서와 함께 전송해야 한다.

세관시스템은 수신된 수입신고를 기계적, 논리적으로 검증하여 오류가 발생한 신고건에 대해서 오류통보 전자문서를 신고인에게 전송하고, 신고인은 오류사항을 정정 후 동일 신고번호로 최초전송과 동일하게 전송한다. 정상적으로 세관시스템 검증을 통과한 수입 신고건에 대해서 C/S(우범화물 선별) 작업 수행 후 그 결과에 대한 접수통보를 신고인에게 EDI로 통보한다. 정상수신 여부와 함께 C/S 결과, 납부고지번호, 심사자부호 등을 통보한다.

[그림 8-6] EDI 방식에 의한 수입신고 절차

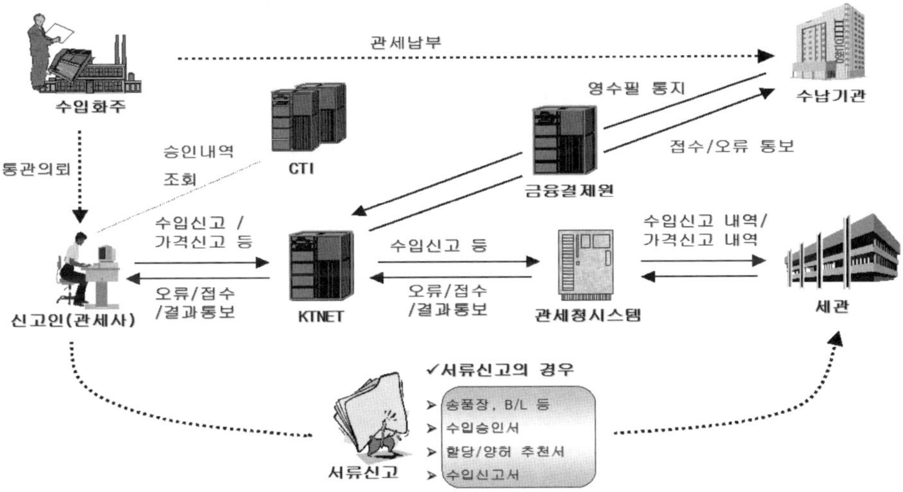

자료: KTNET.

(3) 신고서 심사 및 수리

접수통보를 받은 신고인은 P/L(Paperless) 건이 아닌 경우 수입신고서를 출력하여 첨부서류와 함께 세관에 제출한다. 해당 건이 감면 및 분납 또는 용도세율 적용건인 경우에는 접수통보를 받은 후 관세감면(분납)/용도세율적용신청서를 작성하여 세관에 전송한다. 신고인은 해당 신고건의 납부고지서를 출력하여 국고수납기관에 관세 등을 납부한다.

[그림 8-7] 수입신고서 접수 및 심사 흐름도

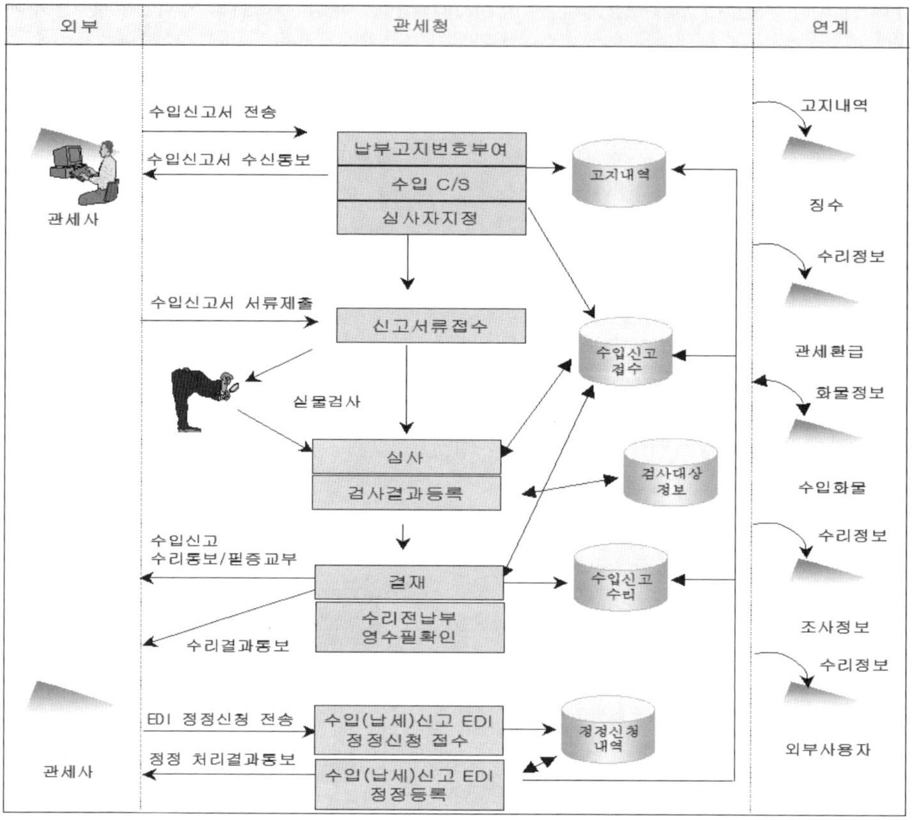

자료: 관세청

관세 등을 수납한 수납기관은 세관에 수납사실을 통보하는 영수필 통지 문서를 전송하고, 세관은 수납기관이 전송한 영수필 통지를 검증 후 정상/오류 여부를 수납기관에 통지한다. 세관은 심사·검사 등 내부처리절차 수행 후 신고 수리요건이 되면 관리자의 결재를 득한 후, 처리결과통보(결재완료)를 신고인에게 전송한다. 단, 사후납부건의 경우는 결재와 동시에 수리가 되므로 수리사실을 통보한다.

세관은 결재 완료 후 해당건의 수납사실을 확인한 후 처리결과통보(수리완료) 전자문서를 신고인에게 전송한다.

신고인은 수리된 신고건에 대해서 수입신고필증을 출력하여 신고인의 확인도장을 날인 후 수입신고필증으로 사용한다. 서류제출건인 경우는 EDI로 신고 후 수입신고서를 출력하여 세관에 제출하며, 세관원은 서류 등을 심사 후 신고인에게 수입신고필증을 발급한다.

(4) 수입(납세)신고 정정신청업무

수입신고 접수 후 정정사항이 발생하면 수입(납세)신고정정신청서를 작성하여 EDI로 세관에 전송한다. 정정내역이 세액과 관련되지 않은 사항이면 수입신고정정신청서를, 세액과 관련된 항목정정인 경우는 납세신고정정신청서를 신청한다.

정정 신청 후 시스템상의 오류가 없는 경우는 접수통보를 전산 통보한다. 접수통보를 받은 후 신청인은 정정신청서를 출력하여 증빙서류와 함께 세관에 제출한다. 관세청 시스템은 정정신청에 대한 승인·기각 여부 등 수입신고 정정신청 처리결과를 전자문서에 담아 신고인에게 통보한다.

3. 수입통관 전자문서 및 용도

(1) 수입신고서(CUSDEC)

신고인(관세사/수입업체)이 수입신고를 하는 경우 세관으로 전송하는 전자문서

(2) 간이 수입신고서(CUSDEC)

신고인(관세사/수입업체)이 간이수입신고시 세관으로 전송하는 전자문서

(3) 가격신고서(CUSVAL)

신고인(관세사/수입업체)이 수입신고를 하는 경우, 수입물품의 송장상 가격사항을 기재하여 수입신고서와 함께 세관으로 전송하는 전자문서

(4) 수입신고 처리결과 통보(CUSDPR)

신고인(관세사/수입업체)이 세관에 기 수입신고한 건에 대해 처리결과(심사결과/보완/수리)를 통보하는 전자문서

(5) 수입(납세)신고 정정신청서(CUSDMR)

신고인(관세사/수입업체)이 세관 기 수입신고한 건에 대해 정정/수정/보정사항이 발생한 경우, 변경사항을 세관에 신청하는 전자문서

(6) 수입(납세)신고 정정처리결과 통보(CUSMPR)

신고인(관세사/수입업체)이 세관에 전송한 정정/수정/보정 등 신청사항 및 세관 직권으로 정정 또는 정정 처리한 사항에 대하여 처리 결과를 신청인에게 통보하는 전자문서

(7) 관세감면(분납)/용도세율 적용 신청서(CUSDEC)

감면 및 분납물품 중 사후관리 대상인 건에 대해서 수입신고서를 전송하여 세관으로부터 접수통보를 수신 후 전송하는 전자문서

(8) 접수통보(CUSRES)

관세사/수입업체가 세관으로 전송한 전자문서에 대해서 세관에서 접수하였음을 통보하는 전자문서

(9) 오류통보(CUSAPE)

관세사/수입업체가 세관으로 전송한 전자문서에 대해서 세관시스템에서 오류검증을 수행하여 오류가 발생시 오류사항을 통보하는 전자문서

(10) 수입세금계산서(VATBIL)

세관이 개별수입(세금)계산서내역을 신고인에게 통보하는 전자문서

(11) 일괄월별수입세금계산서(VATBIL)

세관이 월별일괄 세금계산서내역을 신고인에게 통보하는 전자문서

(12) 수입보완요구통보(CUSMPR)

수입신고건에 대해 보완요구사항이 발생할 경우에 세관에서 통보하는 전

자문서

(13) 세액보정안내통보(CUSDMR)

수입신고건에 대해 세액보정사항이 발생할 경우에 세관에서 통보하는 전자문서

(14) 원산지시정요구통보(CUSDMR)

수입신고건에 대해 원산지 시정요구사항 발생 경우 세관에서 통보하는 전자문서

(15) 수입임시개청신청(CUSINF)

신청자가 세관에 임시개청을 신청하기 위해 관세청에 전송하는 전자문서

(16) 수입신고취하신청(CUSDMR)

수입 신고건에 대해 취하시 신고인이 세관에 전송하는 전자문서

(17) 수입신고취하처리결과통보(CUSDPR)

수입신고 취하 신청건에 대한 결과를 세관이 신청인에게 통보하는 전자문서

(18) 월별납부서 통보(VATBIL)

신고인이 월별 납부건으로 신고한 건에 대해 세관이 월별 납부서내역을 통보하는 전자문서

(19) 수입신고수리 전 반출신청(CUSBRR)

수입신고 수리 전 반출신청시 세관에 전송하는 전자문서

(20) 수입신고수리 전 반출처리결과통보(CUSDPR)

신고인이 신청한 수입신고 수리 전 반출 신청건에 대해 세관이 처리결과내역을 통보하는 전자문서

(21) 합의세율신청(CUSDEC)

신고인이 수입신고시 합의에 의한 세율을 적용하고자 할 경우 세관에 전송하는 전자문서

(22) 합의세율정정신청(CUSDMR)

신청인이 기 신청한 합의세율신청서에 대해 정정사항이 발생했을 경우 세관에 전송하는 전자문서

(23) 합의세율정정처리결과통보(CUSMPR)

신청한 합의세율정정신청건에 대한 결과를 세관에서 통보하는 전자문서

(24) 통관고유부호신청(PARTIN)

수입신고에 필요한 통관관리부호를 부여받기 위해 신청시 사용하는 전자문서

(25) 해외공급자부호신청(PARTIN)

수입신고에 필요한 해외공급자 부호를 부여받기위해 신청시 사용하는 전자문서

(26) 부호처리결과통보(CUSDPR)

통관고유부호 및 해외공급자부호 신청에 대한 결과를 통보하는 전자문서

(27) 수입대체경비내역통지(CUSRES)

수출/수입 신고건에 대해서 임시개청 또는 파출검사시 발생하는 수수료 내역을 세관이 신고인에게 전송하는데 사용하는 전자문서

(28) 수입대체경비 고지내역통지(CUSRES)

수출/수입신고건에 대해서 임시개청 또는 파출검사를 했을 시에 발생하는 수수료 고지내역을 세관이 관세사/수입업체에게 전송하는데 사용하는 전자문서

(29) 귀책사유자별 오류현황 총괄통보(MONEPA)

수출입신고건에 대해 정정/취하시 발생한 오류점수에 대한 귀책사유자별 총괄현황을 세관에서 매월초 신고인에게 통보하는 전자문서

(30) 수입승인서(LICINF)

수입요건승인기관에서 신고(신청)인으로부터 신고/신청 받아 승인/허가한 승인 내역을 관세청에 통보시 사용하는 전자문서

(31) 수입승인서 취소통보(LICINF)

수입요건승인기관에서 승인/허가한 승인내역이 취소된 경우, 그 취소 사실을 관세청에 통보시 사용하는 전자문서

(32) 수입승인 통관결과 통보(CUSDEC)

수입요건승인기관에서 승인/허가한 내역이 통관된 경우, 그 통관 사실을 관세청에서 승인기관에 통보시 사용하는 전자문서

(33) 접수통보(CUSRES)

승인기관이 관세청으로 전송한 수출입승인서 대해서 관세청에서 오류검증을 실시하여 이상이 없는 경우, 정상적으로 자료를 접수하였음을 승인기관에 통보시 사용하는 전자문서

(34) 오류통보(CUSAPE)

승인기관이 관세청으로 전송한 수출입승인서 대해서 관세청에서 오류검증을 실시하여 이상이 있는 경우, 오류사항을 승인기관에 통보시 사용하는 전자문서

(35) 할당 양허 추천통보(LICINF)

할당 양허관세 추천기관에서 신청인으로부터 신청 받아 추천한 추천내역을 관세청에 통보시 사용하는 전자문서

제 3 절 인터넷 방식에 의한 수출입통관

1. 인터넷 방식의 수출입통관

수출입신고 시스템을 이용하는 방법은 크게 VAN/EDI 방식과 WEB 방식으로 구분한다. VAN/EDI 방식은 VAN사업자가 작성·배포한 EDI 전자문서를 기준으로 사용자 시스템을 구축하고 VAN을 경유하여 문서를 교환하는 것을 말하며, WEB 방식은 포털 사이트를 이용하여 전자문서를 사용하는 것을 의미한다. 지금부터는 인터넷을 기반으로 하는 WEB 방식의 시스템 이용 방법 위주로 기술하고자 한다. 인터넷 통관시스템은 현재 두 가지 모델로 서비스되고 있다. 한국무역정보통신(KTNET)에서 운영하고 있는 인터넷 통관지원시스템(eCustomsFrame)과 관세청에서 직접 운영하는 인터넷 통관시스템(www.portal.customs.go.kr)을 들 수 있다. 두 가지 시스템에 대하여 살펴보면 다음과 같다.

2. 인터넷 수출입신고 시스템

(1) 인터넷 통관지원시스템(eCustomsframe)

1) 가입 및 이용절차

www.ctradeworld.com에 접속하여 가입신청을 하여 서비스를 이용할 수 있으며 가입단계에서 여러 가지 서비스 내용 중 eCustomsFrame 서비스 항목을 체크하여 이용에 대한 의사 확인을 하게 되면 이용이 가능하다. 특히 관세사의 경우에 eCustomsframe을 이용할 수 있으며 무역업체의 경우에는 수출입통관업무를 수행하기 위하여는 관세사의 수출입통관업무를 지원하고 있는 eCustomsframe에 수출입통관의뢰를 하게 되면 해당 관세사는 동 시스템을 이용하여 통관신고서를 작성하여 세관으로 수출입신고를 하게 된다. 세관에서는 수출입신고서를 전송받으면 내부 업무처리를 수행하고 이상이 없을 경우 수출입신고수리를 하게되고 수리필증을 eCustomsframe으로 전송하면 관세사는 신고수리내용을 확인하고 해당 무역업체에게 수출입신고필증을 제공함으로써 수출입신고업무가 종료된다.

[그림 8-8] cTradeworld.com 초기화면

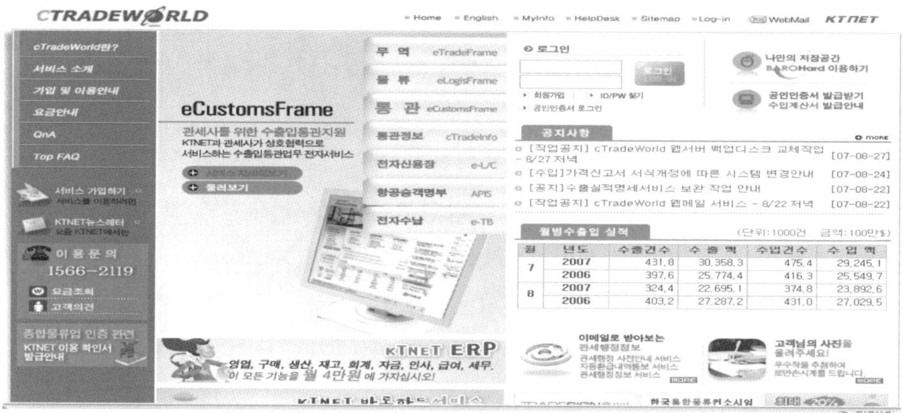

2) eCustomsFrame 초기 화면

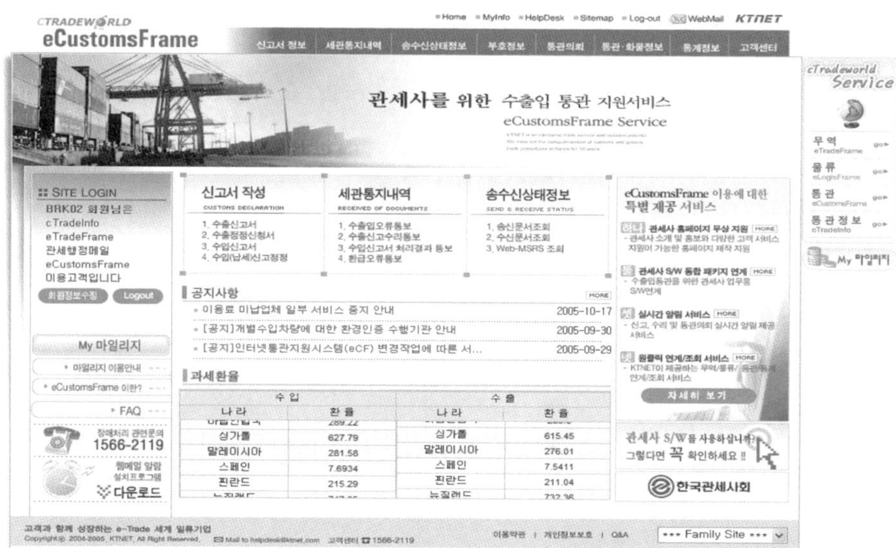

3) 주요 기능

수출의 경우에는 무역업체가 관세사에게 수출통관을 의뢰할 경우 의뢰한 문서로부터 필요한 항목들을 수출신고서 작성에 바로 연계할 수 있다. 수출신고의 경우 관세사가 수출신고 정보를 포워더에게 팩스로 보내는 경우가 많은 데, 이를 위해 eCustomsFrame는 수출신고 수리와 동시에 포워더에게 자동 연계한다. 수출신고서, 수출신고 정정신청, 수출 임시개청신청 등을 작성하여 신고할 수 있으며, 세관으로부터 접수·오류통보, 수출신고 미선적 내역 통보 등을 수신한다.

수입의 경우에는 관심 화주를 등록한 관세사들은 해당 화주의 B/L 정보를 제공받기 때문에 필요한 B/L 정보를 수입신고서 작성시 재입력 할 필요가 없다. 수입신고서, 수입신고 정정신청, 가격신고서, 수입신고취하신청, 수입신고 수리전 반출신청, 수입신고전물품반출신고, 수입신고전물품반출정정 등을 작성하여 신고할 수 있으며, 세관으로부터 접수·오류통보, 세액보정안내통보, 수입세금계산서 등을 수신한다.

4) eCustomsframe 입력화면(예시)

① 수출신고서 입력화면

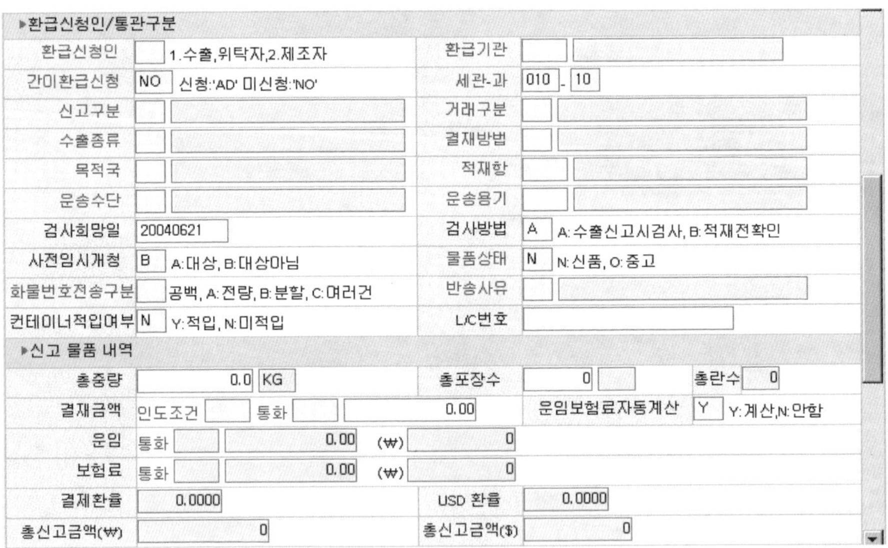

② 수입신고서 입력화면

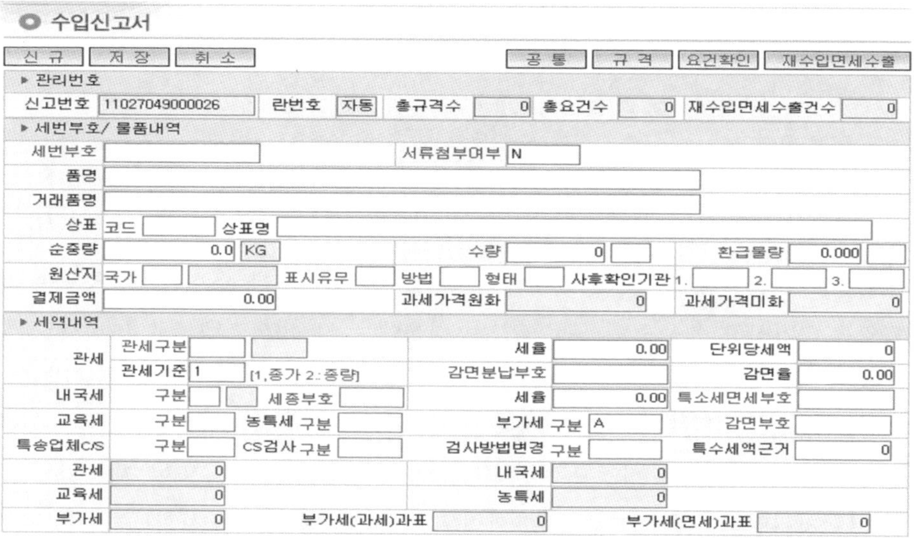

(2) 인터넷 통관시스템(www.portal.customs.go.kr)

1) 인터넷 수출신고시스템의 주요기능

주요 기능으로 수출신고 사용신청과 승인, 수출신고서 작성과 전송, 수출신고서 오류검증 및 접수, 수출신고서 조회 및 신고필증 출력, 제신청(정정, 취하, 임시개청 등)과 승인 기능이 있다.

2) 인터넷 수출신고 및 수리절차

신고인은 인터넷 수출신고시스템에 접속하여 신고서 작성용 웹 화면에서 신고서 내용을 입력하고 수출신고서를 전송하면, 수출신고시스템은 수출신고서 내용에 대한 오류검증을 실시하고 오류가 있는 경우 오류 내용을 웹 화면에 나타낸다. 만일 오류가 없는 경우 수출통관시스템이 검사대상, P/L심사, 자동수리대상 여부를 선별하고 해당 결과를 웹 화면에 나타낸다. 또한 자동수리인 경우 수출통관시스템이 신고수리하고 P/L심사 및 검사대상은 세관 담당자가 화면심사 또는 실물검사 후 신고수리 사항을 시스템에 등록하게 된다. 신고인은 수출신고건의 수리여부를 조회하여 수리가 된 경우 신고수리필증을 출력한 후 신고인의 도장을 날인하여 업무에 활용한다.

3) 인터넷 수입신고시스템의 기능 및 절차

① 수입신고서 작성 및 신고

관세청 인터넷 포털시스템에 접속하여 신고서 내역을 입력하고 작성된 수입신고내역을 인터넷을 통하여 관세청 수입시스템으로 전송하면 수입신고내역 오류가 없는 경우 관세청 수입시스템이 수입신고를 접수하게 된다.

② 처리결과 조회 및 수신

신고자가 관세청 포털시스템에 접속하여 처리결과를 조회할 수 있으며 신고자가 수입신고 응용프로그램이 있는 경우에는 자사 시스템으로 처리결과 정보를 수신받을 수 있다. 또한 포털시스템에서는 신고서 처리단계별로 필요한 정보를 상세히 제공하고 있다. 예를 들면 처리상태, 즉 오류통보, 접수, 결재, 분석, 수리, 보완통보, 정정요구 등의 상태정보를 알려준다. 또한 제공되는 정보로는 처리일시, 검사 여부, 납부서번호, 담당자, 세관 요구사항 등이 있다.

③ 신고수리 확인

신고자가 관세청 포털시스템에 접속하여 신고수리정보를 확인할 수 있으며 확인된 수리정보를 신고자의 자사 시스템으로 수리정보를 수신할 수도 있다. 또한 수입신고필증은 신고자가 관세청 포털시스템에 접속하여 출력할 수 있다.

④ 세금고지 및 납부

신고자 또는 수입자(납세자)는 관세청 포털시스템에 접속하여 고지서를 출력하거나 고지내역을 신고자 시스템으로 전송할 수 있으며 수입자는 은행을 방문하여 세금을 납부하거나 전자결제방식(Electronic Fund Transfer)으로 납부할 수 있다. 또한 관세청 포털시스템에서는 수납은행으로부터 EDI 방식으로 영수필통지서를 수신하여 수납처리한다. 수입자는 관세청 포털시스템에 접속하여 세금계산서를 출력하거나 수입자 시스템에서 수신할 수 있다.

⑤ 세액정정

신고자는 관세청 포털시스템에 접속하여 보정신고, 수정신고, 경정청구 등 신청서를 작성하거나 신고자 시스템으로 신청서 내역을 입력하면, 신청서 내역에 오류가 없는 경우 관세청 수입시스템이 신청서를 접수하면, 신고자는 관세청 포털시스템으로 신청서의 처리결과를 조회하거나 신고자의 시스템으로 수신할 수 있다. 또한 정정처리가 완료된 경우 승인서 및 신고필증을 관세청 포털시스템에 접속하여 출력한다.

제 4 절 통관단일창구(Single Window)

1. 단일창구의 개념 및 발전 모델

(1) 단일창구(Single Window)의 개념

전자무역의 새로운 패러다임인 단일창구는 "무역업체가 수출입관련 모든 요구사항을 단일기관 또는 단일망을 통해 정보를 제출할 수 있는 시스템"이라고 유엔경제사회이사회 산하 UN/CEFACT(United Nations Center for Trade Facilitation and Electronic Business)가 정의하고 있다. 다시 말해 단일창구(Single window)는 수출입거래와 관련하여 모든 법적 요구사항을 하나의 시스템을 통해 전자적으로 한 번의 제출로 One-Stop 처리하는 시스템을 말한다.

[그림 8-9] 단일창구(Single Window)의 개념

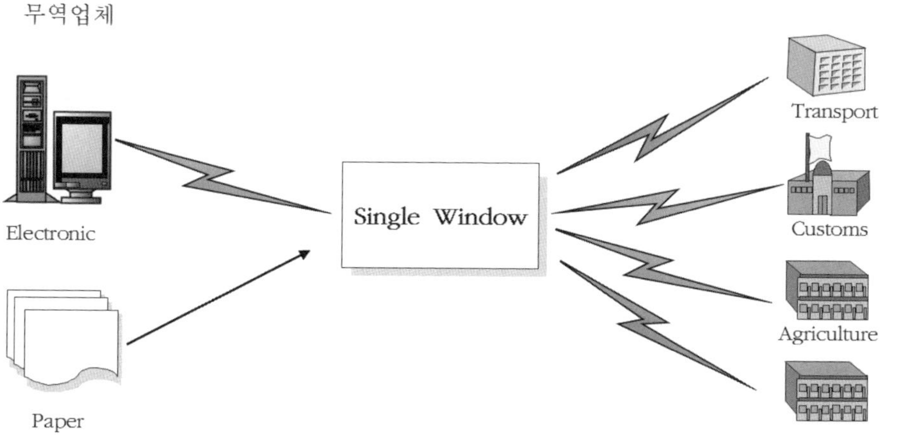

자료: UN/CEFACT(2002), A Single Window environment.

(2) Single Window의 발전 모델

1) 발전단계

단일창구의 발전 단계를 살펴보면 아메바의 원리와 같이 자연 진화해 나가는 특성을 발견할 수 있다. 전자무역의 업무범위 중 어느 한 부분이 새로운 정보기술로 단일 창구화되면 연 이어 주변의 관련업무영역이 단일 창구화 되어 확장되는 유형을 볼 수 있다. 그러나 단위 업무별로의 단일 창구화는 그 유용성에 한계가 있어 서로 통합 또는 네트워킹되어야 소위 가치사슬(Value Chain)의 시너지효과를 제고할 수 있다. UN/CEFACT은 이러한 발전모델을 분류함에 있어 싱글 윈도우의 서비스 통합정도(Integration Scope)에 따라 여러 단계의 단일창구 발전모델을 제시하고 있다.

[그림 8-10] 싱글 윈도우의 발전모델

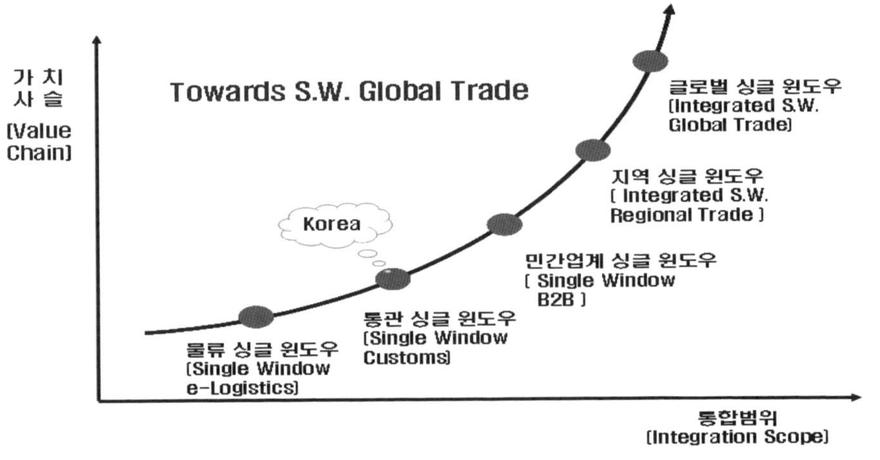

By UNECE UN/CEFACT

① 물류 단일창구(Single Window e-Logistics)

물류분야는 수출입 무역업자 간에 무역계약이 체결된 이후 실제의 상품이 이동되는 과정을 전자적으로 처리하는 분야를 말한다. 실제 상품이 이동하기 전에는 계약체결 과정에서 수량, 단가, 수출일자 등 다양한 변화가 있지만, 일단 수출국에서부터 상품이 선적되어 수입국으로 출발하면 송하인, 운송인, 수하인 등 이해당사자간에 권리와 의무, 채권 채무관계가 성립되기 때문에 화물이 도착하기까지의 운송과정에서 발생되는 서류(적하목록과 선하증권)와 처리과정이 이해당사자간에는 매우 중요한 부분이고, 시스템의 안정성과 이해도가 가장 높이 요구되는 분야이다.

적하목록은 운송인이 선적의뢰 받은 Maser B/L별로 목록을 분류하고, 포워더들이 의뢰한 소화물 FBL(Forwader B/L)은 House B/L로서 Master와 연계하여 총괄적인 화물목록(Manifest)을 작성하며, 이는 송하인, 수하인, 운송인, 그리고 세관 간에 가장 중요한 서류가 된다. 적하목록은 WCO 뿐만 아니라 세계 각국의 세관이 국경을 입출항하는 모든 운수기관(선박 및 항공기)에 법적으로 요구하는 필수서류이며 이를 기준으로 국내에 유입되는 화물의 총량 재고관리를 한다.

이러한 물류분야는 B/L 서류를 기초로 민간영역에서 이루어지는 기업간 채권채무관계에 의한 프로세스가 있으며, B/L 내용의 모선별로 취합된 적하목록을 기초로 세관과 검역소등에 이루어지는 입출항신고 등 공공부문의 프로세스인 국경출입절차로 구분된다.

② 통관 단일창구(Single Window Customs)

국가간 수출입되는 상품에는 나라별로 적용하는 무역법규가 있어 수출입이 되는 상품과 그렇지 못한 상품을 확인하여 이의 통관여부를 결정해야 하고, 관세 등 조세법상의 각종 제세 등을 통관단계에서 징수해야 국내에 물품인도가 가능해 진다. 따라서 물류분야의 프로세스 전자화가 이루어지더라도 세관에서의 수출입 통관, 관세 등의 부과징수 및 환급 등 공공부문의 프로세스 전자화 연계가 지연되거나, 오히려 그 반대의 경우가 되면 전자무역을 위한 그 유용성이 절대적으로 반감될 수밖에 없다. 그리고 공공분야에 있어서도 세관뿐만 아니라 검역소 등 유관정부기관의 수출입요건 확인업무가 단일창구 방식으로 연계되지 않으면 전자화의 유용성과 신뢰도는 떨어지게 된다.

③ 민간업계 단일창구(Single Window B2B)

민간업계 단일창구는 주로 물류와 통관단일창구와 같이 국가표준이 제정된 이후에야 개발이 가능하다. 민간업계 스스로 전자표준을 마련하더라도 국가표준과 연계되지 않으면 호환성이 없어 개발실익이 없기 때문이다.

예를 들면, 선사, 항공사와 포워더 간의 전자 B/L시스템, 운송업체와 창고

업체간 D/O(Delievery Order) 확인시스템, 수출자와 수입자 등 무역업계 간의 송품장(Invoice) 등이 있으며, 민간업계가 연계된 적하목록 취합시스템(MFCS) 등도 있다. 적하목록은 운항화물목록으로서 항공사와 선사가 직접 포워더 B/L 정보를 취합하여 세관에 제출하는 것이 이상적이다. 그러나 우리나라는 대부분의 운항사들이 취합비용과 인력을 줄이기 위해 KTNET의 적하목록 취합시스템(MFCS)를 활용한다.

그러나 이러한 민간분야 단일창구는 여러 개의 시스템이 경쟁상황하에서 존재할 수 있으며, 사용자 입장에서는 호환성과 기능성, 그리고 경제성 등 사용자 만족도가 가장 높은 것이 생존할 수밖에 없다. 또한 개발과정에 있어서도 사용자 수가 많지 않은 경우는 초기 투자비용이 커서 수익성이 없기 때문에 개발 우선순위에 자리 잡기 어렵다. 따라서 단일창구 네트워크에 필수적이면서도 수익성이 낮은 분야는 공공재 차원에서 정부 및 공공부문과 민간부문이 공동 투자하고, 민관이 공동 운영하는 방안의 모색이 필요하다.

④ 지역 단일창구

지역간 단일창구(Integrated Single Window Regional Trade)는 한 국가 차원의 단일창구 범위를 넘어 국제적으로 확산된다는 측면에서 글로벌 단일창구의 지름길이 된다. 일례로 싱가포르, 태국 등 ASEAN 10개국은 2004년 8월부터 지역간 단일창구 과제를 추진하기 시작하였으며 2005년 9월까지 단일창구의 기본계획을 수립하여 단계적으로 구축 및 운영하겠다는 전략을 추진중이다. 특히 미국은 캐나다, 멕시코와 지역 단일창구를 추진 중이며, EU연합 등은 다수 국가가 참여하는 지역적 단일통관망(1988년부터 수입통관, 수출통관, 통과신고 등 표준화 및 통합처리)을 구축하여 대표적인 성공사례로 소개되고 있다.

⑤ 글로벌 단일창구(Integrated Single Window Global Trade)

앞서 언급한 물류, 통관, 민간업계와 지역간 단일창구가 세계적인 규모로 신경망이 연결되고, 생산, 판매자, 소비자간 종합적으로 연계될 때 비로소 글로벌 단일창구가 구현된다고 볼 수 있다. 이는 궁극적으로 국제간 통합물류 공급망(SCM: Supply Chain Management)의 구축을 의미하는 것으로써 공급망 사슬이 연계되면, 사전예측에 의한 원료수입과 생산, 수출선적, 유통 및 재고관리가 가능해져 기업들의 경쟁력은 한층 강화될 것이다.

2. 통관단일창구 관련 국제 사회의 동향

국제간 수출입을 하는 무역업체의 경우, 자기 스스로 업무에 관한 정보화를 추진했다하더라도 이것만으로 무역업무가 완성되는 것은 아니다. 국제간의 수출입업무는 세관, 검역소 등 많은 국경통제기관들 간에 그들의 다양한 데이터나 시스템에 맞추어 유사한 정보를 반복해서 제출해야 하는 불편함이 여전히 남아 있다.

따라서 무역업체의 입장에서는 어느 한 나라의 국경에서 법적으로 요구하는 모든 데이터를 입항시점에서 무역업체가 한 번에 세관 등 여러 정부기관에 일회적으로 제출하고 그 결과를 받아 볼 수 있도록 One-Stop이라는 기초적인 단일창구의 개념을 요구하고 있다. 이러한 국제적인 요구들이 원활하게 수행되어 국가간, 지역간 단일창구가 올바르게 시행되기 위해서는 단일창구의 구축단계부터 국제기구의 가이드라인과 권고사항을 충분히 반영할 필요가 있다.

(1) UN/CEFACT의 가이드라인

Single Window는 비관세장벽을 축소하고 무역관련 이해관계자들에게 비용 및 인력절감 등 이익을 줄 수 있다는 점에서 UN 등 국제기구에서는 무역원활화 차원에서 단일창구에 관한 국제적 논의를 가속화하고 있으며, 상당수 선진무역국들은 이를 도입하기 위해 많은 노력을 하고 있다. 이와 같이 단일창구 구축 및 실행을 위한 국가들의 요청사항이 증가하여 UN/CEFACT는 국가별 단일창구 구축 및 운영사례를 조사하고 동 자료를 지식창고(Single window Repository)에 DB화하여 제공하기에 이르렀다. 특히 UN/CEFACT은 2006년 5월 심포지엄을 개최하고 글로벌 전자무역 단일창구(International Trade single window)의 법률적 기반과 국내·지역간·국제 간에 단일창구 데이터의 표준화가 필요하다는데 합의하고 이를 연구·지원하기 위한 이해관계자 그룹을 구성하기로 하였다. 이에 따라 정부와 업계(G2B), 업계와 업계(B2B) 간의 단일창구 방식의 단일창구 확산을 지원하기 위하여 UN/CEFACT은 단일창구 가이드라인 및 권고안(Recommendation and Guidelines on establishing a Single Window, 2004)을 마련하고 이를 공식적으로 승인했다.

UN/CEFACT의 가이드라인과 권고안은 다음 3가지 전제요건을 제시한다. 첫째, 단일창구는 무역과 운송관련 당사자들이 모든 수출입 그리고 환적관련 요구사항들을 표준화된 전자정보 또는 문서로 단일창구 1회 접속을 통해 제출할 수 있도록 허용해야 한다. 둘째는, 국제간 무역거래에 있어 정보를 교환할 때 보안이 보장된 합법적인 프레임에 의해 정보의 공유가 가능해야 한다. 셋째, 단일창구는 단일접속창구(A single entry point)로서 참여하는 정부당국의 중요 정보를 배포하거나 접근할 수 있도록 허용해야 한다. 또한 다양한 정부 당국의 통제와 검사를 조정할 수 있도록 허용해야 한다.

따라서 동 가이드라인에서는 정부와 국제무역 및 화물운송 관련 당사자들이 자국에서 단일창구의 실행을 적극적으로 고려하도록 권고하고 있다. 그리고 단일창구의 발전형태도 이제 정부와 업계(G2B) 간의 단일창구 중심을 벗어나 업계와 업계(B2B), 그리고 한 나라의 국경을 넘어 글로벌 단일창구, ASEAN 등 지역간 단일창구로 확산하려는 국제적인 노력이 진행중이다. UN, WCO 이외에 WTO, OECD, APEC 등 국제기구도 최근 세계 각 국가간 전자상거래 등 민간분야의 전자무역이 계속 확산됨에 따라 새로운 국제무역질서의 형성을 위한 단일창구에 관한 활발한 논의를 전개하고 있다.

(2) 세계관세기구(WCO)의 권고

WTO 산하의 관세행정 관련 국제기구인 세계관세기구(WCO)는 수출입과정에서 이러한 유사 반복정보의 정보교환 필요성과 중요성을 알고 세관과 무역업체(G2B), 세관과 다른 정부기관(G2G), 세관과 다른 국가의 세관당국과 정보교환 가이드를 제시하고 있다.

WCO는 국제간 세관절차의 표준화와 간소화를 추진하고 있으며, 세관의 통관절차를 이행하는 과정에서 불필요한 무역장벽이 자유무역을 저해하지 않고 가장 적은 비용과 시간으로 통관 업무를 볼 수 있도록 다양한 선진기법을 마련하여 세계 각 국에 권고하고 있다. 현재 국제관세법으로 불리고 있는 WCO의 개정 교토 협약에서는 세관과 무역업체간, 세관과 정부 간에 수출입허가서, 검역증 등 다양한 데이터의 원활한 교환을 위해 정보기술을 활용한 창구 단일화의 추진을 권고하고 있다.

우리나라의 경우만 하더라도 통관과 관련된 수출입유관기관은 지식경제부, 검역소 등 17개 정부부처와 70여 개의 관련협회가 있으며, 통관단계에서의 적용 법률만도 55개에 이르는 등 매우 방대한 규모이며, 미국의 경우에는 이러한 법률이 400여 개에 이르는 등 우리보다 훨씬 더 복잡한 상황이다. 따라서 무역업체를 위한 One-Stop방식의 시나리오는 모든 법규 데이터를 무역업체가 단일창구를 통해 받아볼 수 있도록 하는 것으로서 정보교환을 위한 민·관 모두 국제표준의 데이터의 사용이 전제가 된다.

특히 미래의 글로벌 단일창구를 추진하는 과정에서 한 국가의 수출화물 신고데이터는 다른 국가의 수입화물신고에 중요한 기초 자료로 사용될 수 있기 때문에 단일창구의 이용을 활성화하기 위해 다른 국가 세관당국과의 정보교환을 권고하고 있다. 이러한 Single Window의 구축과 관련하여 WCO는 다음과 같은 구체적인 사업을 추진 중에 있다.

첫째로 세관신고절차 국제표준화 및 정부기관 간 단일창구 기반을 마련하기 위해 세관신고데이터의 표준모델(CDM: Custom Data Model)을 개발중에 있다. CDM은 2003년 1월 제44차 WCO 상임기술위원회에서는 데이터 모델 Ver 1.1 채택하였고, 2005년까지 공통세관 데이터 모델을 확정할 계획이다. 특히 2003년 1월에 개최된 제44차 WCO 정보소위원회(IMSC)에서는 데이터 항목 중에 우선 고위험화물을 식별하기 위해 필요한 필수 공통 항목 27개를 확정 발표했다.

둘째로 CDM과 함께 반드시 동시에 고려되어야 하는 것은 수출입상품의 상세내역에 관한 표준화이며, 이를 위해 국제간 수출입 화물의 운송, 보관, 하역 및 통관과 관련한 국제표준의 화물식별부호(UCR: Unique Consignment Reference Number) 연구도 한창 진행중에 있다. UCR은 무역업체가 처음의 상품주문에서부터 공급자의 상품판매, 이동, 국경도착 수입자에게 최종 양도될 때까지 무역거래와 관련된 송품장, B/L, 통관 등 많은 데이터를 묶어 주는 전자 Staple과 같은 기능을 하는 것이다. 이러한 면에서 보면 WCO의 단일창구 개념은 어느 한 나라의 국내부문만을 고려한 것이 아니라 국제간 데이터 표준화 및 절차 간소화를 통해 해외부문에도 글로벌 단일창구로서 구현이 가능토록 권고하고 있다.

셋째로 국제간 단일창구를 운영함에 있어서도 무역 원활화뿐만 아니라 무역안전을 위한 정보체계도 함께 갖추어 널리 활성화될 수 있도록 노력하고 있다. 즉 수출국에서 수입국으로 제공될 화물정보가 국경통과 전에 신속히 제공되어 위험화물에 대한 사전확인이 가능토록 「사전화물정보전송시스템(ACI: Advance Cargo Information)」에 관한 가이드라인을 마련하여 발표(Proposed Customs Guidelines on Advance Cargo Information)할 정도로 단일창구 구현에 가장 큰 관심을 보이고 있다.

3. 한국의 통관단일창구 추진현황

(1) 추진 배경 및 목표

세계관세기구(WCO) 및 UN 등 국제기구에서는 세관과 무역업체간 검역증서 등 다양한 데이터의 교환을 위하여 창구 단일화의 추진을 권고한 바 있으나, 한국에서는 2003년 8월 통관단일창구 구축사업이 정부의 동북아 물류중심 로드맵 7대 과제로 선정된 것을 계기로 전자정부 로드맵 31대 과제인 수출입물류 종합정보서비스 구축사업 과제로 채택하여 추진하였다. 통관단일창구(Single Window)는 신고인이 표준화된 세관수입신고 및 수입요건확인 신청서를 세관에 1회 제출하여 통관절차가 완료될 수 있도록 하는 것으로써 민원인에 대한 원스톱 서비스(One-Stop Service)를 목표로 하고 있다.

(2) 통관단일창구 업무 개념도

통관단일창구는 수출입업체가 수출입신고하는 때에 각종 특별법에 의한 요건확인을 위하여 여러 기관을 방문할 필요 없이 한 번의 세관신고만으로 민원처리를 가능토록 한 통합민원시스템이다. 통관단일창구 구축 이전에는 각각의 기관(요건확인기관 및 관세청)을 각각 방문(접속)하였으나 구축 후에는 통관단일창구(Single Window)에서 요건신청 및 수출입신고 일괄 처리할 수 있다. 즉, 예전에는 수출입시 식품 등과 같이 식품위생법에 의한 식품의약품안전청의 사전승인이 필요한 물품의 경우에는 해당기관에 식품검사 등을 신청하여 승인을 받은 후에 다시 세관에 수출입신고를 해야 하는 불편이 있었다. 수출입자가 동일한 물품에 대하여 유사한 내용을 중복하여 여러 기관에 요건 확인신고 및 수출입신고 등을 함에 따라 통관이 지연되고 물류비용의 증가를 초래하였다. 관세청은 이러한 불편을 해소하여 수출입업체가 통관단일창구에 한번만 신고하면 수출입관련 모든 업무를 일괄하여 처리할 수 있도록 절차를 간소화하였다.

[그림 8-11] 통관단일창구 구축 전후 비교

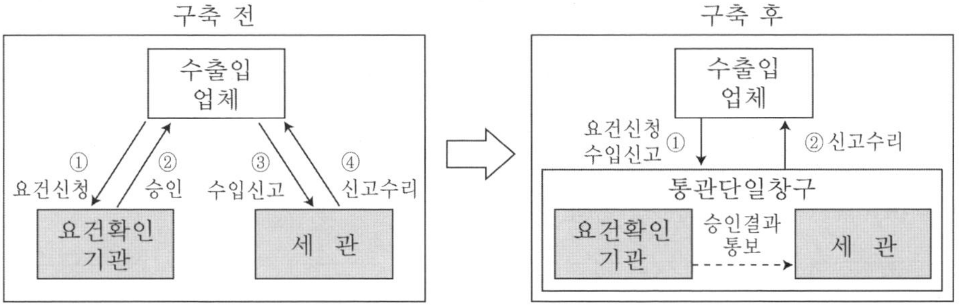

① 수입자 요건확인기관에 검사 · 검역 신청(요건신청) ② 요건확인기관 수입물품 검사 및 검사합격증 발급(승인) ③ 수입자 세관에 수입신고 ④ 세관 수입신고내용 심사 후 신고수리	① 수입자 "통관포탈"에 요건확인기관 요건신청 및 세관 수입신고를 One-Stop 일괄 처리 ② 요건확인기관 요건승인내용은 자동으로 관세청에 전산제공하며, 관세청에서는 수입신고내용 심사 후 신고수리

자료: 관세청.

(3) 추진경과

통관단일창구 구축대상기관 선정에 있어서는 요건확인건수가 월등히 많은 수입분야부터 우선적으로 구축하는 것을 목표로 하고, 수입요건확인 비중이 높은 식품의약품안전청 등 8개 수입요건확인기관(요건확인비중 92%)과 협의하여 2004년부터 구체적인 계획을 수립하게 되었다. 효율적인 업무 추진을 위하여 관세청과 8개 요건확인기관이 2004년 8월 실무 T/F팀을 구성하고, 우선 세관수입신고서 및 8개 요건확인신청서의 항목을 표준화하고 항목을 재정의하는 작업을 시작하였다. 이는 신고인이 작성 또는 입력해야 하는 신고 항목을 최소화하고 각 유관기관이 신고 자료를 공동 활용하기 위한 선행조치가 필요했기 때문이다. 요건확인기관별로 10여 회 이상의 협의를 거쳐 요건확인시 필요한 서류 및 신고 항목 등에 대해 분석하고 관세청의 수입신고서와의 공통항목을 도출하여 표준화함으로써 2005년 2월 10개 요건확인 신청서 총 542개 항목 중 440개(81%) 항목을 조정 또는 삭제하고, 최종적으로 287개 항목(공통항목 185개, 비공통항목 102개)으로 축소하였다.

2005년 2월부터는 세관수입신고와 각 기관별 요건확인신청 업무 프로세스를 검토하여 법령 개정을 추진하였다. 구체적으로 통관단일창구를 이용할 경우 각 기관별 신고의 효력발생시점, 각 법령상의 신고인 또는 신고 대리인의 조정, 첨부서류의 처리문제 등을 중심으로 법령 개정 사항을 검토하였다. 2005년 8월에는 전자정부 31대 과제인 「수출입물류종합정보서비스」에 과제로 채택되어 본격적인 시스템 구축에 착수하게 되었다.

(4) 통관단일창구 연계 현황

2005. 5월부터 8개 주요 관련기관과 공동으로 시스템 개발을 시작하여 2006년부터 본격운영중이며, 2007년 2월에는 연계 기관 및 업무분야를 확대하여(4개 기관 추가) 총 12개 요건기관과 통관단일창구를 구축하였다.

〈표 8-1〉 통관단일창구 연계 현황

<table>
<tr><th>요건확인기관명</th><th>관련 법률</th><th>구축 대상 업무</th><th>업무 영역</th></tr>
<tr><td>국립식물검역소</td><td>식물방역법</td><td>식물 검역 신청</td><td>수출입</td></tr>
<tr><td>국립수산물품질검사원</td><td>식품위생법</td><td>식품 수입 신고</td><td>수입</td></tr>
<tr><td>한국의료기기산업협회</td><td rowspan="2">의료기기법</td><td rowspan="2">의료기기 요건확인</td><td>수입</td></tr>
<tr><td>대한치과기재협회</td><td>수입</td></tr>
<tr><td rowspan="2">식품의약품안전청</td><td>식품위생법</td><td>식품 수입 신고</td><td>수입</td></tr>
<tr><td>마약류관리법</td><td>마약류 수출입 승인</td><td>수출입</td></tr>
<tr><td>한국의약품수출입협회</td><td>약사법</td><td>의약품 요건확인</td><td>수입</td></tr>
<tr><td rowspan="3">국립수의과학검역원</td><td rowspan="2">가축전염병예방법</td><td>동물, 축산물 검역 신청</td><td>수출입</td></tr>
<tr><td>동축산물 운송통보</td><td>화물</td></tr>
<tr><td>축산물가공처리법</td><td>축산물 수입 신고</td><td>수입</td></tr>
<tr><td>한국동물약품협회</td><td>약사법</td><td>의약품 요건확인</td><td>수입</td></tr>
<tr><td>한국생활용품시험연구원</td><td rowspan="4">공산품안전관리법</td><td rowspan="4">공산품 요건확인</td><td>수입</td></tr>
<tr><td>한국완구공업협동조합</td><td>수입</td></tr>
<tr><td>한국화학시험연구원</td><td>수입</td></tr>
<tr><td>산업기술시험원</td><td>수입</td></tr>
</table>

자료: 관세청.

참고문헌

[국내문헌 및 자료]

1. 「통관단일창구(Single Window 추진 방안)」(관세와 무역, 2005년)
2. 한국무역경제, 손병조, 「Single Window로 가는 길」
3. 관세청, 「통관단일창구 구축전략」, 2003. 9.
4. 관세청, 「통관단일창구 활성화 방안」, 2006. 10.
5. 관세청, 수출입통관 및 보세화물 제도개선방향(2002년도 정부물류정책 합동설명회 자료)
6. 산업연구원, eTrade 확산과 관세청의 대응전략 연구(2003)
7. 관세청, 보세화물 하선 하기 적재에 관한 고시
8. 관세청, 수출통관 사무처리에 관한 고시
9. 관세청, 수입통관 사무처리에 관한 고시
10. 관세청, 화물관리전문요원 교육자료(2003)
11. 관세청, 초일류세관을 위한 관세행정 개선방향(2003)
12. 관세청, 「관세청 정보화 중장기종합계획 수립을 위한 연구용역(ISP)」, 2002.
13. 관세청, 「통관단일창구 구축전략」, 2003. 9.
14. 관세청, 수출통관 사무처리에 관한 고시, 수입통관 사무처리에 관한 고시
15. 관세청, 초일류세관을 위한 관세행정 개선방향(2003)
16. 관세청, 통관단일창구 기반마련을 위한 수출입 요건확인업무 개선방안 연구
17. 관세청, 초일류세관 추진내용 및 세관현대화 BPR/ISP
18. 관세청, 인터넷 통관포털서비스이용에관한고시

[해외문헌]

1. UN/CEFACT(2002), A Single Window environment
2. 세계관세기구, KYOTO Convention(KYOTO 협약)
3. (UN/ECE Recommendation 33) Single Window 설립에 대한 권고안 및 가이드라인

[웹사이트]

1. 한국무역정보통신 전자무역 포털서비스(www.ctradeworld.com)
2. 관세청 홈페이지(www.customs.go.kr)

3. 한국전자거래진흥원(www.kiec.or.kr)
4. 국제전자문서 표준화기구, UN/CEFACT(www.unece.org/cefact/)

CHAPTER

9

관세환급 시스템

제 1 절 관세환급 프로세스의 개요

1. 관세환급 제도 개요

(1) 관세환급의 개념

관세환급이란 세관에 납부한 관세를 어떠한 사유로 되돌려 받는 것을 말하며, 그 종류는 되돌려 받는 사유에 따라 여러 가지가 있다. 일반적으로 관세환급이라 지칭되고 있는 환급특례법에 의한 관세 환급은 우리나라 수출물품에 대한 국제가격경쟁력을 제고시키기 위한 수출지원제도로서 수출용 원재료를 수입하는 때에 납부하였거나 납부할 관세 등을 관세법 등에 불구하고 수출 등에 제공하였을 경우 수출자 또는 수출물품의 생산자에게 되돌려 주는 제도를 말한다.

(2) 관세환급의 목적

수출용 원재료에 대한 관세 환급의 가장 큰 목적은 크게 두 가지로 나눌 수 있다. 첫째, 능률적인 수출지원이고, 둘째는 균형 있는 산업발전에 이바지하는 것이다. 다시 말해, 국내 수출업자가 관세 환급을 통해 수출제품의 비용을 낮춤으로써 수출을 지원하고, 또한 원재료를 수입하여 관세를 납부한 후 이를 다시 환급받을 때까지 국내 수출업체가 금융 및 행정적인 비용을 부담하도록 함으로써 원재료의 국산화를 촉진하려는 목적도 있다.

(3) 도입 배경

1975년에 도입된 우리나라의 관세환급제도는 그 이전까지 수출 지원정책으로 시행되던 사전면세제도를 대체한 제도이다. 사전면세제도는 수출용 원재료를 수입할 때에 수출을 조건으로 1년 동안 조건부로 관세를 면세조치하고, 1년 이내에 수출을 하지 못할 경우 관세를 징수하는 제도이다. 그러므로 사전면세제도의 목적은 수출용 원재료에 대해서 관세를 사전에 면제해 줌으로써 국내 수출기업을 지원하기 위한 것이었다. 그러나 우리나라의 무역 교역량이 급증하고 중간 원재료의 국내거래가 다단계로 복잡해짐에 따라 사후관리가 사실상 불가능하게 되었다. 이에 따라 1975년 7월 1일부터 사전면세제도를 전면 폐지하고 관세 환급제도를 시행하게 되었다.

(4) 관세환급의 요건

수입신고 수리일로부터 2년 이내에 제조, 가공하여 제품을 생산한 후 환급대상수출에 제공하여야 하고, 수출에 제공된 날로부터 2년 이내에 신청하여야 한다. 수입신고수리일이 수출신고수리일보다 빠르거나 같아야 환급이 가능하다. 즉 先 수입 後 수출인 경우에만 환급이 가능하다.

관세환급을 받을 수 있는 수출용 원재료는 수출물품을 생산할 때 사용되었던 당해 원재료에 국한되는 것이 아니라 수출물품을 생산할 수 있는 원재료 또한 환급대상이 된다.

또한 우리나라에서 제조, 가공을 거치지 않고 수입된 상태 그대로, 즉 원상태로 수출한 경우에도 수입시에 납부한 관세 등의 전액 환급이 가능하다. 환급대상이 되는 수출용 원재료는 수입하는 때에 관세 등을 납부한 물품이라면 정상적인 무역거래에 의해 수입되고 물품 대금을 지불하는 유환 수입물품은 물론 물품대금을 지불하지 않고 수입되는 무환 수입물품까지도 환급대상이 될 수 있다.

[그림 9-1] 관세환급 신청기간 충족 요건

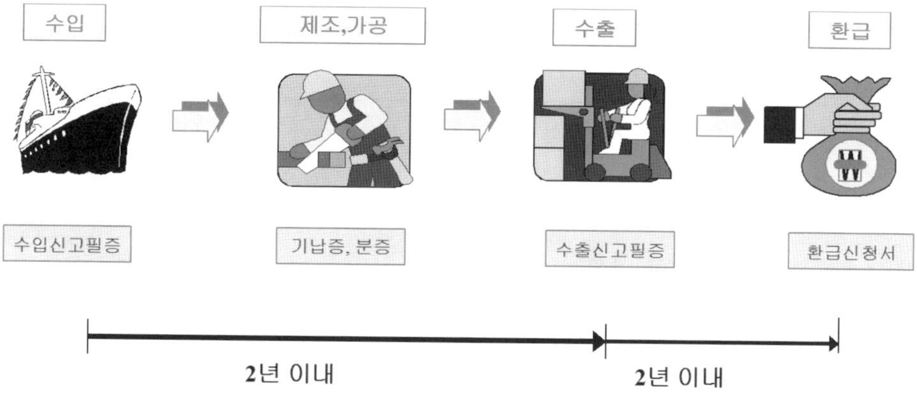

2. 관세환급의 종류

정부가 수출금액당 수출물품에 소요된 원재료에 대한 수입시 납부세액으로 일정금액을 정하여 지급하는 간이정액환급제도와 수출물품제조에 소요된 원재료의 납부 세액을 소요량제도에 의한 증빙서류에 의거 개개의 원재료별로 확인하여 환급금을 산출하는 개별 환급제도가 있다. 개별 환급제도에는 수출품 생산자가 중간원재료(수출용 원재료를 수입하여 가공과정을 거침)를 국내에서 구입하여 수출하는 경우, 환급을 받을 수 있도록 중간제품에 대한 납부세액을 증명하는 기초원재료 납세증명제도와 수입한 물품이나 중간원재료를 수입한 상태 그대로 수출품 생산자에게 공급한 경우 공급한 물품에 대한 납부세액을 증명하는 분할증명제도가 있다. 관세환급이란 수출물품 제조에 소요된 원재료의 수입시 납부 세액을 수출한 때에 되돌려주는 것이므로 환급액을 정확하게 산출하기 위하여 개별 환급방법에 의하는 것이 합리적이다. 그러나 구비서류가 복잡하고 환급금 산출에 많은 시일이 소요된다는 단점이 있다.

그러나 관세환급제도는 수출을 지원하기 위한 목적이 있으므로 원재료 수입시 납부세액을 정확하게 환급하여야 한다는 목표와 함께 간편하게 환급하여야 하는 상반된 두 목표를 동시에 추구하여야 하며, 수출지원을 위한 제도 본래의 목적달성을 위하여 환급액과 원재료 납부세액 간에 다소의 차이가 있다 하더라도 정액환급을 확대하는 것이 환급제도의 필연적인 운용방향이 될 수밖에 없다.

〈표 9-1〉 관세환급의 종류

구 분	개별 환급	간이 정액환급
적용대상	모든 수출 기업	연간환급금 4억원 이하인 중소기업
대상품목	모든 수출 품목	간이정액률표 게기 수출품목
제출서류	- 수출사실 확인서류 - 납부세액증명 - 소요량 계산서	수출사실 확인서류
산출방식	수출물품의 제조에 소요된 원재료의 수입시 납부세액을 산출하여 환급금 지급	간이정액 해당 품목을 수출한 경우, 수출금액 10,000원당 일정금액을 환급금으로 지급

자료: 관세청

(1) 간이정액환급

1) 개념과 의의

간이정액환급제도는 환급신청일이 속하는 직전 2년간 기초원재료납세증명서 발급실적을 포함한 매년도 환급실적이 4억원 이하인 중소기업자가 생산하는 수출물품에 대한 환급액 산출시에 정액환급률표에 의해 정해진 금액을 납부세액으로 간주하여 환급하는 제도이다.

간이정액환급제도는 중소기업의 수출을 지원하고 환급절차를 간소화하는 효과가 있으나, 개별 환급에 의해 확정되는 환급액보다 간이정액환급액으로 책정·고시되는 금액이 대체로 낮아 경우에 따라서는 과소 환급을 감수해야 하며, 고시되지 않는 품목에 대하여는 같은 중소기업일지라도 개별 환급에 의해 환급액을 결정하여야 한다.

2) 수출신고시 간략 기재

세관장은 간이정액 환급율표가 적용되는 수출물품에 대하여는 관세청장이 정하는 바에 따라, 수출신고시 수출신고서에 환급신청 사항을 간략히 기재함으로써 환급신청에 갈음할 수 있다.

3) 간이정액환급액 산출

관세청장은 간이정액 환급율표를 정할 때에는 최근 6월 이상 기간 동안의 수출물품의 품목번호별 평균환급액 또는 평균 납부세액 등을 기초로 하여 적정한 환급액을 정해야 한다.

〈표 9-2〉 간이정액 환급율표(일부 발췌)

세 번 (HS Code)	품 명	수출금액(FOB) 1만원당 환급액
2005.90-1000	김치	130
3304.99-1000	기초화장용 제품류	130
4414.00-0000	목제의 그림틀·사진틀·거울틀 또는 이와 유사한 틀	160
8471.60-2023	액정모니터	30

자료: 관세청.

○ 환급액 산출

환급액 = (FOB 원화금액 * 간이정액환급율표의 해당 금액) / 10,000

(2) 개별 환급

1) 개념과 의의

개별 환급은 제품의 생산에 소요된 각종 원자재의 종류와 수량을 소요량 계산서에 의거 확인하고, 그 원자재를 수입할 때 납부한 세액의 합계를 환급하는 제도이다. 개별 환급 방식은 정액환급에 비하여 납부 세액을 정확하게 환급할 수 있는 장점은 있으나, 구비서류 및 환급금 산출이 복잡하여 이를 보완하기 위해 별도로 평균세액 증명제도를 운용하고 있다.

개별 환급은 정액 환급율표가 적용되지 않는 수출물품의 환급 및 국내거래물품의 기초 원재료 납세증명서 발급신청서에 적용된다. 또한 정액환급 비적용 승인을 얻은 경우 개별 환급에 의해야 한다.

2) 소요량 계산서 작성

개별 환급방식에 의해 환급금을 산출하기 위해서는 소요량 계산서를 작성하여 수출물품 제조에 소요된 원재료의 품명, 규격, 수량을 확인하여야 한다. 소요량의 산정이란 수출물품을 형성하는 데 소요되는 원재료의 종류와 원재료별 소요량을 확인하고 계산하는 것을 의미한다. 환급신청자는 생산자가 산정한 소요량에 의해 소요량 계산서를 작성하여야 한다.

3) 개별 환급 방법에 의한 환급액의 산출

개별 환급 방법에 의해 환급액을 산출하기 위해서는 세 가지 기본적인 사실의 대조확인을 통하여 원재료의 동일성과 납부 세액을 확인하여야 한다. 다음 그림에서 '수출사실 확인'은 우선 환급대상이 되는 물품과 그 수량을 확인하는 것을 의미한다. '소요원재료 확인'은 수출물품 생산에 소요된 원재료의 종류와 그 수량을 확인하는 것이다. B는 소요량 계산서에 나타나는 품명·규격·수량으로 이는 A의 그것과 일치하여야 한다. C는 환급대상인 수출물품 생산에 소요된 원재료의 품명·규격·수량이다.

[그림 9-2] 개별 환급액 산출 흐름

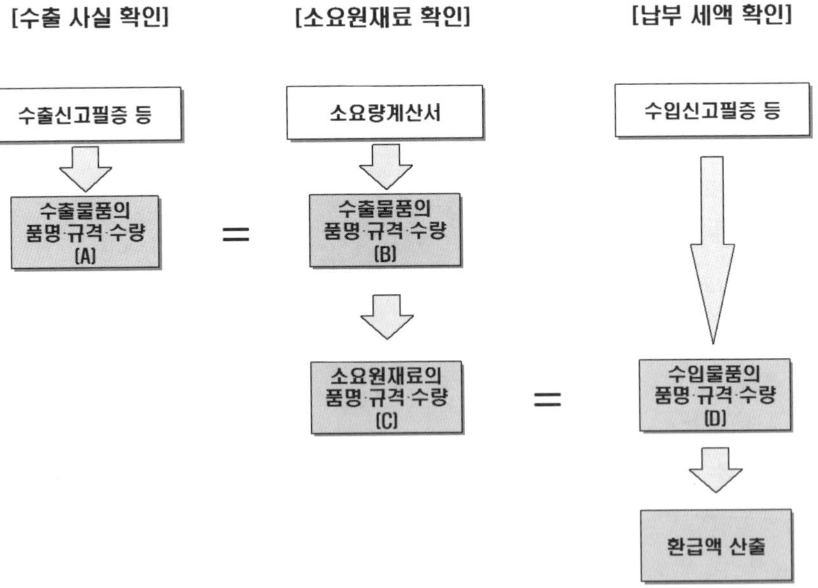

자료: 관세청.

'납부세액 확인'은 소요량계산서에 나타난 수출용 원재료의 품명·규격에 일치하는 원재료의 수입 및 관세 납부 사실을 확인하기 위한 것이다. D에서 수출용 원재료의 수량이 확정되면, 그 수출용 원재료를 수입할 때 납부한 관세액이 계산될 수 있으므로 최종적인 환급액이 결정된다.

(3) 납부세액 증명 서류

1) 기초원재료납세증명

기초원재료납세증명(기납증)은 수입한 원재료를 제조가공한 후 이를 수출물품제조업체에 수출용원재료로 공급하는 경우(중간원재료를 제조가공하여 공급하는 경우 포함)에 국내거래공급자의 신청에 의거 동 공급물품에 포함되어 있는 수입시 납부세액과 동 물품의 공급사실을 증명하는 제도로 양수자가 개별 환급방법에 의하여 관세환급 또는 기초원재료납세증명서 발급 신청시 납부세액증명 서류로 사용한다.

2) 분할증명

분할증명은 기납증과 같이 국내거래에서 발생하나, 제조가공을 거치지 않고 원상태로 거래된다는 점에서 기납증과 다르다. 원상태 내국거래는 수출물품의 외화 가득률 제고에 도움이 되지 않으므로 수출이행기간의 연장 등 각종 지원조치대상이 되지 않는다. 분증에는 수입분증, 기납분증, 분증의 분증이 있다.

3) 평균세액증명

평균세액증명은 세관에 평세증 발급업체로 등록이 되어야 하는데 제조자별로 평세증 발급대상 세번을 승인받아야 한다. 평세증이란 세번별로 매월 1일부터 말일까지 수입한 물량을 납부한 관세로 나누어 단위당 평균세액(1월간 세번별로 납부한 총 세액÷1월간 세번별로 수입한 총물량)을 산출하여 환급 신청시 소요량＊단위당 평균 세액을 곱하여 환급받을 세액을 결정한다.

4) 정산신고

정산신고는 성실수출입업체에 대하여 일정액의 신용담보를 설정하여 해당 담보금액 범위 내에서 수입 신고시 관세를 납부하지 않고, 관세 환급 신청시 환급금도 지급하지 않다가, 매 분기 말 익월 15일까지 납부할 관세액과 환급 신청한 세액을 비교하여 납부할 세액이 큰 경우는 정산 신고한 월의 말까지 관세를 납부하고 환급받을 세액이 큰 경우 바로 환급해 주는 제도를 말한다.

3. 관세환급 업무 프로세스

(1) 관세환급 업무

수출용 원자재를 수입하거나 구매하여 수출물품 선적을 이행한 무역업체는 기업 규모(대기업 또는 중소기업)에 따라, 관할 세관에 관세환급을 신청하고 지급은행으로부터 환급금을 입금받는다.

[그림 9-3] 관세 환급업무 흐름도

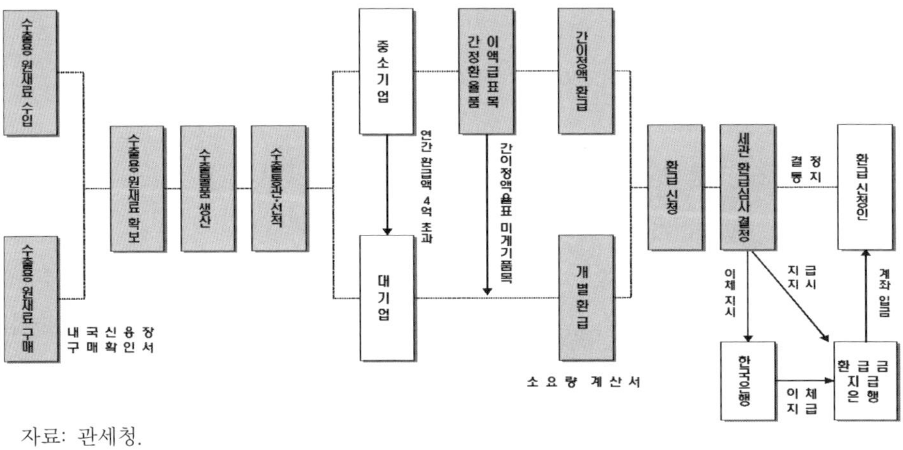

자료: 관세청.

(2) 환급금 계좌 개설 및 신고

환급특례법상 환급을 처음으로 신청하고자 하는 업체는 환급금을 지급받을 계좌를 개설하고 세관에 이를 신고하여야 하며, 이미 개설된 환급금 전용계좌를 변경하고자 하는 경우 세관장에게 계좌변경통보를 하여 관세청 전산시스템에 계좌번호가 등록되어야 환급금의 지급이 가능하다.

(3) 환급신청

1) 환급 신청권자

관세 등의 환급 신청은 수출자, 수출위탁자 또는 수출물품의 생산자 중에서 수출신고필증에 환급신청인으로 기재된 자가 하여야 하며, 외화판매·외화공사 등의 경우에는 수출, 판매, 공사 또는 공급을 한 자가 신청한다.

2) 신청 방법

환급업체는 환급대상 수출신고필증 중 동일한 HS 품목으로 같은 달에 수출된 수출건을 취합하여 신청서를 작성해야 하며, 간이정액환급은 간이정액률표 고시단위(매년 단위로 고시함)별로 수출월 구분 없이 동일한 HS 품목이면 동시에 환급신청이 가능하다.

(4) 환급금 심사

세관장은 환급신청을 받은 때에는 환급신청서상의 기재사항과 환급특례법에 의한 확인사항 등을 심사하여 환급금을 결정하되, 환급금의 정확 여부에 대하여는 환급 후에 심사할 수 있다. 환급금의 심사는 환급 신청일부터 2년 이내에 완료하여야 한다.

(5) 환급금의 지급 및 충당

심사 결과 오류가 없는 건은 해당업체에 환급금지급 결정 통지가 전송된 후 지급된다. 그러나 환급신청자가 납부하여야 할 관세 체납이 있을 때에는 먼저 체납 충당 절차에 의해 체납금액을 공제한 후 지급된다.

4. 일괄납부 및 사후 정산제도

수입하는 수출용 원재료에 대하여 관세 등을 수입할 때에 징수하는 것이 원칙이나 수출업체의 금융비용 절감을 위하여 1997. 7. 1부터 수출용 원재료에 대한 관세 등의 일괄납부 제도를 도입하여 운영하고 있다. 세관장은 관세법 등의 규정에 불구하고 수출용 원재료를 수입하는 자가 신청하는 경우 당해 원재료에 대한 관세 등을 6월의 범위 내에서 일정기간(일괄납부기간)별로 일괄납부할 수 있도록 하였다.

즉, 수출용 원재료에 대한 관세 등은 매 수입건별로 수입시에 징수하지 않고 일정기간(분기중) 동안에 수입된 모든 원자재에 대한 세액을 1건으로 일괄 징수하는 것이 관세 등의 일괄납부제도이다. 예를 들면, 1/4분기 중에 100건의 수출용 원재료를 수입하는 경우 매 수입건별로 관세 등을 징수하지 않고, 1/4분기 종료된 후 4월 말에 징수하게 되어 수출업체는 관세 등을 납부하지 않고 수입 통관한 수출용 원재료로 수출물품을 생산하여 수출할 수 있게 되므로 관세납부에 따른 자금 부담과 금융비용을 절감할 수 있다.

제 2 절 관세환급의 정보화 현황

1. 관세환급시스템 구축현황

(1) 추진경과

관세환급시스템은 1996년 6월부터 개발에 착수해 1997년 7월에 개발 완료하였으며, 수출입무역업체, 관세사, 금융기관 등과 세관을 전산망으로 연결하였다. EDI 방식으로 환급신청서, 제 증명 서류신청, 정산신청 등 관련 자료를 제출해 환급 여부 및 처리 상태를 송수신할 수 있다.

관세환급 신청을 하면 수출통관 및 원자재 수입 사실, 납부세액 등을 컴퓨터로 확인해 수출업체의 구좌에 입금 처리함으로써 환급절차가 자동 처리된다. 1998년 7월에는 제출서류를 전산양식으로 표준화시키고 시스템을 보완해 서류없는(Paperless) 관세환급이 가능하게 되었다. 2005년부터는 관세환급 신청인은 인터넷 방식에 의한 관세환급을 신청할 수 있다.

(2) 구축 범위

환급시스템에서는 환급 처리 및 제 증명 관련 신청을 처리하기 위해 통계시스템의 수출입신고 정보와 선·기적 정보, 기타 통계정보를, 수입통관시스템에서는 과세 보류정보, 체납정보, 신용 담보정보를 활용해 환급금 결정, 환급금 충당, 환급금 정산 처리에 활용한다.

(3) 유관기관 연계

신속한 환급금 지급을 위해 국고전산망으로 KTNET과 금융결제원을 연결했고 한국은행에 이체 의뢰와 동시에 환급금 지급은행에는 한국은행으로부터의 송부 내역과 수취한 환급금을 확인할 수 있다. 환급금을 지급하고 한국은행은 이체 내역을, 지급은행은 지급 내역을 각각 관세청에 통보하도록 되어 있다.

2. 관세환급 EDI 업무절차

(1) 신청서 작성 및 전송

환급신청은 월별, 세번별, 제조자별, 수출형태별로 하여야 하며, 신청인(관세사/무역업체)은 해당 수출건에 사용된 수입(매입)물품의 소요량을 계산근거로 하여 환급신청서 등을 작성하여 EDI 방식으로 관세청에 전송한다.

[그림 9-4] EDI 방식에 의한 관세환급 신청 절차

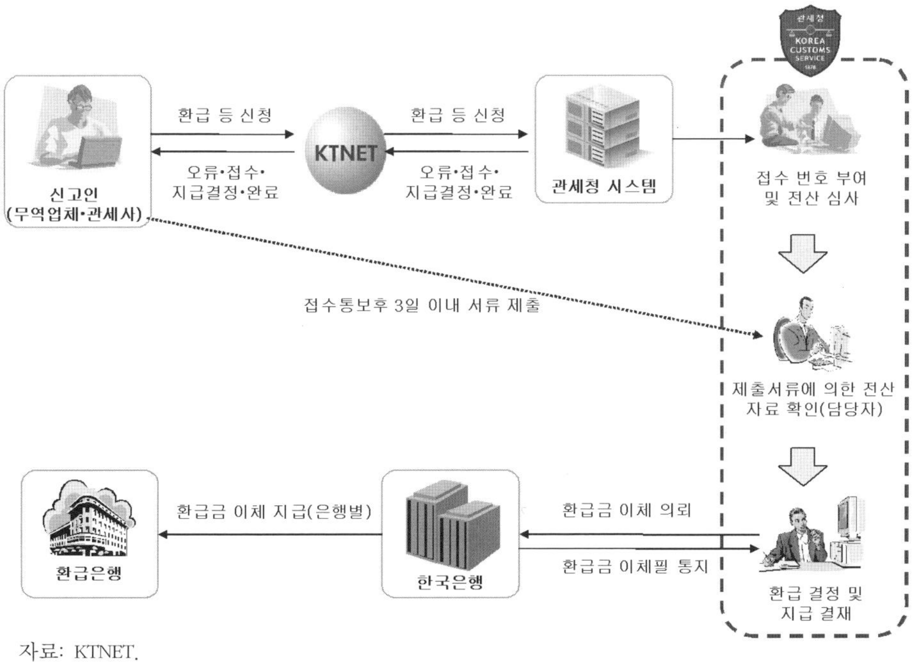

자료: KTNET.

관세청 환급시스템은 신청서를 수신한 뒤 기본적인 입력사항을 체크하여 오류가 발생되면 오류통보문서를 통보하며, 정상이면 내용 심사 후 접수번호 및 심사담당자등 내용과 함께 접수통보문서를 환급업체에 전송한다.

환급시스템에서는 세관 심사자 배부 기준에 의거 자동으로 심사담당자를 지정하고 전산심사를 이행하는데, (갑)(을)(병)(정) 등 신청서 내역별 논리적 연관관계 및 각 신청서의 세부사항에 대한 심사를 수행하게 된다.

환급업체는 접수통보 수신 후 3일내 신청관련 서류를 해당 세관 심사담당자에게 제출한다.

(2) 신청서 처리 및 환급금의 지급

세관 담당자는 제출된 서류와 기 접수된 업무처리화면의 신청내용을 대조하고, 선적확인 등 확인에 대한 사항을 제출된 서류로 확인한 후 담당자 결재 처리한다.

신청에 대한 담당 또는 주무 결재 후 세관 관리자(과장)에 의해 지급 결재되어 환급결정 절차가 완료된다. 단, 환급신청자가 납부하여야 할 관세체납 건이 있을 때 먼저 체납충당절차에 의해 체납금액을 공제한 후 지급 결재된다. 관리자 결재 후 해당 업체에는 환급금지급 결정통지가 전송되고, 제 증명 신청의 경우 완료통보 전자문서를 신청업체에 전송한다.

환급금지급이 결정되면 한국은행에 F/T 방식으로 환급금이체의뢰 내역을 전송하고 지급은행은 환급업체 통장에 환급금을 지급한다.

[그림 9-5] 신청서 접수 및 지급처리 흐름도

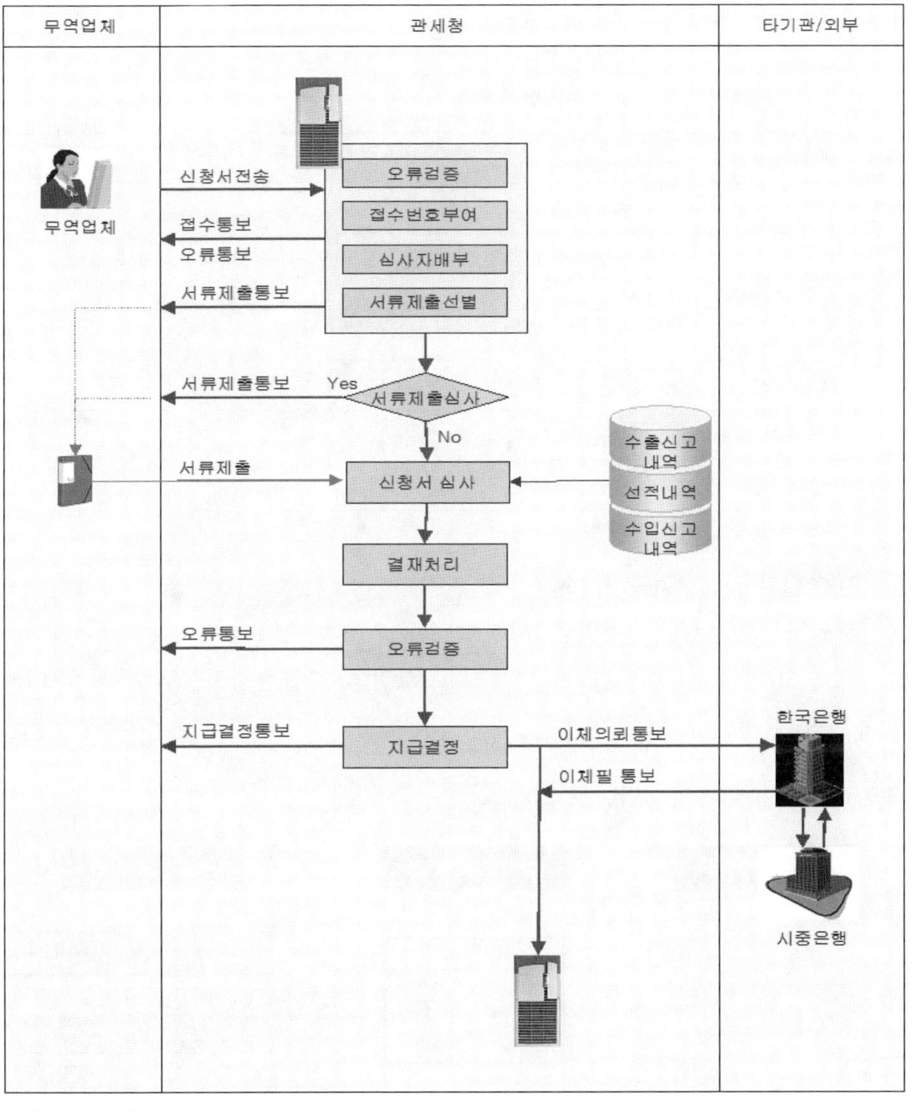

자료: 관세청.

(3) 관세환급 전산심사시 중점 검토사항

1) 정액환급 전산 검증 사항

관세환급은 수출용 원재료 등을 수입하여 제조·가공 후 수출을 완료하여야 가능하다. 관세청 시스템은 정액환급 신청이 접수되었을 경우, 기 제출된 수출신고(및 적재) 내역을 기초로 다음 표의 환급신청상의 항목을 대조하여 환급 신청의 적정성 여부를 자동 검증한다.

〈표 9-3〉 정액환급 신청시 대사 검증사항

환급신청 항목	수출신고 내역
HS 번호	수출신고서상의 HS 번호
신고수리일자	수출신고서상의 수출신고수리일자로부터 2년 이내 환급 신청 여부
선(기)적 확인	선(기)적 확인이 이루어졌는지 여부
신청자의 자격 요건	환급신청권자의 적정 여부(4억 초과, 비적용업체 등)
수출신고가격(FOB)	수출신고가격을 초과하였는지 여부
관세환급액	관세환급액이 적정한지 여부

2) 개별환급 전산검증 사항

관세청 시스템은 개별환급 신청이 접수되었을 경우, 기 제출된 수입신고 및 수출신고(및 적재) 내역을 기초로 다음 그림의 환급신청서상의 항목을 대조하여 환급 신청의 적정성 여부를 자동 검증한다.

[그림 9-6] 개별 환급 전산검증사항

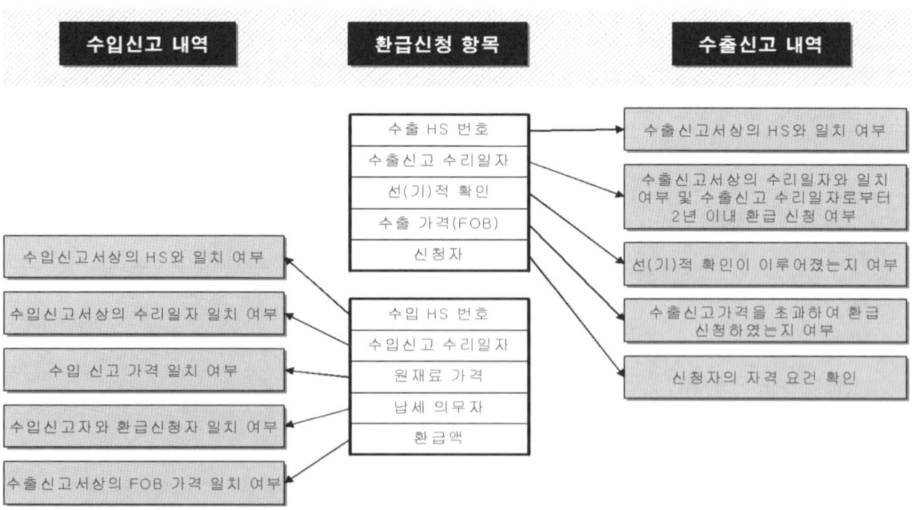

자료: 관세청.

(4) 전자문서별 용도

1) 환급신청(CUSDRW)

환급신청인이 환급을 받고자 하는 경우 세관에 신청시 사용하는 전자문서

2) 기초원재료납세증명발급신청(CUSDRW)

수입된 원재료로 제조된 물품을 양도하는 경우 기초원재료 수입시의 납부세액과 동 물품의 공급사실을 증명받기 위해 세관에 신청시 사용하는 전자문서

3) 평균세액증명발급신청(CUSAVE)

승인된 평균세액증명서 발급물품에 대해 평균세액에 대해 증명받고자 하는 경우 세관에 신청시 사용하는 전자문서

4) 분할증명발급신청(CUSDRW)

기존의 기초원재료납세분할증명, 수입면장분할증명, 평균세액분할증명을 통합하여 관리하며 각각의 사실을 증명받기 위해 세관에 신청시 사용하는 전자문서

5) 정산신청(CUSDAD)

일괄납부업체가 분기별 납부하여야 할 세액과 환급지급이 보류된 내역 및 그 정산내역을 신고하는 경우 세관에 신청시 사용하는 전자문서

6) 오류통보(CUSAPE)

환급관련 신청건(환급신청, 제 증명발급신청, 정산신청)에 대해 관세청 시스템에서 자동오류검증 또는 세관의 직원심사오류검증을 하여 보완하여야 할 내역들을 신청인에게 통보시 사용하는 전자문서

7) 접수통보(CUSRES)

환급관련 신청건(환급신청, 제증명 발급신청, 정산신청)에 대해 세관에서 정상접수하였음을 신청인에게 EDI 로 통보시 사용하는 전자문서

8) 완료통보(CUSAPE)

환급관련 신청건(환급신청, 제증명 발급신청, 정산신청)에 대해 세관의 심사완

료 후 정상 처리결과 내역을 신청인에게 EDI로 통보시 사용하는 전자문서

9) 환급금지급결정통지(CUSRES)

환급금지급이 결정된 건별 내역에 대해 세관에서 신청인에게 통지할 경우 사용하는 전자문서

10) 환급제증명정정신청(CUSDMR)

신청인이 세관에 기 신청한 환급제증명신청서(기납증/분증/평세증)에 대해 정정사항이 발생한 경우 변경사항을 세관에 신청하는 전자문서

11) 기납증 양수자통보(DRWDET)

양도업체가 신청한 기납증내역에 대해 관세청 승인시점에 양도업체에 통보시 사용하는 전자문서

12) 분증 양수자통보(DRWPAR)

양도업체가 신청한 분증내역에 대해 관세청 승인시점에 양도업체에 통보시사용하는 전자문서

3. 인터넷 방식에 의한 관세환급시스템 이용방법 예시

인터넷 통관지원시스템 e-CustomsFrame은 KTNET과 관세사회가 상호 협력하여 제공하는 수출입통관업무 전자서비스로서 VAN/EDI 방식의 기존 사용자 환경은 물론 인터넷을 이용하여 통관 업무를 편리하게 수행하는 시스템이다.

(1) eCustomsframe을 이용한 관세환급 시스템 이용절차

1) 가입절차

www.ctradeworld.com에 접속하여 e-CustomsFrame 서비스 항목을 체크하여 회원에 가입하고, 가입 승인을 획득한 후 이용이 가능하다.

[그림 9-7] cTradeworld.com 초기 화면

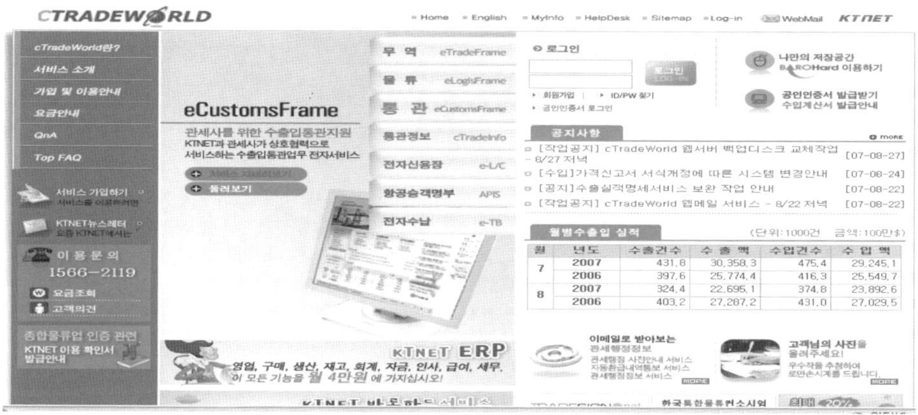

2) eCustomsFrame 초기 화면

3) 주요 기능

기본적으로 관세환급 신청서("갑," "을," "병," "정")를 입력할 수 있도록 환급 관련 업무 정보조회 및 출력 서비스를 제공한다. 또한 기초원재료 납세증명서, 분할증명서, 평균세액증명서, 정산신고서 등 납부세액 증명서류를 작성하여 신고할 수 있다.

4) 환급신청서 전산 입력 화면(예시)

환급신청서

신 규 | 저 장 | 삭 제 | 취 소 | 환급[갑지] | 환급[정지]

행번호	자동부여		
신고번호/란		수입일자	
사용량/단위	0.0	원재료구분	
비율/조사란구분	0.0	원자재단가(원화)	0
세번부호		관세	0
내국세/구분	0	교육세	0
농특세	0	총세액	0
잔량물량	0	잔량세액	0
부산물총행수	0		

1의 자료가 있습니다.

선택	행	수입신고번호	란	수입일자	물량	단위	금액
□	0001	12345678901234	001	2005-11-30	1,000.000	KG	1,234,567

(2) 관세청의 인터넷 관세환급시스템 주요 기능 및 절차

1) 환급신청서 작성 및 신청

관세청 포털시스템에 접속하여 신청서 내역을 입력하거나, 신청인의 시스템으로 신청서를 입력하여 작성된 환급신청서를 인터넷을 통하여 관세청 포털시스템으로 전송하면 환급신청내역 오류가 없는 경우 관세청 관세환급시스템이 신청서를 접수하게 된다.

2) 처리결과 조회 및 정정 재전송

신청인이 관세청 포털시스템에 접속하여 처리결과를 조회하면 접수, 오류, 서류 제출요구, 지급결정 등 처리상태 정보를 제공받을 수 있으며 신청인은 세관의 결정이 있기 전까지 신청서를 정정하여 재전송도 가능하다.

3) 사후정산

관세청 포털시스템에 접속하여 신청서 내역을 입력하거나, 신청인의 시스템으로 신청서를 입력하여 작성된 정산신청서를 인터넷을 통하여 관세청 환급시스템으로 전송하면, 관세청시스템은 정산신청서의 세액과 시스템이 계산한 세액을 비교하여 일치여부를 확인하게 된다. 정산처리 결과 환급된 금액이 징수액보다 많은 경우 납부세액을 고지하고 환급된 금액이 적은 경우 환급금의 지급을 결정하게 된다.

4) 환급금의 지급

신청인은 관세청 포털시스템에 접속하여 개별 환급금 및 사후정산 환급금의 지급결정통지서를 조회하여 확인할 수 있으며, 신청인이 요구하면 e-Mail 또는 핸드폰으로 환급금의 결정을 통보하도록 구현되어 있다.

5) 제 증명서 발급

신청인(양도자)은 관세청 포털시스템에 접속하여 제증명발급 및 반입(적재) 확인 신청서를 입력하거나 신청인의 시스템으로 입력하여, 작성된 신청서를 관세청 시스템으로 전송하여 제 증명서, 즉 기초납세증명서, 평균세액증명서, 분할납부증명서 등을 발급받을 수 있다.

6) 환급대상수출물품 반입(적재)확인서 발급

신청인(공급자)은 관세청 포털시스템에 접속하여 확인서를 입력하거나 신청인의 시스템으로 입력하여, 작성된 신청서를 인터넷을 통하여 관세청시스템으로 전송하여 처리결과를 조회하고 해당 증명서를 출력할 수 있다.

참고문헌

[국내문헌 및 자료]

1. 「관세환급제도가 우리 경제에 미치는 영향」(한국조세연구원, 2002년)
2. 「통관·관세환급」(한국무역협회, 2006년)
3. 「관세행정정보화백서」(관세청, 2004년)
4. 관세청, 수출입통관 및 보세화물 제도개선방향(2002년도 정부물류정책 합동설명회 자료)
5. 산업연구원, eTrade 확산과 관세청의 대응전략 연구(2003)
6. 관세청, 보세화물 하선 하기 적재에 관한 고시
7. 관세청, 수출통관 사무처리에 관한 고시
8. 관세청, 수입통관 사무처리에 관한 고시
9. 관세청, 초일류세관을 위한 관세행정 개선방향(2003)
10. 관세청, 인터넷통관포털서비스이용에관한고시
11. 수출용원재료에대한관세등환급에관한특례법

[웹사이트]

1. 한국무역정보통신 전자무역 포털사이트(www.ctw.co.kr)
2. 관세청 인터넷 포털사이트(www.portal.customs.go.kr)

제 4 편

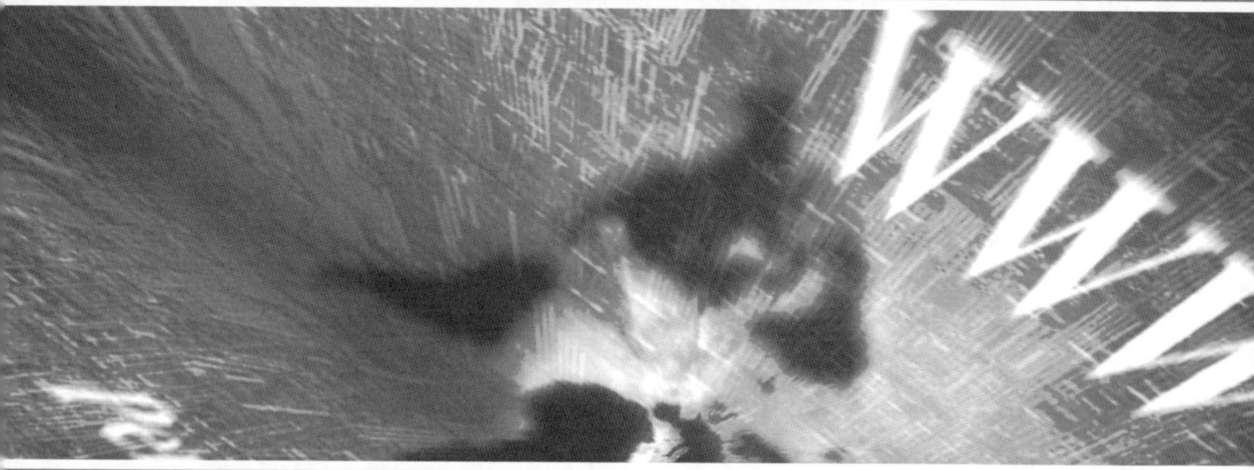

외국의 물류정보화와 국제 동향

CHAPTER

10

외국의 통관·물류 정보화 현황

해외 주요 국가의 경우 여건에 따라 접근방식의 차이는 있으나, 공통적으로 e-비즈니스와 전자정부(e-Government)의 추진을 통하여 전자무역 프로젝트와 물류정보화를 국가차원의 과제로 적극 추진하고 있다. 미국, 영국 등 선진국의 경우 전자무역과 물류정보화는 국가 전체의 e-비즈니스 전략의 일환으로 전자정부 프로젝트와 밀접하게 수행되고 있으며, 무역업무와 관련된 정부 및 공공영역은 전자정부 프로젝트를 통한 업무 프로세스 개선과 시스템 구축 등을 추진함과 동시에 이를 민간영역의 e-비즈니스화 사업과 공동보조를 맞추어 정보화의 효과를 극대화하고 있다.

제 1 절 미국의 통관·물류 정보화 추진현황

1. 정보화 추진개요

미국은 전자상거래 발전을 주도할 수 있도록 규제를 최소화하여 민간의 자율성을 고취하는 정책을 수립하여 추진하고 있다. 정보기반을 갖추기 위한 국가계획의 하나인 NII(National Information Infrastructure) 사업의 응용분야로 전자상거래를 선정하여 지원하고 있으며, 1994년 4월 실리콘밸리를 중심으로 한 200여 개 기업과 미국 정부의 공동출자에 의해 비영리 컨소시엄인 'Commerce Net'을 설립하고, 1994년부터 미국 전역 16개 지역에 전자상거래지원센터(ECRC)를 운영하여 중소기업의 전자상거래를 지원하는 등 주로 민간과의 공동작업 또는 민간부문의 전자상거래 활동에 대한 지원을 중심으로 하고 있다.

e-Marketplace의 경우 2000년까지 미국에 1,100여 개의 e-MP가 구축된 가운데 미국의 e-MP들은 기술력, 제품력, 구매력 등 모든 분야에서 시장에 대한 강력한 지배력을 발휘하고 있다. 한편, ISG(Industry Steering Group)는 민간부문의 협의체로서 업체 상호간 추진업무 조정 및 미국정부와 산업부문 간의 연결고리 역할을 수행하고 있다.

이러한 환경하에서 미국의 물류정보화는 국가와 민간부문이 각자 자율적으로 추진하고 있어 물류 전반에 걸친 통합정보시스템이 구축되어 있지 않다. 민간분야에서의 전형적인 모습은 사업자들이 자유경쟁 방식으로 사용자 소프트웨어를 개발하고, 민간 VAN 사업자가 토탈 솔루션 형태로 서비스를 제공하고 있다. 반면 국가의 통관부문은 통합시스템의 구도하에 세관에서 직접 개발하고 있으며, 수출입관련 정보시스템에서의 EDI 서비스는 별도의 법인 없이 정보통신 사업자들이 자유 경쟁 형태로 사용자들에게 제공하고 있다.

2. 통관·물류 정보화 추진현황

미국의 통관시스템은 수출통관 시스템과 수입통관 시스템으로 나누어 서비스되고 있으며 수출통관 시스템은 관세청이 개발하여 운영중인 AES(Automated Export System)와 美 상무부산하 통계청에서 개발하여 운영하고 있는 AES Direct가 있다. AES는 수출신고(AED: Automated Export Declaration) 및 수출화물의 처리를 위한 시스템으로 전화, 전용선 또는 VAN을 통하여 접속하고 있으며, AES Direct는 인터넷을 통하여 수출신고 자료를 제출하는 데 사용되어지는 시스템으로 주로 무역업체가 활용하고 있다.

또한 수입통관 시스템은 수입통관을 위해 개발된 자동화시스템으로서 ACS(Automated Commercial System)는 1984년 구축하여 공공기관, 통관수속 대행업자, 선박회사 등을 연결하여 운영하였던 시스템으로서 전화, 전용선 또는 VAN을 통하여 접속 가능하도록 구성되었다. 시스템의 기능구성은 통관수속 대행업자들을 위한 ABI(Automated Broker System: 수입신고), 적하목록 관리를 위한 AMS (Automated Manifest System), CS(Cargo Selectivity), CACH(Collections, Automated Clearing House) 등으로 구성되어 있으며, 이러한 시스템이 점진적으로 ACE로 전환되어 운영되고 있다.

(1) 관세행정 현대화 프로젝트

미국의 국경에서 이루어지고 있는 업무처리는 현재 20개 이상의 유관기관들이 상호 복잡하게 얽혀 있어서 수출입 통관을 진행할 때 기관별로 상이한 다양한 형태의 서류들이 요구되고 있으며, 수출입 전체로 볼 때 수출입에 영향을 미치는 규정을 가진 기관들이 100개 이상 존재하고 있다. 이들 각각의 기관들이 대부분 다른 서면양식을 요구하고 있으며, 이로 인해 수출입 거래 내역을 나타내는 데이터 항목들이 과다하게 존재하고 있는 실정이었다. 선적현황에 대한 상황관리가 되지 않아 수입업자들은 선적현황에 대한 정보를 거의 얻지 못하고 있으며, 이로 인해 화물의 선적 및 운송에 있어서 효율적인 관리가 이루어지지 못하고 있었다.

이러한 문제점들을 극복하기 위해 미국 관세청은 현대화 비전을 마련하고, 구체적 방안으로 ACE(Automated Commercial Environment), ITDS(International Trade Data System) 등과 같은 핵심 프로그램을 수립하여 추진하였다. 관세행정 현대화를 위한 비전으로 '적시, 적소에서 적임자에게 올바른 정보를 제공하는 것'(To provide the right information to the right people at the right time and place)으로 정하고 다음과 같은 6가지 추진방향으로 프로젝트를 수행하였다.

① 관세청을 지식기반의 조직으로 변화시킨다.
② 위험화물의 집중관리를 통하여 해결하고 대처할 수 있는 수단들을 개선시키기 위한 관련정보를 활용한다.
③ 적법한 무역이나 여행에 대해서는 불필요한 침해를 최소화한다.
④ 글로벌 공급망의 부가가치를 높여 대 국민 서비스를 제고한다.
⑤ 활용성과를 지속적으로 분석하여 개선한다.

미국 관세청의 현대화를 추진하기 위한 핵심적인 요인으로는 목표, 기술 및 입법을 들 수 있다. 첫째 목표로는 무역성장의 견인차 역할, 안보 위협의 사전제거, 다양한 서비스 제공 및 비용절감이다. 둘째 기술적 과제로 노후화되어 가는 시스템의 교체, 새로운 서비스 개발, 새로운 기술의 출현 등이다. 마지막으로 관련 입법례로 현대화법령(Modernization Act), Chief Financial Officers Act, Government Performance Results Act, Government Paperwork Elimination Act, Trade Agreements 등이 있다.

[그림 10-1] 관세행정 현대화의 범위

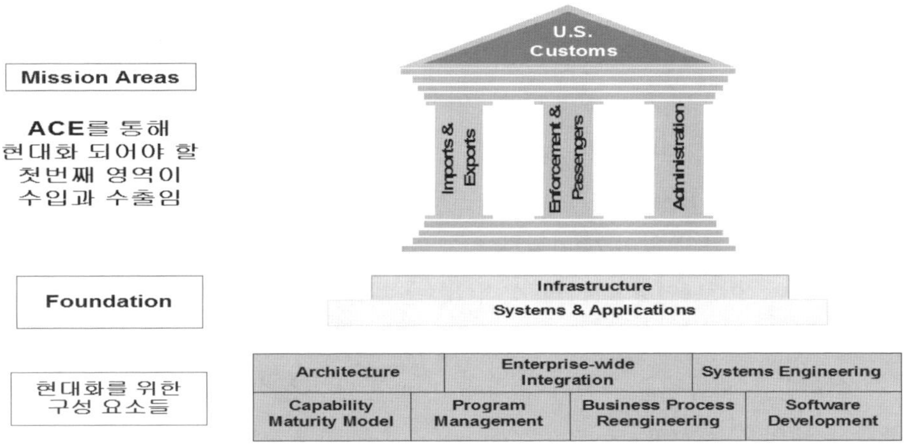

자료: International Trade Data System(ITDS), Single Window to Government, 2002. 5. Customs Modernization.

관세행정의 현대화를 위한 핵심목표로는 지식기반의 새로운 통관서비스로의 변신을 도모하고 공급망의 강화와 보호, 미국의 안보능력 강화 및 납세자들의 자산관리자로서의 역할을 충실히 수행해 내는 것으로 설정하고 있다. 새로운 통관서비스로의 변신을 위하여 ACE의 현대화를 통한 범기업적 현대화를 추진하고 있으며, 공급망의 강화 및 보호를 위하여 ACS(Automated Commercial System)를 ACE로 대체하여 개발하고, 통관의 효율성 증대를 위하여 수입과 수출을 통합하는 시스템을 구축하고 있다. 또한 이를 통하여 저렴한 비용으로 보다 신속하게 상품을 시장으로 이동할 수 있게 하며, 정부기관과 무역업계와의 정보 전달체계가 전자적 형태로 서류제출이 가능하도록 시스템을 구축하고 있다.

또한 미국의 안보능력 강화를 위하여 국경에서의 안보, 건강 및 안전의 위험으로부터 시민을 보호하고, 反테러적인 노력들을 지원하는 것을 시스템에 반영하고 있다. 마지막으로 납세자들의 자산관리자로서의 역할 수행을 위하여 건전한 프로그램 관리구조를 정립하고, 이를 통해 효율적인 프로세스를 확립하며, 산업과 정부기관들 간의 협업을 유도함과 동시에 여러 독립적인 감독기관들과의 지속적인 통신채널이 유지될 수 있도록 하고 있다.

(2) ACE(Automated Commercial Environment) 프로젝트

ACE 프로젝트는 미국 관세행정 현대화 계획의 첫 번째 프로젝트로서 2001년 8월부터 4단계로 나누어 5개년 계획으로 개발을 진행중에 있다. ACE의 역할은 기존의 ACS 시스템을 대체하고 수작업으로 진행되어지거나 시간이 많이 소요되는 작업들을 자동화시키는 것에 있다. ACE[1]는 유연한 형태의 시스템으로 구축하여 다양한 요구사항들을 충족시키며, 현재 사용중인 Automated Export System(AES)과 기능이 중복되지 않는 범위 내에서 상호연동이 가능하도록 구축되었다.

ACE 프로젝트의 특징으로는 추진협의체로서 무역업체 네트워크(TSN: Trade Support Network)를 가동했다는 것이다. TSN은 ACE에 무역과 관련된 기본정보들을 제출하게 될 무역관련 업체들로 구성된 조직으로서 사용자 위원회(Trade User Requirements Integration Committee, TURIC)가 요구하는 이용자들의 요구사항들을 취합 및 통합하는 기능을 수행하고 있으며, 개발 초기에 약 150개 이상의 업체들이 참여하였고 산하에는 다수의 소위원회를 두고 그 위원회별 활동을 통하여 업무를 수행하고 있다. 소위원회에는 관세청과 참여업체들의 대표가 공동의장을 수행하며, Account Management, Multimodal Manifest, Revenue, Entry, Trade Interface, ITDS, Business Applications of Technology 등 7개의 소위원회가 있다.

---

1) ACS는 1984년 개발 당시 정적 개념으로 향후 10~15년 동안 지속적으로 사용할 수 있는 거대한 시스템으로 구축되었으나, ACE는 동적인 개념으로 접근하여 다양한 요구사항들과 변화하는 환경에 유연하게 대처할 수 있는 시스템으로 설계되었다.

[그림 10-2] ACE 단계별 개발계획

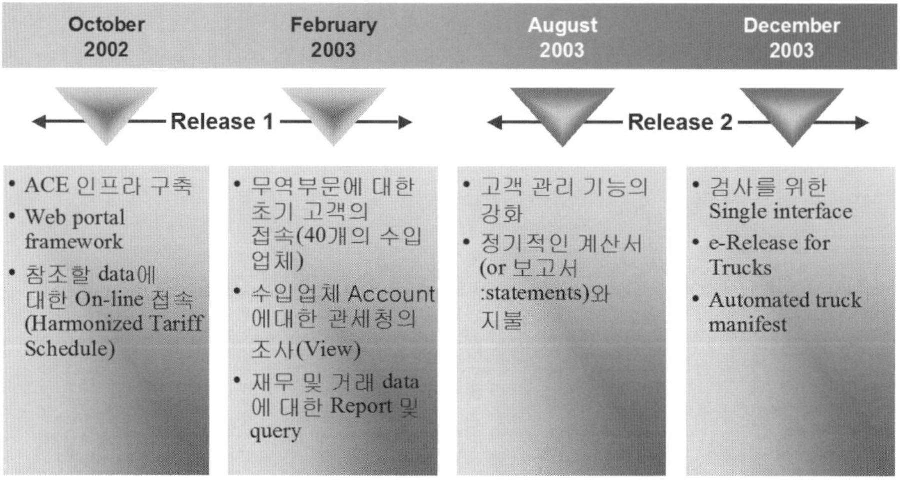

자료: International Trade Data System(ITDS), Single Window to Government, 2002. 5. Customs Modernization.

(3) 국제무역 데이터 시스템(International Trade Data System, ITDS)

ITDS는 인터넷을 기반으로 한 범국가적 무역정보 구축의 가능성을 제공하는 것이다. 구체적으로 살펴보면 모든 연방정부의 무역 및 국경과 관련된 부처들에게 보다 정확하고 완전한 정보를 적시에 제공하고, 무역을 수행하는 데 있어서 수입·수출뿐만 아니라 상품과 운송 그리고 승객들에 대한 환승정보를 단일창구를 통하여 제출하도록 조정하며, 정부 부처 상호간 화물과 운반 및 승객들의 위험관리에 대한 원활한 조율기능을 제공한다. 또한 무역업계와 정부 모두를 위해서 무역거래를 수행하는 데 소요되는 부대비용의 절감을 그 목표로 하고 있다.

미국은 ITDS 비전 달성을 위해 ACE를 지렛대로 활용하고 있으며, 개별기관들이 요구하는 자료항목들의 수집, 참여기관들의 시스템간 상호 연동성 및 기능에 대한 상호 조율과 기관들의 위험평가 방법 등에 대한 기능들을 ACE에 확대 적용함으로써 ITDS의 비전을 실현하고 있다. 따라서 ACE에 대한 추가적 개발을 통하여 무역과 국경에서의 활동과 관련하여 부처간 조율기능을 제공하고 무역을 위한 서류 제출을 단일창구(Single Window Filing)를 통해 수행할 수 있는 기능을 제공하게 된다.

[그림 10-3] Single Window Filing

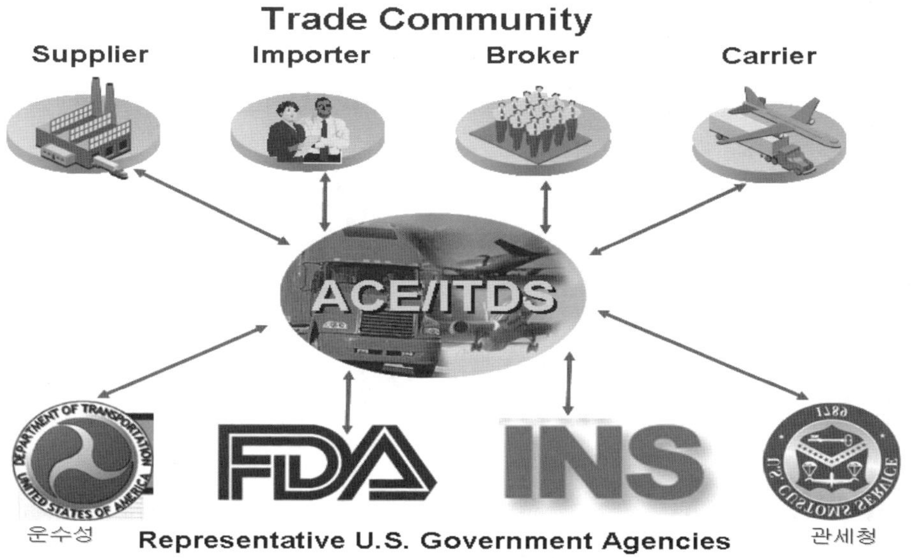

자료: International Trade Data System(ITDS), Single Window to Government, 2002. 5. Customs Modernization.

ITDS가 무역업계에 제공하는 기대효과로 우선 기존에 여러 정부기관에 보고되었던 불필요한 데이터들을 제거하고 자료수집 방법을 단순화하여 한 번의 자료제출로 다양한 기관의 요구사항을 충족시킬 수 있으며, 보다 신속하게 화물의 반출이 가능하게 될 뿐만 아니라 화물에 대한 정보들을 운송업자들에게 적기 통지가 가능하게 되었다. 또한 데이터 수집의 자동화로 종이서류를 현저하게 감소시키는 외에 보다 정확한 자료에 대한 실시간 접속이 가능하게 되었다.

한편 정부기관이 얻게 되는 이익으로는 위험평가와 자원배분에 필요한 데이터를 적시에 정확하게 제공함으로써 무역 및 국경관리에 필요한 제반 법규의 준수와 위해물품 단속능력을 개선시키는 효과를 거두었다. 또한 제품의 운송 및 통관을 종이서류 없이 진행토록 하여 무역업체의 비용부담을 경감하는 데 정부가 주도적으로 지원하는 효과를 제공하고, 필요한 때에 보다 정확한 무역 데이터에 접근할 수 있게 함으로써 정책입안, 무역협상 및 수출확대를 위한 연구 등에 신뢰성 높은 자료를 제공하게 되는 효과가 있다.

ITDS의 조직 구성은 여러 정부부처로 구성된 ITDS 이사회가 ITDS의 개념 규명과 감독책임을 지니며, 여러 가지 요구사항을 조율하고 연방기관 간의 분쟁해결을 위한 재판소의 역할도 담당하고 있다. 현재 이사회의 구성원은 국제무역위원회(International Trade Commission), 이민국, 재무성, 운수성, 관세청, 농무성, 식품의약청, 통계청, 무역대표부(USTR) 등이 있으며, 여기에 추가로 연방통신위원회와 무역업계가 참여하고 있다.

[그림 10-4] ITDS 운영 구조

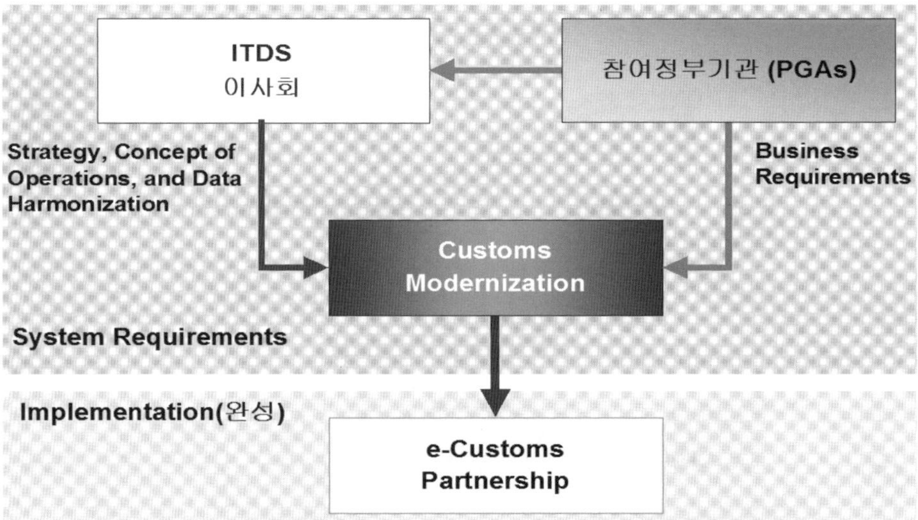

자료: International Trade Data System(ITDS), Single Window to Government, 2002. 5. Customs Modernization.

제 2 절 영국의 통관·물류 정보화 추진현황

1. 정보화 추진개요

영국은 전자상거래 지원을 위한 정부조직을 별도로 구성하여 정부개입 최소화 원칙을 기본으로 정부가 전자상거래 기반구축을 주도하고 있다. 1998년 7월 내각 산하에 국가경쟁력 강화를 위한 성과혁신단(PIU: Performance and

Innovation Unit)을 신설하였으며, 총리 직속으로 전자상거래 전담조직인 전자상거래 담당차관(e-Minister)과 특사(e-Envoy) 직을 신설하는 등의 노력을 전개하였다. 성과혁신단에서는 전자상거래 국가전략 제시, 전자상거래 담당차관은 전자상거래에 대한 정치적 권한과 책임 정부 부처간 이견조율을 담당하며 전자상거래 특사는 실무업무를 총괄하는 분업체제를 확립하여 추진하였다.

또한 경제 전반의 경쟁력 강화를 도모하기 위해 중소기업의 전자상거래 도입 및 활용을 적극 지원하고 있다. 민관협력포럼인 'Information Age Partnership'을 통해 중소기업들의 전자상거래를 촉진하였으며 1996년 초 통상산업부(Department of Trade and Industry: DTI)에 의해 4년간 3,500만 파운드의 예산을 확보하고 ISI(Information Society Initiative)를 출범하고, ISI 프로젝트의 일환으로 100여 개의 중소기업지원센터(ISI centers)를 운영하고 있다. 한편 중소기업 지원센터간 'Business Link' 네트워크를 구축하고 2000년 4월 중소기업을 위한 인터넷 포털운영을 개시하였다.

〈표 10-1〉 영국의 전자정부 조직

팀	하부조직	주요 기능
The Policy Team	The e-Government Group	· 2005년까지 정부 전체 조직을 소비자 중심으로 접근 가능토록 변화
	The e-Economy Group	· 인터넷 광대역기반 세계최고의 e-Commerce 서비스 제공국으로 변화 · 정부, 민간, 자원봉사그룹과의 협업
	The e-Communications Group	· 정부가 최고수준의 인터넷서비스 능력 보유 · Uk-online Campaign의 선도 · 정부보유 웹사이트의 품질개선, Best Practice와 혁신의 장려 등
The Delivery Team	-	· 모든 관련 프로젝트의 실행전담 · Portal, Gateway, GSI, Knowledge Network Operational Systems 등의 구축 및 제공

자료: 한국무역협회, "전자무역의 비전," 2002. 7.

2. 통관·물류 정보화 추진현황

영국 관세청은 EU의 확장으로 인한 무역량 증가가 예상되고, 무역량 증가에 따른 통관절차 간소화의 요구가 증대되어 통관절차의 전자화 필요성이 대두되었다. 이러한 환경하에 통관정보화를 추진하여 현재 각 조직 간에 유통되는 데이터의 95% 이상이 전자적인 형태로 이루어지고 있다. 또한 인터넷 기술사용의 증가로 인한 통관시스템의 인터넷 연결 필요성이 증대됨에 따라 지속적인 통관정보화 추진이 이루어지게 되었다.

정보화 추진의 기본원칙으로는 관세청의 고객들이 적시에 적법한 절차를 준수할 수 있도록 신뢰성과 품질이 제고된 서비스를 제공하도록 하고, 정부차원에서 One-Stop Service를 제공하기 위한 타 관련부서와 적극적인 협조를 추진한다는 것이다. 또한 단순화되고 효과적인 서비스를 제공하기 위해서 민간영역과의 협력관계를 형성하고, e-business의 원활한 수용을 위해서 정부와 업계가 제시하는 기준을 상회하는 수준의 능력을 배양하는 것이다. 아울러 고객이 self-service를 이용할 수 있는 여건을 형성하고 관세청 서비스의 모든 수준에서 고객의견에 대한 민감성과 수용성을 내외부적으로 증진시키며, 고객이 관세청과 접촉할 수 있는 다양한 창구를 마련하는 등 모든 고객에게 서비스에 대한 동등한 접근 가능성을 제공하는 것이다.

구체적인 실행원칙으로는 확실한 보안이 유지되는 환경으로 구축하고, 고객들에게 전자적으로 시스템 사용권한을 등록하도록 유도하며 이것이 가능한 환경을 구축한다. 또한 고객들이 자신들과 관련된 관세청 내부정보를 항상 갱신할 수 있도록 지원하고, 각종 통계정보와 신고서 등의 민원정보를 전자적인 형태로 수용하여 처리함으로써 전자적인 형태 안에서의 서비스 이용을 장려한다. 아울러 고객이 서비스를 이용하는 데 있어서 웹 환경을 포함한 여러 가지 전자적인 방법 중에서 자신에게 맞는 것으로 최적화할 수 있도록 하도록 구현하고 전자적 인증방법의 도입 및 이를 장려하는 것이다.

3. 통관·물류 시스템 운영현황

영국 관세청에서 구축하여 운영하고 있는 시스템은 운영업무와 정보시스템이 밀착된 수출입통관시스템(CHIEF: Customs Handling of Import/Export Freight), 서로 다른 기술이 적용된 방법으로 수신되는 신고정보들 간의 호환성을 지원하는 시스템(EDCS: Electronic Data Capture Services), 외부 사용자와 Interface 및 EDI 전자문서 변환처리를 하는 Gateway 시스템, 수출입 관세정보의 통계처리 시스템(Shoebury), 입출항 물품반입/반출 관리시스템(PIS), 인터넷 기반의 Web Form 서비스 제공과 EU 회원국 간의 수출입 화물에 대한 부가세 신고지원 시스템(Intrastat), CHIEF 서비스에 기초를 둔 수출통관처리 시스템(NES: New Export System)으로 구성되어 있다.

특히 NES의 주요 내용을 살펴보면 Standard Export Procedure, Simplified Declaration Procedure, Local Clearance Procedure 중 하나의 절차를 신고인이 선택하여 수출통관 절차를 진행할 수 있도록 구현되어 있으며 사용자의 상황에 맞는 방법으로 수출신고서 및 각종 전자문서를 전송할 수 있도록 되어 있다. 그 방법으로 첫째, 커뮤니티 시스템 제공자(CSP: Community System Provider)를 통한 EDI 전송, 둘째, CSP를 통한 Human Computer Interface(HCI), 셋째 X400 전자메일을 통한 EDI 문서 첨부, 넷째, 인터넷 전자메일에 EDI 문서 첨부, 다섯째, 웹사이트 접속 및 온라인 전송, 여섯째, XML 문서 전송 등이 있다. 또한 모든 문서의 전자화로 자료 관리와 법률적 근거가 되는 문서들에 대한 관리가 용이해지도록 하고, 수출화물의 관리에 UCR(Unique Consignment Reference) 방식을 사용하여 국제적 개방성도 구비하도록 하였고, 간소화된 신고절차를 의무적으로 적용하고 있다.

제 3 절 유럽의 통관·물류 정보화 추진현황

1. 네덜란드의 물류정보화 현황

네덜란드의 로테르담 항만은 유럽에서 가장 활발한 분배중심지(Hub)로 발달하였으며 지속적인 설비투자와 운영방식의 개선으로 그 기능이나 구조면에 있어서 다른 항만들에 대하여 경쟁적 우위를 확보하고 있다. 로테르담 항만당국은 로테르담을 경유하는 선박들이 경제적이고 효율적으로 화물을 수송하고 처리하게 하는 것을 최우선으로 하고 있으며, 운영과 행정의 초점을 사용자인 고객에게 맞추어 보다 나은 서비스를 제공하려는 노력을 하고 있다. 로테르담의 Port Infolink사의 EDI 시스템을 통하여 터미널의 모든 정보의 흐름은 EDI에 의해 이루어지고 있는데, 이는 로테르담항만의 효율성을 높이는 데 핵심적인 역할을 하고 있으며 로테르담항만의 화물흐름과 이와 관련된 정보흐름을 원활하게 함으로써 이용자들에게 편의를 제공하고 항만의 경쟁력을 높이고 있다.

네덜란드 관세시스템인 Customs Infolink는 통관과 연계된 전산시스템으로서 EDI를 통한 자동문서처리 및 제반 업무를 처리할 수 있다. 현재 포워더와 선사대리점 및 수입업자 등이 이 시스템을 통하여 수입신고를 하고 있으며, 435개 업체들이 연결되어 수입자와 세관과의 정보교환에 유용하게 활용하고 있다. 또한 항구의 모든 기능을 통합하여 관계기관과 기업 등의 정보공유시스템인 VTMS(Vessel Traffic Management System)은 로테르담의 또 하나의 특징적인 서비스라 할 수 있다. 특히 VTMS의 유도시스템은 26개의 레이더를 통해 수많은 선박들의 왕래를 원활히 컨트롤해 줌으로써 입출항 작업을 원활하게 지원하고 있다.

Port Infolink사는 단일 항만커뮤니티 시스템(Single port community system)으로서 사용자 중심의 Single Window Portal로 구현하여 물류관련업체와 정부기관이 데이터를 공유할 수 있도록 효율적인 온라인 정보제공 및 물류망을 제공하고

[그림 10-5] Port Infolink 서비스 구도

자료: 수출입물류중심의 국가물류정보체계 혁신(BPR/ISP)사업 보고서, 2003.

있으며, 네덜란드 물류업계의 EDI 표준 전자문서를 개발할 뿐만 아니라, 국제 EDIFACT 위원회의 활발한 활동을 통해 유럽 및 국제적인 EDI 표준 개발에 있어서도 주도적인 역할을 담당하고 있다.

로테르담의 Port Infolink사에서는 고객의 편의를 고려하여 다음 표에서 보

〈표 10-2〉 Port Infolink사의 서비스 내용

서비스 명	서비스 내용
선박대리점을 위한 서비스 (Agent Infolink)	유조선 운송계획 서비스 (Tanker Planning) 세관 스캔처리 서비스 (Customs Scan Process) 동물검역처리 서비스 (Veterinary Inspection Process)
항만공사 (Port Authority)를 위한 서비스 (Authority Infolink)	동물검역처리 서비스 (Veterinary Inspection Process)
세관을 위한 서비스 (Customs Infolink)	세관신고 서류 서비스 (Declaration Transit Documents) 세관 스캔처리 서비스 (Customs Scan Process)
바지선 운영사를 위한 서비스 (Barge Infolink)	유조선 운송계획 서비스 (Barge Planning)
컨테이너 기지를 위한 서비스 (Depot Infolink)	육상 운송계획 서비스 (Road Planning)
선사를 위한 서비스 (ShipLine Infolink)	유조선 운송계획 서비스 (Tanker Planning) 컨테이너 공유 서비스 (Box Sharing) 동물검역처리 서비스 (Veterinary Inspection Process)
연안운송사를 위한 서비스 (ShortSea Infolink)	컨테이너 공유 서비스 (Box Sharing) 동물검역처리 서비스 (Veterinary Inspection Process)
터미널 및 부두운영사를 위한 서비스 (Terminal Infolink)	유조선 운송계획 서비스 (Tanker Planning) 육상 운송계획 서비스 (Road Planning) 바지선 운송계획 서비스 (Barge Planning) 세관 스캔처리 서비스 (Customs Scan Process)
포워더를 위한 서비스 (Forwarder Infolink)	세관신고 서류 서비스 (Declaration Transit Documents) 동물검역처리 서비스 (Veterinary Inspection Process)
운송사를 위한 서비스 (Road Infolink)	육상 운송계획 서비스 (Road Planning)

자료: 수출입물류중심의 국가물류정보체계 혁신(BPR/ISP)사업 보고서, 2003.

는 바와 같이 다양한 서비스를 제공함으로써 항만관련 업체 및 기관의 물류업무프로세스를 더욱더 효율적으로 관리할 수 있는 체계를 제공하고 있다.

2. 벨기에의 물류정보화 현황

벨기에 앤트워프항의 SEAGHA(System for Electronically Adapted Data Interchange)는 앤트워프를 중심으로 유통되는 화물을 원활하게 처리하기 위하여 전자데이터 전송시스템을 구축한 것으로서 하역업체, 포워더, 선주협회, 선박대리점, 세관 등 항만 관련업체들에게 수출입 물류의 일괄정보서비스를 제공하고 있다. 물류 프로세스의 현대화를 위해 SEAGHA를 구축하였으며 보다 유연성 있고 효율적인 데이터 통신방식을 제공하고 사용하는 거래자들을 연결함으로써 접속창구의 싱글포인트(Single Point of Access)를 제공하고 있다.

SEAGHA에서 제공하고 있는 서비스는 크게 두 가지로 구분되는데 SEAGHA Bridge와 SEAGHA 결제서비스이다. 첫째로 SEAGHA Bridge는 사용자의 컴퓨터에서 데이터를 추출하여 국제표준에 맞게 구조화하여 국제표준전자문서(UN/EDIFACT)로 변환하는 기능을 가지고 있으며, FEF(Front-End- Processor)를 활용하여 변환 및 통신제어 기능을 제공함으로써 주전산기의 부담을 경감시키고, 자체 전산시스템을 갖추지 못한 기업에게는 EDI Stand-alone 시스템을 활용하여 SEAGHA Bridge에 접속할 수 있도록 구현되어 있다.

두 번째로 SEAGHA 결제서비스에서는 전자우편함 기능과 기업간 상거래에서 중요시되고 있는 비밀보장 서비스로 적법한 사용자들 외에 타 사용자의 시스템 접근을 차단하고 있으며, SEAGHA 시스템과 외부망과의 연계를 통해 금융업무와 항만 그리고 타 운송수단과의 연계가 가능하고, 모든 수송 및 통관시스템과의 연계서비스로 모든 업무에 있어서 일괄적으로 업무처리가 가능하도록 서비스를 제공하고 있다. SEAGHA의 모든 서비스는 인터넷으로 접근이 가능하며, Virtual Port Community(VPC)를 구축하여 Internet Browser나 Mail Server를 이용하여 진보적인 EDI 기술 시스템을 연결할 수 있도록 하고 있다. SEAGHA가 개발하여 통용되는 전자문서는 수입부문 18종, 수출부문 32종이 있으며, 현재 SEAGHA에서는 앤트워프를 중심으로 로테르담항의 Port Infolink, 브레멘의 DBH, 함부르크의 DAKOSY, 르아브르항의 SOGET, 펠릭스토우항의 MCP 등 유럽지역의 타 항만 EDI시스템과 연결되어 운영되고 있다.

[그림 10-6] 벨기에 SEAGHA 서비스 구도

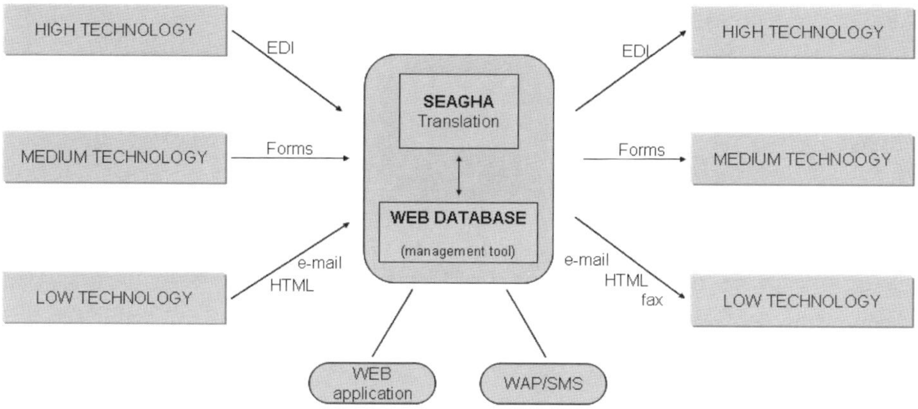

자료: 수출입물류중심의 국가물류정보체계 혁신(BPR/ISP)사업 보고서, 2003.

3. 독일의 물류정보화 현황

독일의 DAKOSY(Daten kommunikations system)는 함부르크 항만에 일반화물처리에 관련된 정보를 EDI 시스템으로 통해 수출입업자, 터미널 운영업자, 선사 및 선사대리점, 포워더, 내륙운송업자, 항만당국, 세관 등의 관계자들이 신속하고 정확하게 정보를 교환할 수 있게 하며 고객들의 특정한 요구에 따라 활용할 수 있는 서비스를 제공하고 있다. 수출입 프로세스의 현대화를 위해 DAKOSY사는 모든 항만 관련업자들에게 EDI나 ASP(Application Service Provider) 방식으로 서비스를 제공하며 DAKOSY의 국가간 연계서비스는 Databridge International 형태로 이루어져 이를 통해 해외 EDI 시스템과 연결되어 있다. 현재 이 시스템은 미국의 뉴욕/뉴저지항의 세관시스템인 ACES와 정보를 교환하고 있다.

세부 서비스 내용으로는 국제해상운송 관련 포워더간 상호 운용서비스, 수출입 서류 및 송장의 전자적 처리, 검수회사들의 서류업무를 전자적으로 처리, 적하목록 및 Bay Plan 서비스, 정기선사 및 대리점 대상 물류지원서비스, 컨테이너의 관리와 배치 및 처리서비스, 선박입출항정보, 위험물 관리, 세관시스템과의 연계를 통한 세관관련 업무서비스, 항만·철도 연계서비스 등을 지원하고 있다.

〈표 10-3〉 DAKOSY 서비스 주요 내용

서비스 명	주요 서비스 내용
SEEDOS	독일의 국제해상운송관련 포워더용 상호운용 응용시스템 수출입서류 및 송장처리, 데이터 관리 운영 기능
TALDOS	검수회사의 서류업무처리를 지원하는 시스템 적하목록 및 본선적부도 (Bay Plan) 생산 지원
CONDICOS	정기선사대리점 대상 지원 및 시스템 컨테이너의 관리와 배치 및 처리 서비스
SHIPS	선박입출항정보 지원 시스템
GEGIS	위험화물관리 시스템 위험화물의 위치, 보관 및 포장상태, 사고 시 처리방안 제공
ZODIAK/ ZAPP	세관시스템인 ATLAS와 상호 접속하여 세관관련 서류처리 지원시스템
HABIS	항만, 철도 연계시스템
Truck Station	트럭운송사 연계시스템

자료: 수출입물류 중심의 국가물류정보체계 혁신(BPR/ISP)사업 보고서, 2003.

DAKOSY 서비스 중 ZODIAK는 수입과 관련된 모든 문서를 ATLAS(세관 수입시스템)와 상호 연계하여 포워더나 수입업체가 세관관련 서류를 전자적으로 처리할 수 있도록 지원하는 시스템이다. 또한 ZAPP은 수출에 관련된 포워더, 선박대리점, 정기선사의 모든 프로세스를 감독하는 시스템이다.

또한 SEEDOS(Seaport Forwarders Documentation System)는 국제해상운송관련 포워더용 상호운용 응용시스템으로써 수출입서류 및 상업송장의 전자적 처리, 데이터 관리 및 운영 기능을 제공하는 시스템이다.

[그림 10-7] SEEDOS 서비스 구도

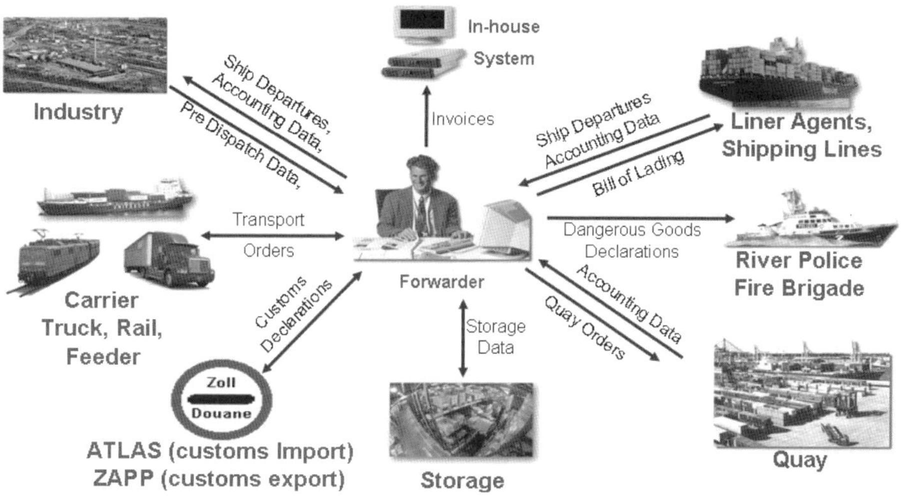

자료: 수출입물류 중심의 국가물류정보체계 혁신(BPR/ISP)사업 보고서, 2003.

4. 프랑스의 물류정보화 현황

프랑스 르아브르 항만이 1980년대 초반부터 항만부문의 전산화에 매진한 것은 항만의 생산성이 항무행정, 통관절차, 서류작업의 폐지 등 전산부문의 성패에 달려 있다는 의지 때문이었다. 1982년 프랑스 관세청이 르아브르 항만에 SOFI(프랑스 세관의 국제화물 통관시스템)를 연결, 포워더-세관간 전자통합 체제를 수립하자고 건의하자 포워더들은 즉각적이고 대대적인 환영의사를 표시했다. 1983년 르아브르 항만은 당시 초기단계인 ADEMAR(수출입화물 자동통관 시스템)를 설치한 후 이를 프랑스 세관의 SOFI 시스템과 연결하여 통관자동화를 이루었다.

그러나 초기 이용자동화 체제 확립은 화주, 내륙운송업체, 선사 등은 물론 항만당국에게도 엄청난 충격을 초래했다. 르아브르 항만당국은 ADEMAR의 일차적인 성공을 바탕으로 처리용량과 능력을 혁신적으로 보강한 ADEMAR+의 개발에 박차를 가했던 것이다. ADEMAR+의 관련정보를 컨테이너 터미널 운영업체와 리얼타임으로 교환하는 것은 불가피안 선택이었다. 항만에 반입된 컨테이너는 양하, 적하, 반출입 등 화물이동 하나하나가 터미널 전산팀에 의해 완벽하게 통제, 운영되고 있다. ADEMAR+가 터미널의 데이터베이스 지원뿐 아니라 내륙운송업체, 포워더, 화주 등의 정보제공기능을 담당해 업무의 편의성을 높인 것은 특히 의미가 크다. 르아브르 항만의 컴퓨터시스템은 이처럼 이용자와 리얼타임의 자료교환체제를 완벽히 갖추고 있다.

한편 르아브르 항만이 제공하는 물류서비스의 내용은 매우 다양하고 체계화되어 있다. 세부내용으로는 항만관련 업체간 표준화된 전자문서교환 서비스(EDI), BAY PLAN 정보와 컨테이너, 그리고 적하목록 등 데이터베이스 서비스, 전화교환망, X.25 공중망, Numeris 등과의 네트워크 서비스 등이 있으며 네트워크 접속 사용자는 싱가포르의 통신의 TELEPAC TRANSPONET, GSX사의 GEIS망, IBM사의 IN CONNECT 등과 접속할 수 있다. 특히 1991년 2월 싱가포르 항만과 르아브르 항만이 양측의 EDI망을 각각 연결해 상호 간의 선박운항, 선박, 컨테이너 적부 배치도 등의 자료를 교환하고 있는 것은 시사하는 바가 크다. 프랑스 르아브르 항만의 EDI 시스템은 관세청, 항만당국, 해운항만협회, 항만관련업체 등이 중심이 되어 구축되었고 세부 시스템으로는 선박관리 시스템인 GINA, 화물통관시스템인 ADEMAR+, 통관시스템 SOFI, 컨테이너 터미널 시스템 및 각종 부가가치 서비스를 제공하는 데이터베이스 등으로 구성되어 있다. 르아브르 항만 EDI 시스템 중 가장 특징적인 사항은 공공 및 사설 정보처리시스템 등 성격이 상이한 정보망의 상호결합으로 개방성과 시너지 효과를 극대한 점을 들 수 있다. ADEMAR+를 비롯한 각종 공공시스템의 운영은 전기통신, EDI, 전산화, 물류정보 분야의 전문업체인 SOGET에 의해 전담 운영되고 있다. 이러한 시스템 구축은 이미 세계 240여 개 해운선사와 500여 항만과 연결되어 있어 범세계적 네트워크를 갖추고 있다. 화주 및 포워더 등 이용자의 적극적 참여가 물류정보망 확산에 기여하고 르아브르 항만당국은 경영의 세계화와 함께 세계적으로 어느 장소의 고객에 무엇이 부족하며, 또는 고객이 무엇을 필요로 하는가를 신속히 파악할 수 있는 정보네트워크의 중요성이 더욱 높아질 것이라는 판단에 따라 업체와 공동으로 Teleport의 개설도 추진하고 있다.

제4절 아시아 국가·호주의 물류정보화 현황

1. 일본의 물류정보화 현황

민간 주도의 미국과는 달리 일본은 1995년부터 통산성, 우정성, 대장성, 법무성 등 정부가 중심이 되어 전자상거래를 추진하였다. 통산성에서는 '기업간 고도 전자상거래 추진사업'을 통해 20개 사업에 대해 우선적으로 전자상거래 고도화를 위한 지원을 수행하고 '산업정보화추진센터'를 통해 전자상거래를 위한 EDI 표준개발과 보급에 앞장서고 있다. 한편 우정성은 1995년 10월 '사이버비즈니스협의회'(Cyber Business Association Japan)를 설립하고 동 협의회와 전자우편협의회가 공동으로 EC 공통플랫폼 개발 프로젝트인 INGECEP(Integrated Next Generation Electronic Commerce Environment Project)를 추진하고 있다.

일본의 수출입업무 처리를 위한 운영시스템은 NACCS(Nippon Automated Cargo Clearance System)가 있으며, NTT(Nippon Telegraph and Telephone Corporation)에서 1978년 AIRNACCS을 구축하였고 1991년 SEANACCS을 구축하여 운영하여 왔다. 그 후 2001년 8월 재무성의 제안으로 싱글 윈도우 구축이 제안되어 2002년 6월 전자정부를 위한 e-Japan Plan을 발표하게 되었으며, 2003년 7월에 구축 완료되어 현재 운영중에 있다.

싱글 윈도우의 구축범위는 첫째, 수출입신고업무로서 29개의 수출입요건 확인기관 업무 중 95%를 차지하는 검역기관 시스템을 대상으로 연계하였고, 둘째, 항만업무로서 항만청의 선박입출항 관리시스템을 연계하고, 셋째, 출입국관리사무소의 승무원상륙 허가지원시스템을 연계하고 있다. 따라서 한 번 입력으로 수출입업무, 검역과 입출항신고 등 항만업무처리를 수행할 수 있으며, 각 기관의 중복적으로 입력되는 데이터항목을 NACCS 시스템을 기본으로 하여 업무가 이루어질 수 있도록 지원하고 있다. 또한 싱글 윈도우에서는 사용자의 Interface를 위한 단일창구로서 기존의 NACCS 시스템 및 검역소 등 관련기관 시스템과 원활한 연계가 가능할 수 있도록 구현되어 있다.

[그림 10-8] 일본의 싱글 윈도우 구축계획

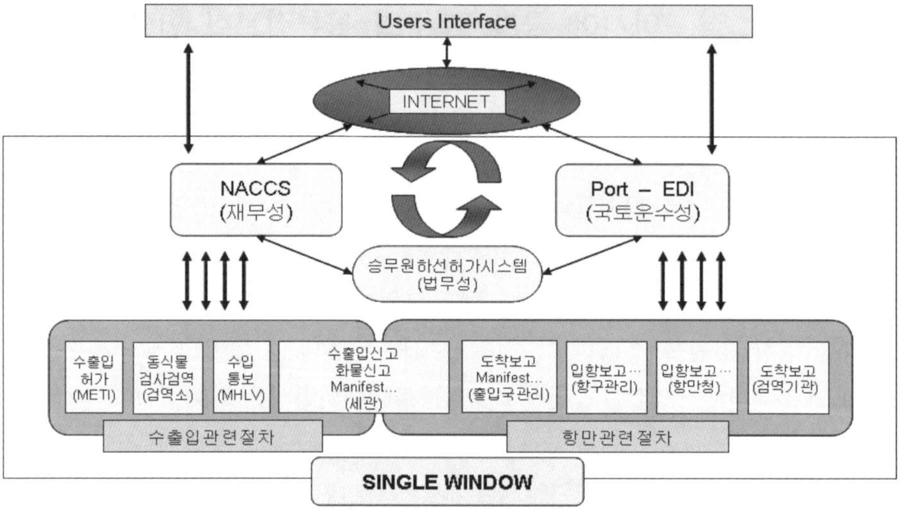

자료: 수출입물류 중심의 국가물류정보체계 혁신(BPR/ISP)사업 보고서, 2003.

이러한 일본의 싱글 윈도우 구축은 세관을 중심으로 하는 NACCS와 항만중심의 Port-EDI를 이용하는 업체들 관점에서 접속창구의 단일화를 추진하는 것을 목표로 하였다. 그러나 업체들이 기존의 방법대로 세관업무와 항만업무를 이용할 수 있기 때문에 모든 업체들이 Single Window를 통하여 서비스되기에는 상당한 기간이 소요될 것으로 보인다. 또한 문제점으로는 인터넷을 통하여 접속은 단일화 하였다하더라도 관련기관인 검역기관, 출입국관리기관, 수출입인허가 기관과의 연계는 다소 미흡한 실정이다. 즉, 무역업체들이 신고하는 서식의 단일화는 이루어지지 않은 상태에서 접속창구만 단일화함으로써 업체에서의 신고서식의 간소화, 입력항목에 대한 표준화는 갖추지 못하였기 때문에 업체에서의 이용률이 저조한 것으로 나타나 있다.

2. 홍콩의 물류정보화 현황

홍콩정부에서는 무역 및 물류업계의 경쟁력 강화를 위한 인프라 구축을 위하여 "Digital Trade and Transportation Network(DTTN)"을 구축하는 계획을 수립하였다. DTTN의 목표는 "Digital Gap"으로부터 오는 비효율성을 줄이고 무역과 물류 업계간 정보공유를 활성화시키기 위함을 목적으로 하고 있다.

이러한 프로젝트를 추진한 배경에는 2001년 홍콩의 지역적 역할과 특수성을 강화하여 중국과 세계를 연결하는 물류허브로 성장하기 위한 정책을 수립하게 되면서 동년 12월 홍콩 물류개발위원회를 설립하여 물류부분을 강화하기 위한 비전을 민관이 함께 공유하기 위한 포럼을 개최하고, 향후 17년간 4,500억원을 투자하여 DTTN을 구축하기로 하고, TradeLink 사를 수행기관으로 선정하게 되었고 2004년부터 3년에 걸친 DTTN 서비스 구축계획 수립하고 시행중에 있다.

홍콩의 Single Window 추진경과를 자세하게 살펴보면, 홍콩은 1997년에 정부 무역서류를 전자적으로 처리하기 위하여 홍콩특별행정구(HKSAR)의 싱글윈도우로서 Tradelink를 운영한 바 있다. 그러나 최근에 추진 중인 DTTN은 무역분야 이외에 물류산업 분야까지 포함하여 Digital Divide로부터 야기되는 비효율성을 감소시키기 위해 개발하는 싱글 윈도우의 확장 개념이라 할 수 있다. 2003년에는 Tradelink가 HKSAR 정부로부터 DTTN 개발 및 운영을 위한 승인을 받고 Tradelink, HKSAR Government와 산업계가 공동 소유한 DTTN 회사가 2004년에 설립되었으며 DTTN을 중심으로 홍콩의 Single 서비스가 이루어지게 되었다.

DTTN의 주요 사용자는 무역업체, 포워더, 제3자 물류업체, 선사/항공사, 은행 보험사뿐만 아니라 금융기관, 터미널, 정부와 관련된 기관 등 무역·물류 관련 모든 업체가 포함되며, 주요 서비스 내용으로는 전자문서 중계서비스, 데이터의 재활용 서비스, 전자문서 변환서비스, 정보보안 서비스, 통계 및 분석 리포트 서비스가 기본적으로 갖추고 있으며 싱글사인온(SSO: Single Sign On) 기능을 포함한 포털 서비스로 구현되어 있다. 또한 DTTN은 3계층의 구현단계 모델을 제공함으로써 물류관련업체와 정부의 데이터와 프로토콜을 표준화하여 시스템을 연결하고 전자문서를 안전하고 신뢰성 있게 전송하고 작성하게 할 수 있는 전자무역·물류 인프라를 제공하고 있다.

[그림 10-9] DTTN의 구축모델(3 Layer)

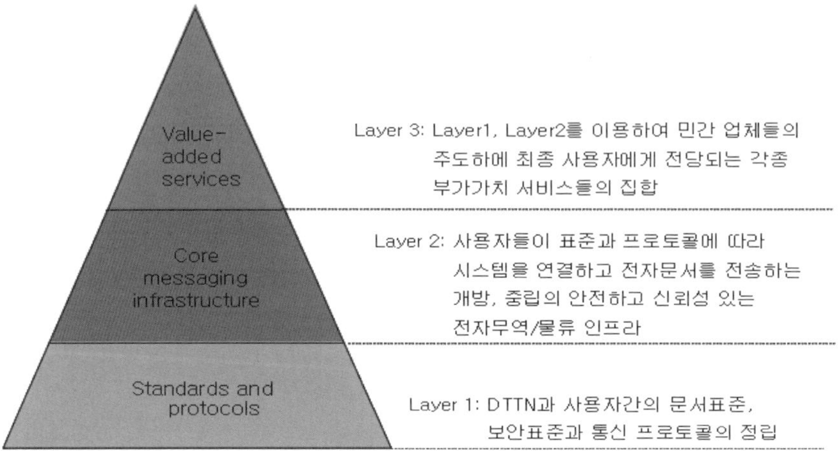

자료: 수출입물류 중심의 국가물류정보체계 혁신(BPR/ISP)사업 보고서, 2003.

이러한 DTTN은 무역, 물류, 금융 분야에 전자서류 교환서비스를 제공하기 위해 비독점적으로 중립적인 역할을 하면서 정보흐름을 공개적으로 안전하게 서비스하는 전자적 인프라에 해당된다. 초기 DTTN 서비스는 해상, 항공, 트럭, 철도를 경유하여 홍콩에서 해외 간에 수출입 및 운송되는 물류 프로세스 전반을 지원할 것이며, 이를 위해 무역, 물류, 재정과 관련된 80여개의 주요 서류가 DTTN 인프라에 의해 전자적 형태로 지원될 계획이다.

동 시스템에서 서비스하고 있는 내용으로는 국내 및 중국지역 그리고 글로벌지역을 포함한 전자문서의 전송 및 신뢰성을 보장하고, 문서에 대한 암호화 및 전자서명을 검증하는 기능을 갖추고 있으며 Data의 재활용 서비스, 전자문서의 다양한 표준을 지원할 수 있는 변환 서비스, 전산환경이 열악한 중소무역업체를 위한 ASP서비스, ASP사업자 및 대기업, 물류정보 제공업체 등과의 직접 접속이 가능할 수 있도록 연계지원 서비스, 각종 통계 및 분석 리포트 서비스 등을 제공하고 있다.

3. 싱가포르의 물류정보화 현황

싱가포르는 일찍이 21세기 정보화 사회인 인텔리전트 아일랜드를 표방한

IT2000 계획을 발표하였다. 이는 NII(National Information Infrastructure) 구상이라고도 하는데 멀티미디어를 위한 정보화를 도모하는 것을 목적으로 하고 있다. NII 구상을 구성하는 요소로 애플리케이션, 설비서비스, 정보통신 기반의 3가지로 분류하여 집중적으로 추진하였다. 이를 위하여 국가 EDI 네트워크를 구성하여 싱가포르를 전 세계의 무역센터로 육성한다는 목표를 세우고 TradeNet을 구축함으로써 업무시간을 단축하고 무역관련 정보 거래량의 98% 이상을 EDI로 처리하고 있다. TradeNet은 무역업체와 무역관련 정부기관 간에 연결된 국가 EDI 네트워크로서 현재 CrimsonLogic 사업자와 연계되어 운영되고 있다.

또한 TradeNet은 싱가포르 전산망의 가장 근간이 되는 네트워크로 TDB (Trade Development Bureau)와 세관 등에서의 인허가 사항을 처리하고 CrimsonLogic 가입자 간의 비정형 텍스트 메시지 교환, TDB가 제공하는 데이터베이스의 이용 등을 가능하게 하고 있다. 주요 처리사항으로는 수출입 승인신청(TDB), 통관승인 신청(세관), Bill of Lading, Airway Bill 사항 변경신청(TDB), 시험분석 신청(과학기술처), 그 밖의 방사성 물질 검사 면허 신청, 원산지 증명서 등의 업무를 전자적으로 수행할 수 있다. 현재 인터넷기반 무역포탈 서비스는 물론 수출입 허가업무의 EDI화, 업종별 전용 EDI네트워크 서비스 등을 집중 개발중에 있다.

[그림 10-10] TradeNet 서비스 구성도

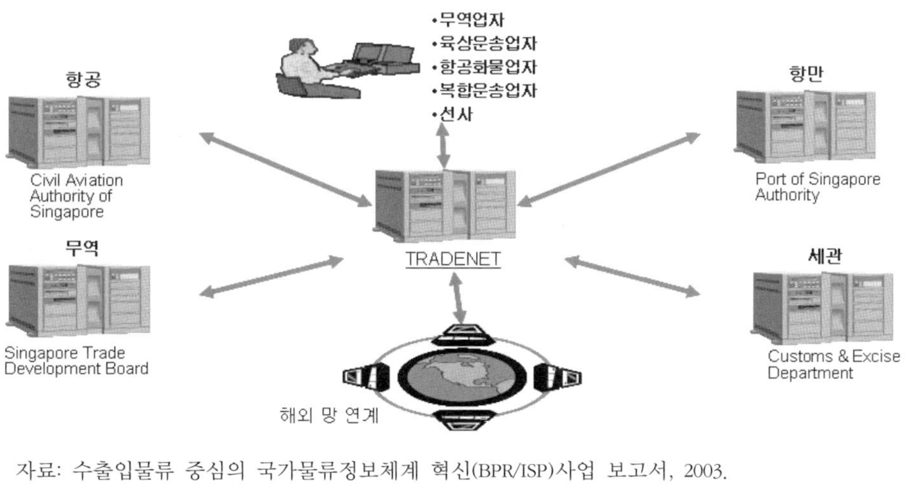

자료: 수출입물류 중심의 국가물류정보체계 혁신(BPR/ISP)사업 보고서, 2003.

싱가포르의 수출입신고는 항만, 세관, 무역업자, 선사, 육상, 항공운송업자 등과 연계된 TradeNet EDI 시스템을 통해 이루어지고 있으며, 항만과 관련된 업무는 PORTNET을 중심으로 운영되고 있는바, 최근 portnet.com에서는 해운, 항만 관련 정보시스템 솔루션 및 전자상거래 영역으로 서비스 범위를 확장하고 있다. Portnet은 PSA의 자회사인 Portnet.Com에서 개발하고 운영하고 있으며 1984년에 개발하여 ERP와 과금기능 등이 통합되어 있고, 선박관리, 화물관리 등의 360여개 이상의 기능이 구현되어 운영되고 있다.

[그림 10-11] Portnet.com 서비스 내용

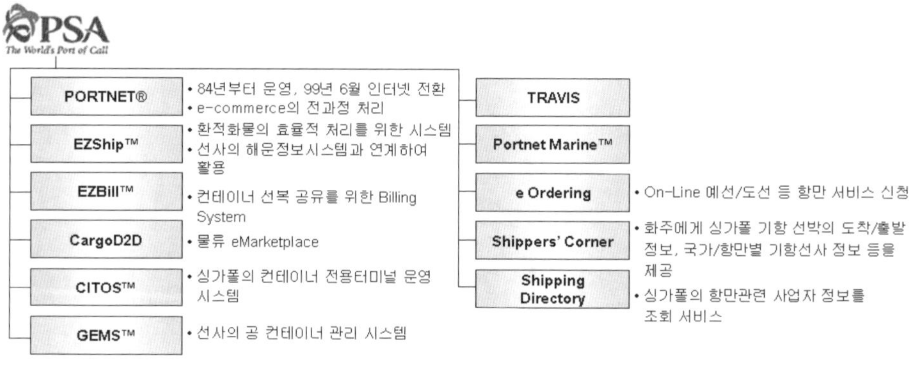

자료: 수출입물류 중심의 국가물류정보체계 혁신(BPR/ISP)사업 보고서, 2003.

Portnet.com 서비스는 크게 11개의 단위업무로 구성되어 있으며, 특히 싱가포르 항만특성을 살려 환적화물에 대한 효율적 관리를 위하여 컨테이너와 관련된 정보를 선사의 해운정보시스템과의 EDI로 연계함으로써 정확한 정보교환이 이루어지고 있다. 선사와 터미널간 본선적부도(Bayplan)의 전자적 연계와 터미널에서의 컨테이너 정보를 공유하는 서비스를 portnet.com을 통하여 제공하고 있다.

4. 호주의 물류정보화 현황

호주가 추진중인 관세행정 현대화의 대표적인 사업으로 Cargo Management Re-engineering(CMR)을 들 수 있다. 이는 화물통관을 보다 신속하고 효율적으로 수행하기 위해 관세청에서 추진중인 프로젝트로서 현재의 EDI 시스템을 통합 화물시스템(ICS: Integrated Cargo System)으로 대체하고, 무역과 관련된 업체들이 현재와 미래에 직면하게 되는 문제들을 모두 충족시킬 수 있도록 설계되어 있다.

CMR 구축 후 호주의 관세행정의 변화를 살펴보면 통신에 있어서 신고인들이 이전에는 Tradegate라는 VAN 사업자를 경유하여 EDI로 신고업무를 처리하던 것을 인터넷을 포함한 다양한 접속채널을 통하여 신고업무를 할 수 있도록 개방형 시스템을 지향하고 있다는 것을 가장 커다란 특징이라 하겠다. 또한 세관내부 시스템 역시 화물과 통관신고 등 여러 가지 업무들이 별도로 구성되어 운영되어 오던 것을 하나의 단일 시스템으로 통합시켰으며, 화물관리의 효율성을 높이기 위하여 신용도가 높은 고객(화주)에 대하여는 심사를 완화하는 등 화

〈표 10-4〉 CMR 구축 이후 부문별 변동사항

구 분	현 재	CMR 구축 후
Communication	Tradegate만을 통한 접속가능	Internet을 포함하여 다양한 형태로 관세청에 접속이 가능한 개방형 gateway (Customs Connect Facility)
Computer Systems	화물신고 및 보고를 위해서 여러 대의 분리된 컴퓨터 시스템이 필요함	Integrated Cargo System이라고 알려진 한대의 시스템으로 화물 신고, 보고 및 위험 평가와 상태 결정까지도 가능함
Approach to cargo processes	모든 고객들을 동일한 프로세스에 의해 취급함	Accredited Client Program을 통해 위험도가 낮은 수출입 업자들은 신고를 보다 원활하게 할 수 있도록 맞춤형 서비스 제공
Airway bill screening	낮은 세율이 적용되는 화물인지를 결정하기 위해서 모든 항공화물을 검사해야 함	낮은 세율과 검역의 필요성이 적은 화물들의 통관을 산업군별로 자가평가를 통해 가능해짐
Reporting cargo and commercial information	신고에 대한 정보와 화물보고가 각각 별도로 제출됨	화물보고와 신고정보가 결합된 형태의 자료제출도 가능케 됨

자료: 동북아 비즈니스 중심국가 구현을 위한 e-Trade 확산전략 연구, 산업연구원, 2003. 3.

물검사의 선별을 과학적으로 실시하는 방안을 도입하였다. 자세한 사항은 〈표 10-4〉와 같다.

CMR 프로젝트는 총 5단계로 나누어 진행되었으며, 궁극적으로 기존의 시스템은 새로운 시스템인 ICS(Integrated Cargo System)가 개발 완료되어 사용이 중지되었다. 새로운 ICS의 기대효과로는 무역업체들에게는 보다 쉽고 개방적으로 새로운 시스템에 접근할 수 있게 되었을 뿐만 아니라 화물의 보고 및 이동과 관련한 업무 프로세스가 보다 합리적으로 개선되었다.

또한 정부의 기대효과로는 관세청 및 다른 기관들이 위험도가 높은 화물

〈표 10-5〉 CMR 추진경과

구분	상세 내역
Phase 1 (2002. 7. 1)	- 무역의 현대화를 위해 법을 개정하여, 2002년 7월 1일부터 시행 - Improving Compliance와 Improving Controls(Flexible Depot Licensing arrangements와 Exports를 포함)에 대한 내용이 포함됨
Phase 2	- Integrated Cargo System(ICS) infrastructure 2002년 말에 ICS를 처음 소개하고 2003년까지 시범운영 Test High Volume Low Value document special reporter들만 적용
Phase 3 (2002. 7)	- Client Registration(고객 등록) Client들이 처음으로 사용할 수 있는 단계 Exporting client들은 새로운 시스템에 접속하기 위해 등록절차를 거쳐야 하며, Imports phase를 위해서도 동일한 절차가 적용됨
Phase 4 (2003. 11)	- Exports 새 시스템이 EXIT[2])을 대체할 것이며, 고객들은 EDI 또는 Customs Interactive[3]) 모두를 사용가능 • 수출화물의 보고와 신고 수행
Phase 5 (2004. 3)	- Imports 새 시스템이 COMPILE, ACA, SCA[4])를 대체할 것이며, 고객들은 EDI 또는 Customs Interactive 모두를 사용가능 • 수입화물의 보고와 신고 수행

* COMPILE(Customs Online Method of Preparing from Invoices Lodgeable Entries; 세관시스템에 온라인으로 신고하는 시스템).

* ACA(Air Cargo Automation), SCA(Sea Cargo Automation).

자료: 동북아 비즈니스 중심국가 구현을 위한 e-Trade 확산전략 연구, 산업연구원, 2003. 3.

2) 현재 수출화물신고 수출 신고를 처리하는 시스템.

3) 인터넷을 기반으로 하여 ICS에 접속하는 것을 말함.

4) 현재 수입화물신고와 수입신고를 처리하는 시스템.

을 판별해 낼 수 있는 능력을 향상시키고, 이를 통해 위험도가 낮은 화물의 이동을 보다 쉽게 할 수 있게 되었다. 즉 Accredited Client Program을 통하여 상대적으로 신용이 높은 무역업체들을 구분하여 이 업체들의 화물의 이동을 보다 쉽게 처리할 수 있는 체계를 갖추게 되었다. Accredited Client Program은 업체들의 신용에 관계없이 동일절차로 진행되는 것을 개선하기 위하여 관세청이 개발한 새로운 프로그램으로 신용도가 높은 수출입업자들을 별도 구분하여 그들의 보고에 대한 요구사항들을 신속히 수행할 수 있도록 함을 목적으로 하고 있다.

한편 CCF(세관접속설비: Customs Connect Facility)는 Cargo Management Re-engineering Project의 매우 중요한 부분을 차지하는 것으로 향후 관세청의 통신시설을 대체하여 모든 수출입 화물들과 이와 관련된 송수신을 CCF를 통해서 이루어지게 할 뿐만 아니라, Integrated Cargo System(ICS)에 안전하고 탄력적으로 접속할 수 있도록 되어 있다. 정부와 산업의 안전에 대한 요구사항들을 만족시킬 뿐만 아니라 거의 실시간으로 업무수행이 가능하게 되어 있다. 이러한 CCF는 Processing Cost 및 Handling Cost 등의 비용절감, Delivery Cycle과 Transit Time의 시간절약, Processing Time을 분단위에서 초단위로 감소를 통한 재고감소, 현금흐름의 개선 등 효과를 가져왔다.

또한 2002년도 APEC 회의에서 APEC 회원국간 SPS(검역위생조치)의 전자검역증명서 발급제도에 관한 의제를 상정하였으며, 이에 따라 호주의 검역검사청(AQIS)에서는 해외 EDI 암호화 모듈 및 관련 프로그램 기술검증을 실시하였다. 2001년부터 호주와 우리나라의 국가수의과학검역원과는 이미 전자문서에 의한 검역증명서 교환업무와 관련하여 상호 통신방식 및 시험운영 방법 등의 협의가 진행되어 왔으며 그 결과 2002년 8월에 APEC의 정식의제로 호주에서 제안하게 된 것이다. 그 후 2002년 12월에는 XML/EDI 및 SMTP 방식에 의한 검역증명서 전송테스트가 실시되었고 2003년에는 암호화 모듈을 적용하여 실증 테스트를 시행하였다. 호주에서는 우리나라뿐만 아니라 미국, 영국, 캐나다, 뉴질랜드 국가 간에 XML/EDI 방식으로 2004년부터 진행되어 오고 있으며, 현재 이용되고 있는 전자문서는 SANCRT(표준검사·검역증명문서: Sanitary/Phytosanitary certificate)이다.

제 5 절 국가별 통관·물류 정보화 특징

미국의 경우에는 표준화된 통관·물류 전자정보 교류에 대하여 공공 및 민간분야의 전체의 요구사항을 충족시키기 위하여 안전하고 통합된 시스템 구축하여 운영 중에 있으며, 이를 위해 Single Window를 통한 업무의 단일 창구화를 추진하고 있다. 세관행정 업무 프로세스의 개선과 이를 위한 통합시스템(ACE) 구축을 통하여, 세관 행정업무의 효율화와 무역정보의 다양한 활용을 하고 있는 점에서 특징이 있다.

유럽의 경우 네덜란드는 물류업계에서 사용하고 있는 EDI 표준전자문서의 개발뿐만 아니라, 국제 EDIFACT 위원회 등에 참가하여 활발한 활동을 통해 유럽 및 국제표준 개발에 있어서 주도적인 역할을 담당하고 있으며, 특히 Port Community System을 구축 개발하여 제공함으로써 물류업계의 정보통신망을 제공하고 고객이 원하는 다양한 서비스를 제공함으로써 항만관련 업체 및 기관의 물류업무 프로세스를 더욱더 효율적으로 관리할 수 있는 체계를 제공하고 있어 세계적인 항만으로서의 위치를 유지하고 있다.

벨기에는 선박계획 및 선박물동량 감시 등 여러 항만업무는 APICS(Antwerp Port Information and Control System)를 이용하며, 또한 해운업자들은 SEAGHA를 이용하여 선박의 입출항신고업무를 EDI 전자문서로 처리함으로써 "단일접속창구(Single Point of Access)" 개념을 제공하고 있다. 즉 단일접속창구란 단일 항만 커뮤니티 시스템으로서 사용자 중심의 단일창구(Single Window Portal)로 구현하여 물류 관련업체와 정부기관이 데이터를 공유할 수 있도록 온라인(On-Line)으로 정보를 제공하고 물류체계를 갖추고 있다.

독일은 DAKOSY사의 EDI 시스템을 통해 수출입업자, 터미널운영업자, 선사 및 선사대리점, 포워더, 내륙운송업자, 항만 당국, 세관 등과의 관련 정보를 전자문서로 교환하며 이 모든 서비스를 인터넷에서도 서비스하고 있으며, Databridge International 네트워크를 통하여 미국의 뉴욕·뉴저지항의 ACES와 운송정보를 교환하고 있으며, 다른 국가와도 관련 정보를 교환하는 것을 확대하고 있다.

프랑스는 르아브르 항만을 중심으로 물류 및 통관자동화가 시작되었으며 특히 다른 국가에 비하여 공공시스템인 ADEMAR+를 중심으로 한 세관의 화물통관시스템과 민간시스템인 터미널 시스템, 해외 간의 연계를 위한 국제부가통신망 사업자, 선사 등 물류업체와의 유기적 연계를 최우선으로 추진하여 개방적인 시스템을 일찍이 시작하였다는 것을 특징으로 들 수 있다. 르아브르 항만을 이용하는 모든 선사들은 ADEMAR+를 이용하여 서비스를 받고 있으며, 이러한 공공시스템은 외부 전문 업체에 아웃소싱의 형태로 시스템의 운영유지에도 효율적인 방안을 채택하고 있다.

아시아의 경우 홍콩은 무역·물류업계의 경쟁력 강화를 위한 정보 인프라 구축을 위하여 "Digital Trade and Transportation Network, DTTN"을 구축하였으며, DTTN에서는 업계 간의"디지털 격차(Digital Gap)"로부터 오는 비효율성을 줄이고 무역물류 업계간 정보공유를 활성화시키기 위하여 추진되었다. 홍콩과 중국의 역내 교역의 확대로 글로벌 정보의 흐름과 서비스를 통합 제공함으로써 중국 내의 중립적이고 안정적인 그리고 신뢰성 있는 전자무역 플랫폼을 구축하게 되었다는 데 의미가 있다.

싱가포르는 항만과 물류서비스를 위한 비전 및 목표가 명확하게 제시되어 있어 항만관리 및 운영을 위한 비즈니스 프로세스가 다른 나라에 비하여 체계적으로 정립되어 있다고 볼 수 있다. Portnet을 중심으로 항만운영시스템이 구축되어 있으며 특히 타 기관과의 정보 공유 및 교환 체계가 효율적으로 운영되고 있다. 또한 고객별로 특화된 다양한 항만정보서비스를 제공하고 있으며, 고객이 원하는 정보 서비스를 선택하여 이용할 수 있다는 특징을 가지고 있다.

일본은 수출입업무 처리를 위한 운영시스템으로서 NACCS(Nippon Automated Cargo Clearance System)을 NTT(Nippon Telegraph and Telephone Corporation)에서 "단일창구(Single Window)" 개념의 시스템을 구축하였다. 즉 싱글 윈도우 구축을 세관시스템인 NACCS를 통하여 구현하고 인트라넷으로 각 기관간 시스템을 상호연계 하여 수출입과 관련된 공·항만의 민간부문 시스템(창고, 운송사 등)까지 NACCS에 연결하여 운영하는 것이 특징이다.

마지막으로 호주는 EDI 표준의 전자문서에 의한 업무처리방식에 신기술을 도입하여 다양한 형태의 표준 및 전송방식을 수용할 수 있는 세관접속설비(CCF: Customs Connect Facility) 시스템을 통합하고, 수출입통관과 화물시스템을 통합하는 ICS(통합화물시스템: Integrated Cargo System)를 구축하여 하나의 시스템에서 수출입신고와 화물관리 그리고 위험관리를 지원하고 있다.

참고문헌

[국내문헌 및 자료]

1. 한국무역협회, "전자무역의 비전," 2002. 7.
2. 수출입물류중심의 국가물류정보체계 혁신(BPR/ISP)사업 보고서, 2003.
3. 산업연구원, 동북아 비즈니스 중심국가 구현을 위한 e-Trade 확산전략 연구, 2003. 3.
4. 산업연구원, eTrade 확산과 관세청의 대응전략 연구(2003)
5. 류석상, "주요 국가의 전자정부 추진동향,"「정보화동향분석」, 한국전산원, 2000.

[해외문헌]

1. International Trade Data System(ITDS), Single Window to Government, 2002. 5. Customs Modernization

[웹사이트]

1. 미국(www.itdst.res.gov)
2. 싱가포르(www.tradenet.gov.sg)
3. 오스트레일리아(www.bep.gov.au)
4. 세계관세기구(WCO)(www.wcoomd.org)
5. UNECE(www.unece.org/trade/)
6. 국제연한 무역진흥 및 전자상거래센터 UN/CEFACT(www.unece.org)
7. 국제연합 무역개발회의 UNCTAD(www.unctad.org)
8. 국제해양기구 IMO(www.imo.org)
9. 국제민간항공기구 ICAO(www.icao.int)
10. 국제상공회의소 ICC(www.iccwbo.org)

CHAPTER

11

세계관세기구(WCO)의 CDM 추진현황

제 1 절 CDM(Customs Data Model) 개요

1. CDM 추진배경과 의의

정보와 문서작업은 국가간 무역을 수행하고 제어하는 데 있어서 중요한 요소라 할 수 있다. 오늘날 정보기술의 발전으로 세계가 전자적으로 연결된 환경하에서는 화물의 이동시간 단축과 물류흐름의 원활화 그리고 국경에서 적절한 보안을 위하여 화물도착 이전에 세관과 세관 간의 정보교환은 계속적으로 늘어날 것으로 전망된다. 이러한 이유에서 표준화되고 일치된 정보 및 정보처리 과정에서 모든 단체와 기관에서의 공동이해는 필수적이며, 이것은 국제무역과 관련된 모든 단체와 기관에서 효율적인 정보교환의 중요한 기초가 될 것이다. 이러한 점에서 세계관세기구의 통관데이터표준모델(CDM: Customs Data Model)은 통관정보에 대한 공동이해가 마련되도록 하는 중요한 도구로 대두되고 있다.

세계관세기구(WCO: World Customs Organization)에서 국가간 세관과 세관의 정보교환을 실현하기 위하여 두 가지 사항에 대한 표준화 및 이행을 추진하고 있다. 수출입신고 및 화물신고의 신고항목 표준화(Standard Data Sets)와 전자문서에 대한 분류와 프로세스 표준화(Standard Electronic Message Formats)이다. 이러한 데이터 모델은 각종 서류가 필요로 하는 데이터 요구사항을 줄이고, 전자신고(Electronic Submission of declaration) 및 관련서류에 관한 내용을 정의하고 있으며 계약 당사자 간에는 글로벌 세관표준이 적용된다.

2. CDM 추진경과

1996년 라이언과 1997년 덴버에서 미국과 각국 정부회의가 개최되고, 1998년 버밍엄과 2000년 오키나와-규슈에서 G7 재무장관들과 선진국수뇌 회의에서 각국은 G7 세관의 데이터 요구사항 표준화와 단순화를 추진하기로 동의하였고, 국제무역의 촉진, 민관의 비용절감 및 경제성장 촉진을 위하여 데이터 포맷을 표준화하기로 동의하였다. 또한 G7 국가들은 2005년까지 표준화된 전자포맷을 실행하기로 하고, 이에 대한 추진계획에 동의했다. 2001년 6월 WCO 이사회는 G7 주도의 WCO Customs Data Model을 2002년 1월부터 인계받고, WCO Customs Data Model을 글로벌 세관표준으로 발전시켜가고 있다. 이후 2004년 4월 CDM version 1.1이 2회에 걸쳐 보완작업이 이루어졌으며, 수출입신고, 수출입화물항목 표준화작업이 완료되었다. 또한 Business Process Model 구축작업이 병행되었으며, 2006년 CDM version 2.0에서는 통과화물과 선박입출항보고 신고 항목이 추가되었고 요건확인기관을 포함하는 version 3.0작업이 진행 중에 있다.

G7에서 작성된 데이터세트와 MIG(Message Implementation Guideline: 전자문서 실행지침)이 WCO로 이관되면서, 2004년까지 국제민간항공기구(IATA), 국제상공회의소(ICC), 전자문서표준화기구(CEFACT: 행정·상거래·운송관련절차 간소화센터), 국제특송 운송인회의(IECC), 무역개발위원회(UNCTAD) 등 국제기구와 표준전자문서의 채택 등 협의를 하였으며, 특히 하나의 세관 프로세스의 프로토타입을 설정하여 테스트 과정을 거쳐 CDM에 대한 타당성의 검증을 시행하였다. 또한 관련 표준화기구인 CEFACT의 비즈니스모델 그룹(eBWG)와 OASIS 표준기구, 국제표준화기구(ISO), 개방형 어플리케이션그룹(OAG) 등에 WCO에서 데이터 세트를 제출하여 표준등록에 대한 과정을 거쳐 CDM 2.0이 확정되었다.

[그림 11-1] CDM의 추진경과

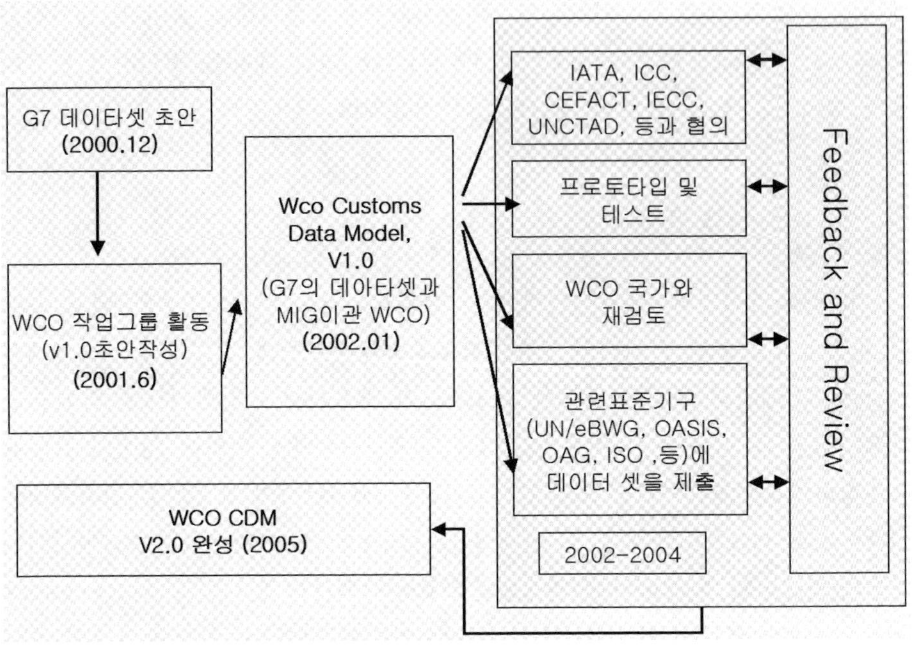

자료: 저자 재정리, CDM Handbook Version 2.0 참조.

3. CDM의 기본원칙과 효과

WCO의 Customs Data Model은 다섯 가지의 원칙을 기초로 하고 있다. 첫째, 사업처리모델(Business Process Modeling)로서 CDM에는 교토협약에서 정한 관세행정의 전반적인 프로세스 분석 및 모델링이 포함되고 있으며 본 분석에 기초하여 개발이 진행된다. 둘째, EDI 및 전자상거래 기술의 사용이다. CDM은 전자상거래 기술을 이용하는 자동화 환경에 부합하여 개발이 되고 있다. 따라서 본 모델은 UN/EDIFACT와 XML과 같은 국제적인 규칙을 바탕으로 하여 수출입화물 신고에 대한 공통 전자문서 분류 및 프로세스(Common Electronic Messages) 개발의 근간을 제공하고 있다. 이를 위해서 민간부문에서의 정보흐름과 부합하는 수출·수입화물 신고에 대한 공통메시지 체계(Common Message Structure)의 개발이 필요하다. 셋째, 공통데이터 저장소(Common Data Repository)의 구축이다. 세관통제와 무역촉진에 있어서 가장 결정적인 요소는 동일표준의 데이터 요구사항(Uniform Data Requirements)이라 할 수 있다. 따라서 CDM에서는 수출·수입 데이터 항목의 요구사항을 일치시켜야 하며, 데이터 항목의 속성과 데이터 포맷의 정의 및 표준화를 구축하여야 한다. 넷째, 데이터 요구사항의 분리(Segregation of Data Requirements)로 CDM은 교토협약에서 기술된 단순화된 처리과정을 포함하고 있다. 예를 들면, 수입은 2단계 처리과정으로 구성되어 있다. 1단계로는 화물반출허가를 위한 최소한의 데이터를 요구하며, 2단계는 화물반출 후에 보충정보를 제공토록 하여 관세징수 및 무역통계 수집과 같은 업무에 사용하도록 한다. 마지막으로 이러한 기본적인 원칙을 활용하여 국가간 단절 없는 무역업무의 처리(Seamless Transaction)이다.

한편, CDM에서는 지속적인 데이터 흐름의 개념이 적용된다. 본 개념에는 수출과 수입 데이터 요구사항이 결합되어 있으며, 각각의 전자신고는 같은 체계를 공유하게 된다. 이것은 무역업체들이 보다 더 경제적으로 정보를 교환하는 것을 의미하며, 수입업체는 해당 수출업체의 수출신고정보를 이용하여 자신의 수입신고에 사용할 수 있다. WCO의 CDM을 이용하면 무역업체는 WCO 전자 화물신고에 필요한 전체 데이터를 세관에 제출할 수 있다. 이 경우 세관은 필요한 데이터는 사용하고 나머지는 그대로 두게 된다. 이는 다국적 기업들에게는 대단한 업무효율 증대효과를 거둘 수 있는데, 예를 들면 기업은 여러 세관의 정보시스템에 대하여 다양한 방법으로 인터페이스 할 수가 있다.

WCO의 Customs Data Model은 싱글 윈도우 환경을 구축하기 위하여 각국 정부규정에 부합하는 데이터 요구사항을 포함시키는 것을 목표로 하고 있다. 무역업체는 수출입에 관련된 모든 정부규정에 부합하는 단 한 곳의 공식기관(예를 들면, 세관)에서 모든 수출입정보를 교환할 수 있다. 이를 위하여 각 정부의 법규제정 기관 및 국제기관의 참여가 필수적이다. 따라서 WCO의 CDM은 국제무역 촉진에 중요한 공헌을 할 것이며, 이를 위해 국제무역과 관계된 다양한 분야에 종합적인 참여는 본 프로젝트의 성공에 중요한 열쇠이다. WCO에서는 본 프로젝트가 해당산업의 실무에 적용될 수 있도록 국제무역 및 운송 분야의 적극적 참여를 권장하고 있다.

제 2 절 CDM의 구성

CDM은 개정교토협약에서 규정한 수출입절차 및 프로세스 모델을 기초로 하여 국가간 세관과 세관, 수출입업체간 정보교환을 구현하고, 이를 위하여 문서데이터 항목의 국제표준화를 목표로 하고 있다. 이러한 CDM은 세 가지로 구성되는데 Standard Data Sets(신고 항목), Standard Code Sets(코드 항목), Standard Electronic Message Formats(전자문서)로 구성된다. 신고 항목은 Ver.1.1에서는 총 163개 항목으로 이루어져 있다.

[그림 11-2] CDM의 구성

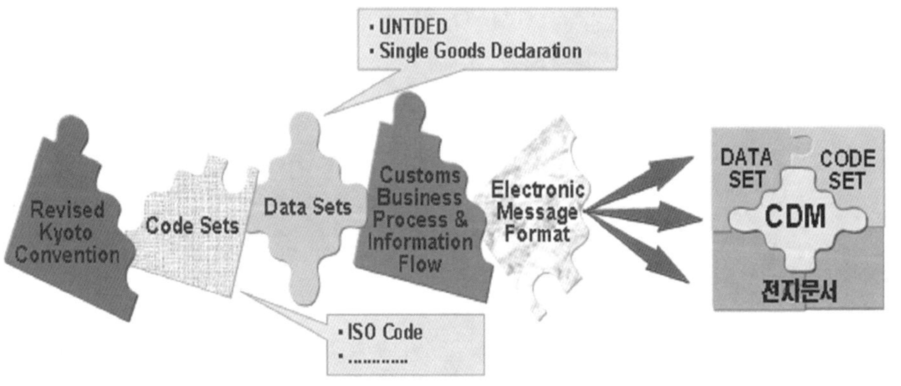

자료: 저자 재정리, CDM Handbook Version 2.0 참조.

상기 그림에서 보는 바와 같이 CDM은 ISO(International Standardization Organization, 국제표준기구)에서 정하는 코드를 사용하며 UNTDED(UN Trade Data Element Dirctory, 무역자료 항목집)의 데이터 세트로 Segment를 사용한다. 또한 UNSM(UN Standard Message)에서 정의하고 있는 전자문서를 기본으로 하여 CDM을 구성하고, 특히 프로세스는 개정교토협약에서 권고하는 무역프로세스를 기초로 하여 전자문서를 정하고 있다.

1. CDM 신고 항목의 구성

CDM 신고 항목은 화주(Commodity/Shipment Identifiers), 관세 및 세금항목(Duty/Tax Calculation), 일반사항(General), 국가/소재지(Country/Place/ Location), 당사자(Persons/Parties), 운송정보(Transport Information), 금액 및 상업거래정보(Value/Commercial Transaction Information) 등으로 구성된다.

이를 전자문서별로 살펴보면 수출입화물(Cargo Report) 데이터 항목으로서 수입(CRI; Cargo Report Import)은 84개, 수출(CRE; Cargo Report Export)은 71개로 되어 있으며, 수입신고(Import Declaration) 데이터 항목은 수입1(IM1)이 118개, 수입2(IM2)가 1단계(IM21)가 89개, 2단계(IM22)가 107개로 구성되어 있다. 또한 수출신고(Export Declaration) 데이터 항목의 경우에는 수출1(EX1)은 108개, 수출2(EX2)는 1단계(EX21)가 57개, 2단계(EX22)가 74개로 이루어져 있다. 수출입신고의 경우 EX1과 IM1은 한 서식으로 수출입신고를 하는 것이며 EX2와 IM2의 경우에는 수출입신고를 할 때 2번으로 나누어 신고하는 경우를 의미한다. 즉 IM2의 경우 IM21에서는 수입의 일반적 사항을 신고하고 IM22에서는 수입신고서의 내용 중 세금과 관련된 사항을 신고하는 경우로서 신속한 통관을 위하여 관세신고를 분리하여 수입통관을 실시하는 나라에서 적용하고 있는 제도이다.

수입은 적하목록신고(Import Cargo Report/Manifest Report), 수입신고 1단계 문서로 화물반출용(Release of Goods) 신고와 수입신고 2단계로 관세세금 징수용(Settlement of Duties/Taxes) 신고가 있다. 반면 수출은 적하목록신고(Export Cargo Report/Manifest Report)와 수출신고(Export Declaration)로 구분된다.

2. CDM 적용의 기본원칙

기본적으로 국민보건과 국가안보와 관련된 수출입법 규정과 상관없는 수출입물품의 경우엔 WCO CDM의 데이터에 따라 즉시 화물을 반출하도록 하며, 국민보건과 국가안보와 관련된 수출입법 규정과 관련 있는 수출입물품의 경우에는 WCO CDM 데이터에 추가데이터를 제공받아 해당 기관의 요건업무를 충족한 후에 화물을 반출하게 되는 절차를 밟게 된다. 이러한 CDM 항목을 적용하기 위한 기본원칙은 다음과 같다.

① 표준화되고 단순화된 통관데이터를 사용하여야 한다. 일반적재화물(Ordinary Shipment)의 경우에는 CDM 데이터 항목의 데이터만으로 수출입통관이 가능하며, 그 이외의 수출입 적법성 및 밀수 사기 등으로 검사가 필요한 적재화물의 경우에는 CDM 데이터 항목에 추가 데이터 항목을 요청할 수 있다.

② 통관 데이터를 축소하여야 한다.

③ 데이터를 전송한다. CDM 데이터 항목을 사용하게 되면 무역업체는 한 세트의 데이터 전송으로 모든 세관업무를 마칠 수가 있으며, G7 국가들은 통관업무의 서류 없는 무역환경을 구축하기 위하여 공통코드 및 코딩을 최대한 사용키로 합의하였다.

④ 핵심데이터를 구분하여 관리하여야 한다. 'Mandatory'로 표시하고 있는 항목은 모든 일반적재화물에 필요한 데이터 항목을 의미하며, 'Conditional'로 표시된 항목은 반덤핑 및 상계관계 등의 적용을 받아야 하는 적재화물에 필요한 데이터 항목을 의미한다.

⑤ 옵션데이터를 표시하여 관리하여야 한다. 'Optional'의 표시는 세관에는 필요는 없으나 무역업체가 자신의 편의에 따라 입력하는 데이터로서, 예를 들면 관세 계산용 또는 상대거래처에 대한 서비스 데이터 항목을 의미한다.

⑥ 공통 전자프로토콜, 즉 표준전자문서는 UN/EDIFACT 표준 메시지를 기준하여 개발한다.

⑦ 상업송장 및 추가정보는 일반적재화물의 경우에 상업송장을 요청하지 않기로 한다.

⑧ 실행단계에서는 파일럿 시스템(Prototype System)을 구축하여 우선 테스트를 하고 나서 전 세계적으로 확대하는 방안을 채택하여 WCO 차원에서 몇 개 나라를 선택하여 파일럿 시스템을 구축하여 테스트를 진행한다. 참고로 호주와 영국 간의 포도주 수출입 과정에 CDM과 UCR(Unique Consignment Reference)을 적용하는 프로젝트가 시범적으로 운영되고 있다.

⑨ 진행사항 검토를 위하여 최소 일 년에 한 번씩 검토 회의를 갖기로

한다.

⑩ 변경사항 및 확산을 위한 의견일치가 있는 경우에는 CDM을 변경할 수 있으며 각 국가들이 조속히 CDM을 채택하도록 촉진하기로 한다.

⑪ 상업용 적재화물의 경우가 아닌 비상업용 적재화물은 CDM의 적용을 받지 않는다.

제 3 절 CDM의 효과 및 실행방법

CDM을 적용하게 되면 신속한 화물반출과 단절 없는 무역업무처리를 통하여 국제무역의 촉진을 가져오며 민관의 반복적이고 중복적인 데이터 입력을 방지함으로써 무역관련 부대비용을 절감하게 되고, 화물도착 이전의 세관과 세관 간의 정보교환 및 공유를 통하여 보안강화와 수출국과 상대국 간의 업무협조가 확대되는 효과를 거양할 수 있다. 또한 B2B, B2G, G2G와 같이 이해당사자 간의 정보교환을 통하여 자유무역을 촉진하게 되며, 수출입요건확인기관의 요구사항을 포함한 싱글 윈도우의 환경구축을 도모할 수 있다.

(1) CDM의 실행이익

CDM은 여러 기관과 단체가 가장 효율적인 방법으로 협업할 수 있도록 하는 효과가 있다. 세관의 다양한 정보시스템을 연계할 수 있고, 세관과 관련된 무역업체와 물류업체 그리고 기타 민간업체들과의 정보연계에 활용될 수 있다.

CDM 적용으로 인한 이익을 살펴보면, 무역업체에게 종단간(end-to-end) 업무 프로세스 및 전체 업무의 통합처리를 제공하기 위한 세관 간의 업무, 즉 수출지역 세관과 수입지역 세관간 정보연계 협조가 가능하게 된다. 신속한 통관으로 인한 화물의 빠른 반출이 이루어지고, 운송업체와 수입업체의 반복적이고 중복적인 데이터의 입력이 방지되며, 화물반출을 위한 세관에서의 데이터 요구사항의 감소를 가져올 수 있어 수출입관련 절차에 따른 비용의 감소가 예상된다.

(2) CDM 실행방법

CDM의 실행은 국가적 차원에서 이루어져야 하고, CDM 실행의 최대이익은 국가간 쌍무적 또는 다자간으로 실행될 때 거둘 수 있다. G7국가와 러시아는 2005년까지 최대한 CDM을 실행하기로 하였으나 현재 파일럿 수준의 정보교환만 이루어지고 있는 실정이다. CDM의 실행이 계획보다 다소 지연되는 이유로 CDM 실행에 앞서 반드시 선행되어야 하는 무역업계와의 협의가 이루어져야 하나 오랜 기간에 걸쳐 협의가 이루어짐에 따라 늦어지고 있다.

무역업체에서는 CDM을 적용하기에 앞서 의문점을 제기하고 있다. 첫째 과연 CDM을 적용하면 중복적이고 반복적인 보고를 줄일 수 있을까? CDM은 수출입 데이터 요구사항이 결합되어 있으며, 단일 전자체계로 구축되어 있다. 이것은 수출입이 보다 더 효율적으로 정보를 교환하는 것을 의미하며 수출신고정보는 수입신고에 있어서 다시 사용된다. 만약 CDM을 이용하면 무역업체는 전자화물신고에 필요한 전체 데이터를 세관에 제출할 수 있으며, 이 경우 세관은 필요한 데이터는 사용하고 나머지는 그대로 두면 된다. 따라서 CDM은 싱글 윈도우 환경을 구축하여 각각의 정부 규정에 부합하는 데이터 요구사항을 포함시키는 것을 목표로 하고 있으며, 무역업체는 수출입에 관련된 모든 정부규정에 부합하는 단 한 곳의 공식기관에 정보를 단 한 번만 입력함으로써 해당 업무를 수행하게 되는 효과를 얻을 수 있다.

둘째로, WCO는 현재의 국제무역 프로세스와 정보흐름을 이용하는가? 이 역시 CDM에는 교토협약 및 UN/CEFACT 모델에서 확정한 프로세스 분석 및 모델링이 포함되며, 이러한 분석에 기초하여 UML(Unified Modeling Language)을 개발함에 따라 무역업체에서의 프로세스 개선에 기초가 될 수 있게 된다.

셋째로, CDM에서는 더 많은 데이터가 필요한가? 결론적으로는 필요하지 않다. 다시 말해 데이터는 점점 줄어들게 된다는 것이다. 국가간 데이터 중복성과 상이성을 제거함으로 인해 이미 많은 데이터가 줄었으며, 데이터 항목이 커 보일 수는 있으나 수출입신고에 필요한 모든 데이터 항목과 더불어 출발지와 도착지에서의 세관에서 공통으로 활용하는 데이터 항목을 포함하고 있기 때문에 종합적인 데이터 항목이라 할 수 있다.

넷째로, 현재 시스템에 대한 투자를 고려할 때 시스템을 CDM으로 변경하는데 소요되는 비용이 적용에 따른 효과에 비하여 정당화될 것인가? CDM을 주관하고 있는 WCO에서는 변경에 따른 비용을 충분히 숙지하고 있지만, 단일 데이터 항목과 동일한 전자문서로부터 발생되는 장기적인 절감효과를 고려하여 무역업체들에게 실질적인 효과를 줄 수 있는 방안을 마련하고 있다. 따라서 적용되는 표준도 지금까지 사용하고 있는 UN/EDIFACT의 수출입화물신고(CUSCAR: Customs Cargo Report) 및 수출입통관신고(CUSDEC: Customs Declaration) 표준전자문서에 기초하여 표준화를 추진하고 있다. 또한 해당 전자문서 실행지침(MIG: Message Implementation Guideline)을 제공하고 있으며 인터넷 환경에서 적용할 수 있는 XML문서에 대한 표준도 제시하고 있다.

제 4 절 CDM의 핸드북 구성

WCO Customs Data Model 핸드북은 EDIFACT의 메시지 형태에 따라 구성되어 있으며, 크게 해당절차, 즉 수입신고·수출신고, 수입화물·수출화물 신고별로 필요한 데이터 세트와 그 데이터 세트를 EDIFACT 메시지 형태로 구현하기 위한 Branching Diagram, Table of Content, Segment Detail(데이터 필드별로 EDIFACT 문서형태로 나타내기 위한 상세내용) 등으로 이루어져 있다.

1. 세관 절차별 데이터 세트

CDM 데이터 세트는 수입신고, 수출신고, 수입화물신고, 수출화물신고 등 크게 네 가지 절차에 따라 각각 구성되어 있으며, 수입신고와 수출신고의 경우에는 화물의 반출을 위해서 필요한 항목들을 받는 1단계 절차와 화물반출이 이루어진 후 관세징수 및 통계적 목적으로 추가적인 자료들을 받는 2단계로 세분화되어 있다. 우리나라의 경우에는 한 번의 신고로 화물반출과 세금징수 등을 동시에 처리하도록 되어 있다.

[그림 11-3] CDM 핸드북 구성형태

Sec	Code	Name	Definition	IM1-WCO	IM12-WCO	IM22-WCO	EX1-WCO	EX12-WCO	EX22-WCO	CRI-WCO	CRE-WCO	Code Standards (recommended)
The Number of Data Element			(Core)	113	84	100	100	47	72	81	64	
			(Optional)	3	3	5	2	0	1	1	3	
data elements												
a. commodity/shipment identifiers												
a	0904	Consignment sequential number	Serial, sequential number differentiating each separate consignment entry	C	C	C	C	C	C	C	C	
a	1496	Goods item number	Serial, sequential number differentiating each separate goods item entry of a consignment as contained in one document/declaration	C	C	C	C	C	C	C	C	n..4 / no code

자료: CDM Hand book ver. 1..0 2004. WCO.

위 그림에서 첫 번째 열 "Sec"은 Section의 줄임말로 각각의 데이터 세트가 속하는 Section을 나타낸다. 즉, CDM 데이터 세트를 그 사용용도에 따라서 7개의 범주로 나누어 구분하고 있는데, 첫 번째 열은 해당 항목들이 어떤 범주에 속하는지를 나타내고 있다.

〈표 11-1〉 데이터 세트의 범주

Section	Category of data elements
Section a.	Commodity/Shipment identifiers
Section b	Duty/tax calculation
Section c	General
Section d	Country/Place/Location
Section e	Persons/Parties
Section f	Transport information
Section g	Value/Commercial transaction information

자료: WCO Customs Data Model Ver.2.0 연구용역 완료보고서, 2005. 12.

두 번째 열 "Code"는 각각의 데이터 항목을 표현하는 4자리의 고유한 숫자로 이루어져 있다. 이 4자리 숫자는 UN/TDED 각주에서 나온 것으로 UN/TDED

를 그대로 사용한 경우도 있지만 WCO CDM에 맞게 Data Element의 이름 및 정의를 변형하거나 새롭게 생성한 후 TAG 번호를 새롭게 부여하여 사용하는 경우도 있다. CDM을 위해 새로이 생성된 TAG 번호의 경우 기본적으로 UN/TDED에서 그룹별로 규정하고 있는 원칙에 따라 TAG 번호를 부여하지만 UN/TDED 그룹의 범주에 해당 사항이 없는 경우(예: even and odd numbers)에는 알파벳과 숫자가 조합된 새로운 TAG(예: A001)를 부여하여 사용하고 있다.

세 번째 열 "name"은 데이터 항목의 이름을 나타내고, 네 번째 열 "definition"은 데이터 항목의 정의를 나타낸다. 다섯 번째 열은 단계별 세관절차로서 현재 WCO CDM에는 아래와 같은 8가지 절차에 따라 항목이 구성되어 있다.

〈표 11-2〉 단계별 세관절차

약어	Full text
IM1	1 step import procedure
IM12	1st step of the 2 step import procedure
IM22	2nd step of the 2 step import procedure
EX1	1 step export procedure
EX12	1st step of the 2 step export procedure
EX22	2nd step of the 2 step export procedure
CRI	Cargo report import
CRE	Cargo report export

자료: WCO Customs Data Model Ver.2.0 연구용역 완료보고서, 2005. 12.

또한 5번째 열 아래에 나와 있는 C와 O는 다음과 같은 의미를 나타낸다.

약어	Full text
C	- Core data element(mandatory or conditional 중 하나의 형태로 사용)를 의미함 - 세관에서 사용하고자 하는 목적으로 쓰이는 항목임
O	- Optional data element를 의미함 - 무역 업체들이 활용하기 위해 추가된 항목임

자료: WCO Customs Data Model Ver.2.0 연구용역 완료보고서, 2005. 12.

여섯 번째 열 "Core Standards(Recommended)"는 데이터 항목이 EDIFACT 메시지 내에서 사용되는 형태를 나타낸다. 즉, 각각의 항목이 정해진 코드를 쓰는지 여부와 항목의 길이 등에 대한 제한을 나타내고 있다. 일곱 번째 열 "Remarks"는 필요한 경우 각 항목별 비고사항 기재하고 있다.

〈표 11-3〉 핵심데이터 사용형태

구분	상세 내역
No code	해당 항목을 나타내기 위한 code가 없음 (Free text 또는 숫자 형식으로 기재)
EDIFACT code	해당 항목을 나타내기 위해 EDIFACT code를 사용
National code	해당 항목을 나타내기 위해 국가별로 해당 기관에서 공표되는 code를 사용
n3	해당 항목이 3자리의 숫자로 표시되어야 함
a3	해당 항목이 3자리의 문자로 표시되어야 함
an3	해당 항목이 3자리의 문자나 숫자(또는 그 조합)로 표시되어야 함
a..3	해당 항목을 나타내기 위해 3자리 이내의 문자로 표시되어야 함 (1~3자리까지의 문자로 표시 가능)
n..3	해당 항목을 나타내기 위해 3자래 이내의 숫자로 표시되어야 함 (1~3자리까지의 숫자로 표시 가능)
an..3	해당 항목을 나타내기 위해 3자리 이내의 문자 및 숫자(또는 그 조합)로 표시되어야 함
an2..14	해당 항목을 나타내기 위해 2자리에서 14자리 이내의 문자 및 숫자(또는 그 조합)로 표시되어야 함

자료: WCO Customs Data Model Ver.2.0 연구용역 완료보고서, 2005. 12.

2. Branching Diagram

Branching Diagram은 CDM의 세관절차별 EDIFACT 메시지에 대한 전체적인 현황을 파악할 수 있는 역할을 하며, 이를 위해 분류 및 분류그룹의 위치와 EDIFACT 메시지 내에서 그들의 상관관계 등에 대한 정보들로 구성되어 있다.

[그림 11-4] Branch Diagram 예시

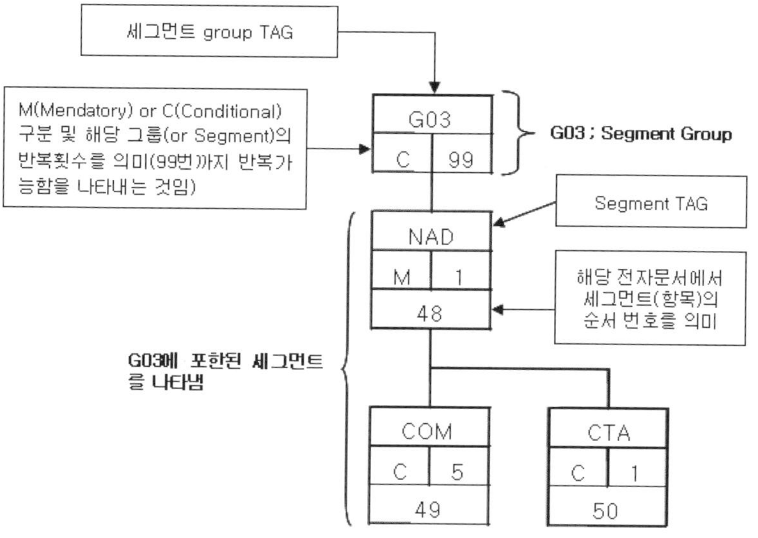

자료: WCO Customs Data Model Ver.2.0 연구용역 완료보고서, 2005. 12.

상기 그림의 내용을 자세하게 살펴보면 세그먼트(Segment)는 서식의 항목을 의미하며, 여러 세그먼트를 한 세트로 하여 서식의 항목이 결정되는 경우에는 그룹으로 표시하는데, Group 03가 이에 해당한다. C와 M은 선택적으로 사용하는 것인가 아니면 반드시 사용하여야 하는 항목인가를 구분하는 것이며 99의 의미는 해당 세그먼트의 반복 가능횟수를 나타낸다. 예를 들면 선하증권에서 송하인(Shipper)과 통지처(Notify) 및 수하인(Consignee)을 전자문서에서는 NAD(상호 및 주소: Name and Address)라는 Segment를 사용하게 된다. G03그룹내 송하인과 통지처 및 수하인을 하나의 그룹으로 하여 반복적으로 99번까지 나타날 수 있으며, NAD에서는 상호와 주소를 표기하고 COM에서는 해당 상호의 전화번호 등을 나타내는 항목이다. 또한 COM 세그먼트의 48이란 숫자는 전자문서의 세그먼트 순서를 의미한다.

3. Table of contents

Table of Contents는 전체적인 메시지 구조에 대한 이해뿐만 아니라 segment 및 segment group의 상세 사용내역에 대한 정보를 함께 제공한다. 뿐만 아니라 각 세그먼트의 상태(Mandatory or Conditional의 표시) 및 반복해서 일어날 수 있는 횟수에 대한 정보도 함께 제공한다.

[그림 11-5]에서 Table of contents가 예시되고 있는데, 첫 번째는 EDIFACT 표준 전자문서에서의 각 세그먼트별 상태와 반복 가능횟수를 나타내며, 두 번째는 WCO에서 정하는 전자문서의 세그먼트와 반복 가능횟수를 EDIFACT 전자

[그림 11-5] Table of contents 예시

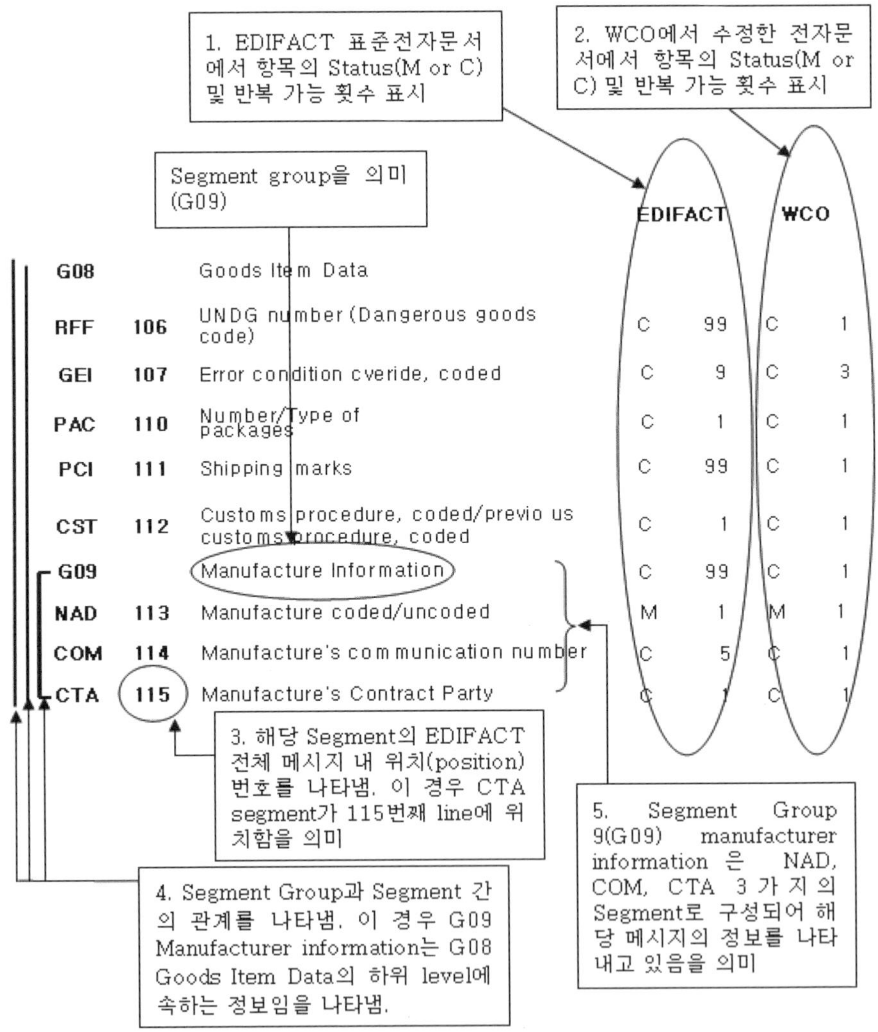

자료: WCO Customs Data Model Ver.2.0 연구용역 완료보고서, 2005. 12.

문서와 비교하여 나타내고 있다. 세 번째인 115는 해당 전자문서에서 사용되고 있는 세그먼트의 순서와 위치를 표시하고 있는 것이며, 네 번째로 선으로 나타낸 것은 G09과 G08과의 관계성을 나타내는 것으로 G08의 하위 레벨로서 G09가 속해 있는 것을 나타내는 것이다. 즉 G08에는 RFF 및 GEI 등의 세그먼트뿐만 아니라 G09도 RFF와 같은 레벨로 반복적으로 사용되는 세그먼트 그룹이라는 의미이다. 다섯 번째로 G09는 세그먼트 3개인 NAD, COM, CTA로 구성되어 있음을 의미하며, EDIFACT에서는 Conditional 그룹으로 99번까지 반복이 가능함을 나타내며 WCO에서는 Conditional 그룹으로 반복횟수는 1회임을 나태내고 있다. [그림 11-4]의 Branch Diagram에서는 전자문서의 순서도를 시각적으로 나타낸 그림이라면, [그림 11-5]의 Table of contents에서는 전자문서를 수직적으로 일목요연하게 나열하여 전자문서에서 세그먼트의 순서도를 보여주고 있다.

4. Data field table

Data field table은 각각의 데이터 항목(data element)이 해당 메시지에서 어디에 위치하는지를 보여주는 표로서 크게 각 항목의 일반적인 사항들로서 TDED 항목과 이름(Name), 그리고 상세명세(Description)에 대한 정보를 나타내는 부분과 해당 항목의 위치(전체 메시지 구조 속에서의 해당 위치)에 대한 상세내역을 나타내는 부분(아래 표의 "Where to find"에 해당함)으로 구성된다.

[그림 11-6]에서 보는 바와 같이 Data field table은 보다 구체적인 데이터 항목들을 설명하고 있다. TDED(Trade Data Element Directory; 무역데이터 항목집)의 각 항목별 내용을, 즉 1001 항목의 이름과 정의들을 상세하게 설명하고 있으며 해당 전자문서의 순서와 위치(2), 사용되는 세그먼트(BGM)와 복합데이터 항목(C002) 그리고 해당 항목과 일치되는 유엔무역자료교한 목록집(UNTDID: United Nation Directories for Electronic Data Interchange)의 자료항목(1101)을 나타내고 있다. 다시 말하면 각 데이터 항목 간의 연관관계와 전자문서에서 항목들을 찾기 쉽도록 표를 만들어 놓았다고 보면 된다.

[그림 11-6] Data field table

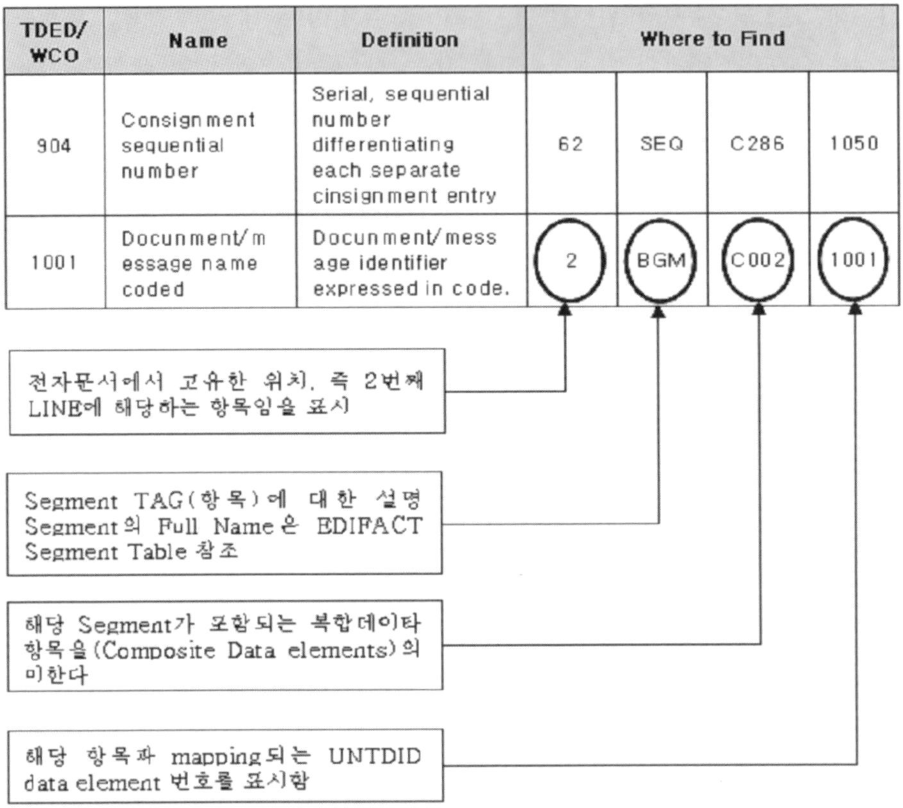

자료: WCO Customs Data Model Ver.2.0 연구용역 완료보고서, 2005. 12.

제 5 절 CDM Ver. 2.0의 분석

1. 개 요

CDM V2.0은 WCO에서 2005. 6월에 두 번째로 완성된 세관 데이터모델의 권고안으로서 회원국의 세관업무 특성과 정보기술을 추가 반영하였으며 기존 CDM V1.1을 수정 보완하여 완성된 데이터 세트이다. CDM V2.0에서는 주로 EU 국가와 관련된 역내의 자유로운 화물이동에 따른 통과 또는 보세운송업무의 정보관리체계를 지원하고 있으며, 세관업무와 밀접한 관계가 있는 선사, 항공사 등의 입출항보고업무를 추가적으로 포함시켰다. CDM V2.0은 V1.1과는 다르게 데이터 세트의 구성방식이 사용자가 쉽게 이해하고 적용할 수 있도록 편집체계를 개편하였다. 특히, 개별항목에 대한 분류를 단순화하였으며, 항목선택의 혼선을 방지하고 항목간의 관계를 명확히 하기 위하여 클래스 개념을 도입하였다. CDM V2.0의 데이터 세트의 내용에 있어서도 2종의 전자문서와 101개의 기재항목을 추가하였으며 다음과 같은 차이를 보이고 있다.

〈표 11-4〉 CDM V1.1과 CDM V2.0 차이점

구분	CDM V1.1	CDM V2.0
항목속성	Section 체계	Class 체계
분류방법	WCO Code (UN/EDIFACT 유사체계)	WCO ID (항목별로 일련번호 부여)
추가된 프로세스		Conveyance(입출항보고) Transit(통과화물)
항목 수	163개	264개*
적용 프로세스	총 8종 (IM1, IM12, IM22, EX1, EX12, EX22, CRI, CRE)	총 10종 (IM1, IM12, IM22, EX1, EX12, EX22, CRI, CRE, CONV, TRT)

* 삭제될 예정인 11개 항목을 제외하면 실질적으로 253개 항목으로 감소
자료: WCO Customs Data Model Ver.2.0 연구용역 완료보고서, 2005. 12.

2. 주요 특징

(1) 통과화물업무에 대한 정보체계 반영

주로 EU공동체 회원국을 경유하는 통과화물에 대한 운송절차를 지원하기 위하여 통과화물의 운송보고를 중심으로 이에 필요한 전자문서 및 데이터 세트가 CDM V2.0에 포함되었다. 주로 국가간 국경선을 자유롭게 넘나드는 EU 회원국들의 화물운송에 대한 세관보고절차에 사용키 위해 반영된 항목이 대부분이며, 우리나라의 신고 항목체계와는 다소 차이가 있다. 통과화물의 운송정보체계는 관계 당사국 간에 영토이동시 세관의 화물통제에 필요한 수하인, 송하인 및 포장정보 등 화물확인에 필요한 기재항목을 담고 있다.

(2) 입출항보고업무에 대한 정보체계 반영

철도, 차량 등의 육상운송을 포함하여 해상운송 및 항공운송 등 국경을 통과하는 운송수단에 대한 입출항보고에 대해 필요한 전자문서 및 정보체계가 CDM V2.0에 반영되었다. 입출항보고에는 운송수단, 도착항, 운송인 등을 확인할 수 있는 항목이 주로 반영되어 있다.

(3) 클래스 체계 도입

WCO V2.0에는 V1.1에 없었던 클래스 개념을 새롭게 도입하였으며, 총 88개의 클래스로 구성되어 있다. 클래스란 특정관계를 대표하는 객체로써 속성이 같은 데이터 항목을 개념적으로 범주화한 것이라 할 수 있다. 이것은 전자문서 내의 개별항목과 개별항목 간의 상호관계를 명확히 설정하여 데이터 구성체계의 해석과 업무처리절차의 이해를 지원하기 위한 것이다.

(4) 최신 기술의 사용권고

CDM V2.0은 시스템 구현시 UMM,[1] UML[2]과 같은 업무 프로세스를 정형화하여 분석하는 기법의 활용을 적극 권고하고 있으며, 이러한 기법은 정확한 업무흐름을 파악하여 데이터 항목 간의 관계를 명확히 구분짓고 응용하는 데 도움을 줄 수 있다. CDM V2.0 체계는 기본적으로 EDIFACT 체계를 기반으로 하고 있으며 XML, ebXML 등 전자상거래의 표준인터넷 기술의 적용을 뒷받침하고 있다.

3. CDM V2.0의 데이터 세트

(1) 구성 체계

CDM V2.0의 데이터 세트의 구성은 WCO ID, 클래스(Class), 항목(Element),

---

1) UMM(UN/CEFACT의 Modeling Methodology): UN/EDIFACT 요구사항을 충족시키기 위하여 개발된 프로세스 표준화 방법으로서 작업의 일관성 있는 수행을 위하여 준수해야 하는 과정이며 UML 기법을 활용함.

2) UML(Unified Modeling Language): 업무처리과정을 분류화, 시각화, 문자화하여 알기 쉽게 보여주는 일종의 프로그램 언어로서 12가지의 표준도표 사용.

전자문서, 기재형식, 조건과 반복, 권고코드로 이루어져 있으며, EDIFACT과의 비교를 위하여 4자리 참조번호가 언급되어 있다.

1) WCO ID

WCO ID는 CDM V2.0의 데이터 세트를 구성하고 있는 개별항목들에 대하여 각각의 항목들을 구분하기 위해 일련번호를 부여한 ID 체계로써 총 264개 항목에 대하여 001번부터 264번까지 차례대로 ID를 부여하고 있다. 이는 UN/EDIFACT이 채택하여 사용하고 있었던 UN/ECE의 무역데이터 항목집인 UNTDED의 4단위 ID 분류체계와 구별하여 독립된 WCO ID 체계를 만든 것이다.

2) 항목(Element)

항목은(Element)는 정보가 기재되는 최소단위의 데이터 항목으로써 신고서식의 클래스를 구성하는 요소이다. CDM V2.0 데이터의 항목은 총 264개로 구성되며, 이들 항목은 속성에 따라 코드와 독립된 값(Value)으로 구분할 수 있다. 총 264개 항목 중 128개 항목이 코드형태로 기재되며, 나머지 136개 항목이 독립된 값(Value)을 갖는 체계로 구성된다. 기재되는 내용에 따라 다시 분류하면 264개의 개별항목들은 금액(Amount), 코드(Code), 일자(Date), 일시(Date/Time), 구분자(Identifier), 지시어(Indicator), 이름(Name), 척도(Measure), %(Percent), 수량(Quantity), 비율(Rate), 텍스트(Text), 시간(Time) 등으로 나눌 수 있다.

3) 클래스(Class)

클래스란 세관 업무특성에 따라 함께 사용되어지는 유사한 항목을 묶은 그룹으로써 개별항목을 기능적으로 대표하는 특성을 가지고 있으며, 개별항목 상호간의 관계와 역할을 명확히 하기 위한 것으로 항목선택에 따른 데이터 입력의 정확성을 높여주는 기능을 하고 있다. CDM V2.0을 구성하고 있는 264개의 데이터 항목은 총 88개 클래스로 분류되며, 클래스 중 일부는 상위 클래스로 재분류되어 클래스 간의 관계 및 방향을 설정하는 기능을 수행하고 있다. 상위 클래스로는 Party, Location, Document, Consignment 등으로 신고서식을 구성하는 클래스의 최상위 계층으로 분류되어 클래스를 체계화하고 있다.

4) 전자문서

WCO CDM이 규정한 전자문서는 개정교토협약에서 권고한 세관의 단계별 표준절차를 반영하여 만들어진 전자서식으로서 각각의 세관절차별로 세관신고에 필요한 기재항목과 체계에 대하여 언급하고 있다. V2.0에서는 기존 V1.1에서 권고한 수출입신고서 및 화물신고서에 CONV(Conveyance), TRT(Transit)의 2종류 문서가 추가되었으며, IM1, IM12, IM22, EX1, EX12, EX22, CRI, CRE, CONV 및 TRT의 총 10종의 프로세스에 대한 전자문서 신고 항목이 확정 권고되었다. 이러한 프로세스별 항목 구성은 264개 데이터 항목 중에서 각각의 세관절차별로 필요한 항목을 추출하여 구성하고 있다.

〈표 11-5〉 WCO CDM V2.0 전자문서 현황

구분	전자문서	항목수
수입신고	IM1(1step import producere)	115
	IM12(1st step of the 2 step import procedure)	86
	IM22(2nd step of the 2 step import procedure)	102
수출신고	EX1(1step export producere)	106
	EX12(1st step of the 2 step export procedure)	57
	EX22(2nd step of the 2 step export procedure)	73
수입화물신고	CRI(Cargo report import)	83
수출화물신고	CRE(Cargo report export)	68
입출항보고	CONV(Conveyance)	78
보세(통과)운송보고	TRT(Transit)	69

자료: WCO Customs Data Model Ver.2.0 연구용역 완료보고서, 2005. 12.

5) 조건과 반복

CDM V2.0은 데이터 항목이 어떠한 형태로 얼마만큼 사용할 것인지에 대해서도 전자문서별로 규정하고 있으며, 사용 여부에 대하여 다시 "M(Mandatory)," "C(Core)," "O(option)"로 구분하여 항목사용의 필수기재와 선택기재 특성을 표시하고 있다. 'M'은 Mandatory data Element로 반드시 사용되어야 하는 항목이며,

'C'는 Core Data Element를 의미하며 각국 세관에서 필요에 따라 사용 여부를 취사선택할 수 있다. 또한 'O'는 Optional Data Element를 의미하며 무역업체의 데이터 기재를 지원 또는 활용하기 위해 추가된 항목이다. 또한 전자문서별로 개별항목에 대하여 반복가능수를 함께 규정하고 있다.

6) 기재형식

데이터 항목의 기재형식은 숫자, 문자 및 그 조합으로써 다음과 같은 형식으로 표시된다.

〈표 11-6〉 데이터 세트의 기재형식 예

Format	내 용
n3	항목 기재형식은 3자리의 숫자로 표시
a3	항목 기재형식은 3자리의 문자로 표시
an3	항목 기재형식은 3자리의 문자나 숫자(또는 그 조합)로 표시
a..3	항목 기재형식은 3자리 이내의 문자로 표시(1~3자리까지의 문자로 표시 가능)
n..3	항목 기재형식은 3자리 이내의 숫자로 표시(1~3자리까지의 숫자로 표시 가능)
an..3	항목 기재형식은 3자리 이내의 문자 및 숫자(또는 그 조합)로 표시
an2..14	항목 기재형식은 2자리에서 14자리 이내의 문자 및 숫자(또는 그 조합)로 표시
n..14,3	항목 기재형식은 총 14자리 이내의 숫자로서 소수 3자리, 정수 11자리로 표시

자료: WCO Customs Data Model Ver.2.0 연구용역 완료보고서, 2005. 12.

7) 권고코드

WCO CDM V2.0의 264개 항목 중 128개의 항목이 코드체계로 구성되어 있으며, 이 코드체계는 항목속성에 따라 국제표준, 국가표준 및 사용자 코드의 사용을 권고하고 있다. 국제표준코드로는 ISO code, EDIFACT code, WCO code, IATA code, UN/LOCODE 등 국제적으로 통용되는 코드를 의미하며, 국가코드는 우리의 사업자번호처럼 범국가적으로 통용될 수 있는 코드를 의미한다. 또한 사용자 코드는 통관고유부호 등과 같이 세관에서 고유목적을 위해 사용하는 코드를 의미한다.

(2) 클래스 분석

앞서 언급한 바와 같이 클래스란 데이터 세트의 구성체계 해석과 업무처리 절차의 이해를 지원키 위하여 개별항목들을 속성별로 묶어서 범주화한 그룹으로서 클래스는 개별항목 간의 상호간 관계와 역할을 분명히 하여 항목선택에 따른 데이터 입력의 정확성을 높여주는 역할을 한다. CDM V2.0에서는 총 88종의 클래스가 있으며, 클래스를 내용으로 분류할 경우 다음과 같이 총칙, 주체, 화물, 세금, 위치 및 운송 등으로 나눌 수 있다.

〈표 11-7〉 내용에 의한 클래스 분류

구 분	클래스 명
총칙 (General/Document/ Procedure)	Declaration(세관신고) Customs Procedure(세관절차) Document(서류) Additional Document(첨부서류) Associated Transport Document(관련운송서류) Previous Customs Document(사전통관서류) Transport Contract Document(운송계약서류) Additional Information(부가정보)
당사자 (Person/Party)	Agent(대리인) Buyer(구매자) Carrier(운송사) Consignee(수하인) Consignor(송하인) Consolidator(포워더) Consortium Carrier(공동운송사) Container Terminal Operator(컨네이터터미널운영인) Crew Member(승무원) Deconsolidator(상대국포워더) Exporter(수출자) Importer(수입자) Intermediate Carrier(중개운송사)

	Intermediate Consignee(중개수하인) Loading Proof Party(선적검수기관) Manufacturer (제조사) Master(선(기)장) Obligation Guarantee(보증처) Party class(당사자) Representative Person(대표인) Seller(판매자) Stevedore(하역회사) Transport Means Operator(운송수단운영자) Transport Means Owner(운송수단소유자) Transit Principal(보세운송책임자) Non Vessel Operating Carrier(NVOC) Notify Party(통지처) UNDGContact(위험물관리처) Address(주소) Communication(통신) Contact(연락처)
화물 (Commodity/ Consignment/Goods/ Package/ Value)	Commodity(상품) Consignment(운송위탁화물) Consignment Item(운송위탁화물개별품목) Goods Measure(물품단위) Invoice(송품장) Invoice Line(송품장라인) Customs Goods Item(과세품목) Processing Establishment(특수화물처리) UCR(표준화물번호) Consignment Item Packaging(위탁화물개별품목포장) Consignment Packaging(운송위탁화물 포장) Declaration Packaging(통관포장) Goods Packaging(물품포장) Goods Shipment(물품선적) Handling(취급) Packaging(포장)
세금 (Duty/Tax/Fee)	Customs Valuation(과세가격) Duty Tax Fee(관세세금수수료) Freight Payment(운임결제) Payment(세금결제) Valuation Adjustment(가격조정)

위치 (Location/Place)	Delivery Destination(물품인도목적지) Examination Place(검사장) Exit Customs Office(출발지세관) Entry Customs Office(도착지세관) Loading Location(선적지) Locations(장소) Transhipment Location(환적지) Origin(원산지) Transit Customs Office(보세운송세관) Transit Destination(보세운송목적지) Unloading Location(하선지) Goods Consigned Place(물품발송지) Goods Receipt Place(물품수령지) Goods Location(물품위치) Warehouse(보세창고) Itinerary(운항지)
운송 (Transport/Equipment)	Arrival Transport Means(도착지운송수단) Border Transport Means(국경운송수단) Departure Transport Means(출발지운송수단) Transport Means(운송수단) Arrival Conveyance Facility(도착지보세구역) Departure Conveyance Facility(출발지보세구역) Equipment Identification(하역장비식별번호) Transport Equipment(운송장비) Stuffing Establishments(내장처리) Transit Control(보세운송통제)

자료: WCO Customs Data Model Ver.2.0 연구용역 완료보고서, 2005. 12.

제 6 절 일본과 호주의 적용사례

1. 일본의 적용사례

(1) WCO CDM 추진현황

WCO CDM 구축 초기부터 G7 국가의 일원으로 WCO CDM 구축에 참여하여 온 일본은 현재 CDM을 적용할 수 있는 시스템의 개발을 완료하고 2005년

12월 중순부터 원하는 업체에 한해서 이를 적용할 수 있도록 파일럿 형태로 개발하였으나, 활발하게 적용되고 있지는 않고 있다. 약 2~3년간 WCO의 CDM 추진경과를 바탕으로 적용에 대한 검토 수행하였으며 WCO CDM 적용을 위한 시스템 개발을 2005년 4월에 착수하여 약 6개월이 소요되었다.

(2) 적용범위 및 추진형태

일본은 우선 해상화물의 수출통관 업무에 한정하여 우선적으로 적용하고 있으며 사용문서로는 EX1(1-Step export declaration)을 개발하였다. 추진형태로 일본은 자국의 신고 항목 및 관련 프로세스를 WCO CDM에 맞게 전면적으로 개편 또는 수용하는 형태보다는 변환 프로그램을 개발하여 WCO CDM 도입에 따른 혼선을 최소화하고자 하는 구도로 개발하였다.

다시 말해 수출입업체들의 혼선을 최소화하기 위해 수출입업체가 기존의 신고방식과 동일하게 신고하면 이를 WCO CDM 포맷으로 변환하여 이용할 수 있도록 변환프로그램을 개발하였다. 이는 WCO CDM 항목에 부합되도록 변환된 신고 항목은 수출업체들이 내부관리 및 수입업체에게 해당항목에 대한 전송을 위해 필요한 경우에는 변환된 항목을 세관에서 수출업체에게 전송하여 주는 구도이다. WCO CDM EX1을 그대로 적용할 수 있는 시스템(NEW NACCS)을 구축하여 기존 방식의 신고뿐만 아니라 CDM 신고 항목을 기초로 한 신고도 가능하도록 시스템을 구축하였다.

(3) WCO CDM 적용 프로세스

일본의 수출업체가 수출신고(EX1)를 하면, 이를 수입신고(IM1) 전자문서로 변환한 후 수입자에게 전송하고 수입자는 전송받은 신고내용을 바탕으로 자국 세관에 수입신고를 수행하는 형태이다.

구체적으로 살펴보면 일본의 수출자는 일본세관에 수출신고서를 제출하면, 이 때 기존방식으로 신고한 경우에는 NACCS의 변환프로그램에 의해 WCO CDM EX1 형태로 변환한 후 수출자에게 전송하고, 일본의 수출자는 WCO CDM EX1을 IM1으로 변환 후 수입자에게 전송하게 된다. 상대국 수입자는 수출자가 전송한 IM1을 수신하여 수신한 IM1을 기반으로 미 반영된 신고 항목을 추가 기재하여 자국 세관에 수입신고서 제출하는 절차로 개발하였다.

[그림 11-7] 일본의 CDM 수출신고 흐름도

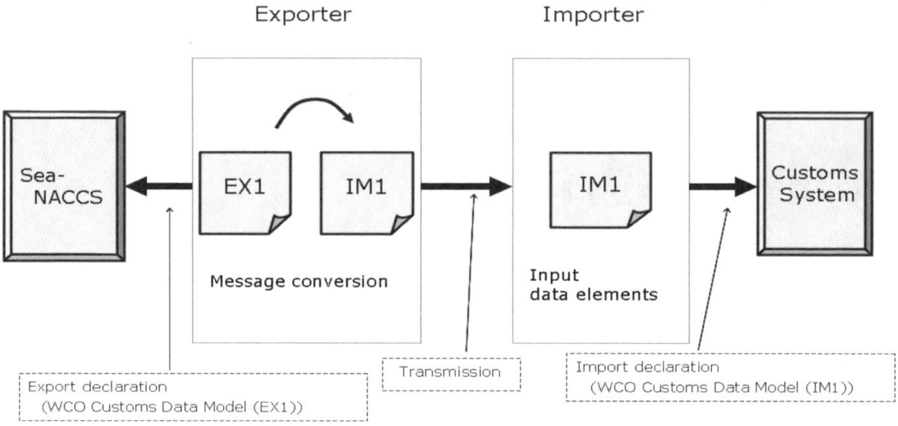

자료: CDM Ver. 2.0 연구용역 완료보고서, 2005. 12, 관세청.

(4) WCO CDM의 향후 적용방안

일부 다국적 기업의 경우 WCO CDM이 미칠 영향 등을 주시하며 관심을 보이고는 있지만, 세관에서 제도적으로 도입하고 있지 않는 한 자발적으로 참여하여 내부 시스템의 변경 등을 적극적으로 하는 업체들은 없는 실정이다. 이는 다국적기업들의 경우 자체 글로벌 네트워크와 전산시스템이 잘 구축되어 있는 상황에서 CDM 도입에 따른 효과에 의문을 가질 뿐만 아니라 그에 따른 혼선 및 구축에 따른 비용이 클 것으로 판단하기 때문으로 분석된다.

한편 일본 정부에서는 WCO CDM을 기반으로 하는 국가간 통관정보 교환에 대해 실현하기 매우 어려운 업무로 판단하고는 있으나, 미국과의 교역관계에서 미국이 본격적으로 WCO CDM을 도입하게 되는 경우 적극적인 추진을 검토하고 있다. 일본은 CDM의 기대효과 또한 국경이 인접한 국가간 무역의 경우에만 수출입업체의 신고서 대체로 그 효과가 나타날 수 있을 것으로 판단하고 있으며, 일본의 CDM 도입에 대한 입장은 주변국의 상황을 보아가며 조심스럽게 추진하는 입장이다. 일본 관세국이 민간 기업을 이끌고 CDM 도입을 적극적으로 주도하기보다는 민간업체가 자율적으로 CDM을 도입 추진할 경우 이를 간접적으로 지원하는 소극적인 형태를 보이고 있는 실정이다.

2. 호주의 적용사례

(1) WCO CDM 추진 현황

캐나다와 더불어 WCO CDM 도입에 가장 적극적인 국가인 호주는 최근 5년간 호주세관 현대화의 일환으로 추진된 CMR[3](Cargo Management Re-engineering) 프로젝트를 수행하면서 WCO CDM V1.1을 수용할 수 있도록 시스템을 설계하였다. 호주는 수출입신고 항목의 대부분을 이미 WCO CDM V1.1에 맞게 적용을 완료하였으며, V2.0에 대해서는 최근에 새로 개통한 시스템이 안정화되면 추가적으로 반영해 나갈 예정이다. 과거 CDM V1.1을 반영하는 데 있어서 민간업체들의 반발이 많았지만 지속적으로 업체들을 설득하면서 이를 관철시켜 나갈 계획이다. 일반적으로 신고 항목 중 일부 코드만 변경되어도 민간업체들의 반발이 거세지만 이에 대한 필요성을 설명하면서 CDM 신고 항목 및 코드체계에 맞도록 대부분 변경을 추진하고 있다.

(2) SDS(Standardized Data Set) 프로젝트 수행

호주는 정부가 접근할 수 있는 전체적인 국제무역 데이터 정보체계가 없어 호주 해양안보 보고서의 제안된 내용을 검토 및 수용하여 수출입과 관련된 신고 항목들을 표준화하기 위한 SDS 프로젝트가 추진되었다. 무역데이터를 필요로 하는 20개 이상의 국가기관과 30개 민관기관이 참여하여 SDS 프로젝트팀을 발족하여 추진하게 되었고 SDS의 방법론으로써 CDM 데이터 세트의 표준을 벤치마킹하여 이를 호주 SDS 설계에 반영하였다. 최종적으로 약 41개 기관이 참여하여 총 7,000여 개의 항목을 640개 항목으로 표준화하는 데 성공하게 되었다.

그러나 SDS를 기반으로 각 기관별로 Single Window 적용을 위해서 여러 가지 형태로의 구현방법을 선택할 것을 결정하여야 하는데 개별 기관이 어떤 선택을 할지는 미지수이다. Single Window 선택 유형은 첫째, 현행 체계를 그대

3) 화물의 통관을 보다 신속하고 효율적으로 관리 해줄 것을 요구하는 관련업계로부터의 정부 요구사항에 부응하기 위해 세관에 의해 추진된 프로젝트로 현재 운영중인 EDI 시스템을 “통합화물시스템(IntegratedCargo System; ICS)”으로 대체하고 새로운 IT cargo reporting을 도입하여, 무역과 관련된 업체들이 현재와 미래에 직면하게 되는 문제들을 모두 충족시켜 주고자 하는 것이 CMR의 핵심임.

로 유지하는 경우로서 SDS를 적용하지 않고 현행 신고체계를 그대로 유지하는 경우이다. 둘째, 접속창구만 일원화하는 경우로서 수출입요건확인기관에 신고하기 위한 접속창구만 일원화하고 나머지 신고체계는 현행과 동일하게 유지하는 경우이다. 셋째, 범국가적인 Single Window를 구현하는 형태로서 SDS를 기반으로 국가적으로 완전히 통용될 수 있는 Single Window를 구현하는 경우이다. 넷째, 국제적으로 통용될 수 있는 Single Window 구현하는 모델로서 CDM을 바탕으로 국제적으로도 통용될 수 있는 Single Window를 구현하는 경우라 할 수 있다.

(3) 타국 세관과의 정보교환을 위한 파일럿 프로젝트 수행

최근 대만 세관과의 WCO CDM 파일럿 프로젝트 수행을 위해 정보교환을 위한 양국 협정을 맺고 준비를 하고 있다. 정보교환을 위해서 EDI 방식이 아닌 ebXML 표준을 사용할 계획이고, 실무자간 협의 등을 거쳐서 실제 적용을 위하여 여러 요소들을 검토하고 있다. 국가간 정보의 교환을 위해서는 전송항목, 메시지 형태, 전송방식 등에 대한 구체적인 합의가 선행되어야 하므로 협의에 상당한 시간이 소요될 것이다.

참고문헌

[국내문헌 및 자료]

1. 관세청, WCO Customs Data Model Ver.1.0 연구용역 완료보고, 2004.
2. 관세청, WCO Customs Data Model Ver.2.0 연구용역 완료보고서, 2005.
3. 산업자원부, 「전자무역(e-Trade) 2010년 발전비전」, 2002. 8.
4. 산업연구원, eTrade 확산과 관세청의 대응전략 연구 (2003)
5. 관세청, 「통관단일창구 구축전략」, 2003. 9.
6. 관세청, 「WCO DM Ver 3.0 대응방안」, 2006. 6.

[해외문헌]

1. WCO, CDM Handbook Version 2.0
2. WCO. CDM Hand book ver.1.0 2004.
3. (UN/ECE Recommendation 33) Single Window 설립에 대한 권고안 및 가이드라인

[웹사이트]

1. 세계관세기구(WCO)(www.wcoomd.org)
2. 오스트레일리아(www.bep.gov.au)
3. 미국(www.itdst.res.gov)

CHAPTER

12

UCR의 추진현황과 적용방안

제 1 절 UCR의 개요와 특징

1. UCR(Unique Consignment Reference)의 개요

UCR은 수출입 화물관리를 효율적으로 관리하기 위하여 세계 관세기구(WCO)에서 제시한 화물관리표준체계라 할 수 있다. WCO에서 발표한 UCR 관련 자료들을 기초로 하여 UCR의 사용목적과 구조체계 등을 살펴보면, 이는 세관업무의 필수적인 참조번호이고 세관의 업무절차 중 어느 시점에서도 제출을 요구할 수 있다. 또한 UCR은 국내뿐만 아니라 국제적으로도 유일한 번호로서 세관통제가 필요한 국제적인 상품이동에 적용되며 세관심사와 화물추적 및 정보의 접근수단으로 사용될 것이다.

2. UCR의 추진경과

UCR은 세계 관세기구 정보화소위원회(Information Management Sub-Committee)에서 검토되어 확정 공표되었다. 동 위원회 35차 회의에서 국제적으로 통일된 고유화물식별번호 부여의 필요성이 제기되었고, 수차례 회의를 개최하면서 지속적인 논의가 진행되었다. 마침내 41차 회의에서 4년간 논의 끝에 UCR에 대한 WCO 권고안이 마련되었고, 동 회의에서 WCO 권고안 이행지침을 제정하는 작업 전담팀이 설치되어 WCO 이사회에서 WCO 권고안이 채택되었다. 그 후 2002년 1월 42차 회의에서 WCO UCR 지침서가 채택되었다.

2002년 6월 43차 회의 Core group[1)]에서 UCR에 대하여 제출받은 무역업계의 의견 분석을 거쳐 2002년 10월까지 업계 의견이 반영된 UCR 권고안과 이행지침 권고안을 마련하기로 확정하였다. 2003년 1월 44차 회의에서 각 세관당국은 무역업자에 의해 현재 적용되는 상업 시스템을 조사하고, UCR로서 사용될 자격여부에 대한 평가를 실시하였으며, 2003년 3월까지 현재 사용되고 있는 시스템의 세부적용 실례를 제출하기로 하였다. 2003년 6월 제45차 회의에서 ODETTE, EAN, UPU, IECC 등 업계의 제안을 참고하여 UCR 권고안 이행지침의 수정안을 합의하기에 이르렀고, Core group에서 46차 회의시 논의와 승인을 위한 권고안과 이행지침의 개정안을 준비하였다. 동 개정안이 2004년 3월에 공식적으로 채택되었다.

[그림 12-1] UCR 제정 추진경과

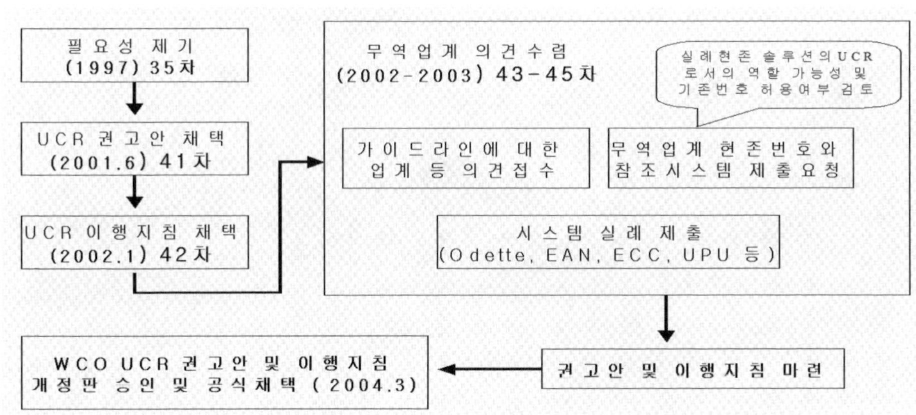

자료: WCO Customs Data Model Ver.1.0 연구용역, 2004. 4.

1) 캐나다, 영국, 미국과 IATA, IAPH, ICC 등 기관으로 구성되어 있으며 의장은 영국임. 43차 회의에 UCR에 대한 무역업계 조사를 완료하기 위해 설립하고, 이 회의의 목적은 무역업계로부터 받은 많은 제안을 검토하는 것으로 일반적 문제를 확인하고 현 UCR 개념을 향상시키는 작업을 수행함.

3. UCR의 적용범위 및 구조

UCR의 적용범위는 세관통제가 필요한 국제 상품의 이동에 적용되나, 세관에서는 단지 세관심사와 화물추적 및 정보의 접근수단으로서만 사용된다. 그러나 이는 국내뿐만 아니라 국제적으로도 유일하여야 하며, UCR은 수출자에 의해 가능한 조속히 생성되는 것이 바람직하다.

UCR의 구조는 최고 35자 알파벳과 숫자의 조합으로 이루어지며 연도는 연도의 마지막 두 자리로 표시하고, 수출국가 표시는 ISO 국가코드(알파벳 2자리), 회사 ID는 국내차원에서의 유일한 ID를 채택하도록 한다. 마지막으로 일련번호는 UCR을 고유키로서의 역할을 가능하게 하는 번호로 지정한다.

[그림 12-2] UCR의 구조

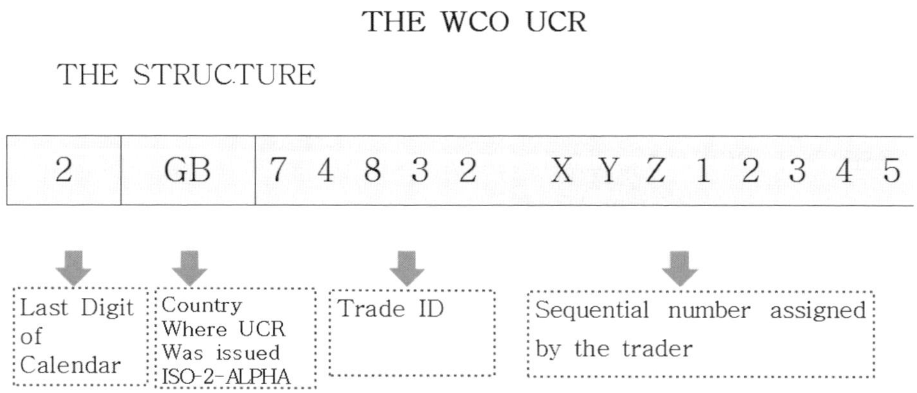

자료: WCO Customs Data Model Ver.2.0 연구용역 완료보고서, 2005. 12.

4. UCR의 특징

UCR은 국제무역에서 발생하는 가장 일반적인 거래유형에 대처할 수 있는 아주 유연하고 특별한 구조를 가지고 있고, UCR의 기본원칙은 공급자(생산자, 수출자)와 수입자, 운송 업계의 관련 참조번호와 연계사용을 극대화하며, 특히 세관에 정부기관간 정보교환을 위한 효과적인 수단을 제공할 수 있도록 고안되었다. 전자상거래를 를 위해 설계된 전자 Staple과 같이 UCR은 처음 주문에서 공급자의 상품판매, 상품의 이동, 국경도착 수입자에게 최종 양도될 때까지 무역거래와 관련된 많은 데이터를 일시에 정보화하여 활용할 수 있다는 특징을 갖고 있다.

UCR은 관련 업계에 최소한의 파급효과를 제공하면서 세관통제가 유지될 수 있어야 하고, 두 가지 기본 참조번호, 즉 UCR과 운송번호(Transport Reference)가 모든 자료에 접근할 수 있는 열쇠로서 역할을 수행함과 동시에 상업적 참조번호로 상업송장 번호를 UCR의 한 부분으로 활용할 수 있다. 운송참조번호는 화물의 항공운송장 번호, 선하증권 번호 등과 같이 연계 활용함으로써 화물의 접근 열쇠로서 역할이 가능하게 된다. 또한 이러한 두 개의 참조번호의 연관관계를 통하여 상품과 운송항로의 예측이 가능할 수 있다. 이는 특정상품에 대한 유일한 키를 제공함으로써 상품의 추적을 가능하게 하고 추적의 연속성을 유지하기 위해 UCR과 운송번호의 관계가 설정하게 된다. 이 관계의 필수요소는 운송번호에 의해서 포함되는 자료의 상품요소에 자료의 한 요소로서 UCR을 포함시키기 위해서는 운송업자들의 동의가 필요하다. UCR과 운송번호의 관계를 잘 설정함으로써 상품정보에서 운송정보를 운송정보에서 상품정보를 탐색할 수 있다.

UCR과 운송번호의 관계로 본 상품의 전달경로는 3가지로 생각해 볼 수 있다. 첫째 전체의 상품이(하나의 UCR) 하나의 운송번호로 전달되는 경우, 둘째 여러 상품(여러 개의 UCR)이 하나의 운송번호로 전달되는 경우, 셋째 여러 상품(여러 개의 UCR)이 여러 개의 운송번호로 전달되는 경우이다. 이러한 3가지의 경우를 고려하여 화물관리를 하고, 특히 연관관계를 고려하여 해당 번호체계를 구성하여야 한다.

5. UCR의 이점과 적용방안

UCR을 적용함으로써 얻어지는 효과로 세관 입장에서 각종 규제사항 확인이 필요한 경우 효율성을 극대화할 수 있고, 무역의 전 흐름에 전자문서의 중복된 교환이 줄어들 수 있으며, 세관에서 필요조건을 충족시킨 회사의 경우 신속한 통관이 가능할 수 있도록 간소화된 프로세스의 적용이 가능하다. 또한 일반적으로 국가별로 수입규제가 다양하여 보다 많은 자료요구와 정확성을 요구하게 되는바, 세관과의 정보교환을 통하여 수출입 자료의 상호비교를 할 수 있고, 정확한 관리가 가능하게 됨으로써 교환된 정보를 바탕으로 정확한 무역통계가 산출될 수 있다.

업계 관점에서는 수출입 화물의 추적이 가능하게 되어 통합된 운송수단을 사용하지 않는 중소업체의 경우에는 그 효과는 매우 크다 할 수 있고, 국가별로 요건 승인이 많은 경우 절차의 단순화를 통한 신속한 통관이 가능하게 된다.

UCR의 실행은 국제 무역거래에 있어서 수출자와 수입자 중 먼저 실행하는 곳에 적용할 수 있고, 무역거래 전체에 대한 추적·심사(Audit Trail)가 가능한 곳에 적용되며 세관관점에서는 UCR은 수입, 수출 또는 통과화물에 있어서 통관신고정보의 일부분으로서 필요하다. 또한 이러한 정보를 제공하는 주체로는 운송사(Carrier), 수출자(Seller), 수입자(Buyer), 관세사(Customs Broker) 등이 될 수 있다. UCR의 적용시 고려할 사항으로는 첫째, 누가 UCR을 생성할 것인가, 둘째, 누가 UCR을 세관에 제공할 것인가, 셋째, 누가 필요 UCR정보를 다른 업무처리를 위해 관련 집단에 제공할 것인가이다.

이러한 세 가지의 고려사항을 처리하기 위해서는 각각의 정해진 기본적인 역할을(fundamental roles) 수행하여야 한다. 무역업자는 상호 계약을 합의하는 과정에서 UCR을 생성하고 UCR 교환에 대한 합의를 하여야 한다. 생성된 UCR은 계약서에 명시된 모든 상품이 수입자 자신의 창고로 입고된 후 심사가 가능하게 될 때 완료되며, 무역업체에게 더 큰 범주의 감사와 심사 기능을 제공하게 된다. 또한 UCR은 수출자와 수입자 간에 체결된 계약을 조회하는 주문번호와 같은 역할을 수행한다. 수출자나 수입자를 대행하는 관세사는 수입자나 수출자가 생성한 UCR을 제공받기도 하지만, 그들을 대신해서 UCR을 생성할 수도 있다. 후자의 경우 관세사는 UCR의 상세내역을 포워더와 수입자 또는 수출자 모두에게 전송해 주어야 한다.

포워더는 상품운송을 예약하고, 필요하다면 다른 위탁된 화물들과 혼합하여 운송하기도 하는데 UCR과 House Airwaybill과 같은 포워더의 식별번호는 서로 연계가 이루어져야 한다. 연계방법으로 세 가지가 있는데 하나의 UCR과 하나의 Airwaybill, 하나의 UCR에 다수의 Airwaybill, 다수의 UCR에 하나의 Airwaybill의 경우이다. 포워더의 역할 중에는 화물과 세관의 규제사항에 대한 연계를 확인하는 중요한 역할이 있으며, UCR과 Airwaybill을 서로 연계시키는 것은 필수적이라 할 수 있다. 이는 일반적으로 포워더에 의해서 수행되어지지만 포워더가 관련 당사자들에게 Airwaybill 식별번호를 알려준다면 관세사, 수출자 또는 수입자도 수행할 수 있다.

[그림 12-3] UCR의 흐름도

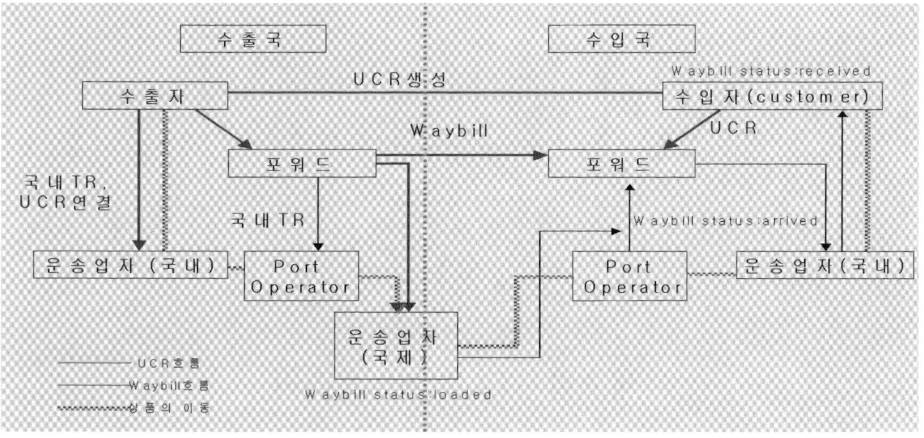

자료: WCO Unique Consignment Reference Guideline, 2003.

적재되는 화물에는 여러 화물이 혼적이 될 수 있는데, 이 경우 운송식별번호는 Master Waybill에 적용할 수 있다. 만일 화물이 다른 수단에 의해 운송되거나 여러 운송인에 의해 운송된다면 다양한 운송식별번호가 부여되지만 원본 Waybill과 UCR의 연계가 가능하다면 혼재된 Master Bill(Consolidated Master Bill)로부터 UCR에 이르기까지 추적이 가능할 수 있다.

[그림 12-4] UCR 주체별 역할

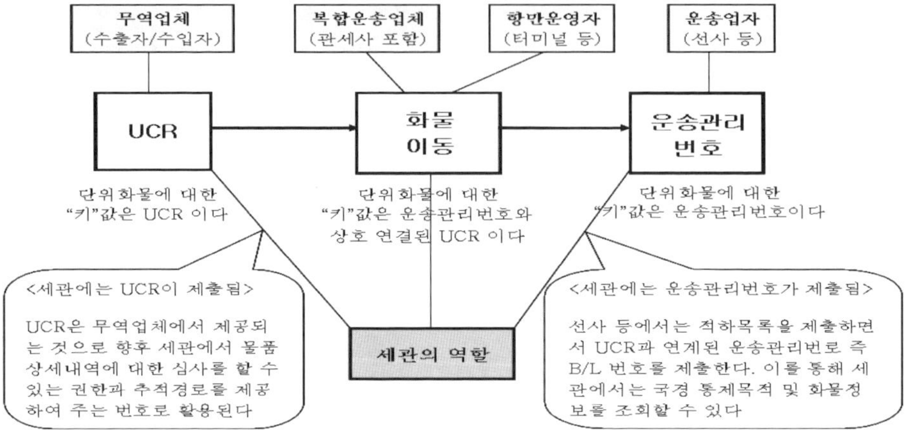

자료: WCO Customs Data Model Ver.1.0 연구용역, 2004. 4.

제 2 절 UCR 가이드라인

1. 개 요

현행 UCR 개념의 이면에는 세관이 합법적인 국제무역을 증진시킴과 동시에 심사를 통한 효율적인 관리를 수행할 수 있는 통제장치를 도입하려는 두 가지 측면을 동시에 충족시키고자 하는 목적이 포함되어 있다. 세관의 사회보호 및 적정 세수 확보의무는 대단히 중대한 사안이라고 할 수 있다. 세관이 국경에서는 세수와 관련된 측면을 점차 배제시켜 나가는 추세이지만 수출입 거래의 국내 통제장치로써 심사를 통한 물품의 반출입 허용업무는 항상 국경지역에서 실시되어야만 한다. 이러한 세관업무의 영역 구분을 통해 원산지로부터 도착지까지의 모든 무역거래에 대한 총체적 심사 추적경로를 유지 관리해야 한다는 당위성이 발생하게 된다.

WCO의 가이드라인에 포함된 국제무역 공급망의 안전성을 확보하고 이를 더욱 원활하게 이루어지도록 한다는 맥락에서 볼 때, UCR은 처음에는 물품의 수입 전에 위험을 평가할 수 있고 세관에 제출할 거래정보를 줄일 수 있는 기회를 제공함으로써 이 목표를 이루는 데 도움이 될 수 있다. 장기적으로는 공인된 무역업체 또는 공급망 하에서 특정 위탁운송에 대한 의무이행에 필요한 모든 정보에 접근할 수 있도록 함으로써 전통적인 화물 및 통관신고를 대체할 수 있다.

그러나 이는 세관에 의해 거래의 처음부터 끝까지의 모든 과정이 추적이 가능하다는 전제 하에서만 실현될 수 있으며, 거래의 시작지점에서부터 UCR을 적용하는 것이 강제사항으로 규정되어야 한다.

2. UCR의 기본개념

세관의 관점에서 보면 UCR은 국내 심사과정을 기초로 한 통제를 보다 촉진시키기 위해 원산지에서 목적지까지 심사 추적경로의 연속성을 제공하는 장치라고 할 수 있다. 주요 목적은 국제무역에서 가장 보편적으로 발생되는 상황에 대처할 수 있도록 충분한 유연성을 보유하고 있는 총체적 메커니즘을 정의하는 데 있으며, 이 메커니즘을 정의하기 위한 핵심 근간은 현재 운용중인 프로세스보다는 국제 공급경로상의 목적을 면밀하게 분석 고찰하는 것이다.

이 목적을 달성하기 위한 가능성은 여러 가지 방식으로 존재할 수 있지만 UCR은 무역과정에서 발생하게 되는 긴급 상황을 고려하는 동시에 그에 대한 영향력을 최소화 시켜야 될 필요성에 대해 깊이 인식하고 있다. UCR의 기본 원리는 기존 운송 관리번호와 상호 긴밀하게 연계함으로써 다양한 기능을 지원해 주는 기존의 공급자/고객 관리번호(예: 송품장 관리번호)를 효과적으로 활용하는 것이다. 운송 관리번호는 운송업자 데이터에 대한 접속키를 제공해 주는 한편, UCR은 공급자/고객의 상용 데이터에 대한 접속키를 제공해 준다. 만약 UCR이 운송 관리번호로 사용되는 경우에는 포워더와 운송업자에 대한 자료를 함께 제공하는 역할을 수행하게 된다.

3. UCR의 이점

UCR은 세관의 각종 정보시스템과 소속 무역업자들이 가능한 가장 효과적인 방법으로 상호 협력할 수 있는 기반을 제공해 주는 동시에, 적절히 운용하는 경우 물품신고서 정보를 통관절차 초기 단계의 적하목록 양식과 상호 긴밀하게 접목할 수 있도록 지원한다.

이러한 UCR의 주요 이점을 구체적으로 살펴보면 물품 반출 시 보다 향상된 정보 조회기능을 제공함으로써 안전하고 신뢰할 수 있는 경계영역을 설정하고, 상호 협력적인 수출입 세관이 공인 무역업자에게 전체 거래과정에 대한 간이 통합처리 및 특혜절차를 제공할 수 있도록 지원한다. 또한 물품신고번호 할당시점 이전에 도착 전 데이터의 처리가 가능하고, 신속한 반출에 기여할 수 있으며 물류 경로관리의 지원 및 즉시(just-in-time) 운용체제의 도입으로 효율성을 증진할 수 있다. 그리고 운송업자 및 수입업자에 의해 제출된 중복 및 반복 데이터를 제거하고, 물품반출 시 필수적으로 제시해야 하는 데이터양을 감소시키며, 항구 또는 공항 내 종합화물 수납과 처리 및 서비스 과정상의 추가 지원 장치를 제공한다. 마지막으로 물류 경로상의 어느 지점에서든 상용 및 공용 연락/조회 기능을 허용하고, 납세이행비용을 절감함과 동시에 세관 상호간의 협력을 강화할 수 있다.

4. UCR의 적용규칙

(1) 무역업체와의 긴밀한 공조체제 구축

UCR의 운용에 대해 WCO 권고안은 본 이사회 회원국과 UN기구의 회원국 또는 그들의 전문화된 기관, 그리고 관세 또는 경제연합체가 UCR을 채택하고 이를 본격적으로 이행할 때 무역업체 및 운송업계와 상호 긴밀한 협의과정을 거칠 것을 권고하고 있다. 무역업체와의 협의에 대한 내용은 개정 교토협약에서 중요하게 다루어지고 있고, 일반부속서에서 강제적 표준으로 규정되어 있다.

(2) UCR의 적용범위

WCO의권고안은 UCR이 모든 비상업적 거래를 포함한 국제무역거래에 사용될 것을 요구하고 있고, 비상업적 거래를 위해 UCR의 발행을 처음 국제거래를 시작하는 업체뿐만 아니라 그를 대변하는 대리인에 의해서도 이루어질 수 있도록 허용하고 있다.

비상업적 운송의 대부분은 일괄 운송업자들에 의해서 이루어지고 있는데, 이러한 운송업자들은 신뢰할 만한 수준의 화물 추적시스템을 갖추고 있다. 따라서 이러한 형태의 비상업적 거래의 경우에는 일괄운송업자들에 의해 발행되는 화물추적 번호(tracking number)를 UCR로 활용할 수 있다.

(3) 운송단계에서의 적용

UCR은 운송단계에서 적용되는데 여기서 운송은 공급업자와 고객 간에 맺은 상업적인 계약에 명시되어 있고 한 가지 또는 그 이상의 운송수단으로 운송되는 품목의 전체 번호를 의미한다. 이러한 정의는 국제무역에서 중심이 되는 두 가지 사항을 고려한 것인데, 하나는 공급업자와 고객 간에 이루어지는 상업적인 계약이며, 다른 하나는 포워더나 운송업체와 체결하는 운송에 대한 계약이다.

상업적인 계약은 대부분의 경우 판매계약으로 지정된 물품을 공급하기 위한 공급업자와 고객 간의 협정을 말하며, 이러한 계약의 경우에는 공급업자나 고객 중에 한 당사자가 정하거나 혹은 양 당사자의 합의에 의해 정해진 관리번호를 부여받게 된다. 이 관리번호는 양 당사자의 관리를 위한 기록으로 남게 되어 탁송물품의 출발에서 도착까지의 화물추적을 위한 중요한 토대가 된다. 포워더나 운송업체와의 운송계약과 관련한 부분은 상품이 일회 또는 여러 번으로 나뉘어서 발송되어질 수 있다는 현실을 반영하기 위해 만들어진 조항이다.

예를 들어 1,000개의 물품주문(모두 같은 물품일 수도 있고 다른 품목일 수도 있음)이 공급업체에게 주어진 경우, 공급업체가 1,000개 전체를 한 번에 발송하는 경우, 하나(단일선적) 또는 그 이상의 운송수단(분할선적)의 사용 여부와 관계없이 하나의 UCR만이 필요하다. 그러나 1,000개가 4개월 이상의 기간 동안 250 단위씩 나뉘어서 각각 선적되어진다면 각각의 선적이 서로 다른 운송을 이루게 되며, UCR도 각각의 운송물품에 대한 복수의 번호가 발행되어야 한다.

(4) 접근 Key로서의 역할

UCR은 심사, 화물정보 및 화물추적, 관련정보의 조합 및 수정 등을 위한 접근 Key로써 활용되어야 한다. 이는 곧 그 자체가 공급망과 관련된 당사자들의 정보원에 접근하기 위한 Key로 활용된다는 것을 의미하며, 거래와 관련된 상업적 정보에 대한 기밀이 유지된다는 것을 의미한다. 또한 세관을 포함한 규제기관에서 UCR을 채택하여 사용한다는 것은 세관 및 국제무역과 관련된 규제기관들이 법적으로 권한이 인정되는 특정부분에 대한 정보만 접근할 수 있다는 것을 내포하고 있다.

(5) 유일성(Uniqueness) 확보

UCR은 각국의 정보 보유와 관련된 규정을 충족시키기 위해서 그에 상응하는 기간 동안 공급업체와 고객 간의 개별거래(자국에서의 거래뿐만 아니라 국제적인 거래도 포함)와 관련된 정보에 대한 유일성을 보장할 수 있어야 한다.

유일성(Uniqueness)은 UCR을 운영하는 데 있어서 대단히 중요한 부분에 해당하며, 이를 확보하기 위해서는 여러 가지 요소들이 고려되어야 한다. 이러한 문제점에 대한 해결책으로 본 가이드라인에서는 UCR을 구축할 때 적어도 국내외 어디서든 유일하게 인식될 수 있는 당사자에 대한 식별자 및 일련번호를 가질 것을 제시하고 있다.

UCR 권고안은 UCR의 유일성이 보장되어야 하는 기간을 결정할 때 세관 및 여타 다른 목적을 위해 규정된 국가의 정보보유에 대한 규정들을 함께 고려하고 있다. 따라서 국제무역에 있어서 모든 국가에 적용될 수 있도록 하기 위해서는 국가간 규범들이 상호 조정되어야 한다. 그러나 이러한 조정들이 이루어지지 않는다면 해당거래 시에 가장 강력한 법칙이 적용되어야 한다. 예를 들면, A국가는 3년의 정보 보유기간을 요구하고, B국가는 5년 이상이 요구되어진다면 A, B국간의 거래를 위해서 UCR은 B국의 5년 보유에 대한 규정을 만족시킬 수 있어야 한다.

현재 번호부여 시스템인 ISO 15459에 포함되어 있는 일련번호에 대한 체계는 이미 언급한 요건을 충족시킬 수 있는 기간 이상으로 UCR의 유일성을 보장할 수 있는 메커니즘을 포함하여야 한다. 현재까지 요구되는 요구사항들을 충족시킬 수 있는 최소한의 기간인 10년 동안 유일성을 보장할 수 있는 해결책 가운데 하나는 일련번호 체계의 첫 번째 숫자에 연도 끝자리 숫자를 넣는 것이다. 이 경우 해당하는 연도에 중복되는 숫자가 생성되지 않도록 충분한 길이의 일련번호를 부여할 수 있는 체계를 가지고 있어야 한다.

등록기관은 네덜란드에 있는 Netherlands Standardization Institute를 말하며,

발행기관이 되려면 이곳에 등록하여 코드를 부여 할당받아야 한다. ISO 15459-1을 기초로 일련번호의 한 예로 UN12345678931234567890에서 UN은 등록기관이 부여한 발행기관 코드이고, 123456789는 발행기관이 부여한 업체 부호이며 3123456789는 2003년을 표시하는 첫 번째 숫자 3을 가진 일련번호를 의미한다. WCO 권고안은 ISO 표준인 15459-1의 사용을 우선적으로 권장하고 있지만, 이에 상응하는 다른 기술적인 해결책도 사용될 수 있도록 허용하고 있다. 이를 위해서 어떤 메커니즘을 지닌 UCR 번호체계가 사용되었는지를 구분하기 위해서는 전자문서의 교환 시에 UCR이 ISO 15459-1을 따르고 있는지 아니면 다른 표준 형식을 취하고 있는지를 구별할 수 있는 특정 구분자를 표시하여야 한다.

(6) 운송관리번호와의 연계

부속서(Accompanying Guideline)에 정의된 대로 UCR이 운송서류로 상용되고 있는 않은 경우에는 원산지에서 도착지까지의 정보와 관련 서류들의 추적을 확고히 하기 위해 UCR은 관련된 다른 거래 및 운송번호와 상호 연계되어야 한다.

[그림 12-5] UCR의 기본 모델

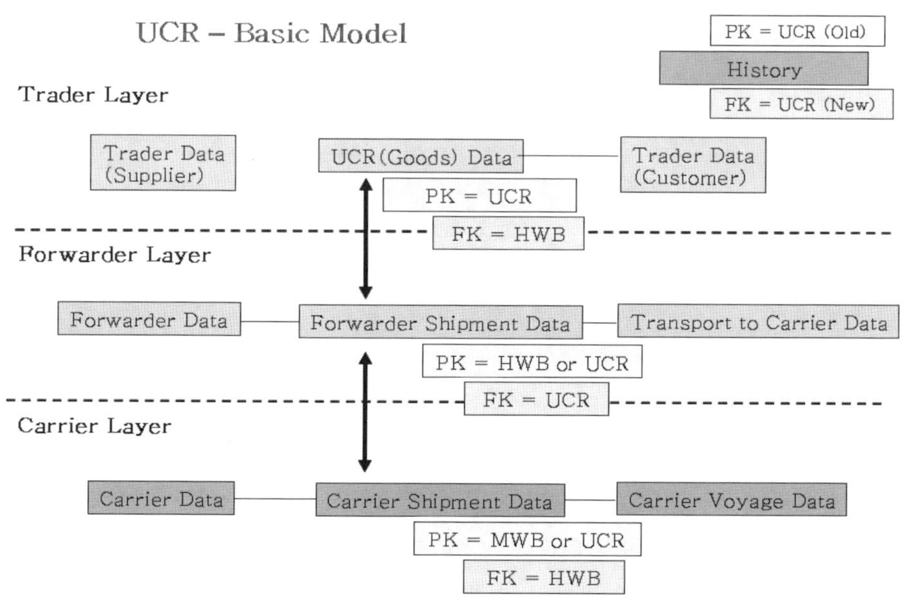

자료: WCO Unique Consignment Reference Guideline, 2003.

UCR의 최우선적인 역할은 고객과 공급업자간 상업적인 거래단계에 대한 유일한 관리번호 체계를 확립하는 것이며, 이러한 참조번호는 공급업자와 고객간에 합의된 판매계약에 대한 관리번호와 관련되어야 한다. 이것이 UCR의 가장 중요한 기능이 된다.

UCR은 또한 운송단계에서도 공유되어질 수 있는 기능성을 갖고 있으며, 운송업체 및 포워드 모두에게 해당 관리번호 제공된다. 운송물품이 다른 운송과 혼재되어지지 않는다면 운송업체는 UCR을 화물관리번호로 사용할 수도 있다. 그러나 경우에 따라 UCR은 무역업체만 참조할 수 있는 관리번호로서의 역할만 제공하게 되며, 이러한 경우에는 무역업자들이 보유한 상품정보와 운송업체들의 운송정보의 공유를 가능하게 하기 위해 UCR이 운송관리번호와 연계가 되어야 한다.

운송관리번호는 항공화물운송장 번호, 도로 수취증 번호 또는 철도회사의 수취증 번호 등을 언급하기 위해 사용되어지는 일반적인 용어를 의미하며, 운송관리번호와의 연계를 통한 정보공유는 다음의 그림에서 예시되고 있는 것처럼 특정 운송관리번호하에서 운송중인 물품에 대한 고유한 정보를 제공함으로써 전체적인 화물의 추적을 이행하는 것을 말한다.

[그림 12-6] UCR과 물품이동, 운송관리번호 연계

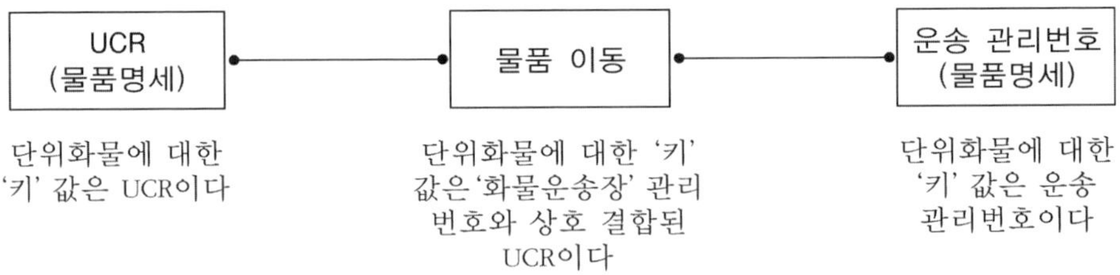

자료: WCO Unique Consignment Reference Guideline, 2003.

그리고 화물추적의 연속성을 유지하기 위해서는 UCR 및 운송관리번호 사이의 상호관계를 설정해야 한다. 이 상호관계를 설정하기 위한 핵심요소는 운송업자와 상호 합의를 거쳐 UCR을 '키' 필드가 아닌 하나의 데이터 필드로서 운송관리번호상의 물품항목 내부에 추가 삽입하는 것이며, 이러한 상호 연관성을 통해 3가지 운송방법을 모두 처리할 수 있어야 한다. 첫째, 단일 운송관리번호

에 의한 완전 일괄 발송(이 용어는 모든 운송수단을 총칭하기 위한 목적으로 사용된 것임), 둘째, 단일 운송관리번호에 의거 상호 연관되어 있지 않은 다른 품목과 공동 발송(통상적인 의미에서의 '통합' 발송), 셋째 다양한 운송관리번호에 의한 분할선적이다.

아래의 그림은 위 3가지 경우에 대한 예를 도식화하고 있다.

〈사례 1〉 단일 운송관리번호에 의해 전체 물품을 일괄발송하는 단일 공급자

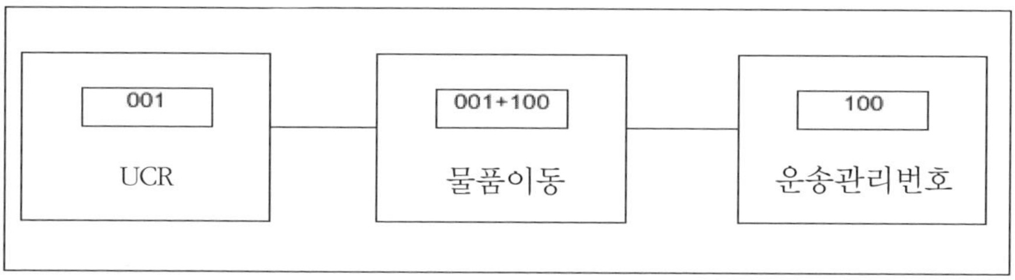

〈사례 2〉 단일 운송관리번호에 의한 복수물품 발송

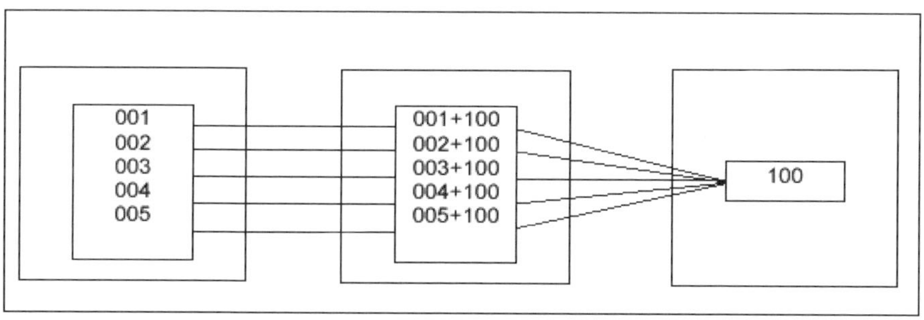

〈사례 3〉 분할 선적: 복수 운송관리번호에 의한 전체 물품 발송

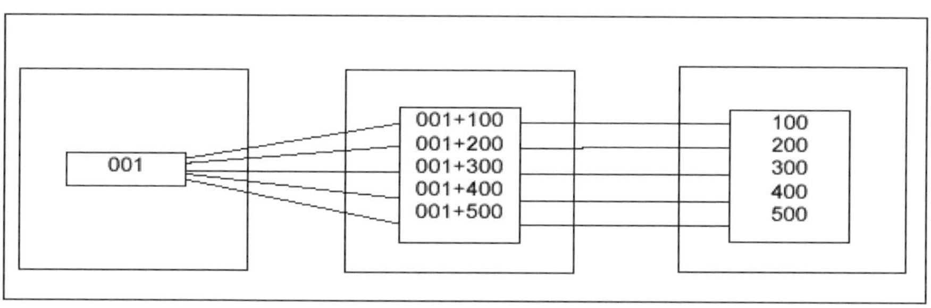

자료: WCO Unique Consignment Reference Guideline, 2003.

(7) 발행주체(Issuing party)

국제무역거래를 주도하는 당사자 또는 그 대리인은 모든 운송물품에 대해 UCR을 발행하여야 한다. 공급업자와 고객은 국제무역에 있어서 중요한 양 당사자이며, 대부분의 경우에 고객이 공급자에게 구매주문서에 의해 주문을 함으로써 국제무역이 시작된다. 그리고 해당 운송물품의 운송주선에 대한 책임을 누가 지느냐의 여부는 특정의 무역거래에 대해 합의되어 적용되는 인도조건에 따라 결정된다. 이것은 결국 공급자나 고객 중 누가 UCR의 발행에 책임을 지는지의 여부에 영향을 미치게 된다.

인도조건은 일반적으로 출발지 조건과 도착지 조건의 두 개 범주로 나눌 수 있다. EXW(공장인도조건), FOB(본선인도조건), CIF(운임보험료 포함 인도조건) 등과 같은 출발지 조건의 경우에는 전체 운송은 아니라고 할지라도 운송의 상당 부분을 고객이 주선을 하게 되며, 이때 위험부담에 대한 책임이전은 출발지 국가 내에서 이루어진다. 이러한 경우에는 고객이 UCR의 발행과 UCR을 공급자에게 통지하는 책임을 부담한다.

반대로 DAF(국경인도조건), DDU(관세미지급 인도조건), DDP(관세지급 인도조건)과 같은 도착지조건의 경우에는 운송을 주선하는 의무는 공급업자에게 있으며, 이러한 경우에 위험부담에 대한 책임이전은 인도지 국가에서 발생하며, 공급업자가 UCR을 발행하고 고객에게 통지할 책임을 지닌다.

공급업자는 수출국의 세관에 UCR을 제출할 책임이 있으며, 대부분의 경우 공급업자는 컴퓨터 시스템을 운영하고 통관 및 다른 규제사항을 이행할 책임을 지니는 수출업자가 될 것이다. 그러나 예외적으로 제 3 자 대리인이 공급자의 의무를 수행하는 경우도 있는데, 어떠한 경우라도 세관에 의무를 부담하는 측은 직접 또는 공급업자를 대신하여 UCR을 제출하여야 한다.

고객은 운송물품의 최종 수취인이며 UCR을 수입국의 세관에 제출하는 역할을 한다. 대부분의 경우 컴퓨터 시스템을 운영하고 통관과 다른 규제사항을 이행할 책임은 수입자에게 있지만, 예외적으로 제 3 자 대리인이 통관절차상의 책임을 맡기도 한다. 이 경우에도 거래조건이 무엇이든 간에 세관에 의무를 부담하는 측은 직접 또는 고객을 대신하여 UCR을 제출하여야 한다.

물품운송을 주선할 책임이 있는 포워드는 통관과 관련하여 제 3 자 대리인으로서의 역할을 할 수도 있다. 예를 들어 개인적인 운송물품과 같은 비상업적인 물품의 경우, 발송자가 개인이고 운송이 일괄운송의 형태(예를 들면 특송, 쿠리어 등)로 이루어지면 UCR은 송화인을 대신하여 운송 및 화물인도를 책임지는 당사자에 의해 발행될 수 있다.

(8) 정보 교환(Communication)

세관 및 다른 관련 규제기관들과 전체 공급망에 관련된 모든 당사자들은 관련 정보의 교환을 위해 UCR을 사용한다. 특정 무역거래의 서류추적과 완전한 정보의 확보를 위하여 UCR은 구매주문서, 상업송장, 운송장, 화물 및 통관신고 등과 관련된 다양한 당사자들과 관련정보의 교환 및 서류의 필수적인 부분이 되어야 한다. 또한 UCR은 이러한 모든 정보교환에 있어서 핵심 Key로서의 역할을 할 필요가 없더라도 UCR은 반드시 요구되어지는 정보가 되어야 한다.

(9) ISO 15459 Part 1 and Part 2

WCO의 권고안은 UCR에 대한 번호부여 체계에 대한 내용이 포함되어 있지 않다. 그러나 유일성에 대한 식별을 위해 현존하는 국제 표준인 ISO 15459 Part 1과 Part 2 및 미래의 최신 개정안들에 대해 언급하고 있다. 이 국제표준은 이미 국제적으로 확립되어 있을 뿐만 아니라 문서화가 잘 이루어진 공개된 표준이므로 UCR의 이행을 위해 우선적으로 고려할 수 있는 사항이다.

ISO 15459 Part 1은 ISO 15459-1에 부합하는 번호에 대한 일반적인 개념을 명시하고 있는데, 이러한 번호는 유일하면서도 운송단위에 대한 별다른 의미를 내포하지는 않는다. 여기서 운송단위라는 용어는 물리적인 단위를 언급하는 것이라기보다는 운송되는 상품들의 단위를 의미하며, 이러한 개념은 권고안 및 이에 대한 가이드라인에서 사용되는 운송물품의 개념과 일치한다. ISO 15459 Part 1은 ISO 15459-1에 부합하는 번호를 위해 아래와 같은 기본 원칙들을 명시하고 있다.

1) 번호의 처음은 등록기관에 의해 발행기관에 할당된 코드로 시작된다. ISO Part 2는 ISO 15459에 부합하는 승인된 번호부여체계를 등록하기 원하는 개

별조직체나 회사들이 등록할 때 무역협회나 공공기관 또는 주정부의 기관과 같은 포괄적인 조직체를 통해서 할 것을 명시하고 있다. 이는 ISO 15459 Part 1과 2에서 정의된 것처럼 발행기관들이 UCR을 발행해야 하는 당사자와 반드시 일치하는 것이 아님을 나타낸다. 예를 들면 ODETTE의 회원사에 의해 발행된 ISO 15459-1에 부합하는 번호체계는 발행기관 코드로서 ODETTE를 표시하기 위해 "OD"를 표시한다. 그러나 ISO 15459-1에 의해 UCR을 부여하는 주체는 개별회사이다.

2) 번호는 발행기관에서 명시하고 있는 형식을 따라야 한다.

3) 어떠한 발행인도 충분한 기간이 경과하여 최초로 사용된 번호가 발행기관에 등록된 다른 어떤 사용자에게도 더 이상의 의미가 없을 때까지는 다른 번호를 재발행하지 않는다는 의미에서 단일성을 가져야만 한다.

4) 숫자만을 포함하거나 아니면 숫자의 앞부분에는 ISO/IEC 646에서 규정하고 있는 알파벳이 들어가야 한다. 그리고 뒷부분에는 문자나 마침표가 들어가서는 안된다.

5) 35개의 문자를 초과해서는 안 된다. 여기서 주의할 것은 Bar Coding 시스템에서 효율적인 활용을 위해서 가능하면 최대 20개를 넘지 않도록 권장하고 있다. 그러나 어떤 데이터 처리시스템도 35개의 문자로 이루어진 번호체계를 처리할 수 있어야 한다.

한편 ISO 15459 Part 2는 발행기관이 되고자 하는 기관들을 위한 등록절차를 명시하고 있다. 등록절차를 책임지고 있는 등록기관은 네덜란드의 표준화기관인 NEN(Netherlands Normalization institute)이 담당한다. 이에 해당하는 표준과 관련된 상세내역은 ISO 공식문서인 ISO/IEC 15459-1:1999(E)와 ISO 15459-2:1999(E)에 포함되어 있으며, 이 문서는 ISO 또는 국가별 표준화기구에서 구할 수 있다.

(10) 다른 현존하는 솔루션 적용

ISO 표준이 아직 적용되지 않고 있는 경우 WCO 권고안은 기존의 다른 관련표준이나 사용될 수 있는 업계의 특정 관리번호들에 대하여도 규정하고 있으며, 그 내용은 이들 번호가 숫자와 알파벳을 합하여 35자리를 넘지 않고, 원산지에서 목적지까지의 유일성을 지닌 정보의 제공과 국제무역거래의 전 과정에서 서류의 추적이 가능하여야 한다는 것이다. 특히 일관운송업자와 같이 수년간에 걸쳐 성공적으로 자신들의 솔루션을 개발하여 온 비즈니스 분야가 있는데, 이들은 아직 ISO 15459 Part 1과 2를 적용하지 않고 있으며, 앞으로도 이를 적용하지 않을 것으로 예상되나 이에 상응하는 시스템을 개발하여 운영하고 있다.

글로벌 공급사슬에 하나의 단일한 국제적인 표준이 사용되는 것이 바람직하나 WCO 권고안은 이러한 기존의 사설표준도 인정을 하고 있다. 그러나 가능하다면 ISO 15459 Part 1과 2로 변경하여 사용할 것을 권장되고 있다. 또한 현재 이러한 시스템을 아직 적용하고 있지 않은 기업이나 비즈니스 분야가 해당 시스템의 개발을 결정할 경우, ISO 15459 Part 1과 2의 체계에 부합하는 솔루션을 개발해야 할 것이다.

현재 UCR에 대한 자신들의 솔루션을 운영중인 업체나 비즈니스 분야는 권고안 및 이에 대한 가이드라인에서 규정하고 있는 원칙들을 따라야 하고, 특히 숫자 유일성에 대한 기준은 반드시 지켜야 한다.

또한 UCR에 대한 가이드라인은 UCR을 생성하기 위해 쓰이는 여러 가지 번호부여체계에 대한 시스템을 고려되어야 하며, 이를 위해서는 UCR이 적용되는 형태의 메커니즘에 대한 식별자를 사용하여야 한다. 즉, UCR이 ISO 15459-1 표준을 따르고 있는지 아니면 다른 형식을 취하고 있는지를 구분할 수 있는 특정의 한정어를 둠으로써 여러 시스템에 대한 고려를 할 수 있다.

(11) WCO에 대한 통지

본 권고안을 승낙한 위원회의 회원사들, UN 회원사들 또는 UN의 전문화된 기구들 및 관세 혹은 경제연맹들은 위원회의 사무총장에게 본 권고안을 적용할 날자 및 적용할 조건에 대해 통보해야 한다. 사무총장은 이 정보를 위원회 회원들의 세관뿐만 아니라 본 권고안을 승인한 UN 회원사들 또는 UN의 전문화된 기구들 및 관세 혹은 경제연맹들의 세관에도 통보해야 한다. 권고안과 같은 WCO 공식협정서들에 있어서 공식적인 승낙과 그에 대한 통보는 매우 중요한 의미를 지니며, 이를 통해 어떤 나라가 이러한 협정서를 채택하고 있는지의 여부를 쉽게 알 수 있다.

또한 공식적인 통보의 과정을 반드시 밟지 않더라도 협정을 적용하는 것도 중요하지만, 공식적인 통보 및 공포가 국제무역절차에 있어서 중요한 투명성을 높이는 데 크게 기여할 수 있다. 따라서 WCO는 세관들이 이러한 공식적인 통보의 절차를 따를 것을 강력히 요청하고 있다.

(12) 다른 기구들과의 협력

UCR에 대한 WCO의 권고안은 사무총장이 UN/ECE(United Nations Economic Commission for Europe)와 같은 관련 국제기구들과의 협업을 통해 그들의 협정서 및 권고안에도 해당 내용이 함께 반영될 수 있도록 하고 있다. 이러한 측면은 WCO 협정들이 다른 관련 국제기구들의 협정들과 양립될 수 있도록 하기 위한 것이다. 특히 UN/ECE가 개발하여 활용하고 있는 UNLK(United Nations Layout Key)의 경우, UCR을 위해 UN이 제정한 조항이 UNLK에 따라 만들어진 무역서류들을 모두 포함하는 것이 매우 중요하다.

종이 서류들을 위한 UNLK 뿐만 아니라 UN과의 협업을 통하여 UCR을 제정할 때 UN/EDIFACT나 ebXML과 같이 UN에 의해 만들어지고 활용되고 있는 표준도 함께 고려되도록 해야 한다. 또한 WCO는 이 밖에도 국제해사기구(IMO; International Maritime Organization) 및 국제민간항공기구(ICAO; International Civil Aviation Organization)와의 협업을 통해 IMO FAL Convention과 화물신고에 대한 조항들이 들어 있는 ICAO Chicago Convention Annex 9와 같은 개별 문건들에도 UCR이 포함되도록 해야 한다.

제 3 절 UCR 적용사례

UCR에 대한 권고안 및 이행지침이 제46차 정보화소위원회(IMSC) 회의에서 공식 채택된 이후 이를 검증하기 위한 다양한 사례들이 제출될 것을 WCO 차원에서 권장하고 있지만 아직까지는 UCR에 대한 구체적인 검증사례들이 많이 발굴되지 못하고 있는 실정이다. 그 중에서 현재 진행 중인 파일럿 프로젝트로서 호주와 영국 간에 포도주에 대한 UCR 파일럿 프로젝트에 대해서 간략히 소개하고자 한다.

1. 파일럿 프로젝트 개요

프로젝트 참여업체 및 기관으로는 Australian Customs Service, Constellation, Diageo, GS1 Global Office, GS1 UK, HM Customs and Revenue(UK), Hardy's, WCO, Wine & Spirits Association이며, 동 프로젝트의 목적은 SSCC(Serial Shipment Container Code)[2] 바코드체계를 UCR 개념으로 사용할 때 무역업체 및 세관의 현존하는 프로세스에 대해 미치는 영향을 최소화하면서 활용할 수 있는지를 확인하는 것이며, SSCC가 세계적으로 화물이동의 시작부터 끝까지를 추적할 수 있는 수준의 기능을 제공하는 여부를 확인하는 데 있다. 또한 무역업체뿐만 아니라 세관통제 목적에 부합하는지도 동시에 확인하기 위함이다.

2. 적용된 UCR 구조

해당 파일럿 프로젝트의 발행기관으로는 ISO 15459-1에 대한 솔루션을 가지고 있는 GS1이 참여하였으며, GS1의 ISO 15459-1에 대한 솔루션인 SSCC(Serial Shipment Container Code)가 UCR 번호체계로 사용되었다. 또한 발행기관 코드는 GS1에 부여된 0~9까지의 숫자 중에서 사용하였다.[3]

[그림 12-7] Serial Shipment Container Code 구조

자료: WCO Customs Data Model Ver.2.0 연구용역 완료보고서, 2005. 12.

---

2) GS1의 ISO 15459-1에 대한 솔루션으로 이동화물에 대한 유일한 번호체계를 제공함.

3) 원래 발행기관 코드는 하나(일반적으로 영문 대문자로 한자리 또는 두 자리 수의 코드가

SSCC는 총 18자리 번호체계로 구성되며, 발행기관코드는 "Extension Digit"으로 표현된 코드로 등록기관에서 GS1에 대해 부여한 발행기관 코드(0~9)를 나타내고 있다. 업체 고유코드는 EAN.UCC(GS1의 이전 명칭)의 Company Prefix로 표시된 부분으로 GS1이 해당업체에 대해 고유하게 부여한 코드를 사용하였다. 일련번호는 해당업체의 위탁된 화물단위에 대해 부여되는 일련번호이고, Check digit는 앞의 17자리 숫자를 기초로 하여 일정한 공식에 의하여 산출하였다.

3. 프로젝트 수행 프로세스

(1) 작업 지시서 생성

포도주의 최종 제조업체인 Constellations Europe Limited(CEL)의 수요예측에 따라 생산될 포도주에 대한 작업지시서를 작성하고 이를 기반으로 벌크 포도주에 대한 주문양이 결정된다.

(2) Purchase Order 생성

CEL은 수요예측을 기초로 해서 벌크 포도주를 구매하기 위한 P/O를 Harry's Australia(HA)에 대해 생성시키면, 이때 P/O 번호는 CEL의 ERP시스템에서 자동으로 생성되게 된다.

(3) Harry's에 대한 P/O 발행

CEL은 포도주 공급을 요청하는 P/O를 필요한 포두주의 양과 기술적인 상세내역에 대한 정보와 함께 Harry's Australia에 발행하면, 이때 P/O는 EDI를 통해서 전송되어지나, 참여업체들 중 EDI 사용기반이 되어 있지 않는 경우에는 해당 P/O를 이메일 또는 팩스 등을 통해서 전달된다.

(4) 선사에게 P/O 전달

Constellations Europe Limited는 P/O 발행시에 해당 P/O를 선사에게도 팩스로 송부하며, 이를 통해 선사는 앞으로 선적될 화물에 대한 정보를 사전에 받

부여됨)만 부여되는 것이 원칙이지만 유일하게 GS1의 경우 0-9까지의 숫자군을 부여하고 있음.

게 된다. 선사에게 전해지는 사전정보는 선적될 컨테이너 확보 및 운송 스케줄 조정 등에 매우 효과적으로 활용된다.

(5) 주문의 확정

Hardy's Australia가 P/O를 받았을 때, 이에 대한 확정 메시지를 EDI를 통해서 Constellations에게 전송하게 된다.

(6) 포두주의 생산

포도주에 대한 상세 주문내역에 따라서 Hardy's Australia는 이를 생산하는데 이를 위해서는 약 2~3주의 기간이 소요된다.

(7) 포도주 수출을 위한 서류준비

수출될 포두주가 준비되었을 때 Hardy's는 내부 ERP 시스템에 상세내역과 함께 인도지시서를 생성시킴과 동시에 SSCC Number(UCR Number에 해당)를 생성시켜 이를 인도지시서에 포함시킨다. SSCC Number는 GS1에 할당된 발행기관 코드와 GS1에 의해 Hardy's 부여된 업체코드, Hardy's가 생성하는 고유한 일련번호코드, Check Digit의 형태로 구성된다. 이때 Hardy's는 SAD(Single Administrative Document)를 준비하는데, 이 신고서 항목에 SSCC/UCR number가 포함되어 있어야 한다.[4)]

(8) 발송에 대한 확정

Hardy's Australia는 CEL에 해당 P/O에 대한 포도주의 발송이 준비되었음을 확인하는 메시지를 전송하게 된다. 확정메시지는 이전에 수령된 P/O에 대해 할당된 SSCC/UCR Number를 같이 포함하게 되며, 해당 메시지는 EDI 또는 팩스에 의해서 전송될 수 있다.

(9) SSCC(UCR)와 P/O의 연계

CEL이 Hardy's로부터 확증메시지를 받았을 때, 여기에 포함된 SSCC/UCR

4) SAD는 국제무역 및 운송을 위해서 EU 국가들이 중심이 되어 만들어진 신고서식(EU국가간 통용되는 문서임)이며, SAD 신고서석 7번 항목(Reference)과 44번 항목(Additional Information)에 UCR 번호를 입력하여 전송함.

number와 P/O를 내부 ERP시스템에서 상호 연계시킨다.

(10) 정보에 대한 세관 전송

Hardy's Australia는 SSCC/UCR number가 포함된 SAD 사본을 호주세관에 전송하고, 이후 호주세관은 영국세관과 해당정보를 교환한다.

(11) 운송중개인의 화물 인수

Hardy's Australia의 운송중개인인 TOD 에 수출될 포도주의 준비가 완료되었음을 알리면, 통보를 받은 TOD는 Hardy's에 해당 포도주를 담을 수 있는 탱크(또는 컨테이너)를 보내 이를 해당항구까지 이송시킨다. 이때 운송중개인은 해당 포도주에 대한 인도지시서, SAD 등을 포함하는 모든 서류들을 같이 인수하여 이송시킨다.

(12) 운송중개인 시스템에서 P/O와 SSCC의 연계

운송중개인 TOD는 인도지시서와 P/O 및 SSCC/UCR number를 자신의 시스템인 Tracker에서 수작업으로 연계시키는 작업을 수행한다.

(13) Tracker System의 업데이트

운송중개인 TOD는 목적지까지 해당 탱크(또는 컨테이너)의 이동상황을 업데이트하고 이에 대한 내용을 CEL에 전송한다. 세관에서는 해당화물에 대해서 TOD에 이동현황에 대한 업데이트 내용을 요청할 수 있다.

(14) 영국 항만에 도착

TOD가 영국항만에 해당 화물의 운송을 완료했을 때 SSCC number가 포함된 SAD를 영국 세관에 제출한다.

(15) 세관 통관

영국세관은 호주세관으로부터 사전에 받았던 SSCC/UCR number에 대한 정보와 SAD에 포함된 SSCC/UCR number에 대한 정보에 대해 검증한다.

(16) CEL의 화물 인수

항만에서의 수속을 완료하고 해당 포도주를 CEL Winery in Bristol에게 이동시키며, 이때 SSCC/UCR number를 포함하는 인도지시서는 Hardy's로부터 벌크 포도주에 대한 인수증으로 기록되기 위해 사용되어진다. 포도주가 CEL에 도착했을 때 CEL의 JD Edward ERP 시스템에서 해당 포도주의 인수에 대한 번호를 생성시키는데 이 번호는 SSCC/UCR 번호를 포함한다.

(17) 최종 와인 제조

벌크 포도주를 병에 담아서 제조되어질 때 CEL의 내부 ERP 시스템에서는 벌크 포도주의 SSCC/UCR 번호와 최종 완제품(병에 담긴 와인)을 연계시켜서 관리하게 되며, 이때 CEL은 작업지시서, P/O 및 SSCC를 상호 연계시켜 내부적으로 생산에 쓰인 포도주의 추적이 완료되었음을 확정한다.

제 4 절 UCR 국내 적용방안

UCR 권고안 및 이행지침이 확정된 이후, 이를 활용한 다양한 적용사례들이 발굴되어 그 실효성이 검증되어야 하지만 아직까지 구체적으로 검증된 적용사례들이 많지 않은 실정이다. 위에서 소개한 호주와 영국 간의 UCR 파일럿 프로젝트 이외에도 미국, 캐나다 등 다른 선진국 간에도 다양한 파일럿 프로젝트를 추진하고 있지만 그 실효성이 입증되기까지는 시간이 더 필요할 것으로 보인다.

따라서 국내에 UCR의 도입을 위하여 다른 나라의 UCR 실제 적용사례에 대한 효과 등을 검증한 후, 이를 도입하는 방안을 강구하여도 늦지 않을 것으로 보이나, UCR의 도입을 위해서는 다음과 같은 사항이 검토되어야 하며 이를 통해 그 적용사례를 발굴하는 것이 중요하다.

1. 발행기관의 확보

WCO에서는 UCR 적용을 위해 ISO 15459-1을 따를 것을 적극 권고하고 있으므로 이를 적용하기 위해서는 해당 규정에 따라 UCR을 발행할 수 있는 등록된 발행기관의 확보가 필수적이라 할 수 있다. 이러한 발행기관의 확보를 위해서는 첫째로 기존에 발행기관으로 등록된 기관과의 협업을 통하는 방법으로서 GS1과 같이 오래전부터 발행기관으로 등록되어 고유한 번호체계를 가지고 있을 뿐만 아니라 국제적으로 많은 나라들이 활용하고 있는 번호체계를 활용하여 UCR 적용모델을 발굴 및 적용하는 방안을 들 수 있다.

둘째로 정부기관을 중심으로 신규로 발행기관을 등록시키고 이를 통하여 UCR을 적용하는 방안을 고려할 수 있다. 대부분의 경우 등록기관의 자격을 규정하고 있는 ISO 15459 PART 2에 의하면 등록기관이 되기 위한 조건으로 공공적 성격을 지닌 기관/협회 또는 정부기관으로 제한하고 있다.

2. UCR 적용을 위한 파트너 확보

UCR은 국내뿐만 아니라 국제적으로도 함께 연계되어야 그 효과를 검증할 수 있으므로 타국 세관 및 적용 업체와의 협업이 필수적이라 할 수 있다. 타국 세관의 경우 UCR 적용에 적극적인 호주, 미국 등의 선진세관들을 중심으로 협력 대상을 모색하는 것이 바람직하며, UCR 적용은 무역거래 초기단계에서부터 이루어져야 하므로 무역 및 관련 운송업체들의 참여가 필수적이다. 화물에 대한 안정성, 물류흐름의 신속성 및 화물추적을 동시에 확보하기 위해서는 우선적으로 선진기업들의 시스템과 연계하여 적용하는 것이 효과검증 및 향후 확산을 위해 유리할 것이다. 또한 UCR을 통한 화물의 추적을 위해서는 관련 시스템의 개발이 필수적이며, 이에 대한 검토도 동시에 이루어져야 한다.

참고문헌

[국내문헌 및 자료]

1. 관세청, WCO Customs Data Model Ver.1.0 연구용역, 2004. 4.
2. 관세청, WCO Customs Data Model Ver.2.0 연구용역 완료보고서, 2005. 12.

[해외문헌]

1. WCO, Unique Consignment Reference Guideline. 2003.
2. (UN/ECE Recommendation 33) Single Window 설립에 대한 권고안 및 가이드라인

[웹사이트]

1. 세계관세기구, WCO(www.wcoomd.org)

CHAPTER

13

글로벌 네트워크 구축현황과 전망

제 1 절 동아시아 프로젝트(PAA: Pan Asia e-Commerce Alliance)

1. 추진배경

인터넷 등 최근 정보기술로 촉발된 전자상거래의 글로벌화(Globalization)와 통합화(Integration)는 기존 무역거래 방식과 관행에 근본적인 변화를 유발하고 있다. 다시 말해 기존 Off-line 방식으로 지원되던 물류, 통관, 무역금융 서비스 등이 전자무역이라는 새로운 무역 패러다임을 맞아 새롭게 On-line 방식으로 전환되고 있다. 또한 국내의 생산기지를 해외로 옮겨가고 있는 국내 대기업들은 자체적으로 무역업무 지원을 위한 글로벌 네트워크를 구축하기 위한 많은 시도를 하고 있다. 그 예로 삼성전자의 경우 글로넷을 구축하여 태국과의 글로벌 네트워크 연동작업을 필두로 스페인, 영국 등 타 국가로 확대해나가고 있으며 포스코, LG전자, 현대자동차 등 여타 국내 대기업들도 글로벌 네트워크를 구축을 추진중이거나 계획을 세우고 있는 추세이다. 그러나 이러한 대기업들이 글로벌 네트워크를 구축하기 위하여 거래 당사자 간에 교환되는 전자문서의 표준화와 호환성의 어려움이 있으며, 특히 인터넷 기반에서의 사용자 인증, 즉 전자서명의 필요성이 증대되면서 기업 자체적으로 이를 추진하기에는 막대한 소요 비용이 들어가게 되었다.

최근 미국, EU와 함께 세계 3대 경제권으로 부상하고 세계 제조업의 중심으로 인식되고 있는 동아시아 국가들의 역할이 정립되면서 동아시아 각 국 정부에서는 자국기업의 경쟁력 제고를 위해 국가 정보인프라의 구축과 확산에 많은 노력을 기울이고 있다. 이와 관련하여 국내의 전자무역 기반사업자인 KTNET을 포함한 대부분의 동아시아 전자무역 사업자들이 민간기업의 형태로 운영되고 있으나, 실질적으로 각 국의 전자무역 인프라로서 기능을 수행하고 있으며, 이들을 축으로 하여 글로벌 기업의 전자문서 교환 등의 업무를 지원하는 목표를 세우게 되었다.

또한 1998년 APEC에서 Paperless Trading이 아시아 태평양 지역 내에서 무역비용을 현저하게 절약할 수 있고, 운송, 통관 등의 무역프로세스를 보다 효과적으로 개선할 수 있다고 판단하여 통관 및 무역관련 기관에 필요한 종이서류를 줄이거나 없앨 수 있는 방안을 마련할 것을 합의하였다. 이를 위하여 APEC 내의 전자상거래 운영위원회(e-Commerce Steering Group)에서는 Paperless Trading 이니셔티브를 위하여 개별 국가간 프로젝트 진행과 국가들의 합동 프로젝트를 직·간접적으로 후원하기로 하였으며, Paperless Trading 구현에 장애가 되는 법·제도의 개선을 촉구하는 한편 APEC 내부의 타 포럼에 Paperless Trading 구현사업에 우선권을 둘 것을 권고하고 있다.

이러한 시도는 대기업에서의 자체적인 글로벌 네트워크 구축으로 인한 국가차원의 중복투자 및 비효율적인 구축을 방지하고 중소규모의 무역 커뮤니티들이 보다 편리하고 저렴하게 글로벌 네트워킹을 할 수 있도록 기업들의 요구사항과 각종 국제적 이니셔티브들을 고려하여 국가간 정보교환을 추진하게 되었다.

2. 동아시아 프로젝트(PAA) 개요

2000년 9월 한국(KTNET), 중국(CIECC), 싱가포르(CrimsonLogic), 대만(Trade-Van), 홍콩(Tradelink)의 5개국 전자무역 사업자들이 모여서 협의체 PAA(Pan Asian e-Commerce Alliance)를 설립하게 되었고, 2006년에는 일본(TEDI), 태국(CAT), 말레

이시아(DagangNet), 마카오(TEDMEV)가 추가로 가입하여 9개 국가의 전자무역 사업자들이 참가하는 협의체로 확대 발전되었다. PAA는 지역간 전자무역 네트워크 상호연계를 통해 글로벌 전자무역 네트워크를 구축하여 무역업체들이 서류없는 무역(Paperless Trade)을 수행할 수 있도록 지원하는 협의체라 할 수 있다.

동 협의체에서는 20여 차례의 운영위원회 개최를 통해 역내 전자무역 네트워크 연결과 전자문서의 국제표준체계를 확정하고, 전자무역 서비스 신뢰보장을 위하여 PAA 전자무역 협약 및 전자서명 인증준칙(Mutual Recognition of PKI)을 확정하였다. 주로 정부기관 간의 전자문서를 다루기보다는 수출입업무를 다루고 있는 기업과 기업간 B2B 문서인 상업송장(Invoice), 포장명세서(Packing List), 선하증권(B/L Advice) 등의 전자문서가 주로 다루어지고 있다. 또한 수출입화물의 위치를 추적하여 종합적으로 관리할 수 있도록 화물추적서비스를 개발하여 회원국간 정보교환이 이루어질 수 있도록 개발하고 있다.

3. PAA 전자무역 네트워크 프로젝트 추진현황

(1) 국가간 표준전자문서 제정

PAA 전자무역 네트워크 프로젝트에서는 여러 가지 작업이 수행되고 있는데 그중에서 가장 먼저 추진된 사업으로서 PAA 국가에서의 기업간 정보교환에 필요한 전자문서를 정의하고 표준화하는 것이다. 지금까지 표준화된 전자문서로는 구매주문서(P/O: Purchase Order), 상업송장(INV: Commercial Invoice), 포장명세서(P/L: Packing List), 오퍼(F/O: Firm Offer), 운송예정통지(DELFOR: Delivery Forecast), 운송통보(DESADV: Despatch Advice), 선하증권통지(BLADV: Bill of Lading Advice), 항공운송장 통지(AWBADV: Airway Bill Advice), 수량확인증(IR: Certificate of Quality) 등이 있으며, 최근에는 전자원산지증명서(e-C/O), 사전통관신고서(Pre-Declaration), 상세포장명세서(Detail Packing List), 판매계약서(Sales Contract), 적하목록(Manifest) 등이 추가로 개발되고 있다.

(2) 국가간 전자원산증명(e-C/O; e-Certificate of Original) 교환

글로벌 전자무역에 필요한 정부·기관의 종이서류의 전자화는 표준 전자문서의 제정이 어렵고 해외 정부·기관과의 협력이 쉽지 않은 관계로 아직까지 활발하게 추진되고 있지는 못하고 있다. 그러나 APEC, 세계상공회의소 등에서 원산지증명의 전자화에 대한 추진이 검토되고 구체화됨에 따라 PAA 회원국가들 간의 원산지 증명업무의 전자문서 교환 프로젝트를 PAA 프로젝트에서 추진하고 있다.

그간의 원산지 증명업무 전자화 추진현황을 살펴보면, 2002년 APEC ECSG (전자상거래운영위원회) 회의에서 싱가포르에서 제안한 전자 원산지증명 프로젝트가 APEC의 서류 없는 무역 선도사업(Paperless Trade Path Finder)으로 승인됨에 따라, 2004년 2월 9차 칠레 APEC ECSG 회의에서 우리나라와 싱가포르는 '전자 원산지증명 활성화를 위한 3단계 이행계획'을 공동으로 보고하게 되었다. 그리고 2004년 12월 우리나라와 대만과는 실무자 회의를 통하여 전자원산지증명 추진사업을 2005년도 PAA 중점 추진과제로 추진할 것을 합의하였다. 2005년 2월 11차 서울 APEC ECSG에서는 우리나라와 싱가포르 간에도 전자원산지증명 활성화를 위한 프로젝트를 본격화하기로 합의하였다. 우리나라에서는 2005년 9월부터 본격적인 개발에 착수하여 전자원산지증명서 표준전자문서를 검토하고 개발하여 2006년 2월에 한국과 대만, 한국과 싱가포르간 전자원산지증명서 시범 테스트가 성공적으로 이루어졌으나, 실질적인 적용은 법적으로 전자원산지 증명업무의 효력인정 여부가 국가 간에 합의가 이루지지 않은 상태에서 어느 정도 기간이 필요할 것으로 보인다.

전자 원산지 증명업무에 대하여 관심을 가지고 추진하고 있는 대표적인 국가들을 살펴보면 〈표 13-1〉에서 보는 바와 같이 홍콩과 싱가포르가 타 국가에 비하여 적극적으로 추진하고 있다.

2005년도 우리나라를 기준으로 PAA 국가에서의 원산지 증명서 발급현황을 살펴보면, 원산지증명서 발급건수의 68%가 중국으로 절대 다수를 차지하고, 일본, 싱가포르, 홍콩이 8~9% 수준으로 비슷하고 말레이시아와 대만은 3~4% 정도로 나타나고 있다. e-C/O를 적극적으로 추진하고 있는 국가는 싱가포르이며 다른 국가에서는 준비하는 단계이다. 우리나라의 경우에는 e-C/O의 도입을 다른 국가들에 비하여 주도적인 참여를 하고 있으며, 싱가포르와 대만과의 시범테스를 시행하는 등 국가별 FTA 체결에 따른 원산지 증명업무의 중요성을 고려하여 준비하고 있다.

〈표 13-1〉 원산지증명서비스 국가별 추진현황

국 가	추진현황
일 본	현행 e-C/O를 사용하고 있지는 않지만, e-C/O와 관련한 국제적 논의에는 적극적으로 참여하고 있으며, 전자서명을 붙인 e-C/O를 인터넷을 통하여 교환할 것을 제안하고 있음
홍 콩	5개 이상의 기관에서 C/O를 발급하고 있으며, C/O 신청은 EDI로 하고 발급은 기관을 방문하여 수령하고 있음. BOLERO를 통하여 e-C/O를 영국으로 발송하는 시범테스트를 진행한 경험이 있음
싱가포르	싱가포르 상공회의소에서 C/O 신청과 발급을 할 수 있는 Web을 구축하였으며, 네고은행 및 해외 바이어에게 e-C/O를 발송할 수 있음. 또한 e-C/O 출력시 워터마킹 기술을 이용하여 원본을 확인하는 시스템을 구축하였음
프랑스	프랑스는 국제상공회의소(ICC) 본부국가로서 원산지증명뿐만 아니라 기타 부속서류를 통합하는 WCN(World Chambers Network)을 통하여 서비스하는 구도를 제안하고 있음
영 국	웹과 이메일을 통하여 C/O를 신청하고 출력 후 도장이나 사인을 하고 있으며, 방문하여 수령하는 형태로 진행하고 있음. 현재 EU의 법적인 지원하에 Paperless를 적극 추진 중에 있음

자료: PAA 전자무역 네트워크 구축사업, 산자부, 2006. 2.

(3) 우리나라와 대만 간의 e-C/O 시범사업

우리나라에서는 이미 원산지증명서 EDI 시스템이 활용되고 있으나 해외와의 전자 원산지증명서 교환을 위하여 발급된 원산지 증명서를 상대 국가에서 전송할 때 원본임을 입증하기 위하여 보안과 인증의 기술적 표준이 적용되어야 한다. 또한 해외로부터 전자원산지증명서를 받았을 경우 이의 원본성을 확인하고 국내 관련기관에 제공하고 원본임을 입증하기 위하여 기본 Repository를 구축하여 전자문서를 보관하여 향후 발생될지도 모르는 분쟁에 법적 증거자료로 활용되어야 한다. 다음은 우리나라와 대만과의 전자원산지증명서 업무에 대한 시범서비스를 실시한 내용이다.

[그림 13-1] 한-대만간 e-C/O의 서비스 모델

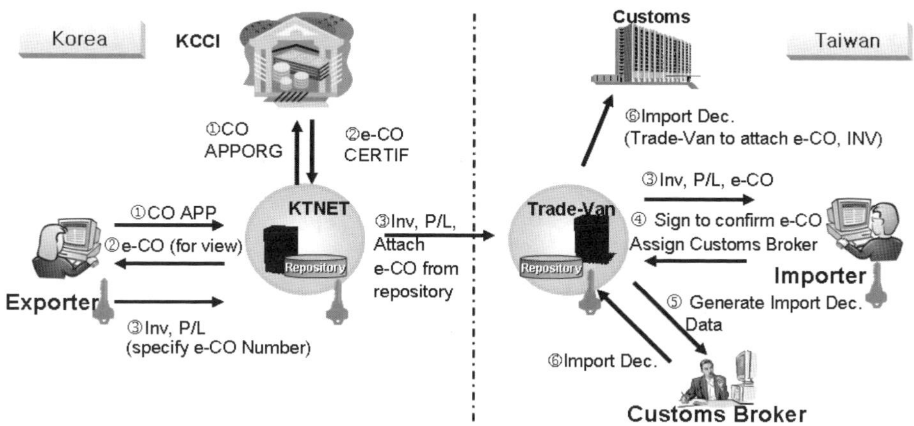

자료: PAA 전자무역 네트워크 구축사업, 산자부, 2006. 2.

전자원산지증명서 시범서비스를 구체적으로 기술하면 ① 우리나라 무역업체가 상공회의소에서 EDI 시스템을 이용하여 e-C/O를 발급하기 위하여 신용확인 등 관련절차를 수행한 후 상공회의소에 원산지증명서신청서와 상업송장을 전자문서로 전송하면, ② 상공회의소에서는 C/O신청서와 I/V를 확인하고, 특히 신청서상의 수출신고번호에 해당하는 수출통관정보를 관세청으로부터 조회하여 이상이 없는 경우 C/O, I/VI 발급내역을 수출업체에 전송하고, 이상이 있으면 발급오류 통보서를 전송한다. ③ 우리나라 무역업체는 e-C/O, Invoice, Packing List를 PAA 회원업체인 KTNET와 대만의 TRADEVAN을 통하여 대만의 무역업체에 송신하게 되면, ④ 대만의 무역업체는 무역통관을 위하여 관세사를 지정하고, ⑤ 관세사에 수입통관을 위한 선적서류를 전송한다. ⑥ 관세사는 대만 세관에 e-C/O 및 관련서류들을 제출하여 수입통관을 실시한다.

(4) 전자문서 개발지침서

PAA 국가간 표준 전자문서가 제정되고 공고된다 하더라고 기업에서는 표준전자문서를 이해하는 데 한계가 있다. 따라서 기업에서 표준문서에 대한 이해도를 높이고 애플리케이션 개발에 참조할 수 있도록 전자문서 개발치침서를 작성하여 제공함으로써 기업에서 단기간 내 개발할 수 있도록 하였다. 특히 국내 표준전자문서(KEDIFACT)를 기준으로 개발된 국내업체용 표준전자문서와

PAA 표준전자문서 간의 연계를 위한 표준매핑규칙(Mapping Rule)을 정의하여 해외 파트너들과는 PAA 표준전자문서를 이용하고, 국내에서는 기존에 사용되고 있는 표준전자문서를 이용할 수 있도록 하였다. 최근에는 PAA의 전자문서 구조를 근간으로 PAA 표준전자문서에 대한 Data Modeling 작업을 진행하여 인터넷을 통한 XML 방식의 전자문서 교환도 가능할 수 있도록 하였으며, ebXML 스키마를 해당 기업들에게 제공하여 시스템에 반영하도록 하였다.

또한 우리나라에서는 PAA 국가들과의 해외표준 PAA 전자문서(ebXML)와 국내 표준전자문서 연계를 원활하게 하기 위하여 국내·외 표준전자문서를 통합적으로 운영함으로써 기업에서 원하는 전자문서를 선택하여 사용할 수 있도록 하였다.

(5) e-Trade Portal 구축

PAA 프로젝트의 일환으로 e-Trade Portal 사이트를 구축하여 여러 가지 서비스를 제공하고 있다. 첫째로는 국내 중대형 무역업체(수입업체 중심)와 해외 중소형 무역업체(수출업체 중심)를 위하여 구축한 사이트로 EDI뿐만 아니라 인터넷 기반의 XML 전자문서 교환서비스를 제공하고 있으며, 특히 중소 무역업체를 위하여 무역업무 솔루션을 갖추지 않고 e-Trade Portal 사이트를 이용하여 업무를 수행할 수 있는 애플리케이션 서비스(Application Service Provider)를 제공하고 있다. 또한 수출입업체 디렉토리 구축을 통해 PAA 국가간 무역업체들을 조회 확인할 수 있으며 각종 국가 통계 데이터베이스를 연계하여 해당 국가의 무역통계, 화물추적서비스 등을 e-Trade Portal에서 여러 가지 서비스를 효과적으로 제공하고 있다.

4. 기대효과

먼저 표준전자문서의 제정을 통하여 국가간 정보교화의 기본틀을 만들었다는 것이고, 특히 PAA 표준전자문서 및 DB 가이드라인을 통해서 무역, 물류업체의 내부시스템과 연계가 가능하게 되었다.

두 번째는 글로벌 전자원산지증명서 교환 시범서비스를 통하여 무역관련 문서들을 전자적으로 전송하게 됨에 따라 원산지증명 업무의 신속한 업무처리가 가능하게 되었고 또한 웹을 통하여 서비스가 가능하기 때문에 언제 어디서든 각각 다른 지역에 있는 모든 이용자들에게 원산지증명시스템에 접속하고 출력할 수 있는 기능도 함께 제공되기 때문에 국내외 모든 참여 업체들이 효율적으로 업무를 수행할 수 있게 되었다. 수출업체에서 전자적인 신청과 전자문서 전송을 통해 시간과 인력의 감소로 비용절감이 가능하게 되었다

〈표 13-2〉 대만과 e-C/O 도입전후 비교

업 체	적용문서
도입 전	- 수출업체는 첨부서류로 원산지증명서 발급을 위해 상공회의소 방문, 수출신고수리필증 사본을 제출하였음 - 원산지증명서를 대만의 바이어에 우편으로 전달하여야 함 - 대만의 바이어는 수입신고를 할 때 관세사에게 전달해 주고 관세청에 원산지증명서를 제출
도입 후	- 상공회의소에 인터넷을 통해 원산지증명서 발급을 요청할 때 수출신고수리필증 제출생략(상공회의소는 KTNET을 통해 확인) - PAA 전자무역 네트워크를 통해 e-C/O를 대만 바이어에게 전송 - 대만 바이어는 e-C/O 수신하여 확인하고, 수입신고서 제출시 e-C/O 번호를 기재하면, 대만 네트워크 사업자인 Trade-Van은 수입신고서에 e-C/O를 자동으로 첨부하여 관세청에 전송

자료: PAA 전자무역 네트워크 구축사업, 산자부, 2006. 2.

세 번째로 e-Trade Portal의 구축으로 전자문서 교환(EDI) 서비스에 있어서 기업의 서비스 도입기간의 단축과 도입비용의 절감이라는 두 가지 측면에서 효과가 있다. PAA e-Trade Portal은 PAA 회원국 중 자국의 무역업체에게 적절한 EDI 응용 서비스를 제공하기가 어려운 경우 또는 중남미 등과 같이 PAA 회원국이 아니어서 서비스를 받기가 어려운 경우에는 PAA의 상용서비스를 도입하거나 개통하기에 앞서 시범 서비스를 받을 수 있으므로 참여업체들이 전자문서 교환업무가 원활하게 추진될 수 있음을 확신하도록 실증적 검증을 가능하게 한다.

마지막으로 PAA 프로젝트를 참여한 기업들에게는 특히 물류기업은 중소형 수출입 업체에게 수출입화물관련 정보를 제공함으로써 대고객 서비스를 향상시킬 수 있으며, 중소 수출입업체와의 연계를 통하여 정보화의 향상을 가져오

는 효과를 보게 되었다. PAA 프로젝트를 통하여 참여기업에게 표준 프로세스를 정착시킬 수 있으며 무역업체와 물류업체는 해외 파트너와의 정보공유를 통하여 업무 프로세스의 개선효과를 가질 수 있게 되었다.

제 2 절 ASEM 프로젝트

1. 추진배경 및 경과

ASEM 전자무역 네트워크 구축사업은 무역중심의 수출국가인 우리나라의 무역경쟁력을 강화하기 위해 아시아-유럽지역에 전자무역 인프라를 구축하는 프로젝트로서 ASEM(Asia Europe Meeting)의 회원국 간의 교역촉진을 위한 분과위원회의 하나인 TFAP[1)](Trade Facilitation Action Plan) 전자상거래 회의에서 2001년 10월 한국이 제안하여 확정되었다.

아시아유럽정상회의 ASEM(Asia Europe Meeting)은 아시아와 유럽 사이의 동반자 관계를 구축하기 위한 회의로서 1996년 3월 1일 설립된 이래, 자유무역 촉진, 양 지역의 무역과 투자 확대, UN의 개혁 촉진 등의 활동을 추진하고, 2008년부터 EU 가입국의 수출입 통관 전자화의 법률화, 사전 적하목록 신고제 도입 등을 2006년 채택하였다. 현재 아시아 13개국(아세안+한중일), 유럽 26개국(EU 회원국 — 2006년 불가리아 신규 가입) 및 EU 집행위 등으로 구성되어 있다. 특히 TFAP는 ASEM에서 추진하고 있는 3개 협력프로그램인 무역원활화행동계획(TFAP: Trade Facilitation Action Plan), 투자촉진행동계획(IPAP: Investment Promotion Action Plan), 아시아-유럽간 기업인 포럼 중의 하나이다.

2001년 10월 제안되어 지금까지의 ASEM 프로젝트에 대한 추진경과는 다음 표에서 보는 바와 같다.

1) TFAP(Trade Facilitation Action Plan) : 무역 원활화 행동 계획. 비관세 장벽의 완화, 거래비용의 절감을 통한 아시 아 유럽간 교역 기회의 증진을 목표로 작성된 무역 원활화 촉진 방안에 대한 행동계획으로 98.4 제2차 런던정상회의에서 채택됨.

〈표 13-3〉 AEM 프로젝트 추진경과

일 시	주 요 내 용
2001. 10.	- ASEM TFAP(Trade Facilitation Action Plan) 전자상거래회의에서 한국이 협력 프로그램으로 제안
2002. 1 ~ 2002. 12	- 한일간 전자무역 추진사례를 유럽국가에 적용하는 방안 검토를 위한 사전 조사단을 영국과 독일을 대상로 협의하여 우선 독일에서 참여의사 확인 - 사전조사 결과를 토대로 국내에서 사업추진 작업반 구성(산자부, 전자거래진흥원, 현대자동차, 외환은행, 글로비스 등) - 각료회의에서 EU측에 ASEM 전자무역 네트워크구축 시범사업 관련 설명 자료를 제출하고 EU의 협조를 요청함 - 인도네시아에서 열린 제 8차 ASEM 무역투자 고위관리회의 (SOMTI) 에서 ASEM 전자무역 네트워크 구축사업의 성과를 토대로 2004년까지 ASEM 전자무역 Action Plan을 수립하는 것을 TFAP 전자상거래분야 목표로 제시하였음 - 핀란드 헬싱키에서 개최된 제2차 ASEM TFAP 전자상거래회의에서 동 사업의 추진상황을 보고〈독일 협력추진 재확인〉 ※ BOSCH사로부터 통신, Invoice, Packing List, B/L Information 등 Message Implementation 가이드라인(MIG)을 받아 작업반에서 분석수행
2003. 1 ~ 2003. 12	- 2002년도 ASEM TFAP 확정 등 사업추진에 대한 사전 준비작업을 완료하고 본격적인 전자무역 네트워크 구축사업 시작 - 국가별 정부기관 및 참여업체와의 세부계획 수립 및 시범사업 수행 • 한-독, 한-프랑스간 경제협력위원회 산하 전자무역 전담 SUB-COMMITTEE 설치 방안 협의 • 독일 DAKOSY사, 영국 SITPRO사 방문, 사업협력 및 IST 프로그램 공동 참여 관련 실무 협의 • 현대자동차 SIEMENS, INA BEARING, DELPHI DIESEL 등과의 INVOICE, PACKING LIST 전자문서 개발 및 교환 테스트 실시 - 프랑스 정부 요청 전자무역 시연 및 설명회 • Mission for Digital Economy, 경제부 주관, 세관 등 정부기관 및 르노, DELPHI DIESEL SYSTEM 등 민간기업 참여 - 2차 한-영전자상거래 정책 협의회(서울) 개최 • KTNET-SITPRO 간 사업협력 MOU체결 • 전자무역관련 민관합동 소위원회 설치 합의 - 3차 ASEM Conference on e-Commerce 및 국제 세미나개최 • 2004년 TFAP 회의에서 전자무역에 관한 가이드라인 제정 • 회원 국가간 전자물류 (e-Logistics)서비스에 관한 시범사업 추진 제안 및 정식 국제협력 사업으로 승인

2004. 1 ~ 204. 12	- 제 3차 한독산업협력 위원회, 전자무역 분야 상호 협력 합의 - 현대자동차-SIEMENS, 현대자동차-델파이디젤간 실시간 전자문서 교환 개시 - 제 1 회 아시아-유럽 전자무역연합 회의 개최 - 한국, 프랑스 ,영국 ,독일 정부 및 KTNET, EDI 프랑스, SITPRO, DAKOSY간 전자무역협력에 관한 MOU 체결 - 자동차업계 등 여러 분야에 걸쳐 시범서비스 확대(쌍용자동차, ini 스틸, 인성 메디칼, 신창전기 등)
2005. 1 ~ 2005. 12	- 제 4 차 ASEM 전자상거래 세미나 및 제 2 차 ASEAL(Asia Europe Alliance for Paperless Trade)회의 개최 - 스페인 PAV(Port Authority of Valencia) 대표단과 실무 협의 - KTNET-DAKOSY간 Global Visibility 구축에 대한 실무협의 ※ 참여업체의 확대(Pnalpina, 쉥커코리아 등)
2006. 1 ~ 2006. 12	- PAV(발렌시아, 스페인)과 KTNET 간의 수출입 Visibility 서비스를 위한 MOU 체결 - PortInfolink(로테르담)와 KTNET간 수출입화물 정보교환을 위한 MOU 체결 - 스위스 제네바에서 열린 "2006 UNECE Symposium on Single Window Standards and Interoperability"에 사례발표 - 제 5 차 ASEM 전자상거래회의에 참석하여 On Going Project Report 발표 ※ 참여업체 확대(STX 조선, 폴란드 TRW, 극동보석, 현대파워텍 등

자료: ASEM 전자무역네트워크구축사업 완료보고서, 산자부, 2007. 1.

2002년도는 글로벌 전자무역 준비단계로서 한국과 프랑스, 한국과 독일을 대상으로 거래하고 있는 기업 간의 무역을 원활화하는 것을 목표로 국가간 정부기관 및 업체들과의 협의가 주로 진행되었고, 2003년도부터 참여업체들과의 본격적인 구축사업이 이루어지게 되었다. 주요 특징으로 국가간 협력 공식채널을 형성하기 위하여 전자무역 전담 Sub-Committee를 구성하게 되었고, 표준화 대상 전자문서를 선정하고 테스트를 통하여 검증작업을 병행하였다. 또한 무역뿐만 아니라 물류분야(e-Logistics)에서도 전자화의 필요성이 제기되어 ASEM TFAP으로부터 정식으로 승인을 받고 e-Logistics의 구체적인 사업모델이 실무협의회를 통하여 검토되었다.

2003년도 시범 서비스가 성공적으로 이루어짐에 따라 무역 및 물류업체 등 참여업체들이 확산되기에 이르렀다. 2004년부터는 실질적인 전자문서 교환이 이루어지고, 특히 물류업체의 확대 참여로 인하여 적용 전자문서가 다양화되었다. 최근에는 글로벌 기업에서 가장 구축하고자 하는 시스템으로서 화물의 이동현황을 확인할 수 있는 화물추적서비스(Visibility)에 대한 관심이 고조되어 Visibility 사업모델이 ASEM 협력 사업으로 제안되어 활발하게 구축되고 있다.

2. ASEM 전자무역 네트워크 프로젝트 추진현황

(1) 표준전자문서 개발

현재 기업에서 사용하고 있는 전자문서를 글로벌 전자무역에서도 사용할 수 있도록 하기 위하여 각 국가에서 사용하고 있는 전자문서를 상호 분석하고 항목 조정 등의 작업을 통하여 ASEM 표준전자문서를 개발하여야 한다. ASEM 프로젝트에서는 현재 유럽지역 및 글로벌 표준으로 사용되고 있는 UN/EDIFACT 전자문서와 ASEM 참여업체 간에 유통되고 있는 무역문서를 기준

〈표 13-4〉 ASEM 프로젝트 표준 전자문서 개발현황

문서명	설명	버전
납품 계획서	Delivery Schedule	D96A
구매 발주서	Purchase Order	D96A, D99B
주문 응답서	Order Response	D96A
상업 송장	Commercial Invoice	D91.1, D96A
포장 명세서	Packing List	D96A
선하증권 통지서	B/L Advice	D96A
항공운송장 통지서	Air waybill Advice	D00A
발송 통지서	Despatch Advice	D96A, D99B
전신환 통지서	T/T Notice	D00A
신용장개설 통지서	LC Cable	D96A
채권발생 통지서	Debit Note	D96A

자료: ASEM 전자무역네트워크구축사업 완료보고서, 산자부, 2007. 1.

으로 비교 분석하였으며, 해당 전자문서를 수정하여 시스템에 반영함으로써 ASEAL(Asia Europe Alliance for e-Logistics) 회원사와 국내의 무역업체간 무역문서를 전자문서로 교환이 가능할 수 있는 체제를 만들었다. 〈표 13-4〉에서 보는 바와 같이 지금까지 개발된 표준전자문서는 11개 문서로 적용되는 UN/EDIFACT의 버전은 91.1부터 D00A까지 모든 버전을 반영하여 개발되었다.

(2) ASEM ASP 구축사업

ASEM 전자무역 네트워크 서비스의 구도는 두 가지 형태로 서비스되고 있다. 한 가지는 국가에서 전자무역을 서비스하고 있는 TTP(Trusted Service Provider)인 VAN 사업자와 우리나라의 전자무역 기반사업자인 KTNET 간 Van to Van 형태로 서비스하는 구도로서 회원국에 속해있는 무역업체는 해당 VAN에 가입하여 서비스를 받으면 되는 구도이다. 또 다른 방법은 ASEM ASP(Application Service Provider) 서비스 구도로서 동 시스템에 등록되어 있는 무역 전자문서를 이용하여 해외 파트너에게 해당 전자문서를 전송하는 시스템으로서 중소업체를 대상으로 하며, 사용자가 별도의 시스템을 갖추지 않고도 인터넷상에서 사용 가능하게 하는 서비스라 할 수 있다.

참여업체들의 환경변화를 최소화하고 단기간 내에 전자문서를 교환하기 위하여 ASEM 프로젝트에서는 2005년에 1차로 ASP 모델이 개발되었으며 2006년도에는 추가로 전자문서 2종(LC Cable, T/T Notice)이 개발되어 실제 참여업체들이 무역거래에 활용할 수 있도록 하였다. 웹을 통하여 무역 업무를 수행하면서 부가적으로 참여업체들의 커뮤니티 기능을 강화하기 위하여 사용자의 개별화 서비스 구도, 온라인 도움말(Online Helpdesk) 등의 기능을 추가하여 업무의 효율성을 도모하였다.

(3) e-Logistics 구축사업

그간 무역서류를 대상으로 표준화하고 전자문서 교환 업무가 추진되면서 물류문서의 전자적 교환업무도 추가적으로 추진되었다. 특히 EU의 주요 물류서비스 제공자들이 화물추적서비스(Visibility; 가시성, 지능형 화물추적서비스)에 대한 인식을 같이하여 공동으로 추진하게 되었다. 2005년 이후로는 그동안 단편적인 화물추적정보(Tracking Data) 제공에 머물렀던 EU의 주요 항만 서비스 제공자들이 새로운 사업의 추진으로 Visibility 구축에 대한 실질적인 관심을 가지게 되었으며, 그 결과 2006년에는 독일의 DAKOSY와 Visibility 시스템 구축 및 적용 문서에 대한 합의를 이루었으며, 스페인 PAV(Port Authority of Valencia)와의 Visibility 사업구도를 합의하였다. 또한 네덜란드 로테르담의 물류서비스 사업자인 PortInfolink와도 Visibility 사업구도에 대한 상호 합의를 한 상태이다.

지금까지 EU의 대표적인 물류 서비스 제공사업자들이 자신들의 Portal을 통하여 자국 내에서 화물추적서비스를 제공해 오던 것을 확대하여 여러 국가의 화물추적서비스(Visibility)를 연계하여 글로벌 물류추적서비스를 제공하고 있다. 이러한 서비스의 요구를 받아들이는 근본적인 이유는 화주들이 보다 양질의 서비스를 제공하는 선사나 항만을 선호하는 데 기인한다.

(4) 국제협력 사업

국제협력사업의 내용을 살펴보면 첫째로 UN 세미나를 통한 우리나라의 전자무역을 소개하고 전자무역 확산을 위한 유럽지역 전자무역 서비스 사업자와의 협력 양해각서(MOU: Memorandum of Understanding)를 체결하는 등 여러 가지 활동을 전개하고 있다. 특히 UN Single Window 심포지움에 참석하여 주제 발표를 통하여 전자무역의 중요성과 성과를 발표하고, 중앙아시아 국가를 대상으로 우리나라의 관세행정 현대화 및 전자무역 구축사업 협력방안 등을 협의하는 등 국가간 협력관계를 추진하고 있다.

둘째로, 국가간 전자무역 사업자간의 정보교환 인프라 연계를 위한 MOU 체결 등도 활발하게 진행되고 있다. 민간업체간의 협력사업 내용을 살펴보면 국내의 글로비스와 독일의 MNP(Muller & Partner) 사와 선적정보를 전자적으로 송수신하기로 합의하여 현재 현대자동차의 독일 내 모든 거래선(94개)과의 선적정보 연계가 이루어지고 있다. 그 밖에 프랑스의 Delphi, FC Logsistiue, NYC(Net Yards Company) 그리고 Estee Lauder 사가 참여하고 있다.

또한 2005년 5월 개최된 아시아와 유럽과의 전자무역연합회의(ASEAL)에서는 한국에서 전자무역 확산을 위한 기본지침(The Basic Guideline for paperless trade)을 제안한 바 있으며, ASEM의 전자무역 사업 및 e-Logistics 사업에 대한 진행상황을 ASEM 공식 웹사이트를 통하여 홍보하기도 하였다.

3. 기대효과

ASEM 프로젝트에서는 표준 전자문서의 사용이 UN/EDIFCAT에 기초를 두고 있으나, 참여업체에서 이용하고 있는 전자문서의 버전이 다양하게 나타나고 있었으며 버전별로 전자문서를 표준화하고 이를 기업에 쉽게 적용할 수 있도록 정부와 서비스 사업자 간의 노력으로 기업들이 참여하는데 커다란 변화 없이 연계할 수 있는 기반을 구축하였다. 또한 기업들이 사용하고 있는 전자문서의 항목들을 분석하여 반영함으로써 국내에서의 기업간 전자상거래뿐만 아니라 글로벌기업 간의 전자문서 교환에도 적용할 수 있도록 작성됨으로써 전자문서 교환이 활성화될 수 있는 기틀을 만들었다. 서비스 사업자들은 각종 버전의 전자문서를 교환할 수 있도록 전자문서 변환서비스를 구축하여 기업들에게 제공함으로서 기업에서의 해당 소프트웨어를 구입하지 않고도 기존에 사용하던 전자문서를 그대로 활용할 수 있는 서비스를 제공하고 있어 기업에서의 비용적인 측면에서 절감효과를 제공하였다. 또한 WEB ASP 서비스를 구축하여 서비스함으로써 지역과 시간에 관계없이 업무를 수행할 수 있는 서비스를 제공함으로써 ASEM 프로젝트 참여회사들이 다양한 접속채널 확보와 별도의 해당 소프트웨어를 준비하지 않고서도 해당 업무를 진행할 수 있도록 하였다.

e-Logistics 구축사업이 ASEM 프로젝트의 새로운 사업과제로 추진되고 있는 것은 유럽지역에서의 항만정보제공 사업자들의 적극적인 참여와 물류정보제공 서비스의 필요성이 나타났기 때문이라 분석된다. 네덜란드의 Infoloink, 독일의 물류업체들은 고객들에게 물류서비스를 강화하고자 노력하고 있으며 글로벌 기업들에게도 같은 서비스를 제공하고자 노력하고 있다. 특히 Visibility 구축사업은 이제 시작단계로서 참여업체들이 늘어날수록 글로벌 SCM(Supply Chain Management)의 실현을 가져다 줄 수 있게 되었다. 우리나라와 유럽지역과의 교역량의 증가로 기업들에게 물류비의 절감을 가져다 줄 수 있는 획기적인 프로젝트가 될 것이다.

또한 ASEM 프로젝트는 정부 및 민간업체들이 공동으로 참여하는 국제협력 사업이라 할 수 있다. 각 국가별로 추진하고 있는 정부기관들의 정보화 추진과제와 민간 기업들이 추진하고 있는 사업을 별도로 구축하지 않고 국제협력 공동사업으로 추진된다면 단기간 내 괄목할 만한 성과를 거두게 될 것이다.

결론적으로 ASEM 전자무역 네트워크 구축사업은 두 가지 측면에서 그 효과를 찾아볼 수 있다. 하나는 정부차원에서의 효과이다. 우선 수출입 관련 직·간접 부대비용의 절감과 효율성 증대를 통하여 국가 산업별 경쟁력이 제고되고, 국내 전자무역 서비스와의 연계를 통한 효율성 극대화와 국가 글로벌 전자무역 서비스 플랫폼 구축으로 개별기업의 중복투자를 방지할 수 있게 된다. 또한 중소기업의 글로벌 서비스를 지원할 수 있는 기반을 갖출 수 있으며, 아시아-유럽간 민관합동협력기구인 ASEAL을 활용하여 B2B 문서 교환단계를 확대하여 B2G 문서의 전자문서 교환을 촉진할 수 있게 된다.

또 하나는 개별기업 측면에서 인터넷 기반의 24시간 365일 무역 업무를 처리할 수 있는 체제를 갖춤으로써 장소 및 시차에 구애받지 않고 무역 업무를 수행할 수 있게 되는 효과가 있다. 우리나라와의 주요 교역국과 우선적으로 전자무역 체제 구축을 통해 가시적인 성과를 거두고 점진적으로 주변국으로 확대함으로써 전자무역 네트워크 구축사업의 효과는 증대될 수 있을 것이다. 이로 인하여 기업내부 Legacy 시스템과의 연동으로 인한 생산성이 증대되고 바이어에 대한 납기준수, 서비스 품질제고, 마케팅 능력강화 등 비가격 경쟁력을 강화할 수 있어 이익창출이 극대화시킬 수 있으며, 재고관리, 물류비용 등 직간접 비용의 절감을 기대할 수 있게 된다.

ASEM 전자무역 네트워크 사업의 성공은 아시아-유럽간 B2B 문서 및 B2G 문서 전자화 구현을 통한 단절 없는 전자무역 네트워크 구축을 의미하는 것이며, 무역관련 기업과 기관 간의 기존업무 프로세스를 가장 생산적이고 효율적인 방향으로 개선할 수 있다. 즉 무역, 제조, 은행, 보험, 운송, 하역, 창고 등 무역과 관련된 모든 기업과 기관을 연결하는 프로세스의 근본적인 개선을 가능하게 한다. 특히, e-Logistics는 우리나라의 핵심 경제동력인 무역 연관산업과 관련된 업무 프로세스를 개선으로써 국가경제 및 개별산업에 혁신효과가 다른 어떠한 부문보다 근본적이고 광범위하게 나타나고는 분야이다. 또한 기업이 전자무역 환경과 시스템을 전략적으로 활용할 수 있도록 함으로써 개별 기업의 국제경쟁력 향상을 도모하게 됨과 동시에 무역프로세스의 혁신을 통해 기업이 부담하는 무역관련 비용을 획기적으로 절감하게 되는 무역환경이 마련된다.

제3절 동북아 SCM 프로젝트

1. 추진배경

국제 비즈니스 시장에서 우리나라 기업들은 생산비의 절감과 시장개척 그리고 고객의 해외이전 등을 이유로 해외 임가공의 확대와 생산·조달 부문의 해외이전이 가속화되고 있으며, 또한 우리나라 기업의 상당수가 가격경쟁력 확보를 목적으로 해외로 진출하였으나 공급망 관리의 비효율성과 저임금 노동력 활용에 따른 비용우위 이점이 점차 사라지는 등 가격경쟁력이 상실되고 있어 이에 따른 철수사례도 급증하는 추세이다.

우리나라 기업들이 해외 특히 동북아지역으로 진출이 활발해지면서 국내외 비즈니스 참여자들과의 정보 연계를 원활하게 하기 위하여 생산자원의 효율적인 관리와 생산제품의 공급관리를 위한 SCM(Supply Chain Management; 공급 사슬관리)의 협업을 강화하고 판매·유통망의 정보화를 통하여 시장경쟁력을 확보할 수 있도록 SCM의 상호운용 및 확장성을 고려한 공공적 성격의 SCM 인프라 구축의 필요성이 제기되었다. 이를 위하여 동북아 SCM 허브를 구축하여 동북아시아 지역에 진출해 있는 기업들에게 제공함으로써 적은 비용과 노력으로 SCM을 이용할 수 있도록 추진한 사업이다.

2. 동북아 SCM 사업개요

동북아 SCM 구축사업은 2004년 10월부터 2007년 6월까지 총 3단계로 추진되는 사업으로서 1단계에서는 동북아 SCM 허브 로드맵 수립, 업종별 SCM 특성을 분석하고 마케팅을 실시하였다. 또한 국가간 품목별 교역량을 고려하여 중국에 진출한 전기·전자업종의 대표 활용기관을 선정하여 직접 이용하는 기업을 대상으로 사용자 솔루션을 개발하여 시범적으로 적용하였다. 특히 해외진출 기업의 국내 본사와 해외공장을 중심으로 구매·생산·물류·판매 등 관련 정보들을 연계하는 데 초점을 두고 추진하였다.

2단계에서는 전기·전자업종 대표 활용기업의 본지사간 정보를 연계하고 통합하는 것을 바탕으로 국내 공급업체와 물류업체와의 정보교환을 중계함으로써 수직적인 SCM을 구현하여, 동북아 SCM 허브 플랫폼과 사용자 솔루션 기능을 확장하여 자동차부품업종 등에 확산적용하고, 개별 SCM망을 구축하고 있는 대기업과의 협업을 통하여 대기업과 그 공급업체들 간의 SCM망 연계기반을 구축하는 것을 목표로 하였다. 3단계에서는 기 구축된 플랫폼과 사용자 솔루션의 업무 효율성 향상을 위한 제반 기능들을 고도화하고, 1, 2단계에서 적용 업종인 전기·전자 및 자동차 업종의 적용 및 참여업체 확산을 통해 사용자를 확대하고 이를 통한 SCM 향후 적용모델을 수립하는 것을 주요 목표로 세웠다.

이처럼 단계별로 추진하게 된 이유로는 동북아 SCM 구축은 우리나라 기업들의 공급망 최적화를 지원하기 위한 사업으로 기업과 기업, 기업과 물류, 기업과 금융, 기업과 공공기관 등 다자간 거래와 전자적 정보교환을 보다 손쉽게 지원하기 위한 Single Gateway라 할 수 있다. 지역적으로는 국내를 비롯해 동북아 지역을 연계하고 산업과 업종에 관계없이 공통적으로 활용되어야 하며 대기업과 중견·중소기업에 이르기까지 기업규모에 관계없이 기업 활동 전반을 수용하도록 구축되어야 한다. 이와 같이 광대한 공급망 네트워크 구축을 위해서는 물리적인 인프라 외에도 법·제도적 지원, SCM의 프로세스 정립 및 정보교환의 기본이 되는 전자문서의 표준화 그리고 이를 활용할 수 있는 사용자 솔루션의 개발 등이 순차적으로 개발되고 완성되어야 성공적인 구축이 이루어질 수 있기 때문에 단계적인 계획을 수립하여 추진하게 되었다.

3. 동북아 SCM 주요 내용

(1) 사업의 범위

SCM 사업의 범위는 본사와 해외 생산법인 간의 전자문서에 의한 정보교환을 기본으로 하여 공급업체와 판매업체간에 생산, 판매, 운송 등 관련 업체들간 SCM을 통하여 정보를 공유하고 서류없이 업무가 연계될 수 있도록 하고 있다. 또한 참여하는 업체의 요구사항을 반영하여 참여업종의 단위별 업무프로세스를 분석하여 표준화함으로써 해당 업종의 모든 기업들이 공동으로 사용할 수 있도록 플랫폼을 개발하고 사용자가 편리하게 이용할 수 있도록 사용자 솔루션도 제공하고 있다. 특히 중소기업에서 이용을 용이하게 하기 위하여 ERP (Enterprise Resources Planning; 전사적 자원관리 시스템) 등 자체적으로 전산환경을 갖추고 있지 아니한 기업들을 위해 ASP(Application System Provider; 응용서비스 제공프로그램) 시스템을 통하여 서비스가 가능하도록 하고 있다. 부가적으로 SCM 사용자들이 SCM 허브 서비스(동북아 SCM 구축사업의 서비스 명칭) 이외에도 전자무역서비스, Community service 등 다양한 서비스를 단일 접속환경(Single Window)에서 이용할 수 있도록 하였다.

[그림 13-2] 동북아 SCM 허브 서비스 구도

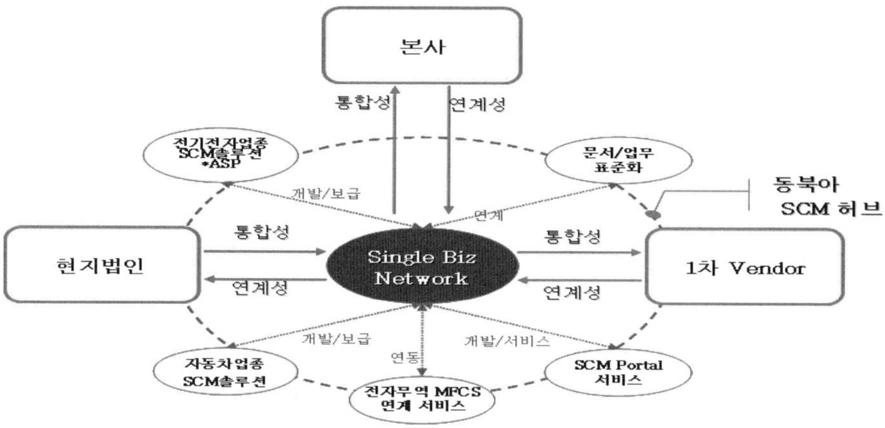

자료: 동북아 SCM 허브 구축사업에 관한 보고서, 산자부, 2006. 5.

동북아 SCM 구축사업에서 개발된 표준전자문서는 전자·전자업종에서 3개의 전자문서와 자동차 업종 12종이다. 해당업종의 공통 업무 및 프로세스를 분석하고 각각의 전자문서의 항목들을 비교하여 표준 프로세스를 정립하고 전자문서를 도출해 나가는 과정을 거쳐 표준문서를 작성하였다. 전자문서는 XML 스키마를 준용하여 작성되었으며 전기·전자 및 자동차 업종의 경우 SCM 특성상 여러 가지 생산라인에서 사용되는 문서를 중심으로 개발되었다. 특히 관련업체는 국내를 본사로 하고 중국지역으로 생산지를 가지고 있는 관계로 주요 파트너는 중국지역에 분포되어 있다.

〈표 13-5〉 전기·전자업종 전자문서 개발현황

문 서 명	설명	관련업체
일생산계획서	일생산계획을 지사가 본사로 송신하는 문서	본사/중국지사
자재소요계획	본사에서 자재소요생성을 실행하여 생성된 소요계획을 지사로 송신하는 문서	본사/중국지사
응답서	송신문서에 대한 응답으로 사용되는 응답서	본사

자료: 동북아 SCM 허브 구축사업에 관한 보고서, 산자부, 2006. 5.

〈표 13-6〉 자동차 업종 전자문서 개발현황

문 서 명	설명	관련업체
정기발주서	지사에서 자재구입을 위하여 본사로 정기 송신 문서	본사/중국지사
변동발주서	지사에서 자재구입을 위하여 본사로 비정기 송신 문서	본사/중국지사
응답서	송신문서에 대한 응답으로 사용되는 응답서	본사/중국지사
입고전표	자재 수출시 본사가 지사로 송신하고 자재 수입시 지사가 본사로 송신하는 문서	본사/중국지사
출고전표	자재수출시 본사가 지사로 송신하고 자재 수입시 지사가 본사로 송신하는 문서	본사/중국지사
재고전표	자재수출시 본사가 지사로 송신하고 자재 수입시 지사가 본사로 송신하는 문서	본사/중국지사
포장명세서	자재수출시 본사가 지사로 송신하고 자재 수입시 지사가 본사로 송신하는 문서	본사/중국지사
상업송장	자재수출시 본사가 지사로 송신하고 자재수입시 지사가 본사로 송신하는 문서	본사/중국지사
해상선하증권통지서	본사가 지사로 B/L 통보를 하는 문서	본사/중국지사
월검수서	자재수출시 본사가 지사로 송신하고 자재수입시 지사가 본사로 송신하는 문서	본사/중국지사
일일검수서	자재수출시 본사가 지사로 송신하고 자재수입시 지사가 본사로 송신하는 문서	본사/중국지사
외주지시서	본사가 지사로 외주지시를 송신하는 문서	본사/중국지사

자료: 동북아 SCM 허브 구축사업에 관한 보고서, 산자부, 2006. 5.

(2) SCM 허브 서비스의 주요 내용

SCM 허브 서비스는 국내외 환경이 다른 이용자들이 쉽게 연계할 수 있는 중간 매개체의 역할을 하며, 각 기업별로 구현된 전통적인 비즈니스 네트워크인 1:1 연계방식에서 허브 네트워크 연계를 통한 정보의 공동 활용을 위하여 그 연계범위를 확장하는 구도이다. 기업간 연계를 통해 효과적인 수요와 공급체계를 구축하고 SCM 허브와 이용자간 협업을 통해 기업 공급망 관리의 역량을 최대화할 수 있도록 개발되었다. 동북아 SCM 허브는 다양한 연계방식을 통해 기업 및 파트너들에게 표준화되고 단일한 SCM 환경을 제공할 뿐만 아니라 효율적인 업무를 수행할 수 있도록 여러 가지 서비스와 기회를 제공하고 있다.

SCM 허브를 구성하고 있는 요소로는 먼저 정부를 들 수 있는데 정부에서는 정책적 방향과 국가차원에서의 지원 역할을 하며, 기업과 해당 기업과의 거래관계가 있는 파트너는 SCM의 이용자이며 수혜자가 될 수 있으며, SCM 허브이 가장 핵심이 되는 구성원이라 할 수 있다. 또한 SCM 플랫폼과 실질적인 서비스의 내용을 들 수 있다.

[그림 13-3] 동북아 SCM 허브 구성요소

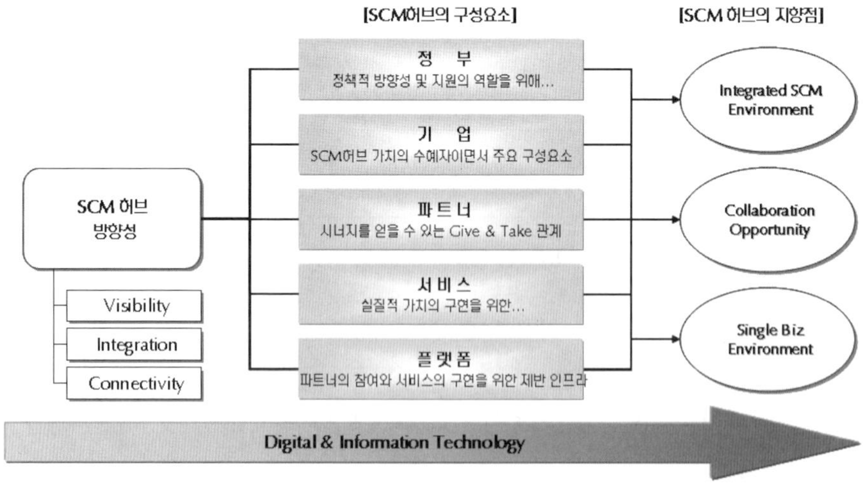

자료: 동북아 SCM 허브 구축사업에 관한 보고서, 산자부, 2006. 5.

SCM 허브가 제공하고 있는 서비스의 기능으로는 첫째로 기업에게 공급관리에 있어 차별화된 서비스를 그리고 해당기업 파트너에게는 SCM을 이용함으로써 고객 네트워크 기회확보와 플랫폼의 이용을 가능하게 하는 통합서비스를 제공하고 있다. 또한 허브시스템은 자료의 보안 및 인증관리 등도 함께 제공함으로써 안정된 기반에서 업무를 처리할 수 있도록 개발되었다. 둘째로 다중공급채널(Multiple Supply Chains) 기능으로 수요자 측면에서 혜택을 볼 수 있는 기능으로서 수요자가 공급자(발주기업)의 공급망(Supply Chain Network)에 참여할 수 기회를 제공해 줄 수 있도록 e-Marketplace와의 연계도 가능하도록 하고 있다. 셋째로 공급자 측면에서 중견·중소기업은 자체적으로 시스템 구축할 필요 없이 SCM 허브를 이용하여 자사 중심의 공급망을 구현할 수 있는 기능을 포함하고 있다. 넷째로 전자무역 연계서비스로서 기업들이 SCM 허브의 연계만으로도 무역, 물류, 통관 등 전자무역 관련 서비스를 이용할 수 있으며, 다섯째로 표준체계 확립 및 변환서비스로서 SCM 표준 전자문서 서비스와 대기업과 중소기업간의 전자문서 교환 및 변환 서비스를 제공하고, 특히 국가간 상이한 표준에 대응하기 위한 문서 변환서비스를 제공하고 있다. 마지막으로 솔루션 제공 서비스(Solution Offer Service)라 할 수 있는데 SCM 허브를 통해 상호 정보 및 응용 소프트웨어를 공유할 수 있는 서비스이다. 즉 일종의 ASP 서비스로서 중소기업들을 대상으로 SCM 사용자 솔루션을 ASP(Application Service Providing) 형태로 서비스 하고 있다.

4. 동북아 SCM 구축성과

동북아 SCM의 구축성과를 살펴보면 첫째로 SCM 플랫폼 구축에 있어서 초기에 하드웨어 및 소프트웨어의 투자를 최소화하기 위해 전자무역기반사업자의 전자무역 플랫폼을 공공 SCM 플랫폼으로 활용함으로써 SCM 관련 정보교환(표준·중계·연계·변환)이 가능하게 하였으며, 구매자와 공급업체간 거래 프로세스의 표준화와 상호 정보교환을 위한 문서항목의 정의 및 표준 전자문서를 개발하였다. 또한 별도의 전산 인프라를 갖추고 있지 않거나 자체 시스템을 운영할 여력이 없는 중소기업들의 참여를 위해 사용자 솔루션을 ASP 방식으로 서비스할 수 있도록 인프라를 구축하였다.

둘째로는, 통합 사용자솔루션 개발을 들 수 있다. SCM 허브를 이용하는 기업들이 내부 ERP 및 기존의 시스템에 있는 SCM 관련 정보와 외부에서 수신된 정보를 통합하여 관리할 수 있도록 표준화된 통합 데이터베이스 템플릿을 개발하여 제공하였고, 내부 ERP 및 Legacy시스템과 통합 데이터베이스 템플릿간 실시간 연동을 위하여 표준 연계솔루션(Adaptor)을 개발하여 보급하였다. 또한 통합 데이터베이스에 저장된 정보를 관리하고, 고객주문 접수, 구매 및 생산 과정, 납품 진행정보를 세부 모니터링하며 핵심 관리지표를 설정하고 목표 대비 성과를 측정할 수 있는 사용자 솔루션을 개발하였다.

셋째로는, 한국에 본사를 두고 중국에 생산 공장을 운영하고 있는 전기·전자업종 5개 기업을 대표 시범적용 업체로 선정하여, 본 사업을 통해 개발된 사용자 솔루션을 제공함으로써 SCM 허브를 이용하여 정보교환을 할 수 있는 실거래 체계를 구축하였으며, 시범적용 결과 SCM 허브를 이용한 정보교환 건수가 초기 월 17만여 건으로 성공적인 전자교환업무가 이루어지게 되었다.

넷째로, SCM 허브 사용자 솔루션의 고도화를 추진하였다. 기존 솔루션의 기능을 강화하여 기업의 생산실적, 공정실적 정보, 공정 통계정보, 수율정보 등 수집정보의 다양화로 전 공정에 걸친 가시성 확보(Overall Visibility)가 가능하게 하였으며, 특히 자동차 부품 업종의 표준전자문서발주서, 입고/출고/재고 등 12종의 표준문서를 작성하였고, 이를 반영하는 연계솔루션으로서 B2Bi 솔루션 및 Adapter의 기능을 보완 개선하여 이용자의 편리성을 제고하는 등 SCM 허브와의 연계기능을 강화하였다.

다섯째로는, SCM 허브 플랫폼의 기능을 고도화하는 효과를 가져왔다. 개별 기업의 SCM망과 관련 공급 및 협력업체들의 정보교환을 SCM 허브를 통해 추진할 수 있도록 SCM 허브 플랫폼의 중계 및 변환시스템을 강화함으로써 B2B 간의 정보연계 범위를 확장하였으며, SCM 표준문서의 실시간 상태확인이 가능한 메시지 전송시스템의 기능 개발로 문서의 Visibility 기능을 향상시키게 되었다. 또한 국가통합물류플랫폼(KILC: Korea Integrated Logistics Consortium)과 연계하여 물류추적서비스(Visibility)의 기능도 추가하였다.

여섯째로, 고객의 자발적인 참여를 유도하여 정보를 공유하고 관계형성을 통한 새로운 사업기회를 제공할 수 있는 커뮤니티 서비스의 기반 조성을 위하여 동북아 SCM 허브 Portal 구축을 제공하고 있다.

또한 동북아 SCM 서비스의 기대효과를 요약하면, 기업 활동 전반에 걸친 정보교환을 가능하게 하는 공공 인프라의 구축으로 기업의 업무능률이 향상되는 효과를 가져왔다. 즉 기업의 공급망 사슬에 관련된 업무 프로세스가 단절 없이 수행될 수 있으며 공급업체와 고객 간의 전자문서에 의한 정보 전달로 상호 필요 데이터를 전자적으로 연계할 수 있게 되었다. 부가적 서비스의 제공과 이용으로 유관기관과도 전자적으로 연계할 수 있어 시간과 비용을 절감할 수 있게 되었다.

사용자의 요구사항을 충분히 반영하여 해당 솔루션이 개발되고 지원됨으로써 이용 기업의 업무의 생산성을 높이고 비용 절감효과가 최대화될 수 있도록 하였다. 기업이 해외를 진출하면서 개별적으로 SCM망을 구축하게 되는 경우 투자되는 비용이 막대하게 들어가게 되나, 허브 시스템의 구축으로 인하여 개별기업이 자체적으로 구축함에 따른 투자를 최소화시킬 수 있게 되었다. 즉 공공 SCM 허브를 이용함으로써 비용절감 효과뿐만 아니라 기업들이 이용하는 추가적 필요 서비스들을 지속적으로 개발하여 무역, 통관, 물류 등 전 부문으로 확대하여 기업들이 SCM망 구축을 위해 개별적으로 구축하는 등 투자를 중복적으로 하지 않도록 하는 효과가 있게 된다. 또한 해외 진출 수출기업들의 국제 경쟁력이 강화된다는 것이다. 공공 SCM 허브를 통해 기업간 정보를 실시간으로 교환하고 물류의 가시성(Visibility)을 확보함으로써 제품의 Lead Time을 단축하고 납기를 준수하며 재고 및 구매 비용의 절감을 가져올 수 있으며, 단일화된 업무 지원환경을 제공함으로 기업들이 신속하게 제품을 생산할 수 있고 JIT(Just In Time) 공급망 관리가 가능하게 되어 해외 경쟁력 증대를 도모할 수 있게 된다.

제 4 절 글로벌 네트워크 구축전망

최근의 세계경제는 두 가지 현상으로 나타나고 있다. 하나는 다자주의로서 세계무역체제가 WTO를 중심으로 회원국내의 상품 및 서비스 부분의 시장개방을 거세게 요구하고 있는 것이고, 다른 하나는 다자간의 개방화에 상충되는 지역화(Regionalization) 또는 지역경제통합(Regional Integration)이라는 지역주의라 할 수 있다. 경제통합은 흔히 경제적 이해관계가 보다 밀접한 나라들끼리 특혜적인 무역 및 투자자유화를 통하여 추진하게 되는데 EU(European Union), NAFTA(North America Free Trade Area) 및 ASEAN(Association South East Asian Nations), APEC(Asia Pacific Economy Cooperation) 등이 이에 해당한다.

또한 WTO의 도하아젠다(DDA)의 타결이 지연되면서 국가들은 쌍방간 자유무역협정 즉, FTA(Free Trade Agreement)가 2000년 이후 계속적인 체결국가가 늘어가고 있는 추세이다. WTO에서는 2006년 말 기준으로 211건의 FTA가 체결되었다고 발표하였고, 이는 2000년 이후에 체결된 건수가 109건으로 전제 체결건수의 51.7%에 해당하는 수치로 2000년 이후의 세계경제의 변화를 시사해 주고 있다.

자유무역의 확대와 지역경제통합으로 새로운 무역질서가 나타나며 특히 미국의 9.11 테러 이후 국가안보 차원에서 공항만지역의 화물감시체계가 강화되고, WCO에서는 무역원활화와 교역안전에 관한 협의가 지속되어 개정 교토협약이 발효되고 UN 안보리에서는 전략물자의 통제가 강화되고 있다. 특히 WCO에서는 2005년 6월 "국제무역의 안전과 원활화를 위한 규범(FoS: Framework of Standards to Secure and Facilitate Global Trade)"을 제정하여 교토협약의 개정을 추진하고 위험관리의 가이드라인을 제시하였으며, 정보통신기술을 이용한 관세행정의 현대화를 각 국가별로 추진할 것을 권고하였다. 또한 CDM(Customs Data Model)을 표준으로 제정하여 국가간 정보교환의 표준데이터 항목을 정하고 UCR(화물교유식별번호; Unique Consignment Reference)를 도입하여 화물의 이동상황을 실시간으로 확인할 수 있는 체계를 만들어 가고 있다. 특히 여행자의 감시체계를 효율적이고 정확하게 관리하기 위하여 APIS(여행자정보사전입수시스템; Advanced Passenger Information System)을 도입하여 공항만을 입출국하는 모든 여행자에 대한 감시체계를 보다 강화하는 것을 주요 내용으로 하고 있다.

이러한 무역질서의 변화 속에서 각 국가별로 관세행정의 현대화를 위한 계획을 수립하고 정보화 추진에 박차를 가하고 있다. 특히 카자흐스탄의 경우에는 1992년 소비에트연방공화국이 분열되면서 독립되어 최근 빠른 경제성장을 이루고 있으며 이를 극복하기 위한 관세행정정보화를 새롭게 구축하고자 2004년부터 관세행정정보화 전략계획을 수립하는 등 무역질서의 빠른 변화에 능동적인 대책방안을 마련하고 있다. 이 국가의 관세행정 BPR(Business Process

Re-engineering)과 ISP(Information Strategy Planning)는 한국의 관세행정모델을 기반으로 하였다. 카자흐스탄 관세청은 1997년부터 관세행정 자동화를 추진한 결과 최소한 관세행정 현대화 기반은 갖추고 있으나, 현재 관세청 통관시스템인 CAIS(Customs Automated Information System)는 2001년도에 구축된 이래 관세사를 중심으로 수출입통관 업무를 서류 또는 디스켓으로 처리하고 있다. 또한 CAIS시스템은 확장성 및 유연성이 부족하여 카자흐스탄 관세청은 CAIS 시스템과는 별개로 새로운 기능을 추가한 CAIS Ⅱ 시스템을 2003년도부터 개발하기 시작하였으며 2005년 말 시범운영을 개시하였다. 2004년도에 웹파일롯 시스템을 구축하여 외부사용자(수출자, 수입자, 관세사)와 전자적인 신고체계를 구현하고자 하였으나, 그 성과는 미미한 상태이다. 세계무역기구의 가입을 목표로 WTO 기준에 부합하고, 세계관세기구 회원으로서 개정교토협약의 규범들을 준수하는 동시에 새로운 플랫폼 구축을 통해 선진 관세행정체계를 구현하기 위해 관세청을 중심으로 관세행정현대화 구축사업을 추진하게 된 것이다. 시스템 구축방향은 인터넷 환경에서 웹을 통한 수출입신고 및 화물신고를 전자문서로 제출하고, 각 프로세스의 개선모델은 개정교토협약의 프로세스를 기초로 하며 WCO에서 제시하는 표준데이터 모델을 각각의 항목에 반영하는 등 국제표준을 수용하여 국가간 정보교환이 가능하도록 시스템을 구현하고자 하고 있다.

또한 중남미 카리브해 연안국가인 도미니카공화국의 경우에도 관세행정 정보화 전략계획 프로젝트가 2007년 하반기에 완성되고 개발에 착수할 예정이며, 한국의 기업들이 동 프로젝트에 참여하여 우리나라의 관세행정 정보화 및 물류정보화의 노하우를 기반으로 구축하게 된다. 이 밖에도 베트남과 태국, 네팔, 아제르바이젠, 몽골 등에서 관세정보화의 타당성을 검토하는 작업들이 계속 이어지고 있다. 우리나라 기업들이 참여하여 2004년에는 아제르바이젠, 2006년도엔 몽골 그리고 2007년엔 네팔의 관세행정 정보화의 타당성 조사가 진행되었다. 아제르바이젠과 몽골의 경우에는 인터넷 기반의 관세행정 정보시스템을 구축하는 것을 모델로 제시하고 있으며, 특히 내륙지역인 만큼 국경에서의 철도운송과 육상운송에 의한 수출입 통관과 화물의 이동감시에 중점을 둔 개발모델들이 제안되고 있다. 기본 프레임은 동일하다 할지라도 각 국가별로 환경이 다르다. 즉, 수출입 상품의 종류, 원자재의 조달 여부에 따른 임가공 형태의 수출입 정책수립의 차이, 자유무역지대의 확충으로 수출산업 육성, 해상운송과 육로운송의 지리적 차이, 정보통신네트워크의 구축정도 등으로 환경에 맞는 시스템의 구축모델이 제시되어야 한다. 또한 구축하면서 주의하여야 할 사항으로 각 나라별로 정보화 환경이 다르게 나타나고 있어 기존의 환경을 전혀 고려하지 않고 개발함에 따르는 위험요소를 고려하여야 한다. 관세행정정보화 구축은 관세행정을 주관하는 관세청의 업무와 외부 사용자들의 연계를 어떻게 원활하게 구현하는가가 성공의 열쇠라 할 수 있다. 서류 없는 무역은 사용자들이 제출하는 서류를 전자문서로 대체하도록 함으로써 세관을 방문하지 않고 업무를 수행하도록 하는 것이다.

이 경우 각 나라별로 기존의 정보제공사업자를 이용하고 있는 외부 사용자를 관세행정시스템에 어떻게 연계하는 것이 효율적인가를 고려하여야 한다. 관세행정시스템을 구축하고 모든 사용자들이 이 시스템에 직접 연계되어 업무를 수행하게 할 것인가 아니면 정보제공사업자를 연계하여 서비스할 것인가에 대한 방법 간의 장단점을 분석하여 선택할 수 있도록 하여야 한다. 특히 관세청의 Single Window 추진은 GTP(Government Transaction Portal)의 개념으로 정부기관의 단일창구 역할로서 해당 유관기관과 외부사용자들을 하나의 단일창구를 통하여 업무를 수행할 수 있도록 함으로써 사용자들의 입장에서 업무의 효율성을 극대화시킬 수 있는 방안이다. 다만 외부사용자들을 직접 접속하지 않고 하나의 국가 내 이미 외부사용자들을 연계하여 서비스하고 있는, 즉 화물공동시스템(CCS: Cargo Community System)을 운영하고 있는 독일의 DAKOSY나 네덜란드의 Portinfolink 등 물류정보제공 사업자와의 연계를 통하여 관세행정시스템의 연계 효율성을 높일 수 있도록 하는 방안을 강구할 수 있다. 이러한 정보제공사업자들은 민간사업자 중심의 서비스 구도로 외부사용자 단일창구(PTP: Private Transaction Portal) 개념이라 할 수 있는데 사용자의 접속을 단일화하여 정부기관의 GTP와 외부사용자의 접속 창구로서의 PTP를 연계하는 구도를 의미한다. 향후 국가별로 추진되는 관세행정정보화의 구도는 외부 사용자들이 이용하고 있는 통관과 물류커뮤니티 정보제공사업자 서비스 구도인 PTP와 여러 정부기관에 전자문서를 1 : N으로 제출하지 않고, 하나의 단일창구를 통하여 제출할 수 있도록 하는 GTP를 어떻게 연계할 것인가를 고려하여 구축하여야 할 것이다. 무역규모의 정도에 따라 직접 접속할 수 있는 환경으로 구축하는 방안도 가능하다.

FTA 체결국가 간의 증가로 국가 간의 정보교환의 필요성이 날로 증대될 것이며 기업들 역시 수출입신고 정보와 화물정보에 대한 세관을 중심으로 한 무역 유관기관과의 연계가 필수로 등장하게 되면서, 글로벌 전자무역 네트워크 및 물류와 통관정보의 교환체계가 가능하도록 국가별로 준비하여야 한다. 자국의 안보와 교역원활화를 위하여서라도 국가 수출입물류정보화의 효율적인 구축이 선결되어야 한다.

참고문헌

[국내문헌 및 자료]

1. 산자부, PAA 전자무역 네트워크 구축사업, 2006. 2.
2. 산자부, ASEM 전자무역네트워크구축사업 완료보고서, 2007. 1.
3. 산자부, 동북아 SCM 허브 구축사업에 관한 보고서, 2006. 5.
4. 관세청 정보협력국, 「UNI-PASS의 해외수출현황」, 2006. 9.
5. 산업연구원, 동북아 비즈니스 중심국가 구현을 위한 e-Trade 확산전략 연구, 2003. 3.

[웹사이트]

1. 한국 SCM 학회(www.kscm.org)
2. 한국전자거래진흥원(www.kiec.or.kr)

찾아보기

[ㅂ]

[ㅅ]

[ㅇ]

공저자 약력

이 상 진(李 相 珍)

1958년 서울 출생
고려고등학교 졸업
중앙대학교 경영대학 무역학과 졸업
미국 뉴욕 콜롬비아대학 법과대학 통상법 연수
영국 런던 로얄홀로웨이대학 경영학 Diploma 졸업
영국 런던 LSE대학 정보시스템 석사 취득
중앙대학교 경영대학 무역학과 국제상학전공 박사학위 취득
한국무역협회 무역상담실, 전자무역팀 근무
현 건국대학교 경영통상학부 국제통상전공 교수
산업자원부 전자무역 전문위원
상공회의소 ICC 금융위원

주요 저서 및 논문
전자상거래 기초와 응용(두남, 2000)
e-비즈니스개론(두남, 2004)
무역프로세스혁신 전자무역(두남, 2005)
핵심이슈로 풀어보는 감성무역(2006)
글로벌 전자무역 구현모델에 관한 연구(통상정보학회)
FTA 주요협상국과의 글로벌 전자무역 구현에 관한 실증연구(국제상학)
글로벌 전자무역 구현모델의 실증분석(통상정보학회)
Governmental Policy Recommendation for the Implementation and Expansion of Paperless Trade (한국무역학회)
RFID 기술을 활용한 수출입물류시스템의 구축방안(한국무역학회)
전자무역 프로세스의 확립을 위한 BPM 도입과 적용분야에 관한 연구(통상정보)
중국의 모조품에 대한 국내수출기업의 피해분석과 대응전략에 관한 연구(무역학회)

김 진 수(金 鎭 水)

연세대 상경대학 응용통계학과 졸업
University of Texas at Arlington, MBA
Louisiana State University, 경영정보학박사
한국데이터베이스학회장
IT Application and Management 국제학술대회 공동조직위원장
사) 한국창업진흥원 이사
정부투자기관 경영평가위원
지식경제부 정보화사업 자문위원

한국토지공사 U-eco City 사업단 자문위원
한국 IT Innovation 대상 심의위원
현 중앙대학교 사회과학대학 상경학부 교수
　중앙대학교 창업대학원 사업단장

주요 저서 및 논문
유비쿼터스 컴퓨팅시대의 정보기술입문(삼영사, 2008)
교양 컴퓨터활용(삼영사, 2008)
지식거래활성화방안(지경부, 2008)
RFID 기반 프라이버시 보호 및 PL법 대응방안연구(지경부, 2007)

이 도 철(李 道 哲)

한국외국어대학교 서반아어과
서강대학교 정보통신(공공정책) 대학원
중앙대학교 대학원 무역학과 박사과정
국가 사회간접(SOC)투자기획단 수출입물류작업반 파견 작업
전자문서개발전문위원회 활동(한국 EDIFACT위원회)
물류/유통 Working Group 및 Global B2B 물류/통관부문 연구위원 활동(한국전자거래진흥원)
관세청 초일류세관 "정보시스템 고도화" 자문위원 활동
무역위원회 "무역구제지원센터장"으로 활동
수출입물류 EDI, 적하목록취합시스템(MFCS), 전자무역 포털시스템(cTradeworld.com) 기획 및 구축(KTNET)
WCO CDM(Customs Data Model) 연구용역 총괄
해외 전자통관시스템 구축사업 수행(카자흐스탄, 도미니카공화국, 몽골 등)
현 한국무역정보통신(KTNET) 글로벌사업추진센터 센터장

무역물류 사이버거래론

2009년 2월 20일 초판인쇄
2009년 2월 28일 초판발행

共著者 이상진 · 김진수 · 이도철
發行人 安 鍾 萬
發行處 (株)博 英 社
서울特別市 鍾路區 平洞 13-31番地
電話 (733) 6771 FAX (736) 4818
登錄 1959. 3. 11. 제300-1959-1호(倫)

www.pakyoungsa.co.kr e-mail: pys@pakyoungsa.co.kr

定 價 25,000원 ISBN 978-89-7189-989-2